新农村基层组织建设与管理

（第二版）

XINNONGCUN JICENG ZUZHI JIANSHE YU GUANLI

王世官　编著

复旦大学 出版社

内容提要

本书依据《中国共产党农村基层组织工作条例》、《中华人民共和国村民委员会选举规程》、《中共中央、国务院关于推进社会主义新农村建设的若干意见》和有关基层组织建设的规定,紧密联系上海农村实际情况,对社会主义新农村建设中的一系列问题,进行了较为系统的探讨和论述。具体内容包括:我国农村基层的管理体制、新农村基层组织建设、新农村基层党组织建设、新农村基层政权组织建设与管理、新农村村民委员会管理、新农村合作经济组织管理、村经济组织管理、农民专业合作社法和上海的实践、新农村群众组织管理、建设社会主义新农村等。

全书力求将理论性、政策性、指导性、实践性有机结合起来,使读者进一步了解和掌握新农村基层组织管理的目的、目标、要求、方法和途径,以及在新农村建设中应当注意的问题,使学员通过该门课程的学习,能够为新农村建设做出更大贡献。

Foreword 再版前言

《新农村基层组织建设与管理》一书出版后,承蒙广大教师和学生的厚爱,对本书提出了不少好的建议。为适应新形势、新任务、新要求,特别是2013年中央一号文件提出的鼓励和支持承包土地向专业大户、家庭农场、农民合作社流转的精神,我们综合多方面的意见和建议,对这本书作了修改、补充与调整。本书再版新增了"农民专业合作社法和上海的实践"一章。本书力求将理论性、指导性、操作性、实践性有机结合起来,使读者进一步了解和掌握新农村基层组织建设和管理的目的、目标、要求、方法和途径,旨在提高管理的针对性和有效性。

由于编者水平的限制,本次修订难免会有不足之处,恳请广大读者包涵,并能一如既往地提出宝贵意见,使这本教材通过不断打磨而臻于完善。

王世官

2014 年 1 月

Foreword 第一版前言

　　2005年10月,党的十六届五中全会审议通过的"十一五"规划建议,明确提出"建设社会主义新农村是我国现代化进程中的重大历史任务"。2005年12月召开的中央农村工作会议指出,必须站在全局的高度,把建设社会主义新农村作为现代化进程中的一项重要历史使命,成为全党全社会的共同认识和共同行动。会议研究了"十一五"期间推进社会主义新农村建设的任务,全会讨论了《中共中央、国务院关于推进社会主义新农村建设的若干意见(讨论稿)》。2006年1月,胡锦涛总书记主持中共中央政治局第二十八次集体学习时强调,要从建设中国特色社会主义事业的全局出发,深刻认识建设社会主义新农村的重要性和紧迫性,切实增强做好建设社会主义新农村各项工作的自觉性和坚定性,积极、全面、扎实地把建设社会主义新农村的重大历史任务落到实处,使建设社会主义新农村成为惠及广大农民群众的民心工程。2008年10月,党的十七届三中全会全面分析了形势和任务,认为在改革开放三十周年之际,系统回顾总结我国农村改革发展的光辉历程和宝贵经验,进一步统一全党全社会认识,加快推进社会主义新农村建设,具有重大而深远的意义。

　　新农村的概念,最早在20世纪50年代提出,80年代初,我国提出"小康社会"概念,其中建设社会主义新农村就是"小康社会"的极为重要的内容之一。"十六大"提出了全面建设小康社会,"新农村"的概念再一次引起农村干部的高度关注。但长期以来,人们对"新农村"概念的具体含义理解比较模糊。中国农业大学校长、农业部研究中心主任柯炳生说,科学界定这一概念对农村小康建设非常重要。所谓"新农村"应该包括五个方面,即新房舍、新设施、新环境、新农民、新风尚。这五者缺一不可,共同构成小康社会"新农村"的范畴。社会主义"新农村"与建设和谐社会、小康社会息息相关。

　　中国共产党农村基层组织工作条例第一章第二条规定:乡镇党委和村党支部是党在农村的基层组织,是党在农村全部工作和战斗力的基础,是乡镇、村各种组织和

第一版前言

各项工作的领导核心。构建社会主义和谐社会,重心在基层。基层是整个社会和谐稳定的基础。构建社会主义和谐社会的各项任务最终要落实到基层,构建和谐社会的成效最终要体现在基层。做好基层基础工作,对于构建社会主义和谐社会,意义十分重大。各级党委必须从党和国家事业发展的全局出发,充分认识加强基层基础工作的重要性,坚持把重心放在基层,把功夫下在基层,通过加强基层基础工作,化解社会矛盾,解决现实问题,协调各种利益关系,促进社会和谐稳定,为构建社会主义和谐社会奠定坚实的基础。

切实加强党的基层组织建设,充分发挥基层党组织凝聚人心、推动发展、促进和谐的作用。党的基层组织是党在社会基层组织中的战斗堡垒,是党的全部工作和战斗力的基础。加强基层基础工作,首要的一点,就是大力加强党的基层组织建设,不断扩大党的工作覆盖面,增强基层党组织的创造力、凝聚力和战斗力。要围绕建设社会主义新农村加强农村基层党组织建设,推进新经济组织、新社会组织党建工作,确保党的工作覆盖到社会基层各个方面,为构建社会主义和谐社会提供坚强有力的政治保证。要充分发挥基层党组织凝聚人心的作用,团结群众、动员群众、组织群众,把蕴藏于社会基层的一切积极因素和创造活力调动起来,凝聚到构建和谐社会的实践中去。要充分发挥基层党组织推动发展的作用,牢固树立和落实科学发展观,始终坚持以经济建设为中心,聚精会神搞建设,一心一意谋发展,在发展中解决各种矛盾和问题,打牢构建和谐社会的物质基础。要充分发挥基层党组织促进和谐的作用,正确反映和兼顾不同方面群众的利益,正确处理改革发展稳定的关系,正确处理人民内部矛盾,努力创造安定和谐的社会局面。要结合基层党组织建设,切实加强基层政权和城乡自治组织建设,进一步增强社会服务功能,提高社会管理和依法办事能力,为城乡群众提供优质高效的公共产品和服务。

切实加强党员队伍建设,动员和组织广大党员做促进社会和谐的表率。一个党

第一版前言

员一面旗。党员队伍作用发挥得怎么样,直接关系到党在基层的战斗力和在群众中的影响力。构建社会主义和谐社会,必须充分发挥共产党员的先锋模范作用,团结带领广大群众谋发展、保稳定、促和谐。要进一步巩固和发展保持共产党员先进性教育活动的成果,加强党员教育,建立健全让党员经常受教育、永葆先进性的长效机制,不断提高广大党员的思想政治素质,把共产党员的先进性体现到构建和谐社会的实际行动上。要认真研究把握新形势下党员管理工作的特点和规律,建立城乡一体的党员动态管理机制,加强对流动党员的管理。要认真做好新形势下的党员发展工作。注意在生产和工作一线,在社会团体和社会中介组织,在新经济组织、新社会组织和新的社会活动领域发展党员,不断壮大党的力量。每个党员都要牢记自己肩负的神圣职责,坚持实践党的先进性要求,做自觉学习、勇于创新的表率,执行政策、依法办事的表率,带头发展、共同富裕的表率,诚实守信、团结友爱的表率,服务群众、敬业奉献的表率,化解矛盾、维护稳定的表率,以自己的模范行动为构建和谐社会贡献力量。

切实加强基层干部队伍建设,紧紧依靠广大基层干部做好基层基础工作。基层干部处于构建社会主义和谐社会的第一线,是做好基层基础工作的骨干力量,构建和谐社会面临的大量新情况、新问题、新任务,需要他们去面对、去破解、去承担。基层干部队伍建设得怎么样,他们的素质好不好、作风实不实、积极性高不高,对于构建和谐社会至关重要。

切实做好新形势下的群众工作,努力营造和谐的党群干群关系。群众工作是构建和谐社会的重要基础性工作,化解矛盾、解决问题、理顺情绪、凝聚人心的许多任务,都要通过群众工作去落实、去实现。同时,我们要构建的社会主义和谐社会,是党领导人民共同建设、共同享有的和谐社会,必须通过做好群众工作汇聚起促进社会和谐的强大合力,形成广大人民群众人人有责、共同参与的生动局面。

切实加强思想政治工作,广泛开展社会主义民主与法制宣传教育,深入了解群众

第一版前言

的思想动态,积极排查和调处各种矛盾纠纷,努力把矛盾和问题化解在基层,解决在萌芽状态。深入开展党风廉政建设和反腐败斗争,坚决遏制少数领导干部与民争利的现象,保持党同人民群众的血肉关系,以优良的党风促政风、带民风,促进整个社会的和谐稳定。

为适应新形势、新任务、新要求,我们编写了《新农村基层组织建设与管理》这本书。本书力求将理论性、指导性、操作性、实践性有机结合起来,使读者进一步了解和掌握新农村基层组织管理的目的、目标、要求、方法和途径,以及在管理中应当注意的问题,从而提高管理的针对性和有效性。

本书在审核与校对过程中,得到了上海市委组织部组织处彭忠斌,上海市农委社会发展处邵启良(处长)、谷淑萍,上海市农委机关党委祝金海(副书记),上海市民政局基层政权和社区建设处刘伟权,上海市社会工作党委基层工作处袁建国(处长),上海市农工商集团总公司张永泉(副总经理),团市委郊区工作部阎加伟和市妇联的大力支持。同时在编写过程中,得到了闵行区委组织部王佳俊(副部长)、朱丽娟,闵行区民政局副局长蔡秀兰,上海电视大学教务处及汤勤、王淦震、万江、王凤辉、黄莉花、朱佩瑶老师的大力支持,在此一并表示衷心的感谢。

由于编者水平的限制,加之探讨新农村基层组织建设与管理是一门新的课题,它带有一定的探索性,为此缺点和不妥之处是难免的,敬请广大读者和同行批评指正。

王世官

2009 年 6 月

教学大纲

新农村基层组织建设与管理

一、教学目的

通过对本课程的教学，使学员对新农村基层组织建设与管理的理论体系有一个系统的了解；使学员掌握农村基层组织建设与管理的基本理论与知识；了解我国农村基层管理体制变迁的历史；了解我国改革开放以来，农村基层组织建设与管理中存在的问题及解决的对策，为在建设社会主义新农村过程中解决一些实际问题奠定基础。

二、教学要求

学员在课前应依据课程预习，认真阅读指定教材章节，较为全面地把握上课内容。上课做好课堂笔记，全面理解和掌握授课内容，课后要对课堂内容及时复习，及时查看阅读分校版网上内容，及时与教师沟通，解决自己所遇到的疑难问题。

三、教学重点

1. 农村基层组织建设
2. 农村基层党组织建设
3. 农村基层政权建设与管理
4. 农村村民委员会管理
5. 农村经济组织管理
6. 建设社会主义新农村

四、教学内容及学时分配

本课程面授课建议为30～33学时，教材内容共有10章，各章节的主要内容和参考教学课时如下：

教学大纲

第一章　我国农村基层的管理体制　4学时
第一节　我国农村基层管理体制变迁的历史
第二节　我国农村基层管理体制面临的问题
第三节　农村基层管理体制创新的理论资源
第四节　各国农村基层管理体制创新的实践模式
第五节　完善我国农村基层管理体制的启示
第六节　中国农村村级组织管理概述

第二章　新农村基层组织建设　2学时
第一节　村委和支委
第二节　切实加强农村基层组织建设
第三节　全面提升农村基层组织建设水平的几点思考

第三章　新农村基层党组织建设　4学时
第一节　新时期党的基层组织概述
第二节　农村基层党组织运行机制存在的主要问题及其原因
第三节　村党支部的职责和主要任务
第四节　农村党员队伍建设
第五节　村党支部领导班子建设
第六节　农村廉政文化建设
第七节　新时期农村党员干部党性修养

第四章　新农村基层政权组织建设与管理　4学时
第一节　上海基层政权变迁的历史
第二节　中国农村基层政权组织形式变迁的特征
第三节　农村治理性危机的主要标志

教学大纲

第四节　农村黑恶势力侵入基层政权的方式和原因
第五节　当前农村职务犯罪的原因、特征及防范对策
第六节　切实加强农村基层政权组织建设与管理

第五章　新农村村民委员会管理　4学时
第一节　村民委员会的性质、任务及其工作机构
第二节　村级民主选举制度
第三节　村级民主决策制度
第四节　健全和完善村务公开和民主管理制度
第五节　村级民主管理制度
第六节　村级民主监督制度
第七节　村民委员会应当正确处理三方面的关系

第六章　新农村合作经济组织管理　3学时
第一节　农村合作经济组织
第二节　农村股份合作制管理
第三节　农村合作经济组织承包合同管理
第四节　农业社会化服务体系

第七章　村经济组织管理　3学时
第一节　村经济组织概述
第二节　村经济组织类型
第三节　村经济组织管理

第八章　农民专业合作社法和上海的实践　3学时
第一节　《农民专业合作社法》的立法背景和主要内容
第二节　上海农民专业合作社发展情况

教学大纲

第三节　解读上海市新凤蜜露桃业合作社

第九章　新农村群众组织管理　2学时

第一节　工会工作

第二节　青年工作

第三节　妇女工作

第十章　建设社会主义新农村　4学时

第一节　社会主义新农村建设的基本概念

第二节　统筹城乡经济社会发展，扎实推进社会主义新农村建设

第三节　加强农村民主政治建设，完善建设社会主义新农村的乡村治理机制

第四节　培育和造就新型农民

第五节　把建设新农村与构建和谐农村统一起来

五、实践环节

《新农村基层组织建设与管理》是一门实践性较强的课程，学生必须通过到农村基层实践，才能对农村基层组织的建设和管理有感性认识，才能提高发现问题、分析问题及解决问题的能力。

实践一　写一份村党支部管理现状的调查报告；

实践二　写一份村委管理现状的调查报告；

实践三　写一份村经济组织管理现状的调查报告；

实践四　撰写一篇课程论文，题目为"结合实际，谈谈当前建设社会主义新农村的感想"。

Contents 目录

再版前言 ·· 1
第一版前言 ·· 1
教学大纲 ·· 1

第一章　我国农村基层的管理体制 ··· 1
 第一节　我国农村基层管理体制变迁的历史 ······················· 2
 第二节　我国农村基层管理体制面临的问题 ······················· 5
 第三节　农村基层管理体制创新的理论资源 ······················· 8
 第四节　各国农村基层管理体制创新的实践模式 ··············· 11
 第五节　完善我国农村基层管理体制的启示 ······················ 13
 第六节　中国农村村级组织管理概述 ································ 17
 本章练习 ·· 24

第二章　新农村基层组织建设 ·· 25
 第一节　村委和支委 ··· 27
 第二节　切实加强农村基层组织建设 ································ 34
 第三节　全面提升农村基层组织建设水平的几点思考 ······· 39
 本章练习 ·· 43

第三章　新农村基层党组织建设 ··· 44
 第一节　新时期党的基层组织概述 ···································· 45

第二节　农村基层党组织运行机制存在的主要问题及其原因 …………… 58
第三节　村党支部的职责和主要任务 …………………………………… 63
第四节　农村党员队伍建设 ……………………………………………… 66
第五节　村党支部领导班子建设 ………………………………………… 73
第六节　农村廉政文化建设 ……………………………………………… 82
第七节　新时期农村党员干部党性修养 ………………………………… 90
本章练习 …………………………………………………………………… 93

第四章　新农村基层政权组织建设与管理 …………………………… 94
第一节　上海基层政权变迁的历史 ……………………………………… 96
第二节　中国农村基层政权组织形式变迁的特征 ……………………… 104
第三节　农村治理性危机的主要标志 …………………………………… 109
第四节　农村黑恶势力侵入基层政权的方式和原因 …………………… 111
第五节　当前农村职务犯罪的原因、特点及防范对策 ………………… 117
第六节　切实加强农村基层政权组织建设与管理 ……………………… 121
本章练习 …………………………………………………………………… 135

第五章　新农村村民委员会管理 ………………………………………… 136
第一节　村民委员会的性质、任务及其工作机构 ……………………… 138
第二节　村级民主选举制度 ……………………………………………… 144
第三节　村级民主决策制度 ……………………………………………… 150
第四节　健全和完善村务公开和民主管理制度 ………………………… 155
第五节　村级民主管理制度 ……………………………………………… 163
第六节　村级民主监督制度 ……………………………………………… 168
第七节　村民委员会应当正确处理三方面的关系 ……………………… 171
本章练习 …………………………………………………………………… 173

第六章　新农村合作经济组织管理 ……………………………………… 174
第一节　农村合作经济组织 ……………………………………………… 175
第二节　农村股份合作制管理 …………………………………………… 181
第三节　农村合作经济组织承包合同管理 ……………………………… 186
第四节　农业社会化服务体系 …………………………………………… 189
本章练习 …………………………………………………………………… 191

第七章 村经济组织管理 … 193
第一节 村经济组织概述 … 194
第二节 村经济组织类型 … 199
第三节 村经济组织管理 … 207
本章练习 … 217

第八章 农民专业合作社法和上海的实践 … 218
第一节 《农民专业合作社法》的立法背景和主要内容 … 219
第二节 上海农民专业合作社发展情况 … 227
第三节 解读上海市新凤蜜露桃业合作社 … 230
本章练习 … 234

第九章 新农村群众组织管理 … 235
第一节 工会工作 … 235
第二节 青年工作 … 239
第三节 妇女工作 … 244
本章练习 … 247

第十章 建设社会主义新农村 … 248
第一节 社会主义新农村建设的基本概念 … 249
第二节 统筹城乡经济社会发展,扎实推进社会主义新农村建设 … 262
第三节 加强农村民主政治建设,完善建设社会主义新农村的乡村治理机制 … 273
第四节 培育和造就新型农民 … 287
第五节 把建设新农村与构建和谐农村统一起来 … 297
本章练习 … 299

附录一 中国共产党农村基层组织工作条例 … 300
附录二 中共中央国务院关于推进社会主义新农村建设的若干意见 … 305
附录三 各章教学参考资料 … 315
第三章教学参考资料一 扶持结对促发展 建设和谐新农村
——记浦江镇汇中、汇南村联合党支部 … 315
第三章教学参考资料二 新《党章》第五章 党的基层组织 … 316

第四章教学参考资料　上海的得名 …………………………………… 318

第五章教学参考资料　上海市闵行区推行村务管理四本台账建设工作 …… 319

第六章教学参考资料一　上海闵行虹桥镇虹五村撤村集体资产处置、完善
股份合作制试点工作 ……………………………………………… 322

第六章教学参考资料二　梅陇镇华二村在村级经济改革中维护和实现农民
的根本利益 ………………………………………………………… 332

第七章教学参考资料　坚持特色发展　共建共享和谐
——记上海市闵行区七宝镇九星村 …………………………… 334

第十章教学参考资料一　以城乡一体化思路为指导　推进现代都市农业
建设 ………………………………………………………………… 337

第十章教学参考资料二　健全投入机制　加强资金监管 ………………… 341

第十章教学参考资料三　统筹城乡就业保障　提升农民的保障待遇 …… 343

第十章教学参考资料四　统筹城乡发展　提高农村医疗卫生服务水平 …… 345

参考书目 …………………………………………………………………… 348

第一章　我国农村基层的管理体制

清涧县乡村财政危机的状况

清涧县2003年获得农村税费改革转移支付资金1744万元,但下达给乡镇的只有1081万元。为了应付上级的检查,县财政局按1744万元的分配方案临时炮制了"红头文件",检查组走到哪个乡镇,就提前给哪个乡镇发一份。有些乡镇干部看到文件后很吃惊,便悄悄复印一份,并以此向检查组反映了清涧县制作假文件、截留挪用转移支付资金问题。

清涧县位于陕西省北部地区,是国家重点扶持的贫困县,全县每年发工资就需9 000万元,但财政收入只有1 000万元左右(未免征农业税前的数据)。这8 000万元的缺口如何填补?天上不掉,地上不生,只有转移支付,而转移支付说得贴切一点,就是向上级要钱吃饭。这正是经济欠发达地区县级财政的一个标本,叫做"要饭财政"。特别是农业税取消后,以前靠农民养活的县、乡两级政府,其"要饭财政"的特征愈显突出。同时,清涧县人口20.1万,其中农业人口18.5万。如果按吃财政饭的每年人均支付工资9 000元计算,需要每18.5个农民供养一个吃财政饭的干部或其他人员。"食之者众,生之者寡",这是清涧县财政的一个生动写照,也是贫困地区县乡财政的一个缩影。像这样的"官民比",如不降低官民比例,不进行配套改革,财政支出永远不会降下来。

摘自2005年7月6日《农民日报》

　点评

造成这一问题的症结既有体制因素,又有政策原因:

一是二元体制下县乡财权与事权不对等的制约还未根本改变,进一步加剧了县乡财政困难。1994年的分税制改革,只是对各级政府财权进行了调整,事权仍维持原有体制,县乡政府除了提供义务教育、计划生育、基础设施、社会治安、环境保护等多种地方公共产品,在一定程度上支持了地方经济发展,同时还承担了经济体制改革和社会转型、工业化、城镇化推进中的大量改革成本。而实际上像义务教育、计划生育等工作都是基本国策,本应当由中央政府或各级政府共同负担,但现在这些责任却都由县乡政府承担,这在取消农业税后,相应财力保障措施不完善的情况下,只能使县乡财政困难问题更加突出。

二是中央财政转移支付偏小。 转移支付资金总量的不断增大,特别是一般性转移支付的资金快速增长,对缓解县乡财政困难起到了至关重要的作用,但与其因减免农业税费而减少的财政收入相比还较小。据有关学者统计,全国税费改革之前,政府和农村经济组织通过农业税、农业特产税、"三提五统"及摊派,实际从农民手里每年要收1 500多亿元,而中央财政的补助2003年仅为305亿,2004年也只有510亿。由于中央财政转移支付资金总量较小,财政困难的县对省市财政依赖度就不断提高,个别县甚至高达70%～80%,也就是说这些县的运转主要靠上级的补助,与自有收入完成情况关系不大,这既不利于促进县乡做大财政收入"蛋糕",也容易使他们滋生等、靠、要思想,还会出现加大一般性转移支付政策的失效现象。

三是税费改革后,乡镇财政收入的增长缺乏强有力的经济支撑。 我国农业大省大部分乡镇经济结构单一,以农业经济为主,非农经济规模小,盈利能力差,财政贡献小,基本没有稳定和强大的税收来源。长期以来,农业税就成为乡镇财政的主要收入来源之一,取消农业税后,在其他税源不能马上成长起来和财政支出减少很小的情况下,必然在一定时期内出现入不敷出的状况。

四是乡村债务包袱沉重。 在税费改革前,绝大部分乡村都存在严重负债,税费改革中虽也采取了一些化解办法,但收效甚微。

五是"乡财县管"不能从根本上解决县乡财政困难。 县乡财政困难一方面是由于不相匹配的事权造成的;另一方面是由于缺乏相应的收入来源所致,因此,"乡财县管"或"村财乡管"这种只改变财务管理形式的方法只能解决标而治不了本。

农村基层管理体制的不断创新和完善,是新农村建设能否取得成功的重要保障。本章拟在梳理我国农村基层管理体制历史脉络的基础上,深入分析现阶段我国农村基层管理体制面临的问题,并借鉴农村基层管理体制创新的各种理论资源和实践模式,提出构建新型农村基层管理体制从而迈向理想农村基层途径的基本思路。

第一节 我国农村基层管理体制变迁的历史

从古老的封建专制时代延续到当代,在整个国家的政治统治和社会管理制度变迁的大背景中,农村基层内外的各种关系格局不断地进行着调整和重组,以适应当时的时代要求,从而塑造了不同时期的农村基层管理体制。

一、皇权不下县时期(封建专制时代)

在漫长的封建专制时代,封建集权国家受制于经济资源的缺乏而较少介入到农村社会管理中。在这一时期,"皇权不下县",也就是说"从县衙到每户的家门口之间是国家管理的真空地带"。除了纳税,村民和国家缺乏有机联系。

当时的乡村社会自觉在乡村精英(乡绅)的领导下,以宗族聚居为主要形式,形成早期的"乡村"。相对独立地进行自我管理。乡绅通过对公共事务(对内管理乡村内事务,对外协助官府完成征税任务)的贡献来保持合法性地位。

二、"经纪人"管理时期(清末到新中国成立之前)

从清末开始,国家数次试图通过实现政治权力对乡村社会的渗透,以达到从外部推动乡村税收和农村发展的目的。但由于当时国家的资源占有水平不能适应机构扩张的需要,国家介入管理蜕变为以乡村内部人员充当由国家机关任命的"国家人",履行乡村税收和公共管理职能,形成所谓"经纪人"的妥协方式。另一方面,国家介入使传统乡村文化统治体系遭到很大破坏,致使原来的乡村精英纷纷避让,乡村实际管理权落入国家培植的中间人手中。这样,乡村社会的经纪人能够摆脱来自国家和农村基层的两方面控制,以从中牟利的方式履行国家分派的税收提取职责。

在此阶段,国家对乡村的行政权力及组织的渗透,既使国家规模和资源消耗急剧扩大,又没有实现推进乡村农村基层发展和提高资源提取的目的。

三、乡政权时期(建国至1958年)

在农村土地改革的基础上,建立农村基层政权组织,并初步形成以粮食"统购统销"为特点的农村税费体制。农村基层政权建设,最早是从土地改革开始的。通过土地改革,改变了旧的土地关系,并将农民组织起来,成立了"农会"(农民协会),将一部分积极分子吸收为共产党员,由他们取代传统的乡绅或旧的乡村"精英",成为乡村社会的新的领导者。这时的"农会"在许多方面实际上行使着基层政权的职能作用。

在土地改革的基础上,国家很快就将各级"农会"改建为农村基层政权组织。区、乡(行政村)是当时的农村基层政权组织。一般来说,乡或行政村是由一个或几个较大的自然村联合组成的,设乡或行政村人民代表会议和乡或行政村人民政府。因此,建国初期的农村基层政权组织实际上为两种形式:其中一种是区、村两级建制,即在县以下设立区和行政村政权;另一种是区、乡建制,即在县以下设立区公所,作为县政权的派出机关,在区公所之下设立乡政权。直到1954年以后才逐步撤销行政村建制,后一种结构形式取代前一种结构形式,而成为农村基层政权组织的普遍形式。

四、人民公社时期(20世纪50年代末至80年代初)

在这一时期,国家政权不断下沉,向农村基层渗透。从1958年人民公社化运动算起,人民公社制度在我国农村存在和延续达25年之久。集体经济在中国乡村的首次建立,使国家向乡村基层组织与集体经济组织合为一体,实现从乡村经济的内部直接获取经济资源,实质性地填补了基层政治组织的资源缺口。

这一时期,政府通过人民公社这一级准政府机构及上级政府的有关职能部门对乡村社会实现政治、社会管理及低微的社会保障。公社融集体经济组织和基层政权组织为一体,其管理机构为公社管理委员会,受县政府及其派出机关的领导。作为经济组织,公社要负责本行政区域内的生产经营活动,组织、领导各级农业生产活动;作为行政组织,它必须接受上级政府的领导,对本行政区域内的行政事务实施管理。同时,公社实行党的一元化领导,公社的一切重大事务,包括生产和分配、招工招干和参军、救济粮款的发放等,都由公社一级党组织决定。在公社之下,生产大队(相当于当前村委会管辖的区域,也即我们所界定的农村基层的范围)的领导者由公社任命,公社对大队实施完全的领导。而生产大队之下又设生产队,在整个国家高度行政化的体制框架内,农民生活在生产队这个最小单位之中。

可见,当时的农村基层组织是国家组织的延伸,国家全面介入到农村基层管理中,农村基层管理表现出高度行政化的特征。

五、乡政村治时期(20世纪80年代初到90年代中期)

人民公社制度发展到后期,公社化集体经济显露出效率低下的弊端,使国家在这种体制中从乡村的经济资源收入与投入之间存在倒挂的现象。于是,到了20世纪80年代,公社化集体经济解体,国家部分退出,家庭联产承包责任制开始实施。在这一背景下,人民公社组织及管理方式已丧失效能。

改革后的村级组织面临新的环境,由此引发的消极现象使村级组织相对软弱,国家只能通过乡村基层社会的自身力量来建设村级组织体制。1982年12月4日,五届全国人大第五次会议通过了《中华人民共和国宪法》,废除人民公社体制,实行政社分开。《宪法》第十五条规定:"省、直辖市、县、市辖区、乡、民族乡、镇设立人民代表大会和人民政府。"在规定实行政社分开的同时,宪法也规定在城市和农村设立居民委员会和村民委员会,并在它们下面分设人民调解、治安保卫、公共卫生等委员会。1987年11月全国人大常委会通过的《村民委员会组织法(试行)》明确规定,"村民委员会是村民自我管理、自我教育、自我服务的基层群众性自治组织。乡、民族乡、镇的人民政府对村民委员会的工作给予指导、支持和帮助"。1998年通过的新的《村民委员会组织法》对此再次予以确认。

至此,国家在法律上还权给乡村基层社会,乡村基层获得了自治权。村和乡(镇)

之间在法律上不再是行政上下级和直接的"领导关系",而是"指导关系"。"乡政村治"体制不仅重新构造了农村基层的行政组织与管理体系,也重新划定了国家权力与社会权力、农村基层政府与农村基层自治组织的权力边界。

但在实践中,以村为单位的农村基层管理却陷入了行政色彩强化、实际功能弱化的尴尬境地。乡镇"财政包干主义"导致乡镇一级行政体制在横向和纵向上的权力扩张,而村级领导人受到政府的行政控制,在很大程度上脱离了农村基层的制约。

六、乡镇撤并时期(20世纪90年代中期至今)

如前所述,农村基层组织虽然法律上摆脱了与乡镇机构领导与被领导的关系,实际上却依然要面对乡镇政府施加的以提取经济资源为首要目的的行政控制。所以,"乡镇撤并"举措对于进一步理顺乡镇政府和农村基层的关系有一定的促进作用。

到1994年,我国实行分税制财政体制改革。乡镇政府体制开始暴露出更多问题,如乡镇机构臃肿、债务负担沉重、乡镇政府职能转变滞后、乡村矛盾和干群矛盾难以解决等。1998年10月,中共十五届三中全会在《中共中央关于农业和农村工作若干重大问题的决定》中指出:"乡镇政府要转变职能,精简机构,裁减冗员,目前先要坚决把不在编的人员精简下来,做到依法行政,规范管理。"之后,2005年1月,中共中央、国务院下发了《关于促进农民增加收入若干政策意见》,提出"进一步精简乡镇机构和财政供养人员,积极稳定地调整乡镇建制"的要求。2005年12月9日,全国人大常委会通过了关于废止《中华人民共和国农业税条例》的决定。取消农业税后,乡镇财政收入大大减少,为应对乡镇财政减少的压力,乡镇撤并是必然的选择。

当前,在国家不再向农民征收农业税且要给予乡村大量财政转移支付的背景下,如果能够按照强化公共服务、严格依法办事和提高行政效率的要求去推进乡镇撤并,则有助于重新理顺乡镇政府和农村基层的关系,从而推动农村基层管理体制的完善。

在梳理了我国农村基层组织管理体制变迁的脉络后,我们不难发现:从目前我国农村基层管理体制改革的进程来看,我国农村基层管理体制的变迁受制于整个国家的经济和社会发展程度及经济和社会管理体制。可见,农村基层管理体制改革是一个系统工程。农村基层管理体制变迁的内容远远超出村委会建设的范畴,需要理顺农村基层内部和外部的各种关系,是牵涉整个国家公共管理和公共服务体制的深层次变革。

第二节 我国农村基层管理体制面临的问题

探讨我国农村基层管理体制变迁的历史,有助于我们沿着历史的轨迹发现隐藏在问题之后的前因后果,从而更深刻地认识和剖析农村基层管理体制当前面临的问题。

一、农村基层管理的组织体系不完备

就我国大部分地区来说,村委会是法律确认的农村基层管理的主导力量。由于体制问题、传统文化心理等因素,农村实行村民自治之后,村民把过去对集体的依赖转变为对村委会的依赖。农村基层中介组织发展滞后,村民参与政治能力低下。另一方面,作为当前主要正式农村基层组织的村委会和本应该作为指导机构的乡镇机构存在着事实上的依附关系,而在表达和传递民意、管理农村基层事务以及提供农村基层公共服务中的作用却很有限。在经济不发达地区,农村基层自治组织能力较弱,主体地位不突出;而在经济发达地区,农村基层自治组织一般也是"眼睛向上",对上负责,很少听取本村村民的意见,这就造成了农村干群关系的疏远与紧张。村委会一方面成为政府的"一条腿"(办事机构),而不是村民的"头"(村民权益保护性机构);另一方面村委会"全能化"趋向日趋明显,似乎村委会应该而且可以满足村民的所有需求。

在一些地方,由于正式的农村基层自治组织作用有限,难以在农村基层公共生活领域有所作为,为了完成打井、整地、安排生产、村民的婚丧嫁娶、修房盖屋等小范围内的公共事务,有些已逐渐被村民的自发行为所填补。例如,土地承包之始,地块被分割得很零散,一户的承包地不过3~5亩,却被分割成7、8个小地块,不利于耕作。于是村民们通过私下交换,把小地块合并成大地块,方便耕作。此外,在打井、架设电线、改革耕作方式等事务中,也可见民间自发的行为。但这种非正式的村民自主结盟,其作用也是有限的。

总的来说,农村基层管理的各种组织体系在现阶段还很不完备。

二、参与农村基层管理的各主体职、权、责界限不清

除了农村基层管理组织体系不完备的问题,现有的农村基层管理体制存在的另一个突出问题是,在现有的正式的农村基层管理主体中,各主体之间职、责、权界限很不清晰。

首先,体现在村委会与乡镇机构及事业单位的关系上。依据《村民委员会组织法》,村民委员会的职能可以概括为村民自我管理、自我教育、自我服务。而在实际运作过程中,由于乡镇政府组织功能(主要体现为税收、计划生育、农村基层治安等行政性功能,以及教育、卫生、农村基础设施等社会服务性功能)下沉,权力集中在乡镇政府手中,事务却转嫁给村组织。其行为模式是自上而下地确立自己的考核指标,年复一年地进行检查评估,树立自己的"典型"或"模式",并凭借各自的政治资源和利用行政手段强制性推广。对于村委会来说,主要职责是完成乡镇政府交代事项,农村基层自身的功能弱化。乡镇政府的习惯性思维是把"农村基层"看作传统"单位"的替代物,沿袭"纵向到底"的政府管理模式,将自己的触角延伸到农村基层,总想把农村基

层组织纳入自己的队伍。所以,"村组织"名为村民自治,其控制权并不在村民手中,而是在乡镇政府那里。由于"村组织"手中掌握的资源很少,其权力基础十分薄弱,只能依靠乡镇政府的支持。如果"村组织"不听乡镇政府的"调度",或无法完成其布置的任务,乡镇政府就会考虑撤换"村组织"负责人的职务,另换他人。

其次,体现在村"两委"的关系上。现阶段,村"两委"的关系在乡村实际运作中并没有得到有效地理清,往往多数村的财务及发展事务实际上由村党支部控制,党的基层组织成了事实上的乡村发展的决策人,党的组织化使得乡党委与村支部之间存在明显的上、下级关系。由于这些原因,村党支部在农村基层中的角色较强并表现出一定程度的强势,这也使得村民的权利及政治主体性模糊弱化。

再次,体现在村委会和村集体经济组织的职能关系上。在集体经济较为发达的地区,村级企业的工业剩余,成为维系村级体制生存的主要资源基础。在这些地区,村民委员会与集体经济组织多"合二为一",村委会不仅是村级公共管理部门,而且是农村基层内集体经济组织的操作部门,经营集体经济组织成为这些地区村委会的主要职能。

最后,体现在村民和村委会的关系上。由于村民参与村务往往没有经验,而村委会事实上作为乡镇政府职能的延伸也使得其权利与义务的对等性受到削弱,同时其为了完成"任务"的决策过程不可能做到真正民主。所以,在一些地区农民选择消极参与农村基层事务。

三、农村基层财力支撑体系不合理

农村基层管理离不开一定的财力支持。长期以来,以农村支持城市的政策导致国家从农村汲取了大量资源,对农村基层各项事业的投入却不足。在集体经济较为发达的地区,村级企业的工业剩余成为维系村级体制生存的主要资源基础;而在集体经济不发达的地区,村级体制对农村基层的资源依附,表现在村级组织对农业资源的提留和征收。在这种资源流动模式中,由于农业剩余资源的有限性和财源不足,使得村级组织体制运转受阻,职能发挥不充分。很多贫困地区的村委会由于缺乏自治的财政基础,很难为村民提供有价值的服务。税费改革后中央补贴农民直补到户,依然不能解决公共物品供给不足的问题。此外,乡村两级取消收费项目,村的公共工程和公共事业(如小型水利、道路交通、用水用电、公共卫生)通过"一事一议"的方式解决。这造成两种后果:一是有些县级政府有甩包袱的心理,对村公共工程和公共事业不愿再承担责任;二是农民交税后,认为村公共工程和公共事业应由收税的政府承担,不愿再交钱,这使村缺乏财力为村民办事。

四、农村基层管理的运行机制和手段单一

农村基层管理机制在当前仍局限于自上而下的"行政支配型"运行机制,单纯依

靠行政机关和领导者的权力,通过强制性的行政命令直接去管理农村基层的事务,在管理事务的过程中仅仅发挥行政系统的主导作用。乡镇在对村民委员会进行指导时,更多地将其当作下级政府机构。"村民自治组织"也以乡、县两级政府权力的支持作为靠山。村民如果不服从农村基层组织的安排,一般情况下,他们只能调动乡镇政府或县政府的力量来解决。总的来说,多数的农村基层内部不能消除分歧而达成一致,农村基层生活处于被组织状态。

从基层组织活动的具体考察来看,他们在推动计划时,有时候根本没有机会让村民参与发展计划的拟定,召开村民会议只是政策传达的手段,同时,缺乏持续而有效的参与,也让村民不明白计划的重要性与对农村生活会产生何种影响。于是,在彼此应付了事与事不关己的互动模式里,往往一个小的引爆点就会引发村民激烈的行动。在村民自治实践中,村党组织和村委会往往缺乏自我协调的能力,因而不得不通过乡镇党委、乡镇政府甚至县或省来协调,这种被组织的社会成本远远高于自组织成本。

第三节 农村基层管理体制创新的理论资源

农村基层管理体制创新,有利于把握农村基层管理体制改革的正确方向,在此基础上科学地、系统地、有预见性地推进改革。

一、传统政治学的自治理论及农村基层自治理论

传统政治学"自治理论"的核心思想是强调行为主体的"自主权"。学术界将这种理论引入到农村基层自治研究中,自然得出农村基层自治就是农村基层居民通过自己选举产生的自治组织来管理农村基层公共事务。有学者认为,村民自治是指"农村村民群众在中国共产党的领导下,依据国家法律法规和政策,通过自己选举的村民委员会这一组织,办理与自身利益相关的村内事务,实现自我管理、自我教育和自我服务"。这种观点认为农村基层自治是政府管理之外的社会自治。

此外,依据20世纪后期西方地方自治的理论,有学者不赞成农村基层自治的"非政府"模式,认为农村基层自治就是地方自治,而非政府管理之外的社会自治。有学者主张,"没有一个选民直接选举出来的农村基层议会和农村基层政府,就没有农村基层自治可言"。因此,也有学者主张把农村基层定位在乡镇一级。但这种观点目前尚缺乏现实可行性:一是缺乏法律基础,二是缺乏基础性条件,三是缺乏体制性条件。

总的来说,自治理论强调政府组织与自治组织之间的分权,以保证农村基层组织成为一个独立的权力主体,这是有一定合理性的。但这种理论忽略了另外两个关键问题:自主的行为主体之间如何协调权利关系以防止冲突呢?他们之间的权利关系

是"自组织"协调还是"被组织"协调？正如农村村民自治制度实施以来，村民与村委会之间、村委会与村党支部之间、村委会与乡镇政府之间等各种权利关系一直得不到很好的协调。另外，在实践中，"农村基层自治就是农村基层居民通过自己选举的自治组织来管理农村基层公共事务"的观点也是行不通的。在农村基层，政府的行政权力在逐步下沉。如何防止政府将权力掌握在自己手中，而将事务转嫁给农村基层组织（如税收、计划生育、农村基层治安）？如何在政府组织功能下沉的同时转变政府职能，推进政事分离，剥离政府组织不必包办的专业性服务职能（如农业技术推广站、农村文化站、农业医疗站等）向乡村渗透？如何在政府组织、农村基层组织、经济组织、社会中介组织之间建立一种民主协商对话机制，以协调各方权利关系，同时，弥补各方所面临的知识、信息、能力、资源的不足，实现资源的倍增效应和产品的有效供给？在这种理论中都得不到很好的解决办法。

二、新公共管理理论

新公共管理理论主要包括三个层面的内容：一是政府管理职能的优化。即重新定位政府职能，解决政府该管什么和不该管什么的问题。主要措施包括：① 通过公共福利政策的改革，收缩政府的社会职能；② 通过放松市场管制，收缩政府的经济职能，通过国有企业的非国有化，减少政府直接管理企业的职能和责任；③ 通过裁减政府雇员人数，减少政府财政支出和财政赤字。二是政府公共服务的市场化。即改进政府提供公共服务的方式，解决政府该管的事情如何管好的问题。主要措施包括：① 合同承包，即政府将过去一直由政府部门提供的公共服务推向市场，由私营部门和非营利部门招标承包；② 公私合作，即政府以特许或其他形式吸引中标的私营部门参与基础设施建设或提供某项服务；③ 用者付费制度，即对部分具有消费可分性的公共物品和服务，按实际消费量向消费者收取费用；④ 凭单制度，即政府为某些特定人群提供特定的货物或服务，并发放有价证券，消费者在政府指定的公共服务组织（不是一家而是有许多家）凭有价证券购买这些货物或服务，政府再用现金把证券换回。三是政府内部管理体制改革。即引进企业管理的理论、原则、方法、技术和人才。通过分权和分散化改革，改革公务员制度，实行绩效管理，推进政府信息化等，提高政府工作效率和服务质量。

如前所述，就目前我国农村基层管理体制改革的进程来看，农村基层管理体制改革和创新仅仅局限于农村基层内部是难以真正取得成效的，农村基层管理体制变革是牵涉整个国家的公共管理和公共服务体制的变革。所以，新公共管理理论的积极意义在于：有助于认清政府定位（政府不宜包办农村基层事务），即使在政府必须介入的领域也应实现管理创新（运用市场化机制），并进行以转变"全权、全能体制"为目的的内部管理体制的改革。这就是说，需要重新架构公共管理和公共服务的组织结构，划分不同社会组织（如高层级政府、基层乡镇政府、农村基层自治组织等）的功能领域及权责界限，同时在此基础之上实现管理机制和手段创新。新公共管理理论对于我们从政府自身改革入手,推动农村基层管理体制的完善有一定的借鉴意义。

新公共管理理论的缺陷在于强调政府的主导作用,忽略对农村基层自治力量的培育,强调政府的管理技能而忽略授权技能。

所以,有必要引入下面的治理理论。新公共管理理论保留了对政府机构的关注,将其作为成功的关键;而相对新公共管理理论来说,治理理论跳出了政府作为主体的框架,而赋予各种民间组织以更大的空间。

三、治理理论

进入20世纪90年代以后,在国家及农村基层公共事务的研究中,治理已成为一个非常时髦的理论范式。由于不同的学者在运用"治理"概念时,其理论界定并无一定的标准,其所指往往纷繁复杂。关于治理的定义和使用范围,英国政治学家罗伯特·罗茨列举了六种不同用法:① 作为最小国家;② 作为公司治理;③ 作为新公共管理;④ 作为善治;⑤ 作为社会—控制系统;⑥ 作为自组织网络。我们将"治理"的边界框定在第五和第六种界定上。

从"作为社会—控制系统"和"作为自组织网络"视角切入的治理理论,有几个重要观点:一是行动主体多元化。治理理论认为,国家与市场无法满足需要,社会自组织网络是作为两者之外的第三个补充因素出现的。二是社会部门之间的传统界限模糊。传统公共管理假定在政府和私营部门之间,在营利部门和非营利部门之间存在紧张关系。在这种观点中,公共部门通过对合法使用暴力的垄断而著名,而这是凭借它对人民民主意愿的回应而取得的。而治理理论认为,包括政府在内没有一个单独的执行者能够实施它的愿望。治理的新格局使传统的公私界限更模糊,各种传统的组织界限被新型的治理模式所打破。三是机制的变迁。依据治理理论,单靠行政命令和基于公共权力的管制的单一模式被打破,不同组织之间的相互依赖、相互作用和平等协商成为运作机制的主调。信任和合作(而不是政府的行政命令或竞争)是社会自组织网络的核心机制。

总的来说,将该理论的思路运用到农村基层管理中,意味着单一的农村基层管理组织模式被多元行动组织模式所取代,传统的组织壁垒被跨组织、跨层级的信息和资源流动所冲开,单向的行政权力运作机制变为垂直双向和横向的依赖互动关系。而就当前来说,我国就农村基层管理体制的改革方案的设想过多地倚重于自上而下的行政管理体制的自我完善能力,或多或少地忽视了来自乡村社会潜在的自主能力和政治影响力。而农村基层管理体制创新更应该关注如何整合各种合作的机制以及让整个机制发挥更大的效果。所以,治理理论有一定的借鉴意义。

运用治理理论值得关注的一点是:要认识到在治理模式中,传统的组织形态(如村委会和乡镇机构)的地位可能会有所下降,它们的一些权力和功能被其他组织所取代。尽管如此,传统组织在权力资源和经济资源上仍有一定优势,因而有能力对地方管理施加影响。而这种能力的培养也是极其重要的。

第四节 各国农村基层管理体制创新的实践模式

当代各国农村基层管理体制创新的实践也可以为我国当前的农村基层管理体制改革提供一定借鉴意义。

一、赋予农业新价值的乡村治理：欧陆可持续发展的传承

欧洲内陆国家的一项重要农业政策就是说服农民在耕种过程里，改变过去密集种植和使用大量化学药剂助长的耕种习惯，融入可持续发展经营理念之中。特别是在强调可持续发展的欧陆思维里，农村经济早被视为是整个国家可持续发展的重要内容。农民的角色与价值不再只是生产作物者，更多地被赋予维护世人所赖以为生的土地与提供更高质量作物的使命。确立了这种新价值之后，欧洲乡村发展通常建立在中央与地方政府"合作协调"（coordinating）的机制上，各国政府已经普遍通过授权给地方政府以及由下往上的策略与机制来促进乡村发展。对于推动乡村政策，则更强调"公—私伙伴关系"（pubic-private partnership）以及维护公众参与的机制，即政府不再垄断公共事务，并建立种种制度性方案如"公办民营"、"公私合产"、"公私协力"等方式来让民间参与。但是非营利民间组织在经营及管理能力上往往还不够成熟，无法完全承担参与共同治理的责任。因此，政府还须通过不同的指导与训练过程，让非营利民间组织具备基本的"治理能力"，这样，非营利民间组织欲分享公共事务"治理权"的诉求才具有正当性。

二、乡村治理是乡村权力的调整：加拿大纽布朗斯维克省的案例

加拿大纽布朗斯维克省提出一种崭新且具实验性质的乡村地区治理模式。纽布朗斯维克省自从1995年"地方自治法案"通过以来，便积极筹备一个由9人组成的"自治法审查咨询委员会"以检验现在地方政府的权力结构与服务内容。从1996年2月到1997年3月，历经13个月对"地方服务地区"（Local Service Districts, LSDs）委员会资料收集与访问后，自治法审查咨询委员会发现省与LSDs间在权力、服务与权责方面经常产生冲突。地方服务地区经常抱怨省级政府无法依照地区居民的意愿提供具体的服务，同时，地方的决策权经常不被重视。而上级政府在财政预算日益紧张、不得不缩减过去所提供的服务项目时，经常面临究竟要缩减哪些政府服务项目或哪些地区预算的问题。因此，长久以来，地方服务地区与省级政府经常是处在一种紧张与对立的状况，而地方政府之间也因为要争取经费而处于相互竞争和无法合作的困境。因此，新的乡村治理模式企图让双方彼此之间能达

到双赢的局面。

新乡村治理模式并不是要推翻现有的地方行政机构,而是要鼓励地方服务地区政府积极演变成为更具效率且彼此相互依赖的新乡村政府。在此机制里,新乡村政府具有下列几项特色:① 新乡村地区虽被赋予政府的职责,但并非完全自治,也无须再雇用人员与增加机构;② 为了保护某些地区的独特性,认同并允许原有的 LSDs 成为特区或保留地(wards),这些特区保存有自己的税法与规划不同的服务项目;③ 每个新乡村地区允许有 5～7 个保留地,如此将减少原有 LSDs 数量与提升行政效率;④ 设立非正式 LSDs 咨询委员会,来督导新乡村地区行政与服务,各个保留区也可通过非政府咨询委员会来处理行政事务;⑤ 每个保留区选举一个代表,并撤销原有 LSDs 行政议会以降低政府层级与相关行政支出;⑥ 新乡村地区或保留地代表的选举,也配合加拿大全国三年一度的大选来产生;⑦ 地方税制并没有改变,但必须能够支付地方治安与交通服务的开销;⑧ 为让更多市民参与决策,将举办农村基层重大咨询与决策会议;⑨ 人民请愿权并没有改变,但是必须确定区分不同地区层级以符合法定人数的要求。

三、多元文化主义与充权的社会运动:美国阿拉斯加州的案例

多元族裔共存的乡村人口结构原本就孕育着分歧的文化价值、生活习惯与认知体系,然而在都市化与大众文化的影响下,乡村原有的多元文化价值与体系几乎彻底被瓦解。因此,乡村治理不仅考虑到地方权力结构调整的问题,更需强调"多元文化主义"的特色与"社会充权"的行动能力。1998 年,美国阿拉斯加州率先成立了"乡村治理与充权委员会",在 174 号行政命令里,赋予该委员会直接向州长与议会负责的权力,界定了由州政府授权的地方政府与部落治理间的权责关系,并增加了对地方自主的权限与控制机制,鼓励尊重不同主张、传统与文化的特色。同时,更需检查与改善目前所提供的各项公共服务(涉及公共安全、司法、经济发展、自然资源管理、教育与公共健康服务等)。

在他们的"愿景声明"(vision statement)里,确认所有居民皆有权让地区更具"自主能力",有权获得基本的公共服务,并且肯定这些多元文化、不同生活形态与农村基层类型所赋予的"生命力"。在充权的过程中用许多成功的小故事来跟所有居民作经验分享,其中包括:① 如何与居民沟通,让居民放下戒心(例如"第一杯咖啡"的故事、让居民先了解计划并赢得信赖);② 如何与居民构建一个适合当地需要的健康服务网络(例如健康预防、健康防护网与建立自尊、危机管理以及居家安全照顾等);③ 如何重建乡村的经济体系来解决失业问题(例如原居民猎渔技术与生活教育的训练);④ 如何与农村基层居民共同管理自然资源(例如告知居民国际保护组织对他们捕猎鲸鱼的看法,与居民共同制定狩猎与巡逻的规则)等。

四、韩国的新村运动

20世纪70年代开始,韩国在朴正熙总统主持下开始新村运动。在韩国,农民们没有地方自治的基础,没有习惯也没有途径自我组织起来,他们在社会发展中缺乏主动性。新村运动的第一个目标是农村启蒙。新村运动的第一步是在1970年免费发给全国33 267个村庄每村335袋水泥,平均每户四袋,用于村庄建设。国家制定了一系列建设项目,但项目的具体建设方式由村民开会集体研究决定。在新村运动历年来的总投资额中,政府约占50%,其余由农民自筹。此外,政府通过扩大经济作物、饲养专业区和提高农产品收购价格提高农民收入。朴正熙时期的新村运动体现了政府在特定时期对农村经济干预的加强,以及在资源分配、计划指导和组织动员等方面的加强干预;但另一方面他又不是包办代替。新村运动促进了农村民间组织(如农协)的发展。朴正熙之后,新村运动经过调整后,政府更致力于建立和完善民间组织,将政府主导的"下乡式"运动转变为民间自发的更注重活动内涵的活动;政府只是通过制订规划、协调、服务以及提供财政支持手段来调整农业结构,进一步发展多种经营,大力发展农村金融业、流通业,以提高农民收入。

以上不同国家农村管理体制创新的实践经验对我国农村基层管理体制改革和创新有一定的借鉴意义。特别值得关注的是,各国国情虽有不同,但上述各国农村基层建设和管理的共同特征是重视农村基层力量的主导地位和参与机制。这一点对我国农村基层管理体制改革有重要的借鉴意义。在我国农村地区,历时较长的强调由上到下、专家导向以及政府主导推进的农业与农村发展政策,现阶段显然面临着挑战。

第五节 完善我国农村基层管理体制的启示

我国的国情与西方发达国家相比有很大的差异,国家及农村基层公共事务管理的水平以及改革所面对的问题也有许多不同之处。因此,我国不可能也不应该照搬西方发达国家的做法。同时,在我国各地的情况千差万别,不能采取"一刀切"的改革策略,并非一定要构建一个农村基层管理体制非均衡状况的理论体系和实践模式。但这并不排除我国在改革中吸收和借鉴一些先进的理论资源和成功的实践经验。总体来说,在深入探究我国农村基层管理体制的历史发展脉络及现存问题的基础上,我们认为上述的理论资源和实践经验对于当前我国农村基层管理体制创新至少有如下几点启示。

一、明确农村基层管理体制改革的目标取向和价值基础

当前,农村基层管理体制改革的关键是:在以工补农的背景下,重新确立农村基层管理的目标取向,即由主要服务于资源提取,转向主要提供优质的农村基层公共物品和服务,大力发展基层事业,不断提高居民的素质和整个基层的文明程度,努力建设管理有序、服务完善、环境优美、治安良好、生活便利、人际关系和谐的新型农村基层。

在此基础上,完善农村基层管理体制还要立足于农村基层的价值重构,即要重建协作伦理与和睦共处的价值观。传统意义上的中国乡村固然有共同的伦理与价值体系,但每个村庄却因为环境与资源等关系,形成了各自不同的、与自然相适应的生产与生活的传统,不同的村庄总是有细微的差异的。当前,以推动"社会幸福"为目标的新农村建设,应该建立在推动各地乡村过上他们认为有价值的生活的能力提升的基础上,这就使得我们在具体行动中必须考虑每一个农村基层文化与传统的选择,支持农村基层的各种主体性。

二、重构农村基层管理的组织体系及其职、责、权关系

如果以"能否在农村基层范围内提供健全的公共服务设施和服务机构、较完善的整合人际关系的社会服务体系"为判定农村基层管理体制好坏的标准,那么,仅仅按照传统自治理论把基层管理理解为"村民通过自己选举的自治组织来管理基层公共事务",现实中的很多困局就难以理清。所以,必须借鉴新公共管理理论和治理理论以及各国农村基层管理体制创新成功的经验,在重新定位农村基层内外各类组织的职责权边界的基础上,建立一种由多元主体共同参与的网络管理体系。这就需要使各类组织从过去纠缠不清的复杂关系中解脱出来,实现各参与主体的职能优化,从而发挥最大的整合优势。而实践也证实了这是一种有效的办法。

各种管理主体的职、责、权界限应根据各自承担农村基层事务的内在属性加以理顺。

(1)"监督村民自治是否符合法定程序,村委会在具体工作中是否有违法行为"应该成为农村基层党支部的主要职责。农村基层党支部对发现的问题要及时向乡镇反映,由乡镇依法出面予以干预和纠正。所以,该机构应该作为乡镇党委和政府的派出机构,由乡镇任命,并由乡镇负责工作经费。

(2)行政性事务应该由相应的行政部门来独立承担,禁止转嫁给村委会。也就是说,乡镇政府应该在理顺自身职能的前提下保存少数必需的政府部门(如税收部门、计生部门、公安部门等)深入到农村基层,与村委会建立合作机制,而不是简单地将这些事务转嫁给农村基层组织。

（3）专业性服务应该由社会性服务组织提供。原先依附于政府的各种事业单位（如：供水、供电、供气、农业技术推广等基础设施提供机构；文体中心、幼儿园、小学、医疗保健中心等教育、文化医疗类机构；慈善、福利类组织）要从依附于县或乡镇的行政系统中独立出来，成为独立的社会性服务组织；此外，还应培育农民协会、农村经济合作社等各类服务于农民社会、经济生活的中介组织。社会性服务组织与政府的关系应该是：它们是具体的服务者或生产者，政府应该是服务的安排者、管理者和监督者。这有利于政府监督它们的服务质量和态度而不是"袒护"。

（4）农村基层外的政府立法机构和指导机构应该负责制定与应用法律制度确立地方性的集体选择规则，并指导农村基层利益相关者建立民主协商机制。

（5）民选的村委主要负责农村基层内共同利益的主张和维护。为此，村委会必须从与政府部门、党组织、村集体经济组织所形成的"纠缠不清"的关系中摆脱出来，主要负责农村基层内的公共事务。

（6）农村基层内部小范围的公共事务，可以通过村民自主结盟来提供，这可以预防村民对村委会的过度依赖。

在这种新的管理组织体系中，无论是正式组织还是非正式组织之间都应该是水平式权力关系，是面对面的协商关系结构，而不是垂直式权力关系结构。为了更好地理顺各参与主体的权责关系，可以借鉴前述加拿大的经验做法，建立权责关系的协调机制，以一定的组织形式恢复农村基层自组织功能，重建政府组织、农村基层自治组织、农村基层中介组织、农村基层内企业、村民之间的合作伙伴关系。

三、重建农村基层管理的财力支撑体系

一些国家基层自治之所以能够正常运转，很重要的一条就是有经费保证，否则基层自治及其独立性必将名存实亡。农村基层的财力基础必须加强，才能增强其提供公共物品的有效性。所以，在优化政府职能和打破传统组织壁垒的基础上，需要进一步重新构建农村基层管理的财力支撑体系。既然多元主体共同参与农村基层管理，农村基层管理的资金完全由政府大包大揽，或是过分倚重农村基层，都是不可行的。

用于农村基层公共管理和服务的资金来源应该包括两类：

一是来自政府的财政支持（包括来自各级政府的直接财政拨款以及转移支付）。在城市反哺农村的大背景下，今后中央政府和地方政府都要按照统筹城乡发展的要求，进一步加大对乡村的资金投入。但是必须在考虑农村基层各类事务的属性以及地区差异性的基础上合理安排财政转移支付的比重，政府资金投入才可以变得更合理、有效；另外，诚如2006年中央"一号文件"所指出，"我国当前只是初步具备了加大力度扶持三农的能力和条件。考虑到各地差异，政府能力的有限性会更加突出。"所以，在政府资金投入上，不能采取一刀切战略。对于农村基层内的

公共性服务而言,中央、省财政应该负责外部性很强的公共事务(如水、电、路、气、通讯、广电、中小学校舍、乡村医院、义务教育、公共卫生);地方政府财政主要负责农村基层性很强的公共事务,如村容村貌、村文化站、垃圾处理场等。分地区来看,东部地区的基础设施和公共服务应主要由地方承担,中西部地区由高层级政府转移支付。

二是来自农村基层内部的资金。按照多元主体共同参与农村基层管理的逻辑,除了政府财政拨款、各级政府转移支付等政府支出外,还必须建立政府以外的多元化成本承担机制,如农村基层自治组织收益、村民集资、企业及其他社会团体捐赠等。

四、突破思维定势,实现管理机制和手段的创新

首先,必须改变自上而下的行政主导型管理机制,建立法律约束机制、协商对话机制和参与机制。政府要通过"农村基层外政府立法机构"强制性输入法律、法规和政策以及"农村基层外政府指导机构"的强有力指导和协调,逐步建立农村基层内政府机构、农村基层自治组织、农村基层中介组织、村企、村民之间的民主协商机制,合作治理农村基层公共事务,有效地满足村民需求,从而构建农村基层内的民主协商规则。在此基础上,再提高村民参与程度,注重互动机制,通过有效的沟通和让村民能有效且持续地参与来降低彼此的不信任感,让基层组织与村民在知道彼此的底线后,通过"协商机制"找寻一个可以妥协与忍受的选择。这是农民素质在不断提高和觉醒的必然结果与佐证。

其次,还要改变对农村基层公共事业供给资金的方式。如国际上大力推行的凭单制度,既有利于削弱职业性利益集团对政府公共服务决策的影响,使企业为争夺消费者手中的有价证券而展开竞争,从而提高服务质量,也有利于杜绝政府部门在提供公务服务中的权力寻租现象,对此应该积极予以借鉴。

再次,要改变以往不重成本、不讲效益、不注重投入效果的缺陷,引入竞争机制,发挥市场竞争在农村管理中的作用,提高农村基层管理的管理效率。政府可以把部分公共事业承包给私营部门,政府只负责确定公共服务的数量和质量标准,并监督承包合同的执行。这样做,既可以为私营经济发展腾出空间,又可缩小政府规模、节约成本,还可提高公共服务效率。目前,这一形式在乡村治理中运用得还很少,可以有计划地进行试点和探索。

当前,我国正在大力推进新农村建设,能否实现农村基层管理体制的创新,应该是新农村建设能否取得成功的关键。正所谓"条条大路通罗马"。但为了找到最正确、最便捷的道路,而不走或少走弯路,我们必须深入探讨农村基层管理的新体制。我们认为,把我国广大农村目前的"行政村",作为一个农村社区,进行规划、建设和管理,是通往社会主义新农村美好图景的正确路径。

第六节 中国农村村级组织管理概述

一、村级组织的概念和特点

1. 村级组织的概念

"村"作为我国农村中的最基本的区域性社会单位,是农村中社会、政治、经济的一个细胞。村级组织就是这个最基本的区域性社会单位中,为完成特定的社会目标,执行特定的社会职能,并按照一定的章程、程序而进行活动的人群共同体。它是根据《中国共产党章程》、国家法令、政府指令及经济、政治、文化各方面的需要而建立起来的社会组织。主要包括政党组织和基层群众组织。中国共产党在村的基层党组织,主要是村党支部。村基层群众组织包括村民委员会、村经济组织、工会组织、共青团、妇代会、民兵等组织。

2. 村级组织的特点

村级组织要承担上级党组织和政权组织下达的任务,又要负责本村的自我管理,是党和政府联系群众的桥梁和纽带,是领导和带领群众进行社会主义物质文明、政治文明和精神文明建设的基层组织。农村基层组织的地位和任务决定了它有四个显著特点。

(1) 较强的执行性。任何一级管理组织,都具有作出决策和执行决策两个方面的职能。越是往上,作出决策的职能越强,而执行决策的职能越小;越往下,作出决策的职能越弱,而执行决策的职能越强。村级组织处于全国组织系统的"神经末梢",执行职能特别突出。"上头千条线,下面一根针"。上级党组织、政府以及各部门下达的指令,都要靠基层组织贯彻落实;群众生产生活中出现的矛盾和问题,都要靠基层组织处理和反映。

(2) 广泛的群众性。坚持自我教育、自我管理、自我服务,实行村民自治,是村级组织的重要特征。农民群众是村里的主人,基层组织扎根在群众之中,是农民群众的代表。依靠群众开展工作,是搞好农村管理工作的重要途径。坚持实行民主决策、民主选举、民主管理和民主监督,有利于调动村民参与本村管理的自觉性和积极性,是贯彻群众路线的重要体现。

(3) 直接的服务性。搞好农村各项服务,是增强农村基层组织凝聚力的关键。农村管理组织只有搞好服务,关心群众的生产和生活,为群众排忧解难办实事,群众才会相信他们、依靠他们、拥护他们和支持他们。同时,由于农村基层组织处在农村经济和社会活动的第一线,群众对本村管理组织的工作看得见、摸得着。因此,群众往往从本村管理组织的状况看党和政府的形象。所以,农村管理组织搞好服务,是稳定社会、树立党和政府威信的重要基础。实践证明,哪里的管理服务搞得好,哪里的干群关系就好;反之,哪里的干群关系就紧张,村级经济就发展迟缓。

(4) 较大的稳定性。农村管理组织和其他各级管理组织相比,具有较大的稳定性。组织机构设置比较稳定,在村级随着经济的发展经济组织会发生变化外,其他组织都很稳定;组织人员也比较稳定,基本是本村土生土长起来的,工作时间都比较长。

二、现阶段农村村级组织的分类

根据目前我国农村村级组织的实际情况,从农村村级组织的形成基础出发,按其所从事的基本活动的性质和社会功能来进行分类,可以有如下四种类型。

1. 经济组织

经济组织是人类社会最基本最普遍的社会组织,它担负着为人们提供衣食住行和文化娱乐等物质生活资料的任务,履行着社会的经济职能。村级经济组织是组织农村社区生产和生活的社会组织。农村最基本的经济组织是生产组织,包括村的合作经济组织、家庭承包专业户、私营和股份制等经济联合体。随着农村经济的发展,除了生产组织外,还涌现了流通、运输、建筑和商业服务组织。这些组织为农业的产前、产中、产后和方便农民群众的生活提供多种服务,既安置了大量农村劳动力,也是增加农民收入的主要途径。农村经济组织实力的增强,不但推动了农村经济的发展,还大大改善了农村村容村貌,提高了农民群众的生活水平。

2. 政治组织

政治组织是人们在政治领域中的组合形式,它出现在人类划分阶级以后。在现代社会中,政党往往集中了本阶级中的优秀人物,代表本阶级的利益和意志,为本阶级提出奋斗目标,制定方针政策。中国共产党是中国人民的领导核心,没有这个核心,中国人民的革命和建设事业就不可能成功。中国共产党在村的基层组织一般设党支部,根据党员人数有的村设立了党总支和党委,它们是农村各种组织和各项事业的领导核心。

3. 群众组织

村民委员会是全体村民"自我管理、自我教育、自我服务"的基层群众性自治组织,是国家政权在农村的基石。村委会按照《中华人民共和国村民委员会组织法》,组织村民开展村民自治活动,办理本村公共事务和公益事业,推进基层民主政治建设,在密切政府和群众的关系、进行两个文明建设中发挥作用。除此之外,在村的群众组织,都是上级组织的下属机构。如共产主义青年团、妇代会和民兵等组织。这些组织在党和政府的领导下,广泛团结各阶层、各领域的人民群众,开展各种有益活动,为社会主义现代化建设贡献力量。

4. 文化科技组织

文化科技组织是以满足人们各种文化科技需要为目标,以文化科技活动为基本内容的社会组织。农村文化科技组织包括各种教育、文化、科技和医疗卫生等组织。

在村里,有学校、幼儿园、广播站、图书馆、俱乐部、老年活动室、卫生室等。

上述列举农村几种主要的社会组织形式,都是由党和政府建立的正式社会组织。除此之外,随着农村经济和农村社会的发展,还出现了一些由农民群众自行创办的非正式社会组织。这些非正式的社会组织大多数是在党的十一届三中全会之后,由于农村生产力和商品经济的迅速发展,原有的社会组织已不能满足农村经济文化发展的需要应运而生的。目前,在乡镇或村里的非正式社会组织,由于各地情况不一样,所以名称也不一致。但是不管怎样,要在基层党组织的领导和指导下,对一些经济效益、社会效益显著的群众自办的非正式社会组织加以扶持,使它们在促进农村社会主义物质文明和精神文明建设中发挥更大的作用。

三、农村村级组织的演变

从中国的历史发展来看,封建社会里农村社会组织是以小农经济为基础,以封建家长制、宗法制为核心,以血缘、地缘联系为纽带,在农村实行封建统治。这种社会组织结构,一方面使家庭、家族、宗教表现出较强的凝聚力,以适应统治阶级的需要,另一方面又使超出上述社会关系之外的社会组织很难生存和发展,由此造成农村社会整合中的离散状态和无组织性。所以,近代之前的中国农村社会,就其社会组织的种类和功能来说,还是一个组织程度很低的社会。

新中国成立以后,经过土地改革,推翻了几千年的封建制度,广大农村普遍建立了乡人民政府和共产党、青年团、妇联、民兵、农民协会等社会组织,使中国农村社会组织有了很大的发展。尤其是经过20世纪50年代初期、中期的互助合作和公社化运动,在广大农村又普遍建立起了互助组、初级社、高级社和"政社合一"的人民公社等经济、政治组织,使中国农村社会变成一个高度组织起来的社会,改变了旧中国农村一盘散沙的局面。当时的村级组织是生产大队一级,它根据公社的指令,组织生产大队以下若干个生产小队进行农业生产活动,以完成公社制定的目标。但是,由于全国农村实现高级合作社和人民公社以后,作为社会组织的农业高级社和人民公社,对农村集体经济实行统一经营、共同劳动、统一分配等高度集权化管理,对广大农民的生产、分配、生活和社会活动统得过死,极大地压抑和限制了农村家庭和邻里等社会群体在发展生产、促进流通和消费等方面功能的发挥,阻碍了农村生产力的发展。1978年,党的十一届三中全会以后,党中央在农村普遍推行了家庭联产承包责任制,进行了一系列的农村经济体制和政治体制的改革。1984年以后,取消了"政社合一"的人民公社体制,恢复乡政府等社会组织,以原有的生产大队为基础,采用"一大队一村"的做法,通过民主协商和群众选择,建立村民委员会,生产小队改为组,克服了高度集权化管理的弊端。在此基础上,获得了第二次解放的广大农民,在改革开放和社会主义现代化建设的实践中,正在创造出各种新的社会组织形式,如各种新的经济联合体、农工商联合公司、专业协会、社区服务体系等。

在中国经济体制从高度集中统一的计划经济向社会主义市场经济转变的过程

中,原有的农村社会组织格局必将会发生根本性的变化。

四、村级组织管理的概念

农村管理是指农村管理机构、管理者,为实现一定的管理目标,采用各种管理方式、方法对农村的各项事业、各种活动所进行的计划、组织、指挥、协调和监督等项活动的统称。农村管理作为一项重要的实践活动,主要是由四个基本要素构成:一是农村管理的主体,即农村管理者。它主要是指农村党支部、村民委员会以及这些管理组织机构中的领导者和管理人员。没有主体构不成管理,也就无所谓管理。二是农村管理的客体,也就是被管理者或管理主体作用的对象。它主要是指实现管理目标所需要投入的人、财、物及其有关部门的各种实践活动。没有管理的对象,管理活动就是空洞的、毫无意义的。三是农村管理的方式和方法,即管理主体通过什么途径,采用什么样的形式和方法作用于管理客体。管理方式方法不恰当,管理的目的往往达不到。四是农村管理的目的。任何管理活动都有一定的目的,无目的的管理是不存在的。上述四个基本要素,实质上回答了农村管理中的谁来管,管什么,怎么管和为什么管的问题。

五、村级组织管理的性质和职能

1. 村级组织管理的性质

管理作为人类社会活动的一种最基本的实践活动,具有两重性质。这是指一方面,它是进行社会化大生产的必要条件,是组织协作劳动过程的一般要求,由此形成管理的自然属性。另一方面,它又是社会生产关系的具体体现,是实现生产目的的重要手段,由此形成管理的社会属性。社会主义管理具有两重性。在生产力方面,它的自然属性表现为合理组织生产力,组织社会化大生产的基本职能。在生产关系方面,由于生产资料公有制代替了资本主义私有制,管理的权利属于劳动者,管理的目的是为了发展社会主义生产力,维护和巩固社会主义生产关系。

农村管理是社会主义管理的组成部分,同样具有两重的性质,即具有合理组织农村生产力,组织农村社会化大生产的基本职能和改善劳动生产条件,正确处理农村人与人之间的关系,协调农村各部门、各环节、各方面的相互关系的职能。由于农村管理是建立在生产资料劳动者集体所有制的基础之上的,因此,农村管理就其社会属性而言更具民主性,管理的目的则是巩固与发展社会主义在农村的阵地,在提高农村社会效益、经济效益和生态效益的基础上,实现村民的共同富裕。

2. 村级组织管理的具体职能

(1)计划职能。计划职能是管理者事先确定目标和实现这些目标的原则、方法、步骤和手段等完整方案的全部管理劳动。计划职能分为四个阶段,即确定目标、预测、决策和制订方案。农村管理的计划职能就是通过调查研究,预测未来,确定农村经济和社会各项事业发展的目标和方针,制定和选择方案,综合平衡,作出决策,然后制订出全体村民的行动纲领和具体措施。计划职能是农村管理的首要职能,也是农村管理的出发点。

(2) 组织职能。组织职能是为实现系统的总目标和总任务,进行各种要素配置的管理活动。任何一个系统的目标和任务,都包括一系列的次目标和次任务,通过对这些次目标和次任务进行分解,并按内在联系进行要素配置,才能保证总目标的实现。这种管理劳动就是组织职能。农村管理组织职能就是按照农村经济和社会事业发展总目标和总任务的要求,对农村的人力、物力、财力等各种要素进行合理配置,使其形成一个有机整体,充分发挥它们应有的作用。农村管理组织职能的执行重点在于建立从事各种活动的组织体系及管理组织体系,诸如建立健全农村管理机构和规章制度,科学地组织生产经营和其他各项社会活动,挑选和配备各类人员,适时地进行调配和调整等。

(3) 指挥职能。指挥职能是领导者依靠权威,指挥下属从事某种活动的管理劳动。指挥职能是领导者的基本的和首要的职能,没有指挥就谈不上领导。农村管理的指挥职能,就是农村领导者以发布命令、指令的方式对农村各类人员的领导和指导。俗话说:"人无头不走,鸟无头不飞",就是对指挥者及其指挥职能的概括。

(4) 监督职能。监督职能也称为控制职能,是指保证实际工作与工作质量标准相符合的那些管理劳动,即管理者保证实际工作与计划一致而采取的行动。农村管理的监督职能,就是农村管理者根据管理计划的要求,监察农村经济活动和社会各项活动的实际过程,发现实际情况与原定计划的差距,并分析其原因,采取必要措施的职能。监督与计划的关系十分密切,监督要以计划为依据,而计划要靠监督来保证实现。

(5) 调节职能。调节职能是消除经济和社会活动过程及管理过程各环节、各要素之间的不和谐现象,以便加强相互间的配合力,达到协调发展的管理劳动。农村管理的调节职能,就是协调农村内部各单位、各部门的工作,协调农村各项生产经营活动和社会活动,使它们建立起良好的配合关系,不发生重复和矛盾,以有效地实现农村各项目标。要做好调节工作,关键在于使全体村民对本村各项目标、方针、决策、计划和规章制度都能清楚了解,树立全局观念,互相协作支援。

农村管理工作的五个具体职能,是互相联系、互相制约、不可分割、不可偏废的。农村领导者必须全面运用。

六、村级组织管理的特点

农村管理工作具有以下特点:

1. 综合性

农村管理工作的综合性主要表现在:

(1) 农村管理是以村为特定范围的基层管理。在一个村的范围内,人们的社会活动十分复杂和广泛。不仅包括生产领域里的各种经济活动,诸如农、林、牧、副、渔、工业、商业、交通、服务业等经济活动,而且还包括非生产领域里的科普、文教、体育、卫生、普法活动,还包括社会生活中的治保、调解、救灾、扶贫、优抚和宗教、婚姻、丧葬等活动。农村社会活动的复杂性和广泛性,决定了其管理内容、管理对象的广泛性和复杂性。农村管理者必须对管理范围的各种社会活动统一组织和综合协调,才能正确处理好农村的各种社会关系。

(2)农村管理要综合运用各种管理的方法。任何一种管理方法都只能在某些领域或某一方面发挥作用,要对农村范围内的各种社会活动卓有成效地进行组织和协调,必须将一切有效的管理方法综合运用。比如,在经济领域要建立农村社会主义市场经济,在管理方法上,首先要重视经济方法,运用经济杠杆来协调经济活动和经济利益。其次,为了处理好国家、集体和农民个人之间的利益关系,还应有必要的行政措施加以协调。再次还必须运用法律方法,使经济方法和行政措施得以正确地发挥功能。最后,还要通过思想教育方法,使农民和农村基层干部,在为建设社会主义新农村的基础上团结起来,共同奋斗。总之,只有综合地运用各种有效的管理方法,才能使农村各项社会活动协调一致进行,才能有效地推动农村经济和各项社会事业的发展。

2. 民主性和自治性

在社会主义条件下,广大劳动者作为国家的主人,既是管理者,又是被管理者;既有参与管理的权力,又有监督管理的权力。村民委员会是农村管理的主体之一,而村民委员会的设置是根据便于提高发扬民主,便于联系群众,便于开展群众的自治活动,便于提高工作效率和减轻村民负担的原则而设立的,它是一村范围内的村民自愿组成的代表自己利益的组织。它的主体是村民,实行的是人民民主管理形式。因此,农村管理具有广泛的群众性和民主性。所谓自治性,是指农村在上级人民政府的指导下,在国家法律和政策的范围内,发动群众,依靠群众,自己管理自己,自己教育自己,人民自己当自己的家,并本着大家事情大家办的原则,自力更生,齐心协力地自己解决自己生产、生活中的问题,特别是政府力所不及而又事关群众切身利益的问题。

3. 整体性

任何一个村既是社会主义农村体系中的一个基层单位,又是一个相对独立的有机整体。构成农村整体的各个组成部分,都是这一整体的有机成分,并且各组成部分之间相互作用,互相联系,有着共同的发展目标和利益。农村管理就是对这样一个有机整体进行有效的管理,在整个农村范围内,调节社会劳动,合理利用人力资源、物力资源、财力资源及各种自然资源。农村任何一个方面的管理,都必须以本村农民的共同利益为出发点和归宿,都必须服从全局,要使之有利于全村整体目标和整体利益的实现,决不允许任何管理活动脱离全村整体目标和整体利益。

4. 科学性

农村管理理论体系是以马列主义世界观、方法论为指导,在总结农村管理经验的基础上建立起来的,能自觉地运用客观规律,按客观规律的要求办事;综合运用各种管理方法,把定性研究和定量分析结合起来。因而,具有较高的科学性。

5. 效益性

任何管理都是以提高经济效益为直接目的和根本出发点的。农村管理同样如此,要争取以最小的投入获得最大的产出,以最小的劳动消耗获得最大的社会经济效益。农村管理的这一目的性,决定了在管理过程中,从管理目标的确立、决策的进行、计划的编制到管理体制的改革、管理方法的采用以及管理人才的培养、选拔和使用等,每一个环节都关系到经济效益问题。只有对每一个环节科学管理,互相协调,才能获得较好的管理效益。

七、村级组织管理的原则

农村地域广阔,各地村组织及其管理的内容差异很大,每个村都有各自的特点和发展目标要求,因此在管理上很难有一个统一的标准或模式。但是作为村一级组织体系的这个群体,在对所管辖区域内行使管理时,应当坚持唯物论,尊重辩证法,一切从实际出发,按客观规律的要求办事。具体讲,应遵循以下原则:

1. 物质文明、政治文明和精神文明一起抓的原则

三个文明一起抓,是党中央的一个具有战略意义的指导思想,同时也是农村管理工作必须坚持的一条指导原则。物质文明与精神文明是互为因果,互为条件,互为目的的,物质文明是精神文明的基础和源泉。但是,社会主义精神文明不会由于物质文明发展提供基础而自然发展,必须由共产党领导广大群众凭借这个基础,自觉地、坚持不懈地进行艰巨的工作才能发展。同时,物质文明的建设还需要社会主义精神文明为它提供精神动力。由于农民群众受封建思想的影响很深,更需要普及科学知识,提高农村文明程度。村级组织在日常的管理工作中,既要加强物质文明建设,发展集体经济,增加农民收入;同时,要加强与本村实际相符合的精神文明建设,提高农村文明程度。经验表明,精神文明工作有特色、做得好的地方,会对人的思想和思路的开拓、村的经济发展带来很大的影响。因此,农村管理工作一定要把精神文明落实到经济工作和一切业务活动中去。

2. 经济、社会、生态协调发展的原则

农村是一个由经济、社会、生态等组成的大系统,是一个有机的综合体。农村经济发展受社会和生态因素的制约,在发展经济同时考虑农村社会和生态的因素,对整个经济发展会产生促进作用。因此村级管理工作应当树立整体性和协调性的思想,以此为指导和出发点来考虑问题。如在确定经济发展的方向与结构、制订村发展规划、对外交流联系等都要坚持这个原则。

3. 正确处理国家、集体、个人三者之间的关系,贯彻物质利益的原则

农村管理工作既包括社会生产力的组织,也包括生产关系的处理。无论是组织社会生产力,还是处理生产关系等都与国家、集体、个人三者的利益密切相关。三者

关系实质上是个物质利益问题,物质利益是生产关系(即经济关系)的具体表现,是人们进行社会生产活动的动因,如果三者关系处理不好就会挫伤人们的积极性,给管理工作带来障碍。因此,必须正确处理国家、集体、个人三者之间的关系,贯彻物质利益的原则。

4. 依法治村、民主管理的原则

村级组织在日常的活动中,会遇到许多问题,有些是政治性强,有些是政策性强,有些是社会性强。对于这些问题,在处理时不能凭个人意愿和爱好来处理,要充分利用各种法律法规,以此为标准来管理和处理一些问题,这样农民可能就会接受。贯彻民主集中制的原则,一方面是管理机构在进行决策时,要坚持少数服从多数、下级服从上级的民主集中制原则;另一方面要求实现劳动群众参加村管理活动和对管理进行广泛的监督,实行村务公开,这样才能造成民主宽松的环境。

5. 建立健全责、权、利相结合的责任制原则

生产资料公有制为主体的经济体制和社会化大生产的特点要求在管理工作中实行责、权、利相结合的责任制度。责、权、利相结合是指在管理工作中正确划分各个方面的责任、权力和经济利益,并使各方面密切配合,协调一致。

6. 按各自章程管理的原则

村级组织内各级组织由于其性质不同,因此,各自的管理内容不同,对象也不一样,这就需要根据各自组织的章程和规定来进行管理。

 本章练习

一、名词解释

管理　组织　村级组织　村级组织管理

二、简答题

1. 简述管理的职能。
2. 简述组织活动的基本任务。
3. 简述组织结构。
4. 简述村级组织管理的性质和职能。
5. 简述村级组织管理的特点原则。
6. 简述村级组织管理的方法。

三、论述题

1. 结合实际,请你谈谈新时期加强村级组织管理的意义。
2. 试述我国农村基层管理体制变迁的历史。
3. 试述我国农村基层管理体制面临的问题。

第二章　新农村基层组织建设

 案　例

山西黑砖窑虐工案震惊全国

2007年5月,山西洪洞县广胜寺镇曹生村的黑砖窑虐工事件被曝光。该黑砖窑老板是曹生村支书王东已的儿子,工头是河南安阳人衡庭汉。窑场31名农民工中,有23人是被拐骗的。这些被拐的农民工被窑主非法拘禁,长时间与外界隔绝。被强迫干危险的重体力劳动,每天工作15小时以上;被施以非人待遇,一日三餐就是吃馒头、喝凉水,没有任何蔬菜,每顿饭必须在15分钟内吃完;睡觉的地方是一个没有床、冬天也不生火的黑屋子,门外有5个打手和6条狼狗巡逻;干活时只要动作稍慢,就会遭打手无情殴打。去年腊月,打手赵延兵嫌甘肃民工刘宝动作慢,竟用铁锹猛击刘宝的头部,当场致其昏迷,第二天死在黑屋子中,几名打手用塑料布将尸体裹住,随便埋在荒山。

山西省在随后的排查过程中发现还有数百座黑砖窑,而且这些黑砖窑中普遍存在未成年被拐骗窑工,有几百名小至八九岁,大不过十七八岁的孩子被贩卖至其中做苦力。这些农民工被迫在恶劣的工作条件下超时劳动,失去人身自由,还要经常遭受殴打,现代包身工惨剧的上演使得举国震惊。

山西省一些黑砖窑的严重问题经媒体披露后,引起高层领导人的密切关注,领导同志相继作出重要批示。中华全国总工会书记处书记、纪检组长张鸣起一行到洪洞,对黑砖窑案的查处进行督促、调查,张鸣起称黑砖窑事件"非常震惊、令人发指"。山西省委、省政府高度重视此事,多次询问该案的进展情况,省长于幼军代表省政府向受到伤害的农民工兄弟及家属表示道歉,并向全省人民检讨。洪洞县委主要负责人向受害农民工正式道歉并发放慰问金。目前,山西省已全面开展了"打击黑窑主,解救拐骗民工"专项行动,洪洞县黑砖窑虐工案件相关窑主、包工头等已被逮捕归案。

点评

黑砖窑案件反映了农村基层组织的黑恶化迹象。改革开放后,国家基层政权组织设置在乡镇,在村一级出现了行政权力的真空现象,由于村民自治过程中的民主选举、民主决策、民主管理和民主监督在一些地方没有得到真正的落实,村民的民主权利在一些地方没有得到依法保障,一些乡村黑恶势力沉渣泛起,甚至通过各种方式和手段侵入到了基层组织中。根据有关学者的调查,我国部分农村基层政权和基层组织出现了黑恶化的迹象,乡村干部为了完成各种"任务",假借地痞流氓之手恫吓和强迫农民成了一种习以为常的"工作方法",恶霸和地头蛇控制农村基层组织的情况十分严重,黑恶势力进入县乡政权直接掌握国家权力的现象也屡见不鲜。山西黑砖窑案件正是村干部利用权力雇用打手等黑恶势力为非作歹的典型。农村基层出现的黑恶势力和有些基层干部相互勾结,形成了密切的利益团体,其表现就是黑恶势力的官员化和官员的黑恶化。农村基层组织的黑恶化使得一些基层干部成为无视国家法律权威和民意的一方霸主,为非作歹,欺压百姓,导致民怨沸腾,农民与基层组织和干部的矛盾激化,甚至发生激烈的社会冲突,侵蚀了国家政权的社会基础,是十分值得警醒的社会现象。

黑砖窑案件也在拷问政府的社会公共责任。任何政府都必须担负起社会公共管理的责任,否则政府就会失去存在的合法性和社会基础。但是政府的部门利益也是不可忽视的现实存在,而且有时政府部门过度追求自身利益,甚至超越了社会公共责任或以牺牲社会公共利益为代价,造成了政府在社会管理中的滥用权力或失职。山西黑砖窑案件就是一个政府公共责任缺失的典型案例。

党的领导是建设社会主义新农村的根本保证,以党组织为核心的农村基层组织是建设社会主义新农村的基础和关键。农村基层组织是党在农村全部工作和战斗力的基础,加强农村基层建设,充分发挥乡(镇)党委政府和村两委(支委、村委)的作用,建设一支高素质的农村基层干部队伍,显得十分迫切和重要。因此,当前必须进一步加强基层组织建设的理论研究,加快乡(镇)行政体制改革和村级组织的综合配套改革,剖析新时期基层组织建设深层次的问题,探索加强基层组织建设的新路子,以促进我国农村经济社会的发展和社会主义新农村建设。

加强基层组织建设,很重要的一条就是要抓好基层干部队伍的作风建设。党的基层干部,处在改革开放的第一线,时刻与人民群众打交道,他们的作风如何,直接关系党的路线方针政策能否落到实处,直接影响党在群众中的形象。各级党委必须切实抓好基层干部队伍的作风建设。广大基层干部必须坚持不懈地发扬党的优良传统和作风,紧紧依靠人民群众,并带领人民群众在改革开放的道路上努力创造幸福生活。

党和人民的事业的发展,要求广大基层干部坚持发扬求是精神和务实作风。必须深入群众、深入实际,真正了解群众的愿望,认真倾听群众的呼声,把维护和实现人民群众的根本利益作为我们落实党的路线方针政策的基点;必须脚踏实地,苦干实干,多抓落实工作,多为群众排忧解难,以给群众带来更多的实惠作为检验工作成效的标准;必须坚决反对和克服形式主义、官僚主义,不图虚名,不搞浮夸,以实实在在的工作成绩密切党群关系,赢得群众的拥护和信赖。

第一节 村委和支委

在现行的宏观政治框架内,建立在权力资源配置多元化和权力来源渠道二元化基础之上的农村党政关系,通过"两票制"和"两选联动机制"把村民选举的制度机制同时引入村委会与党支部建设,有助于"完善党的领导和发展村民自治"双赢目标的实现。

中国自1988年推行村民自治制度以来,以民主选举、民主决策、民主管理和民主监督为内容在基层直接民主取得了实质进步。然而,村民选举制度的导入对基层党组织的权力产生了什么影响?在村民自治的新形势下,党支部与村委会(以下简称"村支两委")的关系发生了什么样的变化?

一、农村二元权力结构的理论视野

在当代中国村级组织中,村支两委是最重要的正式组织。这种"正式组织"的基本特征,就是经由政府认可并纳入了国家治理体系。农村的其他组织,实际上都可以看成是村支两委的"配套机构"。建国50多年来,中国农村组织经历了不同的历史形态。土改时期的农会,合作化运动中的乡(村)政府,合作化后期的高级社,人民公社体制下的生产(大)队,撤社建乡后的村委会等,都是国家在农村建立的正式组织。无论它们以何种形态出现,其共同特征是:① 由国家自上而下地建立;② 被纳入国家权力控制范围。中国农村基层组织的立废变革,反映了农村不断被纳入国家权力范围的过程。这一过程也就是所谓农村国家化的过程。农村国家化与农民政治化的结果,就是在国家与农村社会之间铺就一条自上而下的行政轨道,国家的计划、任务、政策等由此可以贯彻到农村,直达农户。农民也可以借此向上诉求利益。

当我们聚焦于农村正式组织的权力结构时,不难得到这样一个总体性判断:中国农村的权力结构是一种党政二元权力结构。长期以来,权力是以资源占有为基础、以合法的强制为凭借、以一定的制度为规范的社会支配能力。权力结构就是权力的资源分配模式、来源渠道、运行规范、支配力的强弱割据等结构要素的有机组合。根据这个理论视野来透视,中国农村权力关系变化的基本特征,就是自下而上的村民选举制度打破了过去单一的权力来源模式——自上而下的授权。因此,中国农村正在发生着这样的政治变迁,即从以单向授权为基础的一元权力结构向双向授权为基础的二元权力结构转型。

1. 权力资源的分配模式及其转变

权力资源是权力主体影响权力客体行为的资本或手段。财富、职位、声望、权威都可以成为权力的资源。尽管权力资源不等于权力,但缺乏资源意味着权力支配能力的弱化。按照吉登斯(Giddens)的观点,可以把权力资源划分为两类,一是配置性资源即经济资源;二是权威性资源,其中最重要的就是所谓"乌纱帽"。

人民公社时期的生产大队,虽然在形式上也有党政之分,而实质上是以"党的一元化领导"为核心的一元权力结构。它的政治基础是党对各级干部的任命制,它的经济保障就是以公有制为基础的指令性计划经济。有了这样的政治经济制度,人民公社就是通过三级干部之手,牢牢地控制公社的各种经济与政治资源。因此,农民个体谈不上什么经济自主权,也就不可能有自由选择"当家人"的权力,尽管生产大队和生产队也是社员选举。

20世纪80年代以来的中国农村经济改革,最重要的结果就是促使农村社会经济资源从集中到分散的转变,也就是从一元控制向多元控制的模式转型。农村经济改革的实质,就是通过家庭承包制这一手段,把农村的生产性资源,包括土地和大宗生产工具(如耕牛、拖拉机等)等从村级组织转移到农民家庭手中,由此赋予了农民的经济自由。尽管粮食、棉花、烟草等战略性或垄断性农产品仍然保留了最低限度的国家控制,然而国家在征购这些战略资源的过程中,直接进行利益交换的对象是农民,而不再是村集体。因此,村级组织难以从农民与国家的利益交换中截留利益或从中渔利。这是村级组织职能结构变化的政治经济根源。

社会经济资源从单一集体控制向多元控制模式的转型,公私经济的结构性转变,必然导致村级权力资源配置模式的根本性变化,从而影响农村二元权力结构。一般来看,村委会可以从集体经济、私有经济以及混合经济中提取财力资源,而党支部只能依托村集体经济。党支部的权力大小在很大程度上取决于集体经济的强弱。由于村委会有多种渠道提取权力资源,因此在这一方面,村委会比党支部占优。然而,村支书也有可能利用政治手段(或权威性资源)来控制村委会提取的权力资源。上海郊区的各个村,均有一个村实业公司,然而该实业公司的董事长或总经理一般由村支书担任。

2. 权力来源及合法性问题

权力来源是指权力合法性或认受性的来源或基础。民主的程序政治有一个最基本的要求,就是合法的权力必经合法的渠道产生。一般来说,权力来源主要有两种渠道,一是自上而下的委任,二是自下而上的选举。实行村民直选制度以后,村支部与村委会的权力来源出现了分野。村支部的权力来源主要是乡镇党委任命与支部推选,而村委会的权力只能来自全村选民的投票选举。毫无疑问,在同一个村庄,党员人数总比村民人数少。因此,不少村民群众朴素地认为"上千村民选举的村主任自然比几十名甚至几名党员选出的村支书要有权威"。在选举过程中,村民还提出了一些尖锐的问题亟待回答。例如,"为什么由多数村民选举的村委会必须接受由少数党员选出来的党支部领导？如果村支书是铁定的'第一把手',那么选举村主任这个'第二把手'又有什么实际意义？"这些问题实质上就是对权力来源或合法性问题的直接提问。然而,如果恪守少数服从多数的程序民主原则,那么对村委会权力地位的肯定,就意味着对党支部权力地位的否定。这种零和博弈的思路,与中国现行的宏观政治是不相适应的,也不利于农村民主政治的发展。因此,我们还须讨论规范政治的合法性问题。从规范政治的合法性来看,村党支部的权力实质上来源于它的基本政治职能,即保证党的路线、方针和政策在本村的贯彻执行。党支部选举是"选人"而不是"选政策"。这种选举只不过着眼于更便利地执行上级的政策或指示,因而不具有程序政治上的授权意义。由此而论,村党支部的权力并不取决于选举(无论是党内常规选举还是"两票制"),而是取决于它的"政治正确",取决它能否保证党的政策在本村范围得以实现。可以说,村支书是党在农村的"守门员"。因此,村委会对党支部领导的服从,实质上是对党的政策的服从,而不是对这些"守门员"本身的服从。关键的问题是,扮演这种"守门员"角色的村支书并不能总是"政治正确"。况且由于党支部组织建设的缺失、监督的虚化,许多村支书蜕变成欺压农民群众的"土皇帝"。要农民或者村委会服从这样的党支部,无论如何是说不通的。显然,这些"土皇帝"们所破坏的正是执政党的合法性。

《村委会组织法》明确规定乡镇政府与村委会之间不是科层制意义上的上下等级关系;在村民自治事务上,两者是指导与被指导的关系。村委会的权力只能来源于自下而上的村民民主授权,而村民直选就是这种民主授权的制度化机制,这种机制所贯彻的基本民主原则就是少数服从多数。按照这一原则,村民直选的村主任当然是村庄的法定代表,这一法定地位驱使村主任扮演"当家人"的角色。而村政现实中,村主任能不能成这样的"当家人"或"第一把手",在很大程度上取决于村主任与村支书各自威望的高低、家族背景的强弱以及社会资本的多寡。因此,村支两委关系的协调与否,不仅同各自的权力来源或合法性结构有密切的关系,而且同村主任和村支书的个人影响力有直接的关联。

3. 权力影响力及其变化

权力影响力是权力强弱的综合体现。对这种影响力的衡量,需要经验观察才能判断。从政治分析的角度来看,权力影响力的要素主要包括：① 组织吸纳能力,即吐故纳新、招募社会精英的能力；② 社会动员能力,即宣传、发动、获得民众支持的能力；③ 监督与控制能力。

农村经济体制改革以来,不少农村党支部特别是村支书的影响力削弱了,党员发挥不了先锋模范作用,青年人对"党票"缺乏兴趣,党的"助手组织"如青年团、妇女会大多名存实亡。据有关部门于1995年的调查数据估计,全国农村大约有10%的党支部处于这种状况。这意味着农村基层党组织失去了对1亿左右农民群众的政治影响！村党支部特别是村支书能力弱化的原因,固然同权力资源的减少有直接的关系,但同农村党员队伍的老化、党性观念的淡化、思想观念的僵化和部分党员干部生活作风的腐化有密切的关系。没有任何理由要求农民群众去服从这种"四个化"的党支部及其支书。

实行村民选举制度之后,村委会的影响力在不断提升。三年一届的村民选举有助于提升村委会的组织吸纳能力,不少有可能给村民带来经济实惠的能人、有号召力的社会精英及年轻有为的村民入选村委会。村委会的这种能人化趋势有助于提升其动员力和控制力。因此,尽管一些农村的党支部软瘫了,但有了能人化的村委会,村庄就避免了权力真空。

目前农村党政关系,有以下四种类型:①"党强村强"的 a 型结构,就是村党支部与村委会在明确分工的基础上,建立了民主合作的制度机制。其基本特征是,明确划分党政职能,建立分工合作、相互制约的制度机制。在这种权力结构下,党支部代表和维系着自上而下的政治权威,从而防止村民自治嬗变成脱离国家权力控制范围的"土围子"政治。而由村民直选的村委会,体现着村民自治权威,在村务上能够独立负责地开展工作。②"党弱村强"的 b 型结构,就是村委会主导村政事务,成为事实上的权力中心。其基本特征是,村委会控制了村庄大部分权力资源,村主任是村务的实际责任人,也是上级任务的主要承担者。党支部因"四化"问题而软弱涣散,其整顿提高有赖于从村委会成员中抽调骨干或发展新党员。③"党强村弱"的 c 型结构,就是党支部的组织吸纳力、社会动员力和政治监控力都比较强,党支部的群众威信较高,受党支部支配的村委会只是个执行机构。这种权力结构一般具有"行政化"的特征。据分析,"行政型"或"混合型"的村治占中国农村的 75%。可以说"党强村弱"是目前农村党政关系的主要类型,这与乡镇"党政一体化"的权力结构相一致。然而,随着村民民主参与能力的提高,村委会自治地位的增强,党强村弱的结构有可能转变为党强村强。④"党弱村弱"的 d 类型,就是党支部与村委会同时软弱涣散,都不能按照制度规范发挥应有的作用。其实,由于不少农村采取交叉兼职的方法来减少村支两委之间的摩擦或减少村干部的职数,但由于权力资源的匮乏以及权力来源渠道的淤塞,因此,一旦党支部弱化了,村委会也强不了。这样的村庄一般都归为"落后村",自然是农村工作的整治重点。

4. 权力的制度规范

党支部与村委会的制度规范各有特点。《村委会组织》是村委会权力运作的基本法律规范,其他相关法律也是村委会组织行为规范的来源。其次,各地农村制定的村规民约、村民自治章程、村委会办事制度、村民代表会议议事规则等,既对村民有一定的约束力,也是村委会的具体行为规范。概括来说,村委会的基本制度规范就是"四个民主",即民主选举、民主决策、民主管理和民主监督。在村民自治实践中所摸索出来的这"四个民主"是社会主义民主原则的具体化和操作化。这种把抽象的民主原则变成具体的操作规范,然后以法律的形式制度化,是我国村民自治制度规范建设的一个鲜明特征。

农村党支部活动的基本依据是《党章》和《中国共产党农村基层组织工作条例》,党的文件、国家的法律、政府法规等也是党支部制度规范的重要来源。1998 年 11 月,国家颁布的《村组法》明确了农村基层党组织的法律地位,把村党支部定性为"领导核心"。紧接着,中共中央在1999年3月下发了《中国共产党农村基层组织工作条例》,更加明确了村党支部的权力地位、职责范围和制度规范。这些新的制度规范对农村党政关系的调适产生了深刻的影响。

村支两委制度规范的差异,是影响农村二元权力结构的制度因素。村支两委及其负责人角色协调的制度基础,就是党的政策和国家法律的内在一致。制度规范的内在一致是保证党组织自上而下的授权与村民自下而上的授权和谐一致的制度条件。就经验层面来看,如果村支两委的关系普遍出现了不协调的状况,那么根源在于不同制度规范之间存在矛盾,村支两委之间的权力冲突不过是这种矛盾的外化。

二、农村党政关系的调适:走向双赢

在农村二元权力结构的框架下,通过一定的制度安排,村支两委可以建立和谐一致的权力关系。从经验分析来看,如果农村党组织能够把村民选举的制度机制纳入自身组织建设,那么村支两委建立和谐关系的几率就比较大。上海农村在推行村民自治的实践中,已经自觉或不自觉地把村民选举的制度机制纳入了党支部组织建设之中。这既对村民自治是一种政治支持,也为党支部建设提供了新机制。具体的做法可概括为两种模式,一是"两票制"选村支部,二是"两选联动机制",即"从村支书到村主任"与"从村主任到村支书"这两种联动形式。以"两选联动"实现了村支书—村主任"一肩挑",这种权力结构的农村一般都避免了村支两委权力冲突,增加了村级组织的整体影响力。

1. 两票制

山西省河曲县于1991年首创的两票制选举村党支部的办法,经过不断完善,对加强农村党支部建设发挥了明显的作用。两票制选村党支部中的"两票",第一票是村民的信任投票或民意票,即由全村选民以不记名投票的方式,推选村党支部书记、副书记及委员的候选人。第二票是支部党员的正式选票,即乡镇党委依据村民信任投票的结果,向村党支部正式提出差额候选人,由全村党员投票选举党支部。两票制见成效的原因,就是在党支部建设中吸纳了村民选举的制度机制,使村民群众在支书和支委的选择上开始有了发言权。其本质就是在不改变农村二元权力结构的前提下,为党支部提供了一个自下而上提取权力的信任资源的渠道,从而巩固和维护了农村基层党组织的合法性基础。而村民信任投票的多寡就是这种合法性的量化形式。两票制为村党支部提供了自上而下和自下而上的双重权力来源,从而加强党支部的权力。然而,党支部会不会因此而把村委会置于自己的附庸地位呢?目前还没有足够的经验观察来回答这一问题。不过有一点是比较清楚的,那就是党支部的权力基础发生了变化,如果凭借村民信任投票上台的村支书不为民谋利、蜕化变质,那么村民在下一次的信任投票中就能把他赶下台。

2. 两选联动机制

两选联动机制的"两选",一是村委会选举,二是党支部选举。在实行自由公开的村民直选之前,由于村委会选举往往受党支部或乡镇领导的操纵而失去民意支持,因此选出的村委会一般成为党支部甚至村支书的附庸。即使党支部也以党内选举的形式产生,但村委会与党支部选举缺乏内在的勾连,处于"两张皮"的状况。1998年正式的《村委会组织法》颁布以后,随着村民选举制度的完善,村民直选提升了村委会及村主任的社会威望和权力地位,由此必然触动村党支部特别是村支书的权力影响力。

全国的农村大多是村支两委交叉兼职,形成"一班人马、两块牌子"的紧密型二元权力结构。关键的问题是这个"班长"的权力有多高的民意支持率,而且具体以什么方式表达了这种民意支持率。如果"班长"不是以村民认可的渠道获得足够的信任支持(具体表现为获得了多少村民选票),那么其权力的合法性就存在问题。换句话说,在村支两委交叉班子中,"班长"(假设是村支书)的民意支持率低于班子中另一成员(假设是村主任),那么"班长"的权力地位必然受到班子成员甚至村民群众的质疑。从程序政治的角度来看,村民选举是获取村民选票的竞争过程。面对这种竞争,预设为"班长"的村支书可能采取的策略有二:一是参选,通过竞争获得多数选票而成为村主任。二是逃避,力图依赖上级支持继续担任"班长"。一般来看,逃避意味着缺乏自信心。那些不敢参选的村支书,或者才高德浅,或者德高才浅,或者德才皆缺,因而怕落选而丢面子。而敢于参选的村支书,一般都有"德才兼备"的自我认同。有了这份自信,就不怕那50%的落选风险。对于那些成功竞选而来的村支书,他们不仅保有自上而下的上级支持,同时还能自下而上地从村民那里提取信任资源,成为名副其实的"班长"。而建立在这种权力基础之上的村支两委交叉兼职班子,一般都能够避免村支两委之间的权力摩擦,从而提高村级组织的整体效能,走向双赢。一位由当选村主任兼任村支书的村干部说:"当好一个村干部,最关键的是农民信任你。"看来,信任意识已经影响农村干部的权力行使。

无论是两票制推选党支部,还是"村支书到村主任"、"村主任到村支书"的两选联动策略,都是在实践中摸索出来的调适农村党政关系的方式。这些方式之所以产生了一定的效果,就是由于在党支部组织建设中引入了民主选举的制度机制。这种制度机制,使党支部也能像村委会那样从村民社会中自下而上地提取权力资源。因此,村民社会的支持已经成为村支两委的共同政治基础,这就是村委会与党支部走向双赢的制度条件。对于那些能够以两选联动机制来解决村支两委协调问题的农村来说,两票制可以作为一种预备措施。而一旦参与竞选的村支书落选了,或者当选村主任不是党员,那么就应该启动两票制来改选党支部,从而提高党支部的民意支持水平,促进村支两委的协调与共强。

3. 结论

农村二元权力结构的概念,提供了一个分析中国农村党政关系类型及其变化的分析框架。这个分析框架着眼于从权力的结构性要素,即权力资源配置模式、权力合法性来源渠道、权力的制度规范、权力的影响力四个方面,来透视村委会与党支部的权力关系类型及其变化。公正、公平、公开的村民直接选举强化了村委会的权力地位。制度化的村民选举为村委会自上而下地提取民意支持(民主授权)提供合法的渠道。尽管乡镇党委及村党支部有办法控制甚至操纵村民选举,但这种做法已经失去合法性。在村民选举制度逐步完善的制度背景下,党支部的权力来源也迫切需要建构制度化的渠道,由此能够从村民群众中提取信任资源。两票制、两选联动机制就是这种制度建构的尝试。

按照不同制度规范运作的村委会与党支部,都面临如何维护和增强权力影响力的现实问题。而权力影响力的高低最终取决于村民对权力的认同。村民选举是村民表达权力认同的过程,无论是村委会还是党支部,如果不能接受村民投票箱(包括村委会选举投票与党支部信任投票)的定期考验,那么它的权力就缺乏村民认同,它的组织动员与监控力就会减低甚至消失。因此,村民选举的影响是双重的,村委会与党支部的实际权力地位,不会单纯地决定于制度规范,同时还要决定于村民对权力的制度化认同。

两票制、两选联动机制对加强农村党支部建设、完善党支部的核心领导是有效的。保证这种有效性的制度安排,正是在党支部建设中所导入的直选制度机制。村民群众对党支部书记及委员的人选问题,开始拥有发言权。这对中国政治发展来说,无疑具有深远的影响,对维护党与人民群众的鱼水关系无疑会发挥积极作用。

三、关于村民委员会与乡镇政府的关系问题

乡镇政府与村民委员会之间是否保持"乡对村的指导、支持和帮助,村协助乡开展工作"的关系(即人们常说的指导与被指导的关系),是一个关系到是否坚持村民委员会的自治性质的大问题,决不能动摇。但是就是在这个问题上,却一直存在较大的分歧和争论。

早在《村民委员会组织法(试行)》草案讨论的过程中,在六届人大五次会议上,就有代表提出:"村民委员会不是一级政府,指令如何贯彻?只是'指导关系',国家下达的任务如何完成?"以后,在试行《村组法》的过程中,不少乡镇干部也对这一规定有保留。他们认为,如果改变长期以来乡村之间存在的领导与被领导的关系,那么乡镇政府就会成为一只无脚的螃蟹,将造成工作被动。有人甚至提出,在今日中国农村实行村民自治是"超前了"。而不少村干部则对长期形成的乡村之间的行政隶属关系也习以为常。乡(镇)政府叫干什么,村就干什么;乡(镇)政府叫怎么办,村就怎么办。基于上述认识上的原因,表现在村委会职能的行使上对乡(镇)存在很大依赖性,当然也就谈不上自我管理了。

村民委员会需要乡(镇)政府及时而有效的指导、支持和帮助。在一定程度上,甚至可以说乡(镇)人民政府的指导乃是村委会顺利开展自治活动,推进农村基层民主政治建设必不可少的组织保证和工作条件。但是也必须明确,乡与村之间的这种指导与被指导的关系,主要是指在一个村的村务范围内而言的,即一个村在处理本村公

共事务和公益事业方面,村民委员会应该真正发挥村民自我管理、自我教育、自我服务的基层群众自治组织的功能。在这些事务方面,乡(镇)政府实际上管不了,也不应该多管,只能起到一定的指导作用。但是,如果超出了一个村的范围,涉及全乡(镇)、全县(市)、全省乃至全国的事务,乡(镇)政府依照法律、法规及中央下达和布置的有关工作任务,如落实农产品的收购合同、土地管理、控制农民群众的负担、产业结构的调整、计划生育、征兵、优抚和扶贫等所应执行的"政策",村民委员会则只能在乡(镇)政府的领导下,并有义务协助乡(镇)政府去完成。村民自治是相对的,不是绝对的,更不能以为实行村民自治就可以完全不要上级政府的领导了。在今日中国农村,只有当乡(镇)政府在村委会的协助下顺利地完成"乡政"时,在我国农村才会出现"政通人和"、"欣欣向荣"的局面。

十多年来,由于人们在认识上的差异,反映在实践中出现了一些不同的做法。如广西等省区一度在乡镇政府与村委会之间建立了一个村公所;还有个别地区干脆只设置村公所或管理区,下辖村民小组等。而所有这些做法的一个共同特点就是强化了村的"行政功能"而弱化了其"自治功能",因此从长远看,都不利于村民自治的推行。从后来广西等地又撤销村公所建制的做法来看,也证明了这一点。

所以处理好乡(镇)政府与村民委员会的关系是一个关系到能否保持村民委员会自治性质的大问题。从目前情况看,全国农村虽然都成立了村民自治组织——村民委员会。但是有相当一部分地区的村委会就其性质和运转方式而言,由于未完全摆脱过去那种传统的行政命令式的乡与村关系模式,乡镇政府仍过多地干预了本来不该干预的村自治范围内的事务。因此,在这些地方出现了表象的自治化,实质上仍是行政化,或兼有自治型与行政型双重特点。我们今天的任务应该是逐步强化村委员会自治的功能。在村民自治实践的道路上,只能前进,决不能倒退。也正是针对上述情况,1998年11月4日第九届全国人大第五次常委会通过的经修改后的《中华人民共和国村民委员会组织法》第四条在维持原来表述文字的同时,特地又加上乡镇政府"不得干预依法属于村民自治范围的事项"。这样的补充是十分正确和必要的。

第二节 切实加强农村基层组织建设

农村基层组织是农村全部工作和战斗力的基础,组织的状况直接关系到我国农村全面建设小康社会的成败。充分发挥乡(镇)党委政府和村两委(支委、村委)的作用,建设一支高素质的农村基层干部队伍,显得十分迫切和重要。因此,当前必须进一步加强基层组织建设的理论研究,加快乡(镇)行政体制改革,剖析新时期基层组织建设深层次的问题,探索加强基层组织建设的新路子,以促进我国农村经济社会的发展和农村现代化建设。为此,作者从农民和基层的角度作了如下四个方面的思考。

一、农民和基层组织

1. 基层组织建设是党和国家组织建设体系中最基层也是最重要的一个方面,是组织建设的基础,也是提高组织体系效率的关键所在

跳出就基层研究基层的误区,从宏观上把握基层组织建设软弱涣散的症结,是加强基层组织建设的治本之策。很多人一直感到十分困惑,为什么在党和政府越来越重视基层组织建设的同时,农民的满意程度却越来越低。分析其中的原因,很重要的是各级组织对农民群众想什么,农民需要什么,还没有真正弄清楚。农村和农民大致有五大需要:一是增加收入。农村是否得到了发展,归根到底是看农民收入增加的情况,只有农民收入增加,农民的生活状况才能得到改善,农业生产才能得以延续,才有可能使农民逐步向全面的小康生活迈进。二是改善条件。几千年来,农民群众逆来顺受,承受着天灾人祸对他们的无情打击,非常重要的原因是农村基础设施落后、道路不通、通讯不畅、水患频发、信息不灵、卫生不良等不一而论,山区农村更为严重。广大农村渴望不断改善农村的生产生活条件。三是治安良好。农民对地痞流氓深恶痛绝,不希望在一个盗贼猖獗、恶霸为所欲为的环境中生活,渴望安宁和睦,希望真有路不拾遗、夜不闭户的世外桃源。四是法律公平。市场经济条件下的农村社会也应该是一个法制的社会,政治思想工作和个人的道德约束只能调整农村社会生产关系的一部分。农民群众对有法可依、有法必依、有法能依、公平执法有着深刻的渴求。但愿能在迫不得已的时候,法律会帮助他们解决他们想解决的一切问题。五是充分民主。农村社会已经和城市社会一起共同进入了 21 世纪,农民对民主的追求已经达到了一个比较高的水平,从海选村委会的热情中可以窥视一斑。但农民对民主的要求又不仅仅是三年一次的选举,农民对民主监督、民主管理的要求也越来越高,而且有充分的理由相信,农民对民主政治的热情不会仅仅停留在直选村委会及其成员的水平上,更会对社会政治生活的各个方面的民主公平说"不"。

农村社会在五十多年的建设中得到长足发展,但是农民的五大需要肯定还存在十分大的差距。近几年农民收入增长缓慢,生产生活条件改善状况无法满足大部分农民的需要,部分农村治安恶化,有法不依、有法难依、执法不公的状况还十分普遍,民主的气氛还有待进一步培养等,都使农民对基层组织的能力表现出极大的怀疑,对农村乡镇和村级组织能不能发挥作用、如何发挥作用提出怀疑,对不能解决问题的基层组织存在的必要性提出怀疑。毫不夸张地说,农民和农村镇村两级基层组织的关系到了比较紧张的程度。镇村两级组织在解决农民五大需要上能够发挥的作用经过新中国五十多年的建设已经十分充分。因此,在社会主义市场经济体制的建立过程中,要解决三农问题,特别是农民的五大需要,就基层组织建设来研究基层组织建设已经显得苍白无力,其中既有宏观层面的原因,如我国现行的行政体制格局的构成,现行法律法规与农民实际需要的冲突,农村各项政策的落实,农业保护政策的建立和实施等,也有微观层面的问题,如村两委的关系调整,镇村两级组织的职能,还有县级

政府职能部门的作用发挥、乡(镇)两级干部文化素质和思想素质不高等方面的问题。农民越级上访越来越多,也从一个方面说明农民对基层组织失去信任已经非常严重了。可以得出结论,农民需要的基层组织是能为农村解决经济社会发展中各种问题的组织,跳出农村框框对症下药,从宏观上研究基层组织建设已经迫在眉睫。

2. 全面提高农民的科技文化和思想道德素质,创造出产生基层组织各种人才的肥沃土壤,营造镇村组织运转的人文环境、法制环境,是加强农村基层组织建设、推进基层民主政治建设、推动农村经济社会发展的原动力

普遍认为,农村党支部、村委会存在素质低、热情低、老化严重、两委班子后继无人等问题,深究原因来自两个方面:一是农村大量的有一定文化的年轻人走出农村,进入城市,必然会导致农村人才总量的减少,这是一种社会进步的表现。二是农村教育落后,没有使大多数农民提高文化水平,农村普及九年义务教育是在分级办学、分级管理的教育体制下完成的,教育质量不高。同时,还有相当一部分根本就没有完成义务教育。另外,九年义务教育不能满足当代农业、农村发展的需要。因此,农村干部素质不高,老化严重,加之农村经济发展滞缓不能留住知识农民,存在这些问题也就不足为怪了。

第一,政府必须下决心实施九年义务教育,加快普及高中义务教育的步伐,使未来的知识农民时代早日到来,政府要切实履行诺言,加大加快教育投入,不能失信于农民,使农村义务教育不致落空,各级政府要加大工作力度,确保农村依法实施义务教育。第二,要建立农民继续教育体制,加强职业教育,使农民在应用新技术、推广新品种、使用新机具、改进耕作技术、提高管理水平和适应市场能力等方面满足农业发展的客观需要。第三,要加强法制教育。建立由执法机关负责的宣传普及相应法律法规的宣传教育机制,提高农民知法、懂法、守法和依法保护自己合法权益的能力。第四,要加强党员教育和管理。农村党员是我国农村经济社会发展的生力军,是建设农村、管理农村和带领农民群众致富奔小康的核心力量,也是农村最根本的政治力量,切实加强党员的教育和管理,十分关键和重要。要充分利用党员文化基础较高的优势,教育培养党员成为发展农村经济的带头人,要利用镇村现有的设施条件切实加强对党员的思想素质、民主素质、科技素质的提高。要采取各种措施不断提高农村党员的质量。要加强对党员的教育和管理,对不合格的党员,特别是长期不参加组织活动的党员要清除出党,以保持党的先进性、纯洁性。

3. 改善基层干部工作条件,提高基层干部的生活待遇和政治待遇,增强基层干部的综合素质,激发基层干部的工作热情,是加强农村基层组织建设的现实选择

在我国中西部农村,不管是乡镇干部,还是村两委干部,工作条件差,其生活待遇和政治待遇低,基层干部普遍感到"政治上无奔头,生活上没盼头"。很多村干部一年到头,大多数时间扑在工作上,责任田靠家庭其他成员耕种,劳力少的干部家庭收入明显受到影响,到年终工资两三千元,有时还是一张欠条,基本生活难以保证。几十年的村干部退下来后待遇也十分有限,后顾之忧没有得到很好解决。乡镇干部与其

他公务员比较,收入水平也很低,正常情况下,起码要低三千元以上,住房、教育、医疗卫生等福利水平都不及县市干部。政治上更是无法比拟,很多干部工作几十年,副主任科员都难以达到,一个乡镇几十个干部中,能够达到正科以上的凤毛麟角。因此提高镇村两级干部的福利和政治待遇,使他们安心工作是十分必要的。一方面要尽可能改善工作条件和生活条件,县级以上政府要通过一定形式弥补过去的福利欠账,如乡镇干部的住房、医疗保障和退休保障,加快办公用房、办公设备、交通工具等必要的改善,加大工作条件的投入,为基层工作创造良好的工作环境。各级政府要确保乡镇工作经费的投入满足需要,要采取有效措施保证乡镇工作人员的工资足额按时发放,要对乡镇干部的工资待遇给予适当倾斜。在税费改革完成以后,村干部的工资要有严厉的约束机制,确保按时到位,要逐步提高村干部的工资待遇,要迅速建立村干部退休养老保障体系、意外伤害和医疗保障体系。总之,要通过建立完善科学的激励和保障机制,使镇村两级干部的积极性得到充分发挥,促进农村各项工作的全面发展。

二、乡镇党委关于基层组织建设的思考

抓好乡村组织建设,既是巩固党在农村政权的需要,也是推动党和政府富民、惠民政策落实的关键。离开了基层组织,或者基层班子战斗力不强、党员干部为民服务思想意识不强、本领不高,农村的经济社会就难以实现更快更好的发展。就目前村级组织的现状看,应重点解决好以下五个问题,这既是抓村级组织建设的突破口,也是推动经济建设、社会事业发展的关键。

1. 增强为民服务的动力

乡村干部身处一线,直接肩负着富一方百姓、保一方平安的重任。无论是党组织委派的,还是村民直接选上来的,都是为农民群众做事的,必须珍惜组织和选民提供的工作机会,实实在在地帮助农民群众解决好生产生活中的难题。就当前讲,就是要按照保持共产党员先进性的要求,时刻抓好班子及党员在思想工作上存在的突出问题的整改,以整改的实际成效推动全乡经济社会更好更快的发展。这既是党的要求和农民群众对我们的厚望,也是每名干部实现自我劳动价值的现实选择。特别是对于村干部来讲,一种身份是农民,如果全村百姓的生产生活难题解决不好,自身的生产生活水平也未必能提高。另一种身份是干部,如果你的工作做不好,组织对你不满意,村民对你不信任,你就不会领取金额补贴和奖励,有的甚至会失去"村官"这一职业。因此,无论从大道理讲,还是从小道理讲,乡村两级干部都应牢固树立起为民服务的意识,正确对待工作,增强做好工作的责任心和使命感。

2. 提高为民服务的能力

做好工作,光有良好的愿望和工作热情是不够的,还需过硬的本领和科学的方法。特别是经济社会飞速发展的今天,乡村干部领导经济、管理事务的能力面临着严峻的挑战,暴露出许多的不适应。如果我们的领导能力和工作水平仍然停留在过去,

就会丧失和错过面临的大好机遇,延缓和阻碍社会主义新农村的建设步伐,成为历史的罪人。为此,乡村干部必须高度重视学习,千方百计提高自身的工作能力。一是要重视书本知识的学习,养成良好的读书看报看电视的习惯。二是要重视工作经验的积累,及时总结成功的经验,吸取失败的教训。要深入基层、深入群众,多搞调查研究,在指导工作的实践中探索掌握解决问题的办法。三是要重视先进典型的学习,学会借鉴外地先进经验,推动本地工作落实。四是要积极参加上级部门组织的培训活动。要珍惜培训学习的机会,克服家庭生产生活的困难,确保受训效果。通过自学进修、参观参训,了解形势、把握政策、解放思想、拓宽视野、熟悉业务、积累知识,不断提高做好本职工作的实际本领,努力成为农村工作的行家里手。

3. 壮大为民服务的实力

纵观全国村集体经济发展情况,虽有长足发展,但和为民服务的需求比,实力薄弱的问题仍未改变。主要表现在发展不平衡、相差悬殊、渠道单一、来源不稳、后劲不足、潜力不大等方面,无钱办事仍然是制约为民服务的突出因素。分析其原因,除受客观自然条件、历史因素制约外,乡村两级干部对发展村级集体经济认识不到位、重视不够、措施不力、领导能力不强均有直接的关系。这种思想工作中存在的问题和目前实力薄弱的问题,必须下大力逐步改变。如何改变?一是在思想上要高度重视。把加强发展壮大村级集体经济作为加强村级组织建设和推进新农村建设的双重任务来对待,把发展集体经济和增加农民收入放在同等的位置来考虑,实现两个增收的相互促进。二是在项目选择上要因村制宜。要立足本村资源、区位条件选项目,如土地、沙石资源的开发利用,集体闲置资产、公共设施的盘活变现和周转使用,兴办产业化服务项目等。三是经营方式上要灵活多样。宜承包、租赁的承包租赁,宜出让出售的出让出售,宜合作合资的合作合资,因项目而定。四是在集体资产的使用管理上要科学合理。要把钱投到关键处、花在刀刃上,把更多的钱安排在周转使用的项目上。总的要求是能挣会花。为了推动这项工作的开展,上海郊区的村镇,将村集体收入和村干部奖金实行挂钩,并按一定比例提成用于村干部的奖励。

4. 凝聚为民服务的合力

"一个好汉三个帮",干事业特别是干大事,靠一个人或几个人单兵作战是不行的,必须靠有组织的一班人去凝聚大家的力量才能完成。作为党在农村基层的班子,肩负着凝心聚力的重任,只有把广大农民的积极性充分调动起来,发挥好,才能完成好建设社会主义新农村的各项任务。如何才能凝聚起强大的合力?第一,要搞好"两委"班子的团结,这是团结带领广大农民群众的核心,如果班子不团结,互相拆台,各唱各的调,形不成统一的声音,或者表面和气,背后使绊,可以说什么事也办不成、办不好。每个村的领导班子成员,特别是书记、主任,一定要珍惜这种共事机会,工作上要多沟通,多谅解,以村绝大多数村民利益为重,少些斤斤计较,多一些真诚合作,大事讲原则,小事讲风格,凡事多研究,认真坚持集体领导分工负责的制度,无论是新进班子的成员,还是连选连任的老成员,都要团结共事。尤其需要指出的是要善于团结意见不同的成员。第二,要重视发挥"两委"下属组织及议事监督组织的作用,这是团结组织广大农民群众的桥梁。通过2006年的换届，多数村的干部人数有所减少，每村干部4～6名，要承担起完成好所肩负的任务，必须把党员、村民代表、党小组长、村民小组长、治安保卫委员会、人民调解委员会、公共卫生委员会、村民理财小组、村务公开监督小组等各类组织的作用发挥好，通过制定工作制度、管理制度、实行必要的奖励表扬措施，激发其参与村务活动的积极性，增加光荣感，使其成为帮助"两委"班子宣传教育群众、了解掌握社情民意、化解村里矛盾、建言献策的有力助手。第三，要维护乡党委、乡政府的权威，保证政令的畅通。对于镇党委、镇政府做出的正确决策，村必须认真执行，不得以局部利益影响全局利益。对于个别少数群众表现出的不理解不支持，要多做宣传、说服、教育工作，研究具体的解决办法，不得以此为借口，顶着不办或应付。情况特殊可以反映，但在镇党委、镇政府未做出新的决策前，必须无条件地执行。这是纪律，也是乡村上下一致团结起来，步调一致，为全乡农民群众服务的一个基本要求。三个方面概括起来，就是每个村的"两委"班子团结好，把各类组织议事、监督机构成员作用发挥好，将乡村上下关系协调好，形成合力，共同为群众做事、做成事。

5. 规范为民服务的权力

作为村委会成员，是村全体选民选上来的，都有较强的群众基础和较高的威望。走上领导和工作岗位后，上级党组织和法律又给予了相应的权力。这两种影响力共同为每个班子成员服务村民提供了条件。用得好，就能赢得民心，造福于民；用的不好，就会损害群众利益，失去农民对我们的信任和支持，甚至造成村里的不稳定。可以说，村级权力运行得是否规范有序，直接影响为民服务的质量与效果。作为两委班子的主要负责人，都要高度重视这一问题的解决。如何规范，应重点抓好以保障村民四项民主权利为主的民主制度的建设，重点在深化村务公开和民主管理上下功夫。没有明确规定的，要研究制定，有明确要求的，一定要照章执行。特别是新一届村委会产生后，都要对全村的工作制度、管理制度的制定情况、执行情况梳理一次，查找不足和薄弱环节，完善落实措施。在这里需要重点强调的是，一定要规范办事程序，从程序上规范施政行为。小事、日常事，涉及花钱的，班子成员要相互通气；涉及村民利益的敏感事，因兴办公益事业、实施项目建设、涉及集体资金的大额开支，向村筹资筹劳，对外举债、资产处置、资源开发等事项，一定要履行民主议事程序。基本运行程序是"两委"班子成员协商方案，提交相关机构讨论完善，而后由支部、村委做出决策，需要乡备案或把关的，要提交乡主管领导或主要领导审定。重点要抓好"议事"这个环节，议事的过程就是完善修正的过程，是统一村民思想的过程，这是由村级组织自治性质决定的。

第三节　全面提升农村基层组织建设水平的几点思考

党的"十六大"报告明确指出："党的基层组织是党的全部工作和战斗力的基础，

应该成为贯彻'三个代表'重要思想的组织者、推动者和实践者。"农村基层组织建设是党的建设的重要组成部分,是党的建设这一伟大工程的基础工程之一。实施这一基础工程,涉及农村的各级组织和农村工作的方方面面。要实现农村基层组织建设水平的全面提升,进而实现党的战斗力、凝聚力、号召力的提高和广大共产党员先锋模范作用的充分发挥,为全面建设小康社会的艰巨工程奠定坚实的政治基础,应努力从以下几个方面开展工作。

一、处理好五个关系

1. 处理好农村基层组织建设与经济建设的关系

抓好经济工作是全党的第一要务。坚持以经济建设为中心是党的基本路线的核心内容,我们的各项工作都必须服从服务于这个中心。从当前农村的实际情况看,最重要、最紧迫的任务就是大力发展农村经济,实现共同富裕和农村三个文明的共同进步,这是广大农民群众的根本利益所在,也是党在农村各项工作的中心。农村经济的发展,农村社会的文明和进步,三农问题的根本解决,都必须依靠发挥农村基层组织的战斗堡垒作用。农村基层组织是党联系农民群众的桥梁和纽带,是党在农村全部工作的基础。党在农村的各项方针政策要靠农村基层组织带领农民群众去贯彻、去落实,党在农村的各项任务要靠农村基层组织去完成,农村中出现的各种矛盾和问题要靠农村基层组织去解决。只有把农村基层组织建设好了,农村的改革、发展和稳定才会有可靠的组织保证。多年的实践也一再证明,经济建设是中心,但离不开农村基层组织卓有成效的工作;要想有效地领导经济工作,必须有一个坚强的战斗堡垒。正如有人讲的,给钱给物不如给个好支部。实践雄辩地证明,没有一个好的支部,没有一个好的书记,以及由他们带领的一支好队伍去脚踏实地地工作,要很好地发展一方经济是难以奏效的,因为农村基层组织建设是搞好经济工作的保证,它同时又服从服务于经济建设,二者是相互协调、相辅相成的关系,要把握农村工作大局,这是首当其冲要解决好的问题,它起到牵一发而动全身的关键作用,党务工作者及基层党的领导干部应当很好地把握这种辩证关系。

2. 正确处理好集中活动、集中整顿与做好经常性工作的关系

针对农村基层组织和党员、干部队伍中存在的突出问题,集中时间、集中精力,进行集中教育整顿,这是加强农村基层组织建设的当务之急,也是近年来加强农村基层组织建设的成功经验。实践证明"五好"党支部建设活动、"学习教育整顿"活动等,在提升农村基层组织建设水平上,发挥了十分突出的作用。但是,各级党委必须在突出重点的同时,立足于经常性工作,常抓不懈,持之以恒,决不可抓抓停停,时紧时松。最根本的是要建立和坚持一整套基层组织建设的工作制度。把经常性的工作纳入制度化的轨道,只有经常性的工作做好了,其他工作才能做到水到渠成。

3. 正确处理好思想建设与组织调整的关系

思想建设是组织调整的前提和基础,组织调整是思想建设的延续和保证。要解

决带有普遍性的问题,首先是强化思想教育,提高干部和党员的思想政治素质。思想政治工作是我们党的一项优势,必须长期坚持不动摇。与此同时,对那些年龄偏大、文化偏低、能力较差的干部和那些不团结、不协调、软弱涣散的班子,也要进行适当的组织调整。要把加强思想教育,提高政治素质,贯穿于基层组织建设的全过程,并作为重点工作来抓。通过深入的学习、教育,使广大农村党员干部成为贯彻执行党的路线、方针、政策的引路人,领导农民发展经济、脱贫致富奔小康的带头人,识大体、顾大局、依法办事的明白人,关心群众冷暖安危、为群众办实事的热心人,实事求是、作风正派、廉洁奉公的老实人。

4. 正确处理好抓乡镇组织建设与抓村级组织建设的关系

乡镇和村级组织都是农村基层组织,两级组织都要加强。但基于工作范围和性质的区别,要求党组织的着力点应各有侧重。几年来实行的"六个好"党委建设工作就起到一定的效果。乡级党的组织要统领全乡各项工作,宏观调控能力要加强,要对解决"三农问题"作出统筹兼顾的安排,要协调全乡各村组织建设的优势,着力加强党建和政治工作的关系。村级组织是党在农村最基层的组织,上级党委、政府下达的各项任务目标,要靠村级组织团结、带领农民群众去完成、去落实,农村出现的各种矛盾和问题,要靠村级组织去化解、去解决。"治下必先治上,治村必先治乡",抓好村级组织建设,必须首先把乡镇这一级组织建设好,特别是要把乡镇领导班子,尤其是乡镇党委的领导班子建设好。要切实加强乡镇领导班子的组织建设,配强乡镇党委班子,选好"一把手",把乡镇党委建设成为农村各项工作的领导核心,使其切实担负起抓农村基层组织建设的直接责任,真正发挥"龙头"作用。

5. 正确处理好村党支部与村民委员会的关系

村级各种组织,是一个相互联系的有机整体。加强村级组织建设,是一个配套联动的系统工程。在这个系统工程中,党支部建设是重点、是关键、是核心。村委会、村合作经济组织、团支部、妇代会、民兵等组织,都是村级组织体系中的重要组成部分,把这些组织建设好、作用发挥好,有利于巩固农村基层政权,有利于拓宽党同农民群众联系的渠道,有利于巩固党支部的领导核心作用,有利于促进村级各项事业的发展和社会的稳定。因此,加强农村基层组织建设,必须树立村级组织建设"一盘棋"的思想,突出重点,抓住关键,统一实施,整体推进,全面提高水平,真正形成以党支部为核心的村级组织配套建设的工作格局。要特别提出的是,近些年来,由于利益格局的关系,某些地方村支部和村委会之间多有矛盾发生,有的呈显形,有的呈隐形,在一定程度上阻碍了村级组织作用的发挥,也给当地生产生活和文明建设带来障碍。这个问题的解决应该在乡党委和上级党组织的指导下,统一认识,统一思想,要增强大局观念和整体观念,任何局部的和个人的利益必须服从于整体的和人民群众的根本利益,处理问题必须体现党的宗旨。

二、认真解决好四个问题

1. 关于集体经济问题

农村基层党组织要真正成为带领群众奔小康的坚强领导核心,就必须要有雄厚的集体经济基础。要发展集体经济,归根到底还要依靠农村基层党组织的战斗力。为此,就要大力提高支部成员的素质,吸收一些懂科技、会经营的党员进入支部班子。在对他们大力开展政治思想教育的同时,认真进行科技知识、管理知识和市场经济知识的教育和培训,使支部成员不仅政治上强,而且在经济上能够带领群众共同致富奔小康。市场经济是知识经济的前奏,是法制经济和"能人"经济,因此必须把"能人"、能够带领人民群众致富奔小康的人选入村领导班子。对于那些没有集体经济的"空壳村",要统筹规划,重点扶持,可通过项目、引进资金等办法,上下结合,分期突破,发展壮大村集体经济,解决"有钱办事"的问题。

2. 关于政治信仰问题

在农村党建工作中,必须加强对党员和广大农民的教育,帮助他们识破和远离邪教,树立正确的世界观、人生观和价值观,树立正确的政治信仰,坚持进行马克思主义人生观、价值观、道德观教育。一是要把邓小平理论、"三个代表"重要思想和干部以身作则的实际行动结合起来,和广大农民看得见、摸得着的活生生的实践结合起来,和他们的认识水平及思想疑团结合起来。二是对农民的信仰教育必须持之以恒,保证时间,保证阵地,并在不断变化的客观实际中有针对性地进行教育,克服目前就事论事的所谓的专项教育,要做到理论与实际相统一,现象和本质相一致,要求和办法相协调,注重实效,注重结果。

3. 关于组织功能问题

农村党建工作就要在加强和发挥党组织功能上下工夫。它包括两个方面:一是建立健全组织。一般情况下,这一点比较容易做到,但要真正起到战斗堡垒作用,还必须经过大家艰苦细致的工作,个别地方党的组织被某些势力所左右,就是功能发挥不全的结果,要解决这一问题,就要在对当前农村基层组织进行综合评估的基础上,对那些"软、懒、散"甚至形同虚设的班子进行重点整顿。农村基层组织必须切实把村民组织起来,才能在实践中考察农村党建是否加强了。二是强化组织功能,必须经常开展适合市场经济条件下农村特点的组织活动,帮助农民致富奔小康,成为农村三个文明建设的领导核心。只有这样,才能最终解决宗族等非法组织问题。

4. 关于引导手段问题

在农村党建中,要强化基层组织的引导手段。党支部和村委会在经济建设上,要引导农民解放思想,打破因循守旧、小富即安、不富也安的思想束缚,努力挖掘和发挥资源、经济、社会、技术等优势,勤俭经营,勤劳致富;对那些先富起来的农民,要引导他们不断进行生产再投入,投资社会公益事业,在带动村民共同致富中扩大实现自身价值。同时,要加强对农民的教育引导,包括爱国主义、集体主义、社会主义等思想道德教育,以及科学文化教育、市场经济知识教育等。这是一个长期的繁重的战略性任务。我们的目标是让一部分人先富起来,然后带领全体人民共同致富,这是小平同志和第二代领导集体对中华民族伟大复兴的战略思考,是基于中国国情的明智选择,而要使这闪光的思想成为现实,就必须付出我们各级组织的艰辛努力和不懈奋斗。因为农民的政治素质和文化素质提高了,不仅为党组织建设提供了后备力量,而且能够净化社会风气,消除封建迷信,才能全面促进农村经济的健康发展。只有这样,全面建设小康社会的宏伟目标才能实现。

本章练习

一、名词解释

两票制　两票联动机制

二、简答题

1. 简述农民的五大需要。
2. 简述农村党政关系的四种类型。
3. 简述加强农村基层组织建设的途径。

三、论述题

1. 结合实际,谈谈当前加强农村基层组织建设的重要性和必要性。
2. 如何处理好农村基层组织建设与经济建设的关系?

第三章　新农村基层党组织建设

案　例

中国十大名村——九星村

九星村，位于上海市闵行区七宝镇。村域面积1.1平方千米，现有19个村民小组，1 117户村民家庭，3 757名村民，外来经商务工人员18 000人。

九星村在村党支部书记吴恩福（中国十大杰出村官）的带领下，自建综合市场，占地面积106万平方米，建筑面积70多万平方米，营业用房13 859间，入驻全国各地商家6 400户。现已开设五金、灯饰、陶瓷、锁具、石材、钢材、电器等23类专业商品，是上海市目前规模最大的综合型市场。

九星村自建综合市场后，迄今连续四年位居上海市"亿元村"首位，2006年可支配收入达4.2个亿，连续四年每年净增8 000万元，年上交国家税收8 000多万元，人均年收入已达3.8万元；2007年全村可支配收入5.27亿元，实现净利润2.19亿元，上缴税收1.12亿元，全村经济总量和利税连续13年刷新历史纪录。尤其是该村安置了已征土地而不被安置的农民，以及征地就业安置后又下岗的农民1 500多人，解决了征地带来的应由政府负责的社会问题，确保了一方平安与和谐，同时还为20 000多名外来务工人员提供了就业与生财机会。

九星村农民自主开发经营非农建设用地的基本原则与经验值得总结与借鉴：其一，九星村设定在土地级差地租最安全、最稳定的前提下追求效益最大化。这在与绝对地租较低的土地使用权转让、一锤子买卖的土地批租、一次性收益的房地产开发与经营风险圈套的办工贸企业等形式比较中，选择了建市场的决策，凸显级差地租收益稳定又逐年递升，确保了农民长效致富。其二，九星村有如国家特殊保护耕地那样，惜土如金地严格保护非农用地，确保"土地保有量最大化"。这个村坚决不搞时尚的农村别墅居住用地，而是让农民入住城市的现代化居住区，以此腾出宅基地扩大非农建设用地。其三，以级差地租收益高低，调整产业与铺面结构，以实现布局结构最优化。

九星村，先后获得"中国十大名村"、"中国特色村"、"中国十佳小康村"、中国名村影响力综合排名第四名、"上海市文明村"、"上海经济实力百强村"榜首（四连冠）等。

第三章　新农村基层党组织建设

 点评

改革开放及建设社会主义新农村，诚然为九星村飞速发展创造了外部环境，但九星村之所以能脱颖而出，成为上海的首富村和全国的特色村，关键在于九星村富有创新理念和具有科学发展观的村官（村支部书记）吴恩福的引领。他敢于创新，锐意改革；善于攻坚，排除困难；勤于学习，取长补短；精于开拓，与时俱进。

党的基层组织是党的建设的基础环节，是党联系群众的紧密结合点。基础不牢，地动山摇。当前，要按照"三个代表"的要求，全面推进党的基层组织建设。

加强对基层组织的监督，保证农村基层组织沿着健康轨道正确向前发展。行政权力不能失去党的监督，不能随个人意志为所欲为。党组织力量薄弱的地方，极易产生思想的懈怠，个人利欲的攀升，最终导致党的监督、民主监督的失败，使某些人走向犯罪。因此，基层党组织必须根据自身不同的实际，建立健全农村经营者、农村管理者激励约束机制，既充分调动他们的积极性，又加强对他们的监督，逐步建立结构合理、配置科学、程序严密、相互制约的权力运行机制，促进各项工作的顺利开展。

依靠村民群众，增强党组织的凝聚力和战斗力。历史和实践的大量事实证明，作为一个政党，时刻不能脱离人民群众，高度重视并保持同人民群众的密切联系。要按照江泽民同志提出的"八个坚持、八个反对"的要求，深入基层、深入实际，坚决反对官僚主义、形式主义，把关心群众、代表群众利益十分具体地落实到解决群众生产和生活的实际问题上，真正做到与广大人民群众心连心、同呼吸、共命运。要通过关心职工群众的生活，解决他们的困难，了解他们的呼声和意愿，来融洽"鱼水"关系，把村民群众紧密地团结在党的周围，为建设社会主义新郊区、新农村作出自己应有的贡献。

第一节　新时期党的基层组织概述

我们党是执政党，是我国社会主义改革开放和现代化建设事业的领导核心。坚持和实现党的这种作用，关键是在改革开放和现代化建设发展过程中把党建设好。党的基层组织建设是整个党的建设的基础，在改革开放和现代化建设中具有更加重要的作用。党的"十六大"报告指出：党的基层组织是党的全部工作和战斗力的基础，应该成为贯彻"三个代表"重要思想的组织者、推动者和实践者。要坚持围绕中心、服务大局、拓宽领域、强化功能，扩大党的工作的覆盖面，不断提高党的基层组织的凝聚力和战斗力。十六届四中全会通过的《中共中央关于加强党的执政能力建设的决定》（以下简称《决定》）明确指出："加强和改进党的基层组织建设，使党的基层组织真正成为贯彻'三个代表'重要思想的组织者、推动者、实践者。"党的基层组织是党的全部工作和战斗力的基础。根据基层党组织建设面临的新情况新问题,调整组织设置,改进工作方式,创新活动内容,扩大覆盖面,增强凝聚力,使基层党组织都紧密联系群众、充分发挥作用。农村基层党组织建设要以创建"五个好"村党组织、"五个好"乡镇党委和农村基层组织建设先进县(市)活动为载体,建立干部经常受教育、农民长期得实惠的有效机制。

一、党的基层组织的地位和作用

党的基层组织是党在社会基层组织中的战斗堡垒,是党的全部工作和战斗力的基础。党的基层组织的这种重要地位和作用具体表现在:

第一,党的基层组织是党的组织基础。中国共产党是由中央、地方和基层组织共同构成、相互作用的严密而完整的组织体系。在这个体系中,基层组织是基本的细胞。截至 2007 年 6 月,全国党员总数为 7 336.3 万名。在全国党员中,工人 796 万名,占 10.8%;农牧渔民 2 310.2 万名,占 31.5%;机关干部及事业单位管理人员、专业技术人员 2 134.6 万名,占 29.1%;军人、武警 159.7 万名,占 2.2%;学生 194.7 万名,占 2.6%;离退休人员 1 377.6 万名,占 18.8%;其他 363.5 万名,占 5%。全国现有党的基层组织 360.7 万个。这 7 336.3 万名党员,要靠 360.7 万个基层组织把他们组织起来,使党形成一个有统一意志、统一行动的整体。如果没有党的基层组织,党就会成为一盘散沙,就不可能有强大的创造力、凝聚力和战斗力。

第二,党的基层组织是开展党的活动的基本单位。党的基层组织担负着教育管理党员、发展新党员、执行党的纪律的重要责任。按照党章规定,所有的党员都要参加党的一个基层组织,由党的基层组织负责教育、管理和监督;党的基层组织是党员履行义务、行使权利的基本场所,党员通过党的基层组织参与对党内事务的管理;发展新党员、处分违纪党员、处置不合格党员,都要由党的基层组织严格把关。因此,党的基层组织是否坚强有力,能否切实履行党章规定的职责,对于提高党员素质,发挥党员作用,保持党的先进性和纯洁性,增强党组织的战斗力和凝聚力,提高党的执政能力,努力构建社会主义和谐社会,都具有十分重要的意义。

第三,党的基层组织是党在社会基层组织中的战斗堡垒。我们党是执政党,是社会主义现代化建设的领导核心。实现党的领导,首先要靠制定正确的路线方针政策,而正确的路线方针政策的贯彻执行,则要靠各级党组织充分发挥作用来保证,最终要通过党的基层组织的大量工作,使之变为广大党员和群众的实际行动。党的基层组织分布在全国广大企业、农村、机关、学校、科研院所、街道社区、社会团体、社会中介组织、人民解放军和其他基层单位。尽管这些基层单位的工作性质、领导体制有所不同,党的基层组织的具体职能、工作方法也不完全一样,但都是党在社会基层组织中的战斗堡垒,都要担负起宣传和执行党的路线、方针、政策的重要职责,都要团结和组织党内外的干部和群众,努力完成本单位的工作任务。党的基层组织的这种作用,是党的领导在社会基层组织中的具体体现,是其他任何社会组织都无法替代的。

第四,党的基层组织是党联系群众的桥梁和纽带。党的基层组织建立在社会最基层,与人民群众有着直接的、经常的、密切的联系,能够直接倾听群众的呼声,掌握群众思想的脉搏,了解群众的情绪,熟知群众的生产、工作、生活状况。因此,党的基层组织担负着直接联系群众、宣传群众、组织群众、团结群众的重任。一方面,它要及时准确地向上级党组织反映群众的愿望、要求和呼声,为领导机关的决策提供可靠的依据;另一方面,它要向广大群众宣传解释党的主张和决定,团结带领群众实现党的任务。如果党的基层组织软弱涣散,不起作用,党的意图就难以贯彻到群众中去,人民群众的意见和要求也难以反映到党的领导机关中来,党就不可能团结和带领广大群众推进建设中国特色社会主义的伟大事业,全面小康社会和社会主义和谐社会建设就只能是一句空话。

第五,我们要加强和改进党的基层组织建设,使党的基层组织真正成为贯彻"三个代表"重要思想的组织者、推动者、实践者。党的基层组织应该成为贯彻"三个代表"重要思想的组织者、推动者和实践者,是按照提高党的领导水平和执政水平的要求赋予党的基层组织的重要职责。新时期全面建设小康社会、开创中国特色社会主义事业新局面,对党的领导水平和执政水平提出了新的更高的要求。党的基层组织作为党的全部工作和战斗力的基础,作为党执政兴国和执政为民的基础,只有自觉贯彻"三个代表"重要思想,不断促进先进生产力的发展,不断促进先进文化的发展,不断把群众的利益实现好、维护好、发展好,把群众的积极性引导好、保护好、发挥好,提高党的领导水平和执政水平才有坚实的基础。

改革开放以来,我国社会发生了深刻的变化,党的基层组织面临着许多新情况、新问题。比如,在一些新的社会经济组织、中介组织中,没有建立党的基层组织,党的工作就在这些社会基层中出现空白。一部分党的基层组织处于软弱涣散状态。如果让这些情况长期存在下去,势必影响党在群众中的作用和形象,党的执政地位就会受到削弱。必须按照"三个代表"重要思想的要求,加强和改进党的基层组织建设。党的基层组织应该成为贯彻"三个代表"重要思想的组织者、推动者和实践者。

二、党的基层组织的基本任务

《中国共产党章程》(以下简称党章)明确规定了党的基层组织的基本任务,这主要是:

(1)宣传和执行党的路线、方针、政策,宣传和执行党中央、上级组织和本组织的决议,充分发挥党员的先锋模范作用,团结、组织党内外的干部和群众,努力完成本单位所担负的任务。

(2)组织党员认真学习马克思列宁主义、毛泽东思想、邓小平理论和"三个代表"重要思想,学习党的路线、方针、政策及决议,学习党的基本知识,学习科学、文化和业务知识。

(3)对党员进行教育、管理和监督,提高党员素质,增强党性,严格党的组织生活,开展批评和自我批评,维护和执行党的纪律,监督党员切实履行义务,保障党员的权利不受侵犯。

(4) 密切联系群众,经常了解群众对党员、党的工作的批评和意见,维护群众的正当权利和利益,做好群众的思想政治工作。

(5) 充分发挥党员和群众的积极性、创造性,发现、培养和推荐他们中间的优秀人才,鼓励和支持他们在改革开放和社会主义现代化建设中贡献自己的聪明才智。

(6) 对要求入党的积极分子进行教育和培养,做好经常性的发展党员工作,重视在生产、工作第一线和青年中发展党员。

(7) 监督党员干部和其他任何工作人员严格遵守国法政纪,严格遵守国家的财政经济法规和人事制度,不得侵占国家、集体和群众的利益。

(8) 教育党员和群众自觉抵制不良倾向,坚决向各种违法犯罪行为作斗争。

三、村党组织的组织设置

党支部的组织设置,是党的组织体制的重要组成部分。合理的设置村党支部,对于保证党对农村工作的领导、推进农村各项事业的发展具有十分重要的意义。

1. 村党组织设置的原则

党的基层组织机构设置的总的要求是要有利于加强党的领导,有利于加强党的建设。具体来说,根据党章和党的有关文件的规定,在党的组织机构设置工作中,必须遵循以下基本原则:

第一,坚持以党章为依据的原则。党章是党的根本法规,是规范党内政治生活和党内关系的基本准则。它不仅规定了党的组织制度、组织结构,而且还规定了党组织设置的基本形式和主要任务,以及党的各级领导机关的产生办法和主要职权等。因此,各级党的委员会及其组织部门研究决定党的组织机构设置问题,必须以党章为依据。对党章的规定要做到深入领会、正确理解和掌握。党章已有明确规定的,必须严格执行;党章没有规定的,要根据实际情况提出意见,报上级党组织批准。

第二,与党的新任务相适应的原则。党的组织机构设置必须与党在新形势下的任务相适应,根据形势和任务的变化相应调整党的组织机构,才能更好地为政治路线服务,发挥好组织保证作用。1986年2月中央组织部发出《关于调整和改进农村中党的基层组织设置的意见》指出,原有农村基层党组织的设置,已不适应新形势和完成新任务的要求,各地"应本着有利于农村经济体制改革,有利于加强党同群众的联系,有利于加强对党员的教育和管理的原则,按照党章有关规定,结合本地党员活动和分布的实际情况,逐步调整和改进农村中党的基层组织设置,并加强管理。"《意见》还对乡镇企业,跨村、跨乡、跨县的经济联合体,村办企业或行政村内的经济联合体,城镇个体工商户中的党员,集体外出的党员,如何建立党支部或党小组,作出了明确规定。

第三,按照行政区域和基层单位设置的原则。按国家行政区域划分设置党的地方组织,有利于加强执政党的领导。党的地方委员会成为一个地方的领导核心,对本地区的政治、经济、文化和社会发展实行全面领导,才能更好地保证党的路线、方针、政策在本地区的贯彻执行。按照社会基层单位设置党的基层组织,是我们党一条成功的经验。党的基层组织建在社会基层单位,有利于加强党同人民群众的联系,充分发挥党的基层组织的战斗堡垒作用和党员的先锋模范作用。

第四,依据工作需要和党员数量确定设置形式的原则。按照这一原则设置党的基层组织应注意以下几点:一是基层组织设置形式与党员人数的关系。按照《中国共产党农村基层组织工作条例》的规定,有正式党员3人以上的村,应当成立党的支部;正式党员不足3人的,可以与邻近村联合成立党支部;党员人数超过50人的村,或党员人数虽不足50人,但村办企业具备成立党支部条件的村,因工作需要,可以成立总支部委员会;党员人数超过100人的,经县级地方党委批准,可以成立党的基层委员会。二是准确理解工作需要。一般情况下既要考虑工作需要,又要考虑党员人数。在特殊情况下,如果工作确实需要,党员人数又没有达到成立相应党的基层组织的规定要求,要从严掌握。三是成立党的基层组织必须报上级党组织审批。

1994年中共中央《关于加强农村基层组织建设的通知》明确要求:适应农村产业结构、劳动力就业结构以及党员分布情况的变化,党组织要及时调整其设置。党支部、村委会、集体经济组织主要领导成员可以适当交叉兼职,保持精干,注重工作效率。经济发展比较快、党员比较多的村,可以酌情成立村党委或村总支。农工商各业都比较发达的村,要改变单纯以行政村或居住区域建立党组织的格局,根据需要在某些行业和规模较大、党员较多的企业建立党组织。各种所有制的经济组织,凡是有党员3人以上的,都应建立党组织。当前,农村改革发展很快,各种类型的经济组织大量出现。这些组织中的建党工作必须跟上。乡村集体企业在以资产为纽带实行重组过程中,党组织的设置必须同步进行,保证党的活动正常开展。现在,有的地方组建了一些跨乡、跨村、跨行业、跨所有制的大企业和企业集团,为适应这种情况,可以打破行政区划和行业界限,按照党章规定,建立党组织。

2. 村党支部的选举

党内选举是党内政治生活中的一件大事。党是按照民主集中制原则组织起来的统一体。村党支部由选举产生,并按照召开党员大会进行换届选举,这是民主集中制的基本要求。也是加强党的建设特别是领导班子建设的必然要求。

◆ 党内选举的基本原则

村支部委员会的改选,必须严格执行《党章》和《中国共产党基层组织选举工作暂行条例》、《关于党内政治生活的若干准则》等有关规定。在选举中,必须遵循以下三个原则:

第一,按期改选的原则。

《党章》规定,支部委员会每届任期2年或3年。根据这一规定支部应按期进行改选。不设支部委员的党支部,也应根据上述规定,按期改选党支部书记。由于其他特殊原因,经上级党组织批准,也可暂缓改选,但延长期一般不超过1年。暂缓改选的单位,一般应由上级党组织确定。

村支部委员会在任期内出缺,应召开党员大会补选。每个支部,都不能以各种借口拖延按期改选支部委员会的时间。如果长期超过改选时间而又无正当理由者,党员有权提出要求,上级党组织应及时处理,上级党组织也可以根据情况决定提前改选。

第二,差额选举的原则。

差额选举,即选举时候选人名额多于应选人名额的选举方式。实行差额选举,可以使选举人在选举中有所选择,把自己认为最合适的人选进领导班子。

差额选举的具体形式有两种:一种是直接采用候选人数多于应选人数的差额选举办法进行正式选举。提出的候选人数应为应选人数的20%。如应选5名委员,候选人数应为6人。另一种是先采用差额选举的办法进行预选,产生候选人名单,然后进行正式选举。预选时,候选人数应多于应选人数的20%,实行差额预选时,赞成票超过实到会有选举权的人数的一半,方可列为候选人。差额预选后的正式选举,采用候选人数等于应选人数的办法进行。

无论采取哪种形式,在进行选举时,有选举权的到会人数超过应到会人数的五分之四,会议才有效。同时被选举人获得的赞成票超过实到会有选举权人数的一半,方可当选。

第三,体现选举人意志的原则。

选举要充分发扬民主,真正体现选举人的意志。具体要求是:选举要采用无记名投票的方式,实行差额选举;候选人名单要由全体党员充分酝酿;选举人有了解候选人情况、要求改变候选人、不选任何一个候选人和另选他人的权利;任何组织和个人不得以任何方式强迫选举人选举或不选举某个人;在选举过程中,严禁追查选票、虚报票数和打击报复等违反党内民主原则的行为,决不允许进行派别和非组织活动。如果发生违反党章的情况,上一级党的委员会在调查核实后,应作出选举无效和采取相应措施的决定,并再报上一级党的委员会审查批准后,正式宣布执行。

◆ 选举的程序

支部委员会的选举要严格按照程序进行,这是搞好选举工作的必要保证。选举工作分为三个阶段。

第一,准备阶段的工作。

(1) 提出选举的书面请示。支部委员会应在任期届满前一个月,向上级党组织提出换届选举的书面请示。其内容包括:换届的指导思想、下届委员会组成人员的名额、选举大会的主要议程、选举办法及选举日期。延期(提前)选举的,应说明理由。上级党组织应在接到请示后的一个月内作出批复。

(2) 起草工作报告。换届选举的请示经上级党组织批复同意后,村党支部要以实事求是的精神,认真回顾本届支委会工作情况,起草好工作报告。工作报告的内容应包括:党支部贯彻执行党的路线、方针政策和上级党组织决议的情况;完成各项工作任务和加强自身建设的情况;主要经验和存在的问题。同时,对下届支委会的工作提出意见和建议。在起草工作报告的过程中,要走群众路线,广泛听取意见。在正式提请支部大会讨论前,支委会要预先讨论通过。

(3) 制定选举办法。为了保证选举工作的顺利进行,党支部应根据党内的有关规定,结合实际情况,提出选举办法的初步意见,并提交党员大会讨论通过。选举办法一般包括:选举任务、选举形式、选举规则和应注意的有关问题等内容。

① 选举任务。要明确选举支部委员会和产生支委的名额。一般情况下,党员人数不足 7 名的支部,不设支部委员会,设书记 1 人,必要时可增设副书记 1 人;党员人数在 7 名以上、不足 50 名的,设支部委员会,委员 3~5 人,书记 1 人,必要时增设 1 名副书记;党员 50 名以上、不足 100 名的,设党的总支部委员会,委员 5~7 人,设书记、副书记各 1 人。

② 选举形式。要说清楚采取何种差额选举的方式,候选人差额的比例以及无记名投票的方式。

③ 选举规则。要说清楚什么叫选举有效和选举无效,什么叫有效票和无效票,什么叫当选和不当选,以及对选举中可能发生问题的处理办法。

④ 选举中注意的问题。要说清楚选票的书写方法、票箱的设置、投票顺序以及选举结果的宣布办法等。

(4) 进行思想教育。选举前通过党的组织生活和必要的会议,针对党员的思想实际进行教育,向党员讲清选举的意义、要求和基本做法,讲清新一届支委会的组成要求、候选人的名额和条件以及产生的办法,教育党员正确行使党民主权利,不要轻易弃权或者不参加选举。

(5) 确定候选人。委员候选人由上届支部委员会根据多数党员的提名,并听取上级党组织的意见后确定。具体做法是:选举前,党支部要明确候选人的条件和名额,组织党员认真讨论,统一认识。经过充分酝酿,提出候选人初步名单,再经过几上几下的酝酿,支委会集中多数党员的意见,最后确定正式候选人名单。如果党员提出的候选人人数过多,而且经过反复讨论,仍然不能集中到规定的数额,可通过预选来确定正式候选人名单。

第二,实施阶段的工作。

在准备阶段的各项工作就绪后,经上级党组织的同意,召开党员大会正式选举。选举大会由上届支委会主持,具体程序是:

(1) 作工作报告。支部委员会做工作报告是选举大会的一项主要议程。报告后要认真听取党员意见,经全体党员讨论通过。

(2) 确定党员的选举权。预备党员、受留党察看处分后尚未恢复党员权利的正式党员,没有选举权和被选举权。

(3) 公布候选人名单。将候选人的简历、工作实绩和主要优缺点向选举人作实事求是的介绍,对选举人的询问应作出负责的答复。

(4) 通过选举办法。

(5) 报告出席大会的党员人数。若有选举权的党员到会人数未超过应到会人数的 4/5,会议无效,选举必须改期进行;若超过 4/5,即可宣布进行选举。党员因下列情况不能参加选举的,经报上级党组织同意,并经党员大会通过,可以不计算在应到会人数之内;患有精神病或其他疾病导致不能表达本人意志的;自费出国半年以上的;虽未受到留党察看处分,但正在服刑的;年老体弱卧床不起和长期生病、生活不能自理的;工作调动、下派锻炼、蹲点、外出学习或工作半年以上等,按规定应转走组织关系而没有转走的;因各种原因被停止组织生活的。

(6) 推荐监票、计算等选举工作人员。工作人员名单可由党员提名,也可由支部委员会提出建议,经党员大会通过。本届支部委员会委员和下届支部委员会候选人,都不得担任选举工作人员。

(7) 分发选票。选票只发给到会有选举权的党员,选票分发后,选举工作人员应请党员核对选票有无漏发、多发和选票上有无漏盖章等差错。并由大会主持人宣布发出选票的数字,向选举人说明填写选票时应注意的事项,防止填错造成废票的问题。选举一律采用无记名投票的方式。选票上的候选人名单以姓氏笔画为序排列。选票加盖选举单位党组织印章后方有效。

(8) 填写选票。选举人按选票说明的填写方法填写选票。选举人对候选人可以投赞成票或不赞成票,也可以弃权。投不赞成票者可另选他人。党员在选举中有权投自己一票。每一张选票所选人数少于或等于规定应选人数的,为有效票;多于规定应选人数的,为无效票。选举人不能写选票的,可由本人委托非候选人按选举人的意志代写,因故未出席会议的党员不能委托他人代为写票。

(9) 投票。投票前,选举工作人员要检查和封闭投票箱。先由选举工作人员投票,然后由其他党员投票。支部选举不设流动票箱。

(10) 开票。可在大会上当众开票,也可宣布暂时休会,由选举工作人员去开票。选举工作人员在开票时,要首先核对实收选票与实发选票数是否相符,如收回的选票少于或等于投票人数,选举有效;多于投票人数,选举无效,应重新选举。

(11) 计票。应按实到会有选举权的人数计算票数。被选举人获得的赞成票超过实到会有选举权的人数的一半,方得当选。当选人多于应选名额时,以得票多的当选。当选人少于应选名额时,对不足的名额另行选举。如果接近应选名额,征得多数党员的同意,可不再进行选举。选票涂改或撕损而无法确定被选举人时,应作废票。被选举人得票刚达到半数而未超过半数的,不能当选(选举在一次会议上只能进行两次,不允许搞第三次)。

(12) 宣布选举结果。由大会主持人报告每个被选举人的得票数,并按被选举人得票多少的顺序排列,宣布出当选的支部委员会名单,要说明当选名单须报请上级党组织批准后才生效。

(13) 选举结束后,工作人员应将选举结果填写清楚,经监票人签字后将选票清点密封交组织部门保存,未经上级党组织批准不得启封和销毁。

第三,选举结束后的工作。

这一阶段的主要工作有:

(1) 召开第一次新的支部委员会会议。会议由上届委员会推荐或上级党组织指定1名新当选的委员主持。会议的议题包括：一是选举产生支部书记和副书记。支部书记、副书记的产生，由上届委员会提出候选人，报上级党组织审查同意后，在委员会全体会议上进行选举。选举采用无记名投票方式进行，不能采用由委员会全体会议讨论协商的方式进行。（不设委员会的党支部书记、副书记的产生，由全体党员充分酝酿，提出候选人，报上级党组织审查同意后，在党员大会上选举。）二是确定支部委员会成员的分工。

（2）上报审批。支部委员会应将委员及其分工情况报上级党组织备案，选出的书记、副书记必须报上级党组织批准。审批期间的支部工作，由新选出的支部委员会负责，但对重大问题的决定，可等上级党组织批准后再进行。

（3）材料归档。应把召开党员大会的请示、支部的工作报告、选举办法、综合选票一张、上级党委对选举结果的批复等材料归档保存。

（4）做好落选同志的思想工作。要有针对性地做好落选人的思想政治工作，关心和鼓励他们，继续调动他们的积极性，发挥他们的作用。

这些年来，全国各地党组织对农村党支部的选举方式进行了新的探索。其中"两推一选"的做法，较为规范，便于操作，为改革和完善农村党支部选举方式提供了新鲜经验。

两推一选，即分别由党员和村民民主推荐党支部委员候选人，经上级党组织考察后进行党内选举。具体操作程序为：分别召开党员和村民会议，对原党支部成员进行评议并推荐新党支部委员初步候选人，党员和村民的认可票数分开统计，凡票数未超过半数的，不再推荐为下届支委会的初步候选人，票数达到半数以上的，具备初步候选人资格；乡镇党委组织考察，确定正式候选人后，由党员大会差额选举新一届党支部委员会。实行两推一选，有利于拓宽选人视野，选准选好农村党支部领导班子，尤其是党支部书记。实行两推一选，有利于扩大基层民主，加强农村民主政治建设；有利于增强党支部班子成员群众观点和宗旨意识，进一步密切党群干群关系。实行两推一选，要加强领导，严防拉选票、拉推荐票和家族活动干扰选举等问题，切实把村级党支部领导班子成员、尤其是书记选准选好，把村党支部建设成为团结带领农民群众共同致富奔小康、建设社会主义新农村的坚强领导核心。

◆ 村党支部委员会成员的职责

村党支部委员会成员的职责主要体现在两个方面：

第一，党支部书记的基本职责。

支部书记在党支部委员会的集体领导下，按照支部党员大会和支部委员会的决议，负责主持党支部的日常工作。具体职责是：

（1）组织发动党员和群众，结合本村的具体情况，正确贯彻执行党的路线、方针、政策及上级的指示、决议，认真完成上级党委和支部大会提出的各项任务。

（2）负责召集支部委员会和支部大会，将党支部工作中的重大问题，及时提交支部委员会和支部大会讨论；组织检查支部工作计划、决议的执行情况，了解执行中的问题和反映；按时向支部党员大会和上级党委报告工作。

（3）了解掌握党员和干部的思想、工作和学习情况，发现问题及时解决，并做经常性的思想政治工作。

（4）经常与支部委员和同级行政负责人保持密切联系，交流情况，相互配合，支持他们的工作，协调内部的党、自治、经济和群团组织的关系，充分调动各方面的积极性。

（5）组织支部委员会的学习，按时召开支部委员会的民主生活会，积极开展批评和自我批评，认真搞好支部委员会的自身建设，充分发挥支部委员会的集体领导作用。

支部副书记协助支部书记进行工作，并完成支部分工的某些专项任务。支部书记不在时，由支部副书记主持党支部的日常工作。

第二，党支部委员的基本职责。

党支部委员会根据工作需要，分别设若干分管组织、宣传、纪检和青年工作的委员。在有些地区，还设有统战委员、武装委员等。

（1）组织委员的基本职责。

① 了解和掌握党支部的组织状况，根据实际情况，提出党小组的划分和调整意见，检查和督促党小组过好组织生活，并按党章规定，积极做好党支部改选的准备工作。

② 了解和掌握党员的思想状况，协助宣传委员、纪检委员对党员进行思想教育和纪律教育，搜集和整理党员的模范事迹，向支部委员会提出表扬和奖励的建议。

③ 正确掌握党的发展工作方针，负责对积极分子的培养、教育和考察，制定切实可行的发展党员的工作计划，严格按照党章规定，具体办理吸收党员的各项工作，认真负责地做好预备党员的考察工作，办理转正手续。

④ 做好党员的管理工作，编造党员名册，搞好党员的登记造册，统计组织关系转接，收缴党费等，并定期向党员公布党费收缴的情况。

⑤ 不设纪检委员的党支部，有关纪律检查方面的工作，一般由组织委员负责。

（2）宣传委员的基本职责。

① 了解党内外的思想动态，提出宣传教育工作的意见，拟定学习计划，结合实际，采取各种形式，组织党员学习马列主义、毛泽东思想、邓小平理论，以及党的基本知识、时事政治，完成上级布置的学习任务。

② 组织宣传队伍，充分利用广播站、有线电视、黑板报等宣传工具，开展宣传鼓动工作，大力表彰宣传党员和群众的先进思想和先进事迹，及时宣传党的各项方针政策。

③ 指导、协调本村共青团、妇联等群众组织，积极开展群众性的文化体育活动。积极开展各种社会主义精神文明建设活动，提高群众的科学文化水平和思想觉悟。

（3）纪律检查委员的基本职责。

① 负责对党员进行遵守党纪国法和共产主义道德的教育，不断提高全体党员遵纪守法的自觉性。

② 维护党员的民主权利,检查党员执行《关于党内政治生活的若干准则》的情况,同各种违反党纪和败坏党风的行为作斗争。

③ 认真调查、及时处理党员违反党章和违反党的纪律的案件。

④ 受理党员的控告和申诉。考察了解受处分党员改正错误的情况,帮助、教育他们改正错误,鼓励他们积极工作。

⑤ 经常向支部委员会和上级纪律检查委员会汇报和反映本村党员党纪的情况。

纪检委员受支部委员会和上级纪律检查委员会的双重领导,以支部委员会领导为主。在工作中如与支部委员会有不同意见,可以向上级纪律检查委员会反映。

(4) 青年委员的基本职责。

指导共青团支部开展活动;培养团的干部,关心团员青年的政治思想教育;帮助团员青年学习文化科学知识,开展文娱体育活动。

党支部委员会若设其他委员,其基本职责应根据党内的有关规定和本村工作的实际情况确定。

3. 正确处理村党组织内的关系

(1) 正确处理支委会与党员大会的关系。

党员大会和由它选举产生的支部委员会,是支部的领导机关。支部委员会在党员大会闭会期间,负责支部的经常性工作。支部委员会要对党员大会和上级党组织负责。定期向党员大会报告工作,接受它的审查和监督。支部的重大问题,都应由党员大会讨论决定。党员大会做出的决定,支部委员会要认真贯彻执行,不能修改或推翻。为了便于党员大会对问题进行讨论和作出决定,支部委员会可以提出初步意见和方案,但不能强行在党员大会上通过,更不允许把支部委员会置于党员大会之上。支部委员会作出的决议和决定,党员大会有权修改或否定。如果发现党员大会的决议不符合党的路线、方针、政策和上级党委的决议,可请示上级党组织裁决,或重新召开支部大会讨论决定。

(2) 正确处理党支部与总支部委员会的关系。

在党员人数多的基层单位,由于工作需要,可以设立总支部委员会,下属若干支部。在这些单位的党支部,应当按照党的民主集中制原则,服从总支部委员会的领导。它执行总支部委员会的决议,并在其领导下进行党员的教育、管理和发展新党员工作。支部党员大会和支部委员会的决议,不得违背总支部委员会的决议。支部的重大问题都必须请示总支部委员会。有些问题,如支部委员会的改选、选举产生的支部书记、副书记,吸收新党员,决定对党员的表彰和处分,都要经过总支部委员会的批准。

(3) 正确处理党支部书记与支部委员的关系。

党是按照民主集中制原则组织起来的统一整体,党实行集体领导和个人分工负责相结合的制度。在党支部委员会内部,书记和委员都是平等的一员,享有同样的权利,履行同样的义务,都必须把自己置于支委会的集体领导和监督之下。因此,书记和委员之间不是上下级的关系，而是分工负责的关系。在支部委员会作出决定时，书记和委员都只有一票的表决权利，并根据多数人的意见作出决定。支部委员会实行集体领导，书记负有组织支部的活动和处理日常工作的重要责任，不应借口集体领导而降低或否定书记在支部活动中的作用。书记要当好班长，应有良好的作风，善于听取各方面的意见，主动地团结好其他委员，发挥他们的作用，决不能把自己摆在支委会之上，由个人决定重大问题；其他委员要认真负责地完成所分管的工作，积极参与集体领导，支持书记的工作，共同做好党支部工作。

四、党的基层组织建设的指导方针

总结多年来党的建设的经验教训，现阶段加强党的基层组织建设的指导方针主要是：

第一，必须紧紧围绕党的基本路线，以经济建设为中心，用完成本单位任务的实际效果来检验基层党组织的工作。用完成本单位任务的实际效果作为检验党的基层组织工作的标准，不等于党的基层组织直接去领导和指挥经济工作。经济工作有其自身发展和运行规律以及与其相适应的组织形式。党的各类基层组织必须首先学习、掌握经济工作的基本知识，成为所在部门和单位业务工作的内行，具备较强的领导决策能力，才能根据党章和有关法律规定行使职能。总之，党的基层组织既要紧密围绕经济建设这个中心任务开展工作，又不要陷入具体的经济业务或行政事务性工作中。

第二，必须运用已有的成功经验和改革的精神研究新情况、解决新问题，改进基层党组织的活动内容和工作方式。新时期加强党的基层组织建设，不是固守旧的模式，而是要根据形势和党的工作任务发展的要求不断地进行改革和完善，使之与发展社会主义市场经济、深化改革的要求相适应。一要用改革的精神研究新情况新问题。社会主义市场经济是一项史无前例的伟大创新，也使越来越多的新情况新问题摆到党的基层组织面前。要坚持与时俱进，以"三个代表"重要思想为指导，从实际出发，主动地去适应新形势新任务的要求，化解各种不利因素，变挑战为机遇，在改革创新中求发展。二要把继承和创新相结合。过去我们党在长期加强党的基层组织建设实践中已经积累了很多经验，这是党的建设的宝贵财富。其中不少经验已被实践证明是正确的，今天仍然适用，必须继承和发扬。同时要结合现实问题和实际情况进行探索和创新，把继承与创新有机地结合起来。三要适应改革的要求，对基层党组织的机构设置、活动内容和工作方法进行调整和改进，以更好地发挥党的基层组织的作用。

第三，必须严格党内生活，严肃党的纪律，弘扬正气，打击歪风，保持党员队伍的先进性和纯洁性，增强基层党组织搞好自身建设的能力。严格党内生活，严肃党的纪律，是"从严治党"方针的具体化。党的力量和作用，主要不是取决于党员的数量，而是取决于党员的质量，要保持高质量的党员队伍，必须坚持从严治党的方针。从严治党,严格党内生活,严肃党的纪律,是保持党员队伍的先进性和纯洁性的重要手段。在改革开放的条件下,党的基层组织面临的许多新情况新问题并没有现成的答案,需要在实践中探索和解决,这就要求党的基层组织必须具备积极主动工作的精神和妥善处理问题的能力。从另一方面看,党的基层组织接触实际问题多,受外来影响大,其中既有积极的影响,也有消极的影响,因此,必须坚持从严治党,采取切实措施,把加强党的建设落到实处。

第四,必须立足于经常性工作,常抓不懈,既要制订切实可行的长期规划,又要抓紧解决当前的突出问题。党的基层组织的吸引力、战斗力、凝聚力,是体现在党的基层组织的日常工作与活动之中的。党员的先锋模范作用,是党的先进性的具体体现。因此,做好经常性工作,常抓不懈,是党的基层组织建设的一项根本要求。抓经常性工作,要把长远规划与短期目标结合起来,把长远规划作为开展工作的基础,把短期目标作为长期规划的载体,既有长期规划,又有当前的行动计划,才能切实做好经常性工作。抓经常性工作,必须处理好一般与重点的关系。党的基层组织的各项工作、各个环节、各个方面都很重要,缺一不可。但在不同条件下,各个方面的重要程度又有所不同,有些问题比较尖锐,而其他问题相对无碍大局,必须从解决突出问题着手,抓住重点,带动一般,就能起到推动整个党的基层组织建设的作用。党的"十六大"报告提出,在党的建设中贯彻"三个代表"重要思想,加强和改进党的建设,一定要高举邓小平理论伟大旗帜,全面贯彻"三个代表"重要思想,保证党的路线方针政策全面反映人民的根本利益和时代发展的要求;一定要坚持党要管党、从严治党的方针,进一步解决提高党的领导水平和执政水平、提高拒腐防变和抵御风险能力这两大历史性课题;一定要准确把握当代中国社会前进的脉搏,改革和完善党的领导方式和执政方式、领导体制和工作制度,使党的工作充满活力;一定要把思想建设、组织建设和作风建设有机结合起来,把制度建设贯穿其中,既立足于做好经常性工作,又抓紧解决存在的突出问题。这四个"一定要"既是改革开放以来党的建设历史经验的总结,也是新时期党的建设的根本要求,为新时期加强党的基层组织建设进一步指明了方向。

五、新时期加强党的基层组织建设的重要性

改革开放和发展社会主义市场经济使我国的社会生活发生了重大的变化:社会经济成分、组织形式、物质利益和就业方式日益多样化,人们思想活动的独立性、多变性和差异性日益明显和强化。在这样的形势下,党的基层组织的重要作用不是可以自然实现的,必须通过加强和改进党的基层组织工作来实现。因此,越是改革开放和发展社会主义市场经济,越要加强和改进党的基层组织建设。

1. 党的基层组织面临新的环境、新的任务、新的矛盾、新的问题

所有制结构的变化,多种经济成分的发展,利益关系和利益格局的调整,生产经营形式的多样化,各种新经济组织和社会组织的日益增多,大量劳动力的流动等,对

党的基层组织建设的指导思想、组织形式、工作内容、活动方式,都提出了新的要求。但党的基层组织建设却显得相对落后,跟不上实际生活的变化。

2. 改革开放和发展社会主义市场经济,是一场深刻的革命性的社会变革,对人们的思想产生极其深刻的影响

经过二十多年改革开放和发展社会主义市场经济的实践,广大党员的思想观念也发生了深刻变化,竞争意识、市场意识、民主意识都显著地增强。他们在改革开放和现代化建设中发挥了先锋模范作用。但与此同时,市场经济的负面影响也在日益广泛地侵蚀着一些党员的思想。在改革开放和发展社会主义市场经济的条件下,共产党员还要不要坚持党性、怎样增强党性?如何树立正确的理想、信念和价值观?讲价值规律、等价交换、按劳分配,如何与吃苦在前、享受在后、克己奉公、多作贡献相统一?面对这些问题,大多数党员都交出了合格的答卷,但也确有一部分党员交出的答卷不完全合格,或者完全不合格。有些党员不能发挥应有的作用,甚至有些消极退步,有些腐败堕落,走上了违法犯罪道路。事实说明,对党员教育、管理和监督的任务,比过去任何时候都更加紧迫、更加繁重了。

3. 一些基层党组织软弱涣散,甚至处于瘫痪状态

在一些农村,非法宗族势力、地方恶势力乘虚而入,把持基层政权,党的基层组织不能发挥应有的战斗堡垒作用,甚至被坏人掌握和利用。在国有企业改革过程中,由于党组织的活动方式发生重大改变,一些企业党组织的作用也在弱化。由于我国社会生活处于剧烈变化时期,在一些新产生的经济、社会组织中,党的基层组织尚未建立,党的活动不能覆盖这些领域,党的工作出现空白点等。如果这些问题得不到认真解决,就会严重影响党的基层组织的作用,影响党的路线方针政策在社会基层的贯彻和落实。

第二节 农村基层党组织运行机制存在的主要问题及其原因

一、农村基层党组织运行机制存在的主要问题

1. 部分农村基层党组织职能职责不明确或落实不到位

少数农村基层党组织领导班子软弱涣散,形不成核心,个别甚至处于瘫痪半瘫痪状态,缺乏影响力和号召力。有的农村基层党组织负责人对新形势下农村基层党组织该做什么、能做什么不够清楚,心中茫然,工作积极性、主动性差,致使党的路线方针政策宣传落实不到位,党员教育管理抓得不紧,示范引导群众不充分,在发展农村经济、维护农村社会稳定、提供农村公共服务等方面没有好的思路和措施,农村面貌

难以得到改善。

有的农村基层党组织包揽基层事务,眉毛胡子一把抓,不善于调动和发挥其他组织的工作积极性,影响了基层组织合力。一些农村基层党组织面对农村工作重心的转变,特别是税费改革使催粮收款等传统的工作任务不复存在以后,不调整工作方式,仍然习惯于行政命令,重管理、轻服务,出现"老办法不管用、新办法不会用"的情况。

2. 部分地方调整农村基层党组织设置相对滞后

一是滞后于农村组织资源整合的新形势。随着农村综合改革的推进,农村行政区划调整力度不断加大,一些地方尽管探索建立了村村联合、村企联合、中心村等新的农村组织形式,但由于地域观念、局部利益、宗族家族势力等因素的影响,没有及时撤并党组织。

二是滞后于农村经济社会组织的新发展。对近年来农村普遍出现多种形式的生产联合和经营联合,涌现不少新的经济组织和社会组织,进而给农村基层党组织设置调整带来新的需求,对此一些地方没有予以重视,而是继续坚持以行政村为单位建立党组织的传统模式,致使农村新的经济和社会组织中党的工作没有及时覆盖,党员教育管理没有及时跟进。

三是滞后于农村不同类型党组织共存的新变化。一些地方在农业合作组织或新的经济和社会组织中设立党组织后,没有明确其隶属关系,与村党组织的关系模糊,出现了村党组织"支部管支部"、管理矛盾频频发生的情况。有的地方把农村新建党组织划归乡镇党委或有关行业主管部门党组织管理,村党组织和这些党组织在工作上不配合、不协调的现象时有发生。

四是滞后于流动党员教育管理的新要求。由于大批农村劳动力在产业间转移和地区间流动,外出务工经商的农村党员越来越多、活动范围越来越广,目前在流动党员相对集中的单位建立党组织和把流动党员明确划归流入地一个党组织管理的工作总体上还比较薄弱,不少农村流动党员还游离于组织管理之外。

3. 农村基层党组织权责不对应的问题比较普遍

基层普遍反映,农村基层党组织任务重、责任大,而权力小、手段缺,制约了农村基层党组织职能作用的充分发挥。在乡镇层面,前几年乡镇机构改革确定的本应下放到乡镇的管理权,一些地方没有真正落实,特别是一些有收费职能和上级划拨经费比较充足的事业站所,县级业务主管部门并未放给乡镇管理,其条条功能大于块块功能。一些本属"条管"的单位和部门,工作上对乡镇党委、政府的支持配合主要建立在领导干部的个人关系上。一些乡镇干部反映,现在乡镇与上级签订很多工作责任状,其中不少是一票否决的"硬指标",而完成这些任务可调配的资源十分有限,确实感到压力很大。

在村一级,更是权力缺乏、手段有限,一些靠思想教育和行政手段解决不了的问题要么上推、要么积压。特别是在征地补偿、矿产开发等涉及群众切身利益的事情上,村里的自主决策空间很小,对群众的意见和怨气往往无能为力,致使越级上访越来越多，严重削弱了农村基层党组织在群众中的威信和影响力。

4. 农村基层党组织运行的一些基本工作关系有待进一步理顺

农村基层党组织运行的基本工作关系，包括乡镇党委和乡镇政府的关系、乡镇和村的关系、村"两委"关系等。这方面存在的问题，各地都有反映。在乡镇党委和政府的关系方面，长期以来，乡镇党委、政府的具体职责权限较难明确划分，"出门一把抓、回来再分家"的情况比较普遍，党政领导班子特别是党政一把手的团结协作和默契配合，主要靠党性、素质和性格上的互补，而不是靠职责、权限上的明晰划分和具有相互补充、相互制衡关系的制度规范。往往有新组建的班子，领导成员之间都要经过较长时间的磨合，有的刚刚配合比较默契，又因种种原因被调离分开；有的长期磨合不好，互相猜忌，彼此防范，工作受到影响。一些党政班子特别是主要领导严重不团结的乡镇，形成工作上认"头儿"、人际关系上分派系的局面，感情上的鸿沟越来越大，互不服气，互不理解，严重影响了工作效能。

在乡镇和村的关系方面，乡镇党委与村党组织是领导与被领导的关系、乡镇政府与村委会是指导与被指导的关系，这在规定上是明确的。但在具体实践中，由于这种领导和指导的职责规定得不是很详细，乡镇和村的理解和执行不尽一致，一些地方乡、村两级在工作配合上出现了一些新的情况。一方面，有的乡镇党委、政府对村里的工作统得过死、管得过细，村里感到没有自主权，也有的乡镇党委、政府因为村民自治而不敢理直气壮地对村进行领导和指导，甚至放任自流；另一方面，有的村干部视村民自治为分治，对乡镇的领导与指导缺乏服从、配合意识，甚至挑动村民与乡镇党委、政府唱反调，也有的村干部习惯于"等靠要"，村里的大事小事和各种矛盾都依赖乡镇派人处理。乡镇和村矛盾公开、关系紧张、政令不畅的极端事例，不少地方都出现过。

在村"两委"关系方面，主要是一些村党组织书记不善于发扬民主，喜欢搞"一言堂"、个人说了算，不尊重和支持村委会的工作；一些村委会主任认为自己是海选出来的，有良好的群众基础，对村党组织的领导抱抵触情绪。由此，"两委"在村务决策、资产管理、财务开支等方面时常发生摩擦，有的逐步成为"两张皮"，最终导致组织功能减弱，工作推进受阻，干部威信下降。

5. 一些地方农村基层干部队伍和党员队伍素质不高、后继乏人

在素质上，突出的问题是文化偏低、年龄老化。全国73万个农村党支部书记中，35岁以下的仅占12.3%，不到初中文化程度的占33.4%。相当一部分地方农村党员的平均年龄在55岁以上。在作风能力上，一些农村基层干部和党员程度不同地存在着不符合"三个代表"要求、甚至脱离群众的问题。有的理想信念发生动摇，精神不振作，工作不积极，在困难面前怨天尤人，不思进取，得过且过；有的宗旨意识淡薄，不关心群众疾苦，不热心为群众办事；有的作风不民主，不去做或不会做新形势下的群众工作，方法简单粗暴；有的热衷于搞形式主义和花架子，甚至弄虚作假，虚报浮夸，欺上瞒下；有的办事不公，以权谋私，甚至勒索群众，违法乱纪；有的支持和参与宗族宗派活动和封建迷信活动，极个别的甚至同地方恶势力相勾结，欺压群众。这些问题的

存在,导致一些农村党群、干群关系紧张,甚至造成矛盾激化,诱发群体性事件。在后备人才上,大部分地方的农村劳动力大量外出,留下来的优秀青年较少,发展党员、选拔干部可选择余地小。经济比较落后的地方,农村工作条件差,农村基层干部待遇低,入党、当干部难以吸引优秀人才,有的现职干部也辞职不干、另谋出路。个别村在干部配备上,因"无人可选"或都不愿干而搞"轮流坐庄"。而在一些经济发达地区,由于村办企业多、村级集体经济实力雄厚,当村干部竞争激烈,有的甚至以"贿选"、假票等不法手段达到目的,扰乱了农村基层干部的选拔培养秩序,让一些有理想、有抱负的优秀后备人才望而却步。个别农村基层党组织负责人出于私心杂念对培养后备干部抱应付态度,不上心,不抓实,甚至设置障碍,让村里的优秀人才感到寒心。

6. 农村基层党组织运行的物质保障不够有力

多数地方反映,当前农村基层党组织建设投入不够,无钱办事、缺钱办事的问题比较突出。

一是正常活动经费不足。农村税费改革后,一些原来就缺乏经常性收益来源的乡村由于取消"三提五统"、企业管理费及计划生育、土地罚没款提成等,失去集体收入的主要来源,并且多数地方没有把村级办公经费纳入财政预算,致使村党组织正常活动经费得不到保证。

二是自身造血功能不强。发展壮大村级集体经济虽号召多年,但不少地方因自然条件所限,起步艰难,办法不多;有的由于项目选择不够科学,资金投入不足,经营管理不善,经济效益并不理想。

三是乡村负债难以消化。负债是影响基层党组织正常运转的一个"瓶颈"。一些乡村由于兴建水利和防汛等基础设施、兴办公益事业、村办企业经营不善、农业税尾欠等原因而借债或贷款,又无力及时偿还,债务越累越大。据调查,2004年我国乡镇负债总额在2 200亿元左右,乡镇平均负债400万元左右,村级平均负债40万左右,不负债的乡镇和村相当少。

四是活动阵地建设滞后。不少农村基层党组织没有功能完善的活动阵地,一定程度上影响党组织职能作用的发挥。

五是农村基层干部待遇偏低。不少地方由于财政困难、集体收入的渠道日益变窄,干部的工资、补贴不能按时发放,甚至长期拖欠。乡镇干部的工资收入低于县级部门公务员工资收入的情况不是个别,地处偏远的纯农业乡镇尤其如此。不少村干部感到"劳多酬少、前无出路、后无退路",工作积极性不高。有的村干部把主要精力放在操持村务上,家庭劳动力不足,经济收入不如一般群众,年老离任后生活比较困难。

二、农村基层党组织运行机制存在问题的主要原因

农村基层党组织运行机制存在上述问题,原因是多方面的,主要体现在三个

方面：

第一，农村体制变革对基层党组织运行的影响。农村基层党组织处于农村工作最前沿，农村的每一次变革、党对农村工作方针政策的每一次调整，都直接或间接地对农村基层党组织的运行产生影响。农村实行家庭联产承包责任制后，原有的组织管理构架被打破，农民群众的自主性大大增强，而对组织的依赖程度明显降低；随着市场经济的发展，农村经济结构多元化、组织形式多样化、就业方式多样化的趋势越来越明显，农村劳动力的转移和流动越来越频繁，农村面临的各种利益矛盾越来越复杂；随着农村基层民主政治建设的推进，农民群众的整体素质不断提高，民主意识、参政意识、监督意识不断增强；近年来一些地方农村的宗族、家族势力日益抬头，非法宗教和封建迷信滋长蔓延，干扰甚至把持农村基层政权的情况时有发生；取消农业税和农林特产税，在刺激农民群众生产积极性的同时，使一些农民的国家观念和集体意识有所淡化，进一步增加了农村的组织管理难度；城乡二元结构的长期存在和继续发展，不仅使农村背负巨大的发展压力，而且把征地拆迁、下岗失业等一系列城市发展矛盾部分转嫁给农村。所有这些，都使农村基层党组织面临的形势更复杂，承担的任务更繁重，面对的矛盾更尖锐，运行的难度在增加，经受的挑战和考验在增多。

第二，一些地方对新形势下农村基层党建工作认识不足，抓得不力，探索创新不够。有的县（市、区）委和乡镇党委没有认真履行抓农村基层党建工作的责任，对农村基层党建工作中出现的新情况新问题没有引起高度重视，对农村基层党组织运行机制没有及时进行相应的调整和完善。一些农村基层党组织抓党建工作缺乏求真务实精神，重唱功、轻做功，重形式、轻实效，点上热、面上冷，爱报喜、不报忧，加上考核奖惩不严格、不科学、不兑现，掩盖和积压了农村基层党建工作中的一些矛盾和问题。部分农村基层党组织缺乏改革创新精神，不能及时根据新形势新任务的需要改革已经过时和落后的做法，不去积极探索党的工作有效覆盖、党的活动有效开展、党组织和党员的作用充分发挥的新思路、新途径、新方法，使农村基层党建工作水平难以得到真正提高。

第三，农村基层党组织运行的外部环境不够宽松。近年来，一些新闻媒体和影视作品对极少数农村基层干部的某些不当行为渲染放大，报道反映不实，有的甚至把乡村干部描绘成"乡霸"、"村霸"，使农村基层干部的整体形象受到伤害。农村基层干部处在农村各种矛盾的风口浪尖，特别是在推行一些涉及利益调整的改革措施时，难免得罪人，其中可能就有人想方设法对他们恶意中伤，进行诬告诽谤，一些上级部门对此不能正确把握，不能为他们主持公道、及时把歪风邪气打下去，挫伤了一些农村基层干部的积极性。一些地方乡镇领导干部调整过于频繁，加之调整中的跑官要官和买官卖官现象屡禁不止，助长了基层工作的短期行为。农村税费改革后，财政转移支付改革、乡镇机构改革等配套改革没有及时跟上，也在一定程度上影响了农村基层党组织的正常运行。

第三节 村党支部的职责和主要任务

一、村党支部的职责

根据《中国共产党农村基层组织工作条例》的规定,村党支部的主要职责是:

(1) 贯彻执行党的路线方针政策和上级党组织及本村党员大会的决议。

(2) 讨论决定本村经济建设和社会发展中的重要问题。需由村民委员会、村民会议或集体经济组织决定的事情,由村民委员会、村民会议或集体经济组织依照法律和有关规定作出决定。

(3) 领导和推进村级民主选举、民主决策、民主管理、民主监督,支持和保障村民依法开展自治活动。领导村委会、村集体经济组织和共青团、妇代会、民兵等群众组织,支持和保证这些组织依照国家法律法规及各自章程开展工作,充分行使职权。

(4) 搞好支部委员会的自身建设,对党员进行教育、管理和监督。负责对要求入党的积极分子进行教育和培养,做好发展党员工作。

(5) 负责村、组干部和村办企业管理人员的教育和监督。

(6) 搞好本村的社会主义精神文明建设和社会治安、计划生育工作。

二、村党支部的主要任务

村党支部要做好"三个代表",这对村党支部提出了新的更高的要求。具体来说,村党支部的主要任务体现在四个方面。

1. 认真贯彻党在农村的各项方针政策,发展农村经济,致富农民

大力发展农村经济是逐步实现共同富裕的必由之路。村党支部对经济工作的领导,主要体现在贯彻好党和国家的方针政策,制定本村经济发展的长远规划、近期计划,研究决定经济工作中的重大问题,组织农民学习和掌握农业科学技术,发挥党员在经济工作中的先锋模范作用等方面。

党在农村的各项方针政策,是党在现阶段的总任务、总目标的具体化。要长期坚持以公有制为主体、多种所有制经济共同发展的基本经济制度,以家庭承包经营为基础、统分结合的经营制度,以劳动所得为主和按生产要素分配相结合的分配制度。并在此基础上按照建立社会主义市场经济体制的要求,深化农村改革。

制定经济发展的长远规划和近期计划,要讲求科学性。要从本地实际出发,根据本村的物力和人力资源、交通地理环境以及原有的经济基础等确定经济发展的方向和目标,制定切实可行的经济发展规划和措施,扬长避短,变资源优势为经济优势,全面发展农村经济。切实做到摸清地情,以地尽其力;摸清民情,充分发挥农民群众的

聪明才智;摸清市场行情,提高经济效益。

研究确定经济工作中的重大问题是村党支部的重要职责。要明确经济工作中重大问题的范围,一般讲,凡是涉及全村群众共同利益的经济问题,都应视为重大问题。对这些重大问题,应在充分调查研究的基础上提出决策的初步方案,经支委会讨论后,召开党员大会作出决定。

组织群众学习科学技术和文化知识。要从农民实际出发,采取有力措施,认真组织他们学习科学技术,提高文化水平,力争在短时间内掌握一两项适用技术,增强致富的能力。充分发挥党员在发展农村经济中的先锋模范作用。根据党员不同的情况和特点,进行必要的组织引导,采取多种措施,使党员发挥作用。党员要带头学习党在农村的方针政策,带头学习科学文化知识,带头参与市场经济的竞争。不但自己作出表率,还要带领群众进入市场经济。

2. 加强农村精神文明建设,培养"四有"新型农民

加强农村精神文明建设,是深化农村改革的需要,是促进农村生产力发展的需要,是造就大批"四有"新型农民的需要。领导精神文明建设,是村党支部的主要职责之一。

农村精神文明建设包括思想道德建设和教育科学文化建设两大方面。从当前农村的实际情况看,一要加强思想政治工作,教育农民坚定社会主义信念,增强政策和法律观念,树立爱国主义、集体主义思想。二要大力发展农村教育,为提高农民文化素质打好基础。三要普及科学技术知识,自觉破除封建迷信和各种社会陋习,树立尊重知识、尊重人才、尊重科学的风尚。四要倡导文明进步的社会风尚,开展创建文明村、文明户活动。

农村精神文明建设要把培养"有理想、有道德、有文化、有纪律"的社会主义新型农民作为根本目标。村党支部要围绕培养"四有"新人的目标,做好以下工作:一是教育农民树立社会主义的共同理想。这个理想,就是把我国建设成为富裕、民主、文明的社会主义现代化强国。二是教育农民树立社会主义道德。在现阶段,每个公民都应具备宪法规定的最基本的道德素质,具有为农村经济发展和社会进步艰苦奋斗的精神。三是教育农民努力学习科学文化知识。掌握发展农村经济所具备的科学文化知识和技能。四是教育农民遵纪守法。遵守宪法和各种法律法规,遵守乡规民约,勇于同各种违法乱纪的现象作斗争。

村党支部要做到坚持物质文明建设和精神文明建设一起抓的方针,制订规划,建立责任制,加强督促检查。要充分发挥党员在精神文明建设中的作用,组织党员做好群众思想政治工作,帮助群众提高觉悟,化解矛盾,理顺情绪。教育党员带头遵纪守法,模范地遵守社会公德。分配党员适当的社会工作和群众工作,使党员在文明村、文明户活动中走在前头。

3. 扩大农村基层民主,领导和推进民主政治建设

扩大农村基层民主,实行村民自治,是党领导亿万农民建设有中国特色社会主义民主政治的伟大创造。扩大农村基层民主,实行民主选举、民主决策、民主管理和民

主监督,保证农民群众行使民主权利,是社会主义民主在农村最广泛的实践,是落实党的十五大提出的依法治国方略的重要基础工作,也是加强农村基层组织建设,密切干群关系,调动广大农民群众积极性的有效措施。加强农村基层民主政治建设,党的领导是关键,发扬民主是基础,依法办事是保证。一定要把加强领导,充分发扬民主,严格依法办事三者有机结合起来,做到既保障农民群众的民主权利不受侵犯,又引导农民群众正确地行使民主权利。要求农民依法办事,农村干部和党员首先必须依法办事。农村基层党组织和党员都要在宪法和法律范围内活动,要支持和保障村民自治,推动农村基层民主政治建设健康发展。

村党支部对村民委员会的领导作用主要体现在三个方面:一是领导核心作用,提出全村经济发展与精神文明建设的意见,通过村民委员会的工作,把党的方针、政策和党支部的意图变为群众的自觉行动,协调村民委员会同其他组织的关系;二是战斗堡垒作用,按照先党内后党外的原则,讨论议决村内的重大事情,充分发挥党员的先锋模范作用,对村民会议和村民代表会议作出的决议、决定自觉维护和遵守,并监督考核在村民自治组织中工作的党员和干部;三是支持保障作用,支持和保障村民委员会依照法律规定独立负责地开展活动,行使职权。

4. 抓好综合治理,维护农村社会稳定

农村人口占全国人口的大多数,农村稳定是整个社会稳定的基础。村党支部要从全局的高度,充分认识保持农村稳定的重要意义,把维护农村稳定放在突出位置。保持农村社会稳定,必须下大力气抓好农村社会治安的综合治理。农村社会治安问题是农村各种矛盾的综合反映。综合治理的主要任务,就是要运用政治的、经济的、行政的、法律的、文化的、教育的等多种手段,整治社会治安,打击和预防犯罪,维护社会稳定,为农村的经济发展和深化改革创造良好的社会环境。

社会治安综合治理的任务,主要有打击、防范、教育、管理、建设、改造六个方面。打击,必须坚持依法从重从快方针,严厉打击严重刑事犯罪活动和农村恶势力。防范,就要实行群防群治,加强内部的安全保卫工作和技术防范措施,正确处理人民内部矛盾,及时排除纠纷,防止矛盾激化,消除不安定因素。教育,就要提高人的素质,使村民知法、守法、护法,减少违法犯罪现象。管理,是健全完善各项管理制度,堵塞漏洞。特别要加强外来人员的管理,既为他们创造良好的生活环境,又落实对外来流动人员管理的各项规定。建设,就是加强以村党支部为核心的村级组织配套建设,包括村联防队、治保会、调解会的建设,发挥他们的作用。改造,是做教育人、挽救人、防止重新犯罪的特殊预防工作,把违法犯罪人员改造成为遵纪守法的新人,化消极因素为积极因素。这六个方面的工作,环环紧扣,相辅相成,只有一一落到实处,才能发挥社会治安综合治理的整体效能。

村党支部要把综合治理摆上重要议事日程,制订计划,定期研究部署工作,按照"谁主管,谁负责"的原则,落实岗位责任制,经常督促检查,奖优罚劣,真正做到"管好自己的人,看好自己的门,办好自己的事"。

第四节　农村党员队伍建设

党的组织是由党员组成的。党员要做"三个代表"的推动者和实践者,这对每个共产党员提出了新的更高的要求。在新的历史时期,加强党员队伍建设必须把坚持党员标准、保证党员质量放在第一位。党员队伍建设的内容,主要有党员教育、党员管理和党员发展三项工作。

一、抓好党员教育,努力提高党员素质

加强对党员的教育,是新形势、新任务的迫切要求,是村党支部团结带领全体党员完成各项工作的重要保证。

1. 党员教育工作的指导思想和目标

当前和今后一个时期,党员教育工作总的指导思想是,在邓小平建设有中国特色社会主义理论和党的基本路线指引下,紧紧围绕经济建设这个中心,积极适应建立社会主义市场经济体制、实现社会主义现代化建设需要,加强党的思想政治建设,全面提高党员素质,增强党组织的战斗力。

(1) 新时期的党员教育工作必须以马列主义、毛泽东思想和邓小平建设有中国特色社会主义理论为指导。只有这样,党员教育工作才能沿着正确的方向不断前进,才能有效地提高党员的素质,才能保证全党坚持党的基本路线一百年不动摇。

(2) 新时期的党员教育工作必须始终贯彻党的基本路线,自觉地以经济建设为中心,坚持为改革、发展和稳定服务。党员教育的各项工作和活动,都要有利于解放和发展生产力;有利于加强党的自身建设,提高党员执行党的基本路线的自觉性和坚定性。党员教育工作必须根据改革和建设的需要,适当确定教育内容,通过各种形式,把教育工作渗透到建立社会主义市场经济体制、促进经济持续、快速、健康发展,推动社会全面进步的各个环节中去,引导党员自觉经受锻炼,积极建功立业。

(3) 党员教育工作必须坚持"重在建设",以立为本。要把坚持党性原则与适应发展社会主义市场经济的要求统一起来,着重解决好党员的世界观、人生观、价值观问题,切实调动广大党员的主动性、积极性、创造性,充分发挥他们的先锋模范作用。党员教育工作的目标,就是要使全体党员能够达到党章规定的党员标准,在各项工作中充分发挥先锋模范作用。在新的历史时期,共产党员的党性和先锋模范作用主要体现在以下几个方面:

一是具有坚定的社会主义、共产主义信念。坚决全面贯彻执行党的基本路线和各项方针政策,坚定地站在改革和建设的前列,解放思想,更新观念,勇于开拓,大胆创新,带领群众为完成党的任务努力奋斗。

二是具有克己奉公、无私奉献的高尚情操。能够正确处理局部利益与全局利益、眼前利益与长远利益、个人利益与党和人民利益的关系,诚心诚意为人民谋利益。

三是具有做好本职工作的知识本领。尊重科学,勤奋学习,熟练掌握本职工作领域的业务知识和科学文化知识,充分发挥自己的聪明才智,成为生产和工作中的骨干。

四是具有扎实工作、密切联系群众和艰苦奋斗的优良作风。说实话、办实事、求实效,关心群众疾苦,维护群众利益。带头勤劳致富,并带领群众共同致富。

五是具有自觉的组织纪律观念和法制观念。能够严格执行党内生活准则,模范地遵守党的纪律和国家的法律法规,廉洁自律,发扬社会主义新风尚,乐于接受各方面的监督,勇于同消极腐败现象和违法乱纪行为作坚决的斗争。

2. 党员教育的基本原则和方法

党员教育工作,要在改进中切实加强,力求更加生动活泼、富有成效。党员教育工作必须坚持以下几项基本原则:

(1) 坚持理论联系实际,加强教育的针对性,做到有的放矢。党员教育工作要紧紧围绕经济建设这个中心,立足服务于改革、发展和稳定,紧密联系党员的思想、工作和生活实际进行。特别是随着改革开放的不断深入,广大党员的思想十分活跃,必然会产生一些深层次的思想问题。党员教育工作要勇于触及党员关注的热点、难点、疑点问题,从理论与实际的结合上给予解答,积极引导、帮助党员从思想上澄清模糊认识,从理论上有所提高。要注意把解决思想问题同解决实际问题结合起来。通过有针对性的党员教育,促进广大党员提高执行党的基本路线的自觉性和坚定性,在改革开放和现代化建设的实践中增强党性。根据目前党员队伍的实际状况,在坚持政治理论教育的同时,要注意增加经济知识和科学、文化、业务知识学习的内容,以提高党员的业务素质。

(2) 坚持以正面教育为主,正面灌输与自我教育相结合。马克思主义不可能自发地在人们头脑中产生,必须坚持正确灌输。要采取启发式的教育方法和耐心说理、平等讨论、互教互学的民主方式,激发党员自我教育的积极性和主动性。要多表扬先进,树立榜样,同时也要选择反面典型,引导党员汲取教训,警戒自己,努力在党内造成一种奋发向上的良好风尚。

(3) 坚持分类分层次施教。对不同类型和不同层次的党员、党组织要区别情况,分别提出教育的侧重点,采取不同的教育方法。对广大基层党员,要把适当的集中学习和轮训同自学结合起来,内容要少而精,方法要灵活多样,注重实效。

(4) 坚持加强教育同改进管理、严肃党纪相结合。要努力探索融教育与管理、监督为一体的好办法。通过有效的组织管理,增强教育效果。要坚持从严治党,严格执行党的纪律;增强党员的法纪观念,提高拒腐防变能力。

改革开放以来,党员教育工作在改进中加强,在加强中提高。各地对党员教育的方式方法进行了大量有益的探索,创造出一些行之有效的方式方法。归纳起来,主要是:① 坚持办好基层党校,充分运用基层党校这个阵地对党员进行轮训。② 定期上好党课。讲授党课,要紧密联系实际,做到深入浅出,生动形象,增强吸引力。③ 坚持民主评议制度。每年评议都要从实际出发,注重实效。④ 严格党的组织生活,搞好经常性的党内活动。党的组织生活要注重研究解决存在的突出问题,使党员真正从思想上受到教育和启发。要认真开展批评和自我批评,达到提高认识、增强团结、共同进步的目的。⑤ 围绕两个文明建设开展党的各种活动。党内活动可以多种多样,但无论开展何种活动,都要为经济建设这个中心服务,为搞好两个文明建设服务。每项活动都要做到善始善终,取得成效。⑥ 搞好党员电化教育工作,充分发挥电化教育形象直观、感染力强的作用。⑦ 认真运用大众传播媒介和各种教育手段,开展党员教育。各地在坚持这些行之有效的方式方法进行党员教育的同时,还要从实际出发,在实践中不断探索,努力创造出更多的具有时代特点的新方法,使党员教育工作更加生动活泼,富有成效。

二、严格党员管理,充分发挥党员先锋模范作用

加强党员管理工作的目的,就是用党章规定的党员标准规范党员的言行,使每一个党员都能发挥先锋模范作用,从而保证党的路线、方针、政策在基层得以贯彻落实。

1. 新时期党员管理工作的基本任务

新时期党员管理主要包括四个方面的基本任务。

(1) 引导党员严格履行义务,保障党员充分行使权利。新时期党员的先进性主要体现在党员是否履行了党章规定的八项义务,党组织要引导党员严格要求自己,模范地履行党员义务,自觉地做合格党员。党员充分行使党章规定的党员权利,是党内民主的重要表现。党组织要认真落实《中国共产党党员权利保障条例(试行)》的规定,引导党员正确行使权利,并为党员行使权利创造必要的条件。

(2) 组织党员参加党的活动。党章规定,党员的基本条件之一,就是"参加党的一个组织并在其中积极工作"。党组织对党员的日常管理,主要体现在经常组织党员参加党的活动上,如参加党的组织生活,缴纳党费,接受党的教育和培训,完成党组织分配的工作等。只有这样,才能保证党的思想统一和组织统一,才能使每个党员不断增强党的观念,发挥先锋模范作用。

(3) 严格党员组织关系和党籍管理。党员的组织关系是党员身份的证明,党籍是指党员资格。党员的工作变动是经常发生的,特别是在社会主义市场经济条件下,党员的流动日趋广泛,党员的思想情况、工作表现时有变化,对党员的管理必然是动态的。党员流动后要按规定办理转移组织关系的手续,党员凭组织关系参加党的组织生活,对这一点不能有丝毫马虎。党员如果丧失了党员资格,党组织应按规定对党员进行党籍处理。

(4) 保持党员队伍的纯洁性。任何时候党员队伍中都会有落伍者。在改革开放和经济体制的转变时期,这个问题显得更加突出。对于那些理想信念动摇、价值观念发生变化、已经不具备党员条件的党员,党组织应当按照党章规定,根据党员的不同

情况,采取措施进行组织处理,以保证党员队伍的纯洁性。

2. 新时期党员管理的基本要求和主要途径

党员管理工作是一门科学,有其自身的规律和特点。做好这项工作,要不断研究新时期党员管理工作遇到的新情况、新问题,注意把握党员活动的规律。既要继承和发扬我们党多年形成的行之有效的传统办法和方式;又要解放思想,不断创新,勇于探索新的有效途径和方式,总结新鲜经验,建立和完善各种规章制度,使党员管理工作做到规范化、制度化。

党员管理工作的基本要求是:

(1) 把党员编入党的一个组织,使每个党员都置于党组织的约束监督之下。只有把党员编入党的一个支部、小组或其他特定组织,并在其中参加党的组织生活,接受党组织的教育、管理和党内外群众的监督,完成党组织交给的任务,才能发挥党员的先锋模范作用,才能使党成为有组织的部队,有效地为实现党的纲领而奋斗。

(2) 通过严格管理,使党员自觉地执行党的决议,完成党组织分配的任务。要求每一个党员无条件地执行党组织的决议,完成党组织分配的工作,是党员管理工作的一项经常性的任务。要教育党员正确处理好三个关系:一是局部和整体的关系。每个党员在执行党的决议过程中,应自觉地以局部利益服从党的事业的整体利益,不能片面地强调局部利益而不执行党的决议。二是下级组织和上级组织的关系。下级组织在上级组织决议形成以前,应当充分发表自己的意见,反映本组织党员的要求和意志。但在上级党组织形成决议后,就必须无条件地坚决执行,任何动摇和打折扣的态度都是不对的。三是党员个人和党组织的关系。党员是党的决议的具体执行者。党员个人有向党组织提出意见、建议甚至保留意见的权利,但是党组织的决议一经形成,就必须坚决服从。

(3) 通过严格管理,使党员认真履行党员义务。认真履行党员义务,是党员对党应尽的责任。要把督促党员履行党章规定的党员义务作为党员管理的基本要求和内容。要结合各自的具体实际,定期检查党员履行义务的情况,强化党员意识,促使党员在改革开放和现代化建设中充分发挥先锋模范作用。

(4) 通过严格管理,使党员正确行使党员权利。保障党员正确行使权利,在党员管理中应当注意解决两个问题:一是要防止和克服只注意让党员履行义务,不尊重党章赋予党员权利的倾向;二是要积极支持和鼓励每个党员大胆行使党章赋予自己的权利,同各种危害党的事业的错误倾向作坚决的斗争。

多年来,我们党在加强党员管理方面积累了丰富的经验,有许多好的传统和做法值得继承和发扬。改革开放以来,针对党员管理工作遇到的新情况、新问题,各级组织积极探索,大胆创新,总结了一些新经验,如党员目标管理、开展党日活动、党员责任区、党员联系户、党员先锋岗活动等,实践证明都是加强党员管理的有效途径和方式。当前,在党员管理的途径上,要突出强调三个问题。

一是严格党的组织生活。党的组织生活主要是指党员参加所在支部的党员大会和党小组会,以及党员领导干部单独召开的民主生活会。严格党的组织生活是加强对党员的日常管理的主要途径。

党的组织生活的内容主要包括：传达党中央和上级党组织的指示和文件，结合实际，讨论确定本支部、小组贯彻执行的计划和措施，提出意见和建议；组织党员学习政治理论、党的方针政策、时事政治和党的基本知识，不断提高党员的政治觉悟和理论水平，增强党性修养；听取党员的思想汇报，检查党员学习、工作、完成支部交办任务情况及执行党的纪律的情况；开展严肃的批评和自我批评；评选表扬优秀党员，讨论对违纪党员的处分和不合格党员的处理，做好发展党员的基础工作，讨论接收预备党员和预备党员转正；分析群众的思想情绪，反映群众的意见和要求，研究加强和改进思想政治工作的措施和意见；通过支委会和支部大会讨论决定本支部重大问题及相关事宜。

为严格党的组织生活，保证组织生活不走过场、收到实效，首先，党的组织生活要坚持党性原则，不回避矛盾，开展积极的思想斗争，切实解决党内问题；其次，要对党员进行严格遵守党的组织生活制度的教育，提高党员参加组织生活的自觉性；再次，健全党的组织生活制度，做到经常化、制度化。组织生活会要定期召开，会前要有充分准备，内容要集中，重点要突出，每次解决一两个实际问题。

二是坚持民主评议党员制度。民主评议党员制度是新形势下，根据从严治党的方针，把党员教育、管理、监督融为一体，加强党的建设的一项基本制度。1988年，中共中央批转中央组织部《关于建立民主评议党员制度的意见》后，这项制度在全国城乡基层党组织中逐步建立起来。实践证明，坚持每年一次的民主评议党员制度，通过对全体党员进行做新时期合格共产党员的教育，通过民主评议和组织考察，检查和评价每个党员在坚持党的基本路线的实践中，在改革开放和建立两个文明建设中发挥先锋模范作用的情况，表彰优秀党员，清除腐败分子，处置不合格党员，是提高党员素质、增强党组织的凝聚力和战斗力的有效措施。

搞好民主评议党员工作，要注意保证质量，不走过场，切实解决党内存在的问题，真正达到评议的目的。评议中要坚持党员标准，认真开展批评和自我批评，对认定为不合格的党员，要严肃认真地进行组织处理，该限期改正的限期改正，该劝退的劝退，该除名的除名，不能姑息迁就。

三是建立对流动党员的管理制度。随着社会主义市场经济的发展，以及经济体制改革和人事制度改革的深入，党员流动的数量越来越多，范围越来越广。为适应这种形势发展的需要，使流动党员能够参加党的组织生活，接受党组织的教育和监督，更好地发挥先锋模范作用，中央组织部下发了《关于加强党员流动中组织关系管理的暂行规定》和《关于试行〈流动党员活动证〉制度的通知》，对流动党员的管理工作提出了明确的意见。

加强流动党员管理的基本原则，概括起来说，就是有利于党员合理流动，有利于党组织管理，有利于党员发挥作用。党组织要支持党员的合理流动，这是改革开放和发展社会主义市场经济的需要。党员要求流动，凡符合人才合理流动的有关政策的，党组织应从全局利益出发，积极予以支持。对于不符合规定的，党组织要对党员做耐心细致的工作。党组织对流动中的党员,要采取灵活多样的管理措施,使党员不管流动到哪里,都能参加党的组织生活,接受党组织的教育、管理和监督,发挥先锋模范作用。要逐步建立流动党员管理的正常秩序。要及时研究试行《流动党员活动证》制度过程中出现的问题,采取措施,妥善解决。要慎重对待流动党员的党籍处理。一时看不准的,可暂缓处理。

三、坚持党员标准,做好党员发展工作

发展党员是党的基层组织建设中一项经常性的重要工作。

1. 发展党员工作的指导方针

1988年6月,党的组织工作会议提出,新时期发展党员工作的指导方针是:坚持标准,保证质量,改善结构,慎重发展。其基本含义是,发展党员必须严格坚持党章规定的党员标准,切实把保证新党员的质量放在第一位,同时要有利于逐步改善党员队伍的结构,全面提高党员队伍的素质和党的战斗力。

坚持标准。就是要严格按照党章规定的党员标准来发展党员,注意把那些政治坚定,坚决贯彻执行党的基本路线,献身改革开放和现代化事业,诚心诚意为人民谋利益,带领群众为经济发展和社会进步作出实绩的先进分子,吸收到党内来。不能随意降低标准,更不能另立标准。

保证质量。就是要在工作中正确处理数量与质量、需要与可能、培养与发展的关系,采取切实有效的措施,把住"入口关",保证吸收的每一名党员都是中国工人阶级的有共产主义觉悟的先锋战士。

改善结构。就是通过制定和实施发展党员工作计划,对新发展党员的年龄、文化知识、职业等的构成和分布进行宏观指导,提高党员队伍的整体素质。改善结构要从实际出发,有领导、有计划地进行。

慎重发展。就是严格履行入党手续,坚持个别吸收的原则,成熟一个发展一个,不搞大发展和突击发展,也不搞"关门主义"。

发展党员工作方针的四句话,包含了丰富的内容,核心是保证质量。这个方针是一个有机的整体,应当全面地理解和执行,不能断章取义或人为割裂,片面地强调一个方面而忽视其他方面。

认真贯彻执行新时期发展党员工作方针,在具体工作中要处理好以下关系:

(1) 数量与质量的关系。数量和质量是辩证的统一,只强调质量而没有一定的数量不行,光追求数量而没有质量更不行。

(2) 需要与可能的关系。党的事业不断发展,需要党组织不断补充新鲜血液。但这种需要必须以保证质量为前提,以入党积极分子的成熟程度为基础。如果超越客观实际的可能性,只强调需要,不但最终不能满足需要,反而会给党的建设带来不利影响。

(3) 重点与一般的关系。实行有重点地发展党员,是改善党员队伍结构、解决一

些地方党的力量薄弱的重要措施。但是突出发展党员工作的重点一定要适度。如果过分地强调重点,而不能兼顾一般,就会出现两个问题:一是会在"重点"的掩盖下,降低党员标准,忽视党员质量;二是由于忽视一般,会出现新的薄弱环节。

(4)培养与发展的关系。一个人由具有政治热情和入党愿望,到锻炼成长为合格的共产党员,要有一个过程。实现这个过程,内因起决定作用,但外因的作用也不可低估。党组织要做好扎扎实实的培养教育工作,使之尽快成熟起来。要克服那种轻培养、重发展的倾向。

(5)入党自愿和党组织主动开展工作的关系。坚持入党自愿是发展党员工作的一个基本原则。但是,坚持入党自愿的原则,并不等于党组织可以坐等党外群众主动上门。只有通过党组织积极主动地在群众中宣传党的政治主张,不断进行共产主义理想和党的基本知识教育,群众才能逐步了解党,认识党,提高政治觉悟,萌发入党愿望,积极向党组织靠拢。

为了适应新的形势和任务的需要,针对党员队伍目前的现状,今后要加强在生产、工作第一线发展党员的工作,重视培养吸收青年和妇女中的优秀分子入党。要特别重视在农村、企业生产一线的青年中发展党员的工作。

2. 加强入党积极分子队伍建设

建立一支数量较多、素质较高的入党积极分子队伍,是做好发展党员工作的基础。多年来,我们形成了一支数量可观的入党积极分子队伍,保证了我们党的肌体能够源源不断地补充新鲜血液。但是,由于种种原因,入党积极分子人数有下降的趋势。特别是部分青年的价值观发生扭曲,政治热情减弱,申请入党的人数减少。影响群众入党积极性的主要原因,一是有些党组织对培养入党积极分子的工作做得不够;二是一些党员的先锋模范作用发挥得不好,影响了党在群众中的形象。对此,应当引起高度重视。村党组织要积极主动地做工作,不能坐等群众主动找上门来。入党是自愿的,但不等于要消极等待入党积极分子自然成熟。

要采取多种形式,加强对入党积极分子队伍的培养教育、考察和管理。要对他们进行系统的马克思主义基本理论,尤其是邓小平建设有中国特色的社会主义理论和党的基本路线、基本知识教育,启发和引导他们正确认识我们党,逐步树立起共产主义的世界观、人生观和价值观,懂得怎样才能成为一名合格的共产党员。同时还要对他们进行科技文化知识、社会主义市场经济知识教育,提高他们建设社会主义的本领,使其成为经济建设的骨干。对每一个提出入党申请的人,党组织都要热情关怀,及时找他们谈话,提出希望和要求。对入党积极分子的培养教育,要坚持从实际出发,注重实效。要经常组织积极分子开展活动,交给他们做群众工作和思想政治工作的任务,并进行检查帮助,让他们在实际工作中经受锻炼和考验。要建立入党积极分子档案,定期充实调整入党积极分子队伍。

要注意做好入党积极分子在流动过程中的培养衔接工作。在入党积极分子升学、毕业、参军和工作岗位变动过程中,原单位党组织要负责把培养教育的有关材料转给现所在单位党组织,其培养教育的时间应连续计算。对外出务工经商的入党积极分子,要建立联系制度,落实相应的跟踪教育和考察培养措施。外出务工经商人员中建立的党组织,以及外出务工经商的党员,要担负起发现、培养和考察入党积极分子的责任。

各级党组织要支持和指导共青团组织积极开展推荐优秀团员作党的发展对象的工作,要进一步帮助共青团组织总结"推优"工作经验,研究和解决"推优"工作中的新问题,逐步完善"推优"工作。

3. 严格履行入党手续

为了确保发展新党员的质量,必须严格执行党章的规定,按照《中国共产党发展党员工作细则(试行)》的要求,严格履行入党手续,切实把好"入口关"。关于入党手续,党章和《细则》都有明确规定,这里主要强调要坚持把好三个"关":

第一,把好培养教育关。入党积极分子要经过一年以上的培养教育,才能列为发展对象。在发展前,上级党组织要对发展对象进行短期集中培训,使他们懂得党的性质、纲领、指导思想、宗旨、任务、组织原则和纪律,懂得党员的权利和义务,端正入党动机,确立为共产主义事业奋斗终生的信念。没有经过培训的,除个别特殊情况外,不能发展入党。

第二,把好考察关。要采取组织委员谈话和听取群众意见等方法,对每一个发展对象的政治觉悟、思想品质和入党动机进行全面考察。对他们不能只看一时一事的表现,要善于通过现实表现来考察其思想品质、对党的各项方针政策的态度,以及是否具有共产主义觉悟。不管发展什么人入党,都要按照党员标准进行全面衡量。凡是本人没有入党要求,未经培养教育的人,或入党动机不纯的人,一律不能吸收入党。要注意克服和纠正一些基层党组织忽视政治审查的倾向。

第三,把好审批关。党委审批接收党员和预备党员转正是一项十分严肃、细致的工作,一定要以对党高度负责的精神,集体讨论,严格把关,表决决定。凡是没有按照党章规定的发展党员程序办理的,一个也不能批。要坚决纠正和查处发展党员中的不正之风,切实保证党员队伍的先进性和纯洁性。

第五节 村党支部领导班子建设

村党支部领导班子是团结带领党员、群众深化农村改革,加快农村经济发展,向小康迈进,逐步实现共同富裕,建设社会主义现代化新农村的具体组织者和领导者;是把党员组织起来,把党的方针政策贯彻到群众中去,把全村群众团结在党支部周围的核心。建设一个好的领导班子,发挥党支部核心领导作用,对于完成党在农村的各项任务、加强和改善党对农村工作的领导、密切党与群众的联系、加快农村经济和社会进步,都有重要的意义。

一、村党支部领导班子建设的目标和途径

1. 新时期村党支部领导班子建设的目标

新的历史时期对农村党支部领导班子提出了新的要求。村党支部领导班子必须从政治上、思想上、组织上、作风上加强自身建设,把村党支部领导班子建设成为贯彻执行党的基本路线和党在农村的各项方针政策,勇于实践"三个代表",能够团结和带领群众深化农村改革,发展农村经济,实现小康目标的坚强领导集体。概括地讲,村党支部建设就是要实现"领导班子好、党员干部队伍好、工作机制好、小康建设业绩好、农民群众反映好"的目标要求。

党支部领导班子要政治坚定。党支部领导班子要在新的历史条件下做到政治坚定,主要是要做到坚定不移地走有中国特色的社会主义道路,毫不动摇地贯彻党的基本路线。坚持党的基本路线不动摇,关键是要坚持以经济建设为中心不动摇。同时,还要坚持四项基本原则和改革开放,并把二者统一起来。另外,还必须正确认识和处理社会政治稳定和经济发展的关系,巩固和发展团结稳定的政治局面。

党支部领导班子成员要开拓进取。党支部领导班子成员要增强社会主义市场经济观念,强化改革开放意识和开拓创新精神,解放思想,实事求是,积极探索,大胆尝试,创造性地开展工作,不断研究新情况,总结新经验,解决新问题。勇于冲破各种传统观念的束缚,勇于从实际出发,走前人或别人没有走过的路,带领群众在奔小康的进程中开拓美好的未来,创造出新的业绩。克服那种小富即安、不思进取、畏首畏尾等保守思想和畏难情绪,跟上时代前进的步伐。

党支部领导班子成员要公道正派。公生明,廉生威。公道正派,廉洁奉公,是村党支部领导班子取得领导资格的重要条件。公道正派,最重要的是要坚持原则,实事求是,按照党的政策和优良作风来对待工作,规范自己的言行。领导班子成员要做到出以公心,秉公办事,公道正派;要做到廉洁奉公,勤政为民;要坚持实事求是的原则,说老实话,办老实事,做老实人。

党支部领导班子成员要团结协调。团结是党的生命。团结是村党支部的战斗力所在。村党支部领导班子的团结,是村党支部执行党的基本路线、带领群众脱贫致富、走共同富裕道路的组织保证。在领导班子内部,要树立互相信任、互相支持、互相谅解和批评与自我批评的好风气,齐心协力地做好工作。每个支部委员都要带头坚持原则,严守纪律,顾全大局,做加强团结的模范,使党支部领导班子在党性和党的政策的立场上团结战斗,形成坚强的领导核心。

党支部领导班子成员要密切联系群众。密切党与人民群众的联系,是无产阶级政党区别于其他政党的显著标志之一,是我们党的力量的源泉和胜利之本。村党支部在带领农民发展农村经济、奔小康的过程中,领导班子成员的群众观念如何,能否密切联系群众,走群众路线,不只是一般的工作方法问题,而是关系到能不能把党的路线方针政策贯彻到群众中去,能不能保持党的先进性的大问题。只有牢固树立群

众观念,村党支部的各项工作才能有坚实的群众基础。此外,要遇事同群众商量,维护群众的利益。村党支部领导班子成员要真正做到尊重群众,依靠群众,必须摆正与群众的关系和位置,心甘情愿地当人民群众的公仆。

2. 加强村党支部领导班子建设的基本途径

根据《党章》和中央有关文件规定以及各地基层党组织的实践经验,加强村党支部领导班子自身建设的基本途径大致有四个方面:

一是健全党支部领导班子。要按照干部"四化"方针和德才兼备的原则,把党员中优秀分子选进领导班子,及时调整不胜任的干部。村党支部书记应具备三个条件:一是有理想,政治上强,执行党的路线、方针、政策认真;二是廉洁奉公,不谋私利,不怕吃亏,有献身精神;三是能带领群众勤劳致富,共同致富,有干劲和真本领。这三条标准,既是配备书记的基本条件,培养提高村党支部书记的标准,同时也是对其他支部委员的要求。要拓宽用人渠道,不拘一格选贤任能。要不断选拔那些德才兼备,勇于开拓创新,大胆负责的优秀党员进入村党支部领导班子。加强村级后备干部工作,注意把那些基本素质好、热心为群众服务的回乡青年学生、复退军人中的优秀分子和科技兴农带头人、乡镇企业的骨干列入村后备干部队伍。同时给他们压担子,交任务,使其尽快成熟起来。

二是健全集体领导体制。在健全集体领导体制中,要注意处理好以下几个关系:第一,正确处理支部委员会与支部党员大会的关系;第二,正确处理民主与集中的关系;第三,正确处理支部书记和委员之间的关系。要做到重大问题集体研究决定,并共同维护集体的决定。同时,还要明确支部书记和各委员的职责范围,保证各项工作都有人管,做到各司其职,各负其责。

三是健全民主生活会制度。这是保证领导班子成员置于党组织和群众的监督之下,增强领导班子战斗力的重要措施。要坚持按时召开民主生活会,不断提高民主生活会质量。要针对民主生活会上检查出来的问题,制定出切实可行的改进措施,一项一项地抓好落实。并通过适当的方式把整改措施向党内外群众通报,接受群众监督。只有这样,领导班子的民主生活会质量才能逐步提高,领导班子解决自身问题的能力才能不断增强。党员和群众也就会从领导班子的整改决心和措施中看到希望,受到教育、鼓舞,心悦诚服地支持领导班子的工作。

四是全面开展创建"五好"党支部活动。当前和今后一段时间,村党支部建设要按照中央提出的"五个好"的要求,努力实现以下五项目标:一是建设一个好的领导班子,尤其要有一个好书记,能够团结带领群众坚决贯彻执行党的路线方针政策;二是培养锻炼一支好队伍,共产党员能够发挥先锋模范作用,干部能够发挥骨干带头作用,共青团员能够发挥助手和后备军作用;三是健全一个好的工作机制,各项制度完善,管理措施到位,村党组织和村委会关系协调,工作规范高效;四是取得小康建设好的业绩,经济发展,农民富裕,社会协调,管理民主;五是农民群众反映好,村干部诚心为民办实事做好事,工作作风和工作实绩得到群众满意,党群干群关系密切,党组织深得民心。

"五个好"是一个完整的目标体系。建设好领导班子,"特别是选配好支部书记是关键,找好发展经济路子、加快奔小康步伐是中心,带出好的党员队伍、发挥先锋模范作用是基础,确立和完善好的工作体制、推动农村改革的深化是动力,取得好的小康建设业绩和人民群众的满意是目的。这五个方面,彼此联系,相辅相成,不可分割,是对加强农村基层组织建设的整体要求。必须把实现"五个好"的目标当成系统工程来抓,坚持全面推进与重点突破相结合,对不同发展水平和工作基础的村,具体要求可以有所不同,但"五个好"的目标要求一个也不能少,都应当贯彻落实。

二、村党支部基本工作方法

争做新时期合格的村党支部书记,除了具备必要的思想政治素质业务能力外,还必须学会和掌握正确的工作方法。毛泽东同志曾生动地把完成任务比作过河,把工作方法比作桥和船,说没有桥和船,就无法过河;不讲究工作方法,就完不成党交给的任务。因此,村党支部不能轻视工作方法,也不能就方法论方法,而应在正确思想的指导下,学习和掌握科学的工作方法,提高自己的领导水平。

1. 科学决策是领导工作的基本职能

决策是领导活动中最基本的职能。党是一个政治组织,党的领导主要是通过路线方针政策的领导去实现。村党组织,主要表现为根据本单位的实际,创造性地贯彻党的路线方针政策,从而正确发挥和实现党的领导作用。

我们党在几十年的领导实践中,形成了科学决策的一系列原则:

(1)集体决策的原则。集体领导是党的领导的最高原则之一。集体领导不是指在具体事务的贯彻执行上,而是指在各种重大问题的决策上,不是由个人或少数人说了算,而是按照民主集中制的原则,按照少数服从多数,由集体讨论作出决定。根据这个原则,决策大权应由领导集体掌握,凡是领导工作中的一切重大问题都应由领导集体共同讨论决定,任何成员不得个人专断,擅作决定。

(2)按照实际情况决定工作方针的原则。就是要实事求是,一切从实际出发。

(3)全面系统地把握事物、决定问题的原则。要对决策对象的各种因素、它们之间的联系进行全面地、系统地分析,从中找出规律性的东西,作为决策的依据。

(4)统筹兼顾、适当安排的原则。决策的事情不是孤立的事情,总要与各个方面发生关联。因此,作出的决策,要兼顾国家、集体、个人三者利益,并能较好地统一起来。

(5)权衡利弊、择优选用的原则。任何一个决策,往往存在有利无弊、有利有弊、有弊无利这样三种情况。在决策时,要尽可能多设计一些方案,经过充分论证、比较,根据两利相权取其重、两害相权取其轻的原则,择优选用最佳方案。

(6)量力而为和尽力而为的原则。既要从实际可能性出发,又不要忽视主观能动性。

(7)及时总结和修正完善决策的原则。任何决策要取得成功,都应该根据事物发展和变化,随时修正、随时完善,而不能固守不变。

科学决策的基本程序可在调查研究的基础上确定问题,提出目标;探索和拟制各种可行方案;从各种可行方案中选择最适合的方案;执行和检查决策方案。这各个阶段又可具体分为八个步骤,即:① 发现问题。这是领导决策工作的起点。② 确定目标。即提出解决问题的目的。③ 价值分解。即运用价值规则,落实上一步所确定的决策目标,为今后的评估和选择方案提供基本依据。④ 拟制方案。即寻找达到决策目标的有效途径。⑤ 分析评估。就是对所拟定的各种备选方案,从理论上进行综合分析和评比估价,从而得出各种备选方案的优劣利弊的结论。⑥ 方案选优。即进行决断。⑦ 试验论证。应该选择最有代表性的"点",用一般的、常用的方法去实施,总结其成功的经验和不能实行的缘由。⑧ 全面实施。这是决策基本程序的最终阶段。

2. 知人善任是领导工作的基本环节

知人善任就是能够识别人才,善于使用人才。在我们党的领导工作中,正确地考察识别和选拔任用干部,也是做好党的领导工作的重要环节。在社会主义现代化建设和改革开放中,要做到知人善任,公道正派地选拔任用干部,要正确认识和处理以下问题:

(1) 要正确对待干部的资历和能力。干部的资历在一定程度上反映着人们的实践经验,一般地说,资历长一些,经验就多一些。但决不能搞绝对化。在实际工作中,有些人资历很老,工作能力并不那么强,有些人资历较短,工作能力却比较强。因为干部的能力不完全是资历本身带来的,而是同革命事业心、文化程度、专业知识密切联系的,是主观努力的结果。必须破除论资排辈和重资历、轻才干的旧观念,把那些有能力、有作为、年富力强的优秀干部选拔到各级领导岗位。

(2) 要尊重知识,尊重人才。科学技术是最重要的生产力。搞社会主义现代化建设,必须有一支庞大的有文化和专业知识的干部队伍。这就要求我们必须树立重视知识、重视知识分子的新观念。

(3) 正确对待干部的历史和现实表现。对待干部,一要有全面的观点,要看干部的全部历史和全部工作,不能孤立地看一时一事;二要有发展的观点,要重视干部的历史表现,更要重视现实表现和发展前途。

(4) 正确掌握德才标准。德才兼备标准是我们党一贯坚持的干部标准。任用干部,既要注重德,又要注重才,二者不可偏废。要克服重德轻才的倾向,也要克服重才轻德的倾向。要注意考察干部的实绩。实绩是干部德才状况的综合表现。

(5) 考核和提拔干部,都要把工作实绩作为一项重要标准。注意把那些政治素质好、懂专业、会管理的专业技术干部选拔到领导班子中,改善领导班子的整体结构,形成领导班子的群体优势。

3. 从实际出发是领导工作的基本保证

根据实际情况决定党的工作方针,这是毛泽东同志一贯倡导的我们党的基本工作方法之一,是我们党领导工作经验的总结。在党的一切工作中坚持实事求是的思想路线,就是要理论联系实际,实事求是,从实际出发。按照实际情况制订工作方针,最重要的是要坚持理论联系实际的原则,在贯彻执行上级党组织的决定时,要同本地区本部门实际情况结合起来,创造性地贯彻执行。

要做到按照实际情况决定工作方针,在实际工作中应注意以下几个问题:

(1) 要防止从主观愿望出发,凭想当然办事。在一切领导工作中,都要坚持主观愿望与客观情况相一致的原则。每个领导者都要努力使决定、工作计划、方案和措施等能够符合客观实际情况,尤其当客观情况与主观想象、愿望、要求相矛盾的时候,应当毫不犹豫地从客观情况出发,修改或纠正原有的决定、计划、方案和措施。

(2) 要防止从一般的原则、口号出发,脱离当时当地的实际情况。原则、口号都是从一般的情况和要求出发的,在实行这些原则和口号的时候,必须结合具体的实际情况,对具体情况进行具体分析。

(3) 要正确对待别人的经验。任何经验都是在一定的时间、地点、条件下产生的,都有它的特殊性。学习借鉴别人的经验,不能照搬,必须从本地区、本单位的实际出发,吸收那些用得着的东西,拒绝那些不适合本地情况的东西,决不能把别人的经验模式化、绝对化。

(4) 要正确贯彻执行上级指示。党的下级组织必须贯彻执行党的上级组织的决定和指导。不能合意的就执行,不合意的就不执行。更不允许上有政策,下有对策。但在执行上级组织的决定、指示的时候,一定要结合本地区、本部门的实际情况。一般来说,上级指导都是根据全局情况提出来的,不可能把各地复杂情况与具体要求都能考虑到并作出具体安排。因此,村党支部贯彻执行党的上级机关的指示,既要遵守上级指示的各项原则,又要结合实际,提出具体的办法措施,创造性地加以实施。

4. 群众路线是领导工作的基本途径

群众路线,就是一切为了群众,一切依靠群众,从群众中来,到群众中去。这是我们党的领导方法的基本途径。毛泽东指出:"在我党的一切实际工作中,凡属正确的领导,必须是从群众中来,到群众中去。这就是说,将群众的意见(分散的无系统的意见)集中起来(经过研究,化为集中的系统的意见),又到群众中去做宣传解释,化为群众的意见,使群众坚持下去,见之于行动,并在群众行动中考验这些意见是否正确。然后再从群众中集中起来,再到群众中坚持下去。如此无限循环,一次比一次地更正确、更生动、更丰富。"群众路线是毛泽东思想活的灵魂的一个基本方面,在社会主义现代化建设中,我们必须发扬这个优良传统和作风,把党的领导工作做得更好,把社会主义事业不断推向前进。

在市场经济条件下,不断改进领导方式和工作方法。党的十一届三中全会之前,农村普遍实行的是"三级所有、队为基础"的管理体制,一项工作安排到生产队,就算工作到位了、落实了。实行家庭联产承包责任制后,农户成了独立的、最基本的生产经营单位,乡村干部的工作对象由原来的生产队一下子扩展到千家万户,原来一声命令,一呼百应,现在就得挨家挨户、苦口婆心地做工作。可是一些乡村干部还习惯沿用人民公社时期旧的领导方式,靠行政推动,靠命令生产,不能摆脱老一套的工作方式。要面对形势的变化,村党支部要经常考虑农民群众最欢迎什么,最需要什么,最希望什么。对农村的改革和发展,在思维方式、领导方式、经营方式、管理方式上都应树立新的观念。在工作指导上应实现三个转变,即:工作对象由村、组向一家一户转变,工作方法由单纯的行政领导向示范引导转变,工作重点由单项的布置工作向多方位提供各种服务和支持转变。为农户、为企业及时提供技术、物资、农产品销售信息等,进一步壮大村集体经济实力,搞活农村经济。村干部要树立全心全意为人民服务的思想,把自己植根于人民,使自己服务于人民,不断把农民群众的冷暖放在心上,把农民群众的满意不满意、答应不答应和拥护不拥护始终作为衡量工作好坏的尺度。

三、村党支部基本工作制度

1. "三会一课"制度

党支部的"三会一课"制度,是指定期召开支部大会、支部委员会会议、党小组会和按时上好党课。这是健全党内生活的一项重要制度。

(1) 支部大会。是指由支部全体党员参加的会议。定期召开支部大会,是坚持党内民主、保障党员权利、监督支部工作的一条重要途径。支部大会是支部领导机关。支部大会一般每三个月召开一次,无特殊情况,不宜推迟召开。

(2) 支部委员会会议。是指由半数以上的支部委员会成员参加的会议。会议的职责主要是根据上级党组织的指示、决定和支部大会的决议,研究、讨论、处理、决定本支部的日常工作事务,一般每月召开一至两次。

(3) 党小组会。是指由党小组全体党员参加的会议。它是党内组织生活的基本形式之一。党小组不是一级党的组织,它无权决定支部的重大问题。党小组的职权,主要是通过定期召开会议的形式,配合支部加强对党员的教育和管理,组织和指导党员的日常活动,保证上级党组织的指示和支部的决议得到贯彻落实。党小组会通常每月至少召开一次。凡编入小组的全体党员都应按时参加会议,会议由组长主持。

为了便于党小组活动,支部划分党小组要合理,组长要能干,为了保证小组会党员到会率,可建立党员活动日。编入小组的领导干部应同普通党员一样,自觉地参加小组会,不做"特殊党员"。

(4) 党课。是进行党员教育的基本形式。按时给党员上好党课,对于加强党员的思想建设,保持党员队伍的整体素质具有十分重要的意义。党课教育的主要内容有:党的基本知识;马克思主义基本理论;党的基本路线,党在农村的方针、政策;科学技术和文化知识。通常以党支部为单位组织,每一至两个月集中上一次。党课教育要贯彻理论联系实际的原则和疏导的方针,着眼正确处理党内矛盾,讲究教育的思想性、原则性和生动性。

2. 党员联系户制度

党员联系户制度,是新形势下村党支部为加强同群众的密切联系,做好党的思想政治工作而探索的一种党内工作制度。

村党支部一般可将下列对象列为联系户:一是入党积极分子。每名入党积极分子可由一至两名党员联系。通过对他们进行有针对性的帮助教育及培养考察,使他们健康地成长,尽快成为党组织的新鲜血液;二是经济困难户、五保户及缺劳力户。在联系中应对他们在生产、工作中碰到的实际问题,积极主动地帮助和解决;三是家庭或邻里间不和睦的农户。通过联系活动,做好调解工作,防止矛盾激化;四是帮教对象。通过联系活动,关心和教育他们遵纪守法,启发他们努力转化。

联系方法上,可采取组织统一分工或党员自报。联系的内容通常有:通过经常同联系户沟通思想,了解他们的生活、生产等状况,帮助他们排忧解难;向他们宣传党的路线、方针、政策,力所能及地帮助他们勤劳致富;教育他们遵守村规民约,做一个好村民。同时,负责地把他们的意见和建议向党支部转递。党支部或党小组每月至少一次听取联系人的汇报,并提出下一步加强联系活动的意见。支部应每半年对联系情况做一次检查,年终进行一次总结讲评。

3. 民主评议党员制度

民主评议党员制度,是从严治党、提高党员素质的一项重要措施。通过民主评议,检查和评价每个党员在坚持党的基本路线的实践中,在深化农村改革、发展壮大集体经济、带领群众共同致富中发挥先锋模范作用的情况,表彰优秀党员,清除腐败分子和处置不合格党员,增强党组织的凝聚力和战斗力。

民主评议党员工作,要在乡(镇)党委的领导下,以支部为单位有步骤地每年进行一次。方法要简便易行,时间要相对集中。基本方法步骤如下:一是学习教育。对党员普遍进行在新形势下坚持党员标准的教育和形势任务教育。针对党员的思想实际,组织党员学习《党章》和《准则》以及上级规定的有关文件。学习方法可以多种多样,要讲求实效。二是自我评价。在学习讨论的基础上,对照党员标准,进行个人总结,特别要检查对深化农村改革、保持廉洁、加强纪律的认识、态度和行动,肯定成绩,找出差距,明确努力方向。三是民主评议。一般应召开党小组会或支部大会,进行民主评议,要是非分明,敢于触及矛盾,认真而不是敷衍地开展批评和自我批评。评议中还应听取非党群众的意见。四是组织考察。支委会对党内外评议的意见,进行实事求是的分析、综合,形成组织意见,向本人反馈,并向支部大会报告。五是表彰和处理。对通过评议出来的好党员,由党支部以口头或书面形式进行表扬;对模范作用突出的,经支部大会讨论通过后,可报请上级党委批准授予优秀党员称号。对在评议中揭露出来的违法乱纪等问题,要认真查明,作出处理。对意志衰退、丧失作用的不合格党员,支委会应提出处置意见,提交支部大会讨论通过。对劝退和除名的,要做好思想工作。处置党员应十分慎重,原则要坚持,方法要得当。

4. 党内监督制度

党内监督制度,是指在党支部内部,党员同支委会之间进行相互监察督促的一种措施。村党支部搞好党内监督,对于维护支部内部的团结统一,保证党的队伍的先进性都是极其重要的。

村党支部开展党内监督的措施主要有:严格执行党的组织生活制度。要求每个党员必须按照党章规定参加组织生活,自觉接受组织监督;坚持民主生活会制度。村党支部每半年召开一次民主生活会,总结交流思想,开展批评和自我批评,会后搞好整改;坚持民主评议党员制度。根据中组部规定,每年进行一次,全面评议党员的德、能、勤、绩;对支委干部年度或任期内的工作进行考评;坚持重大问题的请示报告制度;发挥党员和群众的监督作用。

四、加强对村委会和村其他组织的领导

村党支部是村各项工作的领导核心,对村级自治组织、群众组织、经济组织实行领导。坚持村党支部的核心领导地位和切实发挥党支部的核心领导作用,是保持农村社会稳定、经济持续发展的可靠的组织保证。在推进村民自治中要正确处理村党支部和村委会的关系,要防止两种偏向:一种是强调党的领导,就认为村里的什么事都要由党支部甚至支部书记一个人说了算;另一种是强调村民自治,就认为可以摆脱党支部的领导,想怎么干就怎么干。这两种偏向,都不利于加强和改善党的领导,都应该防止和纠正。

要针对一些基层干部民主意识比较薄弱,对推进村民自治不熟悉、不习惯、不理解,以及党支部与村委会关系不顺、工作不协调的问题,采取有效措施,加大宣传教育的力度,组织党支部和村委会成员学习党的路线、方针、政策和国家法律法令,全面正确地理解《中国共产党农村基层组织工作条例》和《村委会组织法》的有关规定,不能采取实用主义的态度,各取所需,各执一词,片面理解。党支部成员要增强民主法制观念,带头维护和尊重村委会的法律地位,支持村委会依法开展工作;村委会成员要牢固树立党的领导的观念,自觉维护和尊重村党支部的领导核心地位,村中重大问题要向党支部报告,在党支部领导下开展工作。要从实践出发,制订必要的制度,逐步形成规范。在这些制度和规定中,要明确村党支部发挥领导核心作用的途径和方法;明确村党支部和村委会各自的职能,做到各司其职;明确村级经济和社会发展的重大问题由党支部决策,但党支部必须听取群众意见,需要由村委会、村民会议或集体经济组织决定的事,必须由村委会、村民会议或集体经济组织依照法律和有关规定作出决定,党支部不能包办;明确村委会要定期向村党支部报告工作,村党支部委员会和村委会建立联席会议制度和议事规则。要执行好这些制度和规定,并不断加以完善,使村党支部和村委会按照各自的职能,协调有序地开展工作。要教育引导村党支部和村委会围绕共同目标,拧成一股绳,同心协力,团结一致,努力把经济搞上去,把村里的事情办好。只要"两委"干部真正从人民群众的根本利益出发,没有私心,决策程序民主,工作制度健全,民主监督有效,党支部和村委会的关系就不会出现大的问题,即使出现一些问题,也可以及时化解。

要加强对集体经济组织及村办企业的领导。指导集体经济组织根据本地资源和市场需求,制定经济发展规划和年度生产计划,搞好论证立项,加强企业管理。定期检查它们履行职责的情况,帮助它们解决困难和问题,但不干涉其日常生产和经营。配备好集体经济组织的干部和企业领导班子,加强教育管理。监督和检查遵纪守法

情况，认真查处违法乱纪问题。抓好村办企业党组织建设和党员管理教育。

要加强对共青团、妇代会、民兵等群众组织的领导。群众组织是联系群众的桥梁和纽带，是党支部领导全村工作的助手。党支部要加强和改善对这些群众组织的领导，摆上支部工作日程，经常了解和掌握它们的工作情况，定期研究它们的工作，作出部署，提出要求。制定涉及青年、妇女、民兵的规划时，要吸收这些组织的负责干部参加，倾听他们的意见。支持它们依照各自章程，独立负责地开展工作。帮助这些组织选好干部，配好班子，帮助它们健全工作制度，督促群众组织支持行政工作和经济工作。

第六节 农村廉政文化建设

纵览古今中外，廉洁勤政、勤政为民向来是政府赢得民心，实现政治清明、社会安定、繁荣昌盛的重要保证，贪污腐败则往往是社会不公、矛盾激化的重要原因。镇、村干部是否廉洁为民，不仅直接影响人心的向背，而且在很大程度上决定着一个镇、村，甚至一个政党的前途命运。

一、廉政文化建设的内涵

廉政文化建设作为一个工作概念，使用频率日渐提高，但它的内涵目前还没有达成明确共识。廉政文化建设概念的产生，有一条"'廉政'＋'文化'→'廉政文化'→'廉政文化建设'"的轨迹，因此它的基础概念，是"廉政"、"文化"和"廉政文化"。

1. 廉政文化

从符合逻辑并有实际意义的综合标准看，廉政与文化的组合"廉政文化"可能有三种含义。

其一是指用文学、艺术等鲜活的形式来宣传、倡导廉政，其中文化的范围和文化行政机关所管辖的文化大体相当。这个含义的特点在于突出以小文化形式进行宣教。其二是指用文化的研究视角和方法来探索廉政的观念、制度、行为和器物表征，并运用文学、艺术等形式进行传播、推广。这里的文化是个广义的概念，有规范性和复合性的内涵，研究目的是寻找、比较和描述廉洁政治生活方式的从观念到实在的图景。可以说从大文化出发进行研究，以小文化形式进行宣教是这个含义的基本特征。其三是指研究并推行廉洁政治生活方式的活动，即将廉政作为一种亚文化进行全方位的实践，这样廉政文化建设基本等同于廉政建设。这个含义归结起来就是从大文化出发研究并进行具体的构建活动，在寻找、比较、描述和推荐之外还要操作。这里排除了第四种可能，即廉政与"文化"的结合，因为这种不含行为、器物层面的廉政文化恐怕过于脱离实务。

廉政文化的第一种含义可能就是它最初始的含义。在这个理念之下,各地开展了围绕载体、对象、运作方式等的创新和建设,从廉政警句创作、廉政文艺演出到廉政文化丛书、廉政漫画巡回展、廉政广告、廉政书法比赛,从面向公职人员到进社区、进学校、进工地,从党政部门全程包办到指导其他公共部门和私人部门合力参与,取得了丰富的成果,营造出良好的气氛。

廉政文化第二种含义强调通过研究,同时在观念、制度、行为和器物表征三个层面上揭示廉政含义,在此基础上运用狭义文化载体进行宣传、推介,这个想法是有合理性的,这样就照顾到了开源和节流两方面的要求,与现实需要吻合。

第三种含义是最广义的廉政文化,但是对实务来说它过于泛化,从一般常识中跨出的太多,使"廉政建设"这个概念基本架空,因而在实际上不能接受。所以,廉政文化这个概念还是定位在大文化研究和小文化宣教的结合上比较理想。具体包括廉政知识、信仰、规范,以及与之相应的生活方式和社会评价。

2. 廉政文化的表现形式

廉政文化的表现形式很多,大致包括四种类型:一是崇尚法纪、公正乐善的社会文化。表现为在全社会营造良好的廉政氛围和环境,以健康向上的廉政文化充实人们的精神世界;社会成员知法守法,从善如流,具有正确的理想信念和良好的道德修养。二是爱岗敬业、开拓进取的职业文化。表现为各阶层的从业人员勤奋工作,热爱集体,求真务实,勇于创新。三是团结向上、诚实守信的组织文化。表现为国家机关、社会团体、国有企业等公共组织依法行政,公道正派,公正透明,廉洁高效。四是清正廉洁、昌明有序的政治文化。表现为掌握公共权力的各级领导干部廉洁自律,淡泊名利,恪守宗旨,勤政为民。

在廉政文化中,政治文化的影响力最为显著,廉政文化建设也较多地反映出这方面的内容。一是党政干部的理想信念、宗旨观念和从政道德。共产主义理想是共产党人的政治灵魂和精神支柱。坚持全心全意为人民服务,是共产党人先进性的集中体现。党员干部修身立德,其本质要求就是要确立崇高理想,增强宗旨观念,并为之不懈奋斗,把内在的道德要求付之于长期的从政实践。二是党政干部的政治理论素养和精神境界。党员干部廉洁从政的根基在于良好的思想政治素质。必须坚持以科学的理论武装党员干部的头脑,从根本上增强政治免疫力。要引导党员干部追求高尚的道德情操,严于律己,慎于小节,自觉抵御拜金主义、享乐主义、极端个人主义等错误思想的侵袭,经得住改革开放、市场经济和长期执政的考验。三是党政干部的公共伦理观念。公共伦理包括党政干部在从事公共管理时应该遵循的伦理规范。前者称为官德,后者称为公德。在公共伦理中,官德具有特殊的重要性,它是政府赢得民心、民意的重要砝码,在一定程度上直接影响着政权的稳固和国家的兴衰。党政干部的伦理行为,在整个社会道德中发挥着表率作用。

3. 廉政文化建设

从前面讨论确定的廉政文化定位出发,廉政文化建设工作可以分为两大块:一块是研究,一块是宣教。

第一块根据研究的任务,可以再分为廉政观念研究、廉政制度研究和廉政表征形态研究,此外还要加上廉政内容与各种宣教载体如何有效结合的相容性研究,因此是四部分内容。

第二块可以分为两部分:一是廉政宣教的载体、对象和运作方式创新与运用;二是廉政表征形态的调查、测试和运用。后一部分可能超出了"小文化宣教"的界限,但是它作为对研究和宣教工作的绩效评估依据是不可或缺的,并且又是廉政研究成果的一个有效运用,因此暂时将其作为廉政宣教工作的附属部分列进。

目前这两大块共六部分工作内容中,廉政宣教是一枝独秀,其他工作则略显滞后。为此,提出以下工作建议:

(1) 加大研究力度。廉政基本问题是制约廉政文化建设的一个瓶颈,必须下大力气以求有所突破。鉴于实务单位,尤其是基层实务单位研究人员稀缺和研究缺乏专业性、系统性,应注重引进"外脑"。引进方式有两种:一种是自设研究机构,通过聘请知名专家学者担任长期或客座研究职务,为本地区以及区域外的廉政文化建设工作提供指导性成果,并逐步培育起本地研究资源;另一种是提供实践基地,与既有的政府、高校和科研单位所属的廉政性研究组织建立合作关系,优势互补。

(2) 开展廉政形态调查、监测活动。考察党员干部、特殊群体和一般群众对廉政观念、制度的认知和认同程度,调查各方对各项廉政制度推行结果满意程度,跟踪分析一轮廉政宣教后的效果情况等。方法上,在旧有的民主评议、聘请监督员等形式外,要逐步引入社会专门机构进行专题民意测验,使结果更加定量、公正。

(3) 廉政宣传教育要单项翻新和综合创新并举。创新是廉政宣教的必由之路,但是不能理解为简单的花样翻新。应当注意对已有的形式进行总结,打出漂亮的"组合拳"。

二、廉政文化建设途径

村党支部应结合本村实际,紧紧围绕立党为公、执政为民这个思想本质,科学规划,循序渐进,教趣结合,严格"五个落实",在农村中形成了"以廉为荣、以贪为耻"的浓厚氛围,推动农村廉政文化建设向纵深发展。

1. 组织落实

各村坚持把廉政文化作为加强农村基层党风廉政建设的重要内容和载体,成立专门工作机构,明确责任分工,做到村"一把手"亲自抓,分管副书记具体抓,并落实专人具体负责此项工作。

2. 阵地落实

一是廉诺警句在墙上。各行政村干部办公室挂置一副廉政承诺或是廉政警言警句,时刻提醒村干部牢记人民赋予的责任,真正做到权为民所用、情为民所系、利为民所谋。二是廉政教育在会上。做到"五不停",即常敲警钟不停;民主评议干部不停;

学先进、找差距不停;经常交流思想不停;述职述廉不停。三是"两务"公开在栏上。各村或通过宣传窗、公开栏,或通过电子触摸屏、广播、村民代表会议等形式,及时公开各项村务财务,接受广大村民的监督。四是廉政宣传在课上。村支部适时组织全体党员在电教室里观看各类教育片,并开展观后大讨论,切实增强党员干部的廉洁意识、法律意识和自警意识。同时,在村干部家属中开展"家庭助廉"活动,利用基层党校、镇成人学校、社区学校等阵地,通过讲座、案例教学、观看廉政警示片等途径,举办"廉内助"培训班,召开廉政座谈会,倡导"争当廉内助、树立好家风"的良好风尚。五是廉政图书在手上。开通廉政文化"直通车",定期更新党风廉政教育方面的报纸、杂志、书籍、电教片等,并在各村阅览室之间流动,将廉政资料直接送到广大村民手中。六是廉政氛围在景上。根据农村建设实际,合理建设廉政文化景观,适当点缀廉政公益广告、廉政宣传画、廉政格言警句等内容,使廉政文化自然融入到农村党员干部和群众日常的生活起居和行为习惯中。

3. 制度落实

紧密结合农村基层组织建设和民主建设工作,以党风廉政和法纪教育为抓手,积极抓好财务预算决算、财务审批、财务公开、民主听证、基层干部重大事项报告、工程保廉、谈心谈话等制度的完善和落实工作,使廉政文化纳入农村党建、渗入农村基层组织管理中。

4. 活动落实

在文艺晚会、知识竞赛、征文和演讲比赛等活动中穿插廉政教育宣传内容。如通过举办廉政书画、漫画巡展,廉政知识有奖竞猜和"清风伴我行,廉花开万家"系列活动,在寓教于乐中把反腐倡廉思想传达给广大观众。广泛征集廉政建设治家格言,以标语、漫画、小卡片等形式进入各家庭,形成反腐倡廉教育面向全党全社会的良好氛围。同时在有条件的村的黑板报、宣传窗内开辟廉政专栏,引导群众开展廉洁道德大讨论,增强群众的反腐败意识。

5. 经费落实

各镇、街道和行政村将廉政文化建设工作提上重要议事日程,将其建设费用列入财政安排,落实专项资金,确保农村廉政文化的财力、物力得到充分的保障。

三、在社会主义新农村建设中加强党风廉政建设的思考

"基础不牢,地动山摇"。农村党风廉政建设是党风廉政建设的重要基础,也是社会主义新农村建设不可或缺的组成部分。农村党组织和党员干部同广大群众最接近、最密切,农村党员干部的一言一行,直接影响着党和政府在群众中的威信及社会主义新农村建设的步伐。因此,借助当前在全党开展的第三批保持共产党员先进性教育的有利时机,搞好农村党风廉政建设,对于促进社会主义新农村建设,改善党群干群关系,树立党和政府在群众中的威信和形象,赢得群众认同和依赖具有特别重要的意义。

1. 在社会主义新农村建设中,要紧紧围绕先进性教育,善用"活教材",多打"预防针",常敲"警示钟",筑牢不愿腐败的思想防线

在社会主义新农村建设中,要突出抓好农村党风廉政建设,必须紧紧围绕先进性教育,善用"活教材",多打"预防针",常敲"警示钟",增强教育的吸引力、说服力和影响力。只有筑牢不愿腐败的思想防线,才能塑造农村党员干部在群众中的良好形象,有力地促进农村经济的快速健康发展。

(1)围绕先进性教育,善用"活教材",切实增强教育的吸引力。要以第三批先进性教育活动为契机,大力加强广大农村党员的理想信念和宗旨教育。要善于利用像保康县尧治河村党支部书记孙开林、襄阳区黄集镇温岗林场场长赵明贵等农村先进典型这类"活教材",切实增强教育的吸引力。通过树典型、扬正气、找差距、查问题,切实解决自身存在的问题,达到互相帮助、共同进步的目的。继续搞好领导与乡村联系点,形成示范点,以点带面,整体推进。教育要与加强党的基层组织建设相结合,按照德才兼备的原则,配强配好乡村党组织领导班子,建立健全各项规章制度,确保先进性教育常抓不懈。通过教育活动,使党员素质明显提高,基层组织建设进一步增强,服务人民群众的氛围更加浓厚,力争各项工作取得显著成效。

(2)注重民主法制教育,多打"预防针",增强教育的说服力。时下,少数村干部宗族观念严重,封建主义思想蔓延,民主法制意识淡薄,存在不少"法盲"、"纪盲"干部,对村民自治产生了错误的认识,民主管理意识差。换届选举时,宗族观念作祟,拉帮结派,按姓氏按族派去选举。当选村干部以后,有的村干部甚至成为一村一族的"土皇帝",出现村务不公开、运作不透明、管理不民主、我行我素、为所欲为等无政府主义行为。针对上述问题,要通过举办民主法制知识培训班、法制讲座、法制宣传栏等形式,多打"预防针",增强教育的说服力,对农村干部进行民主法制教育,把农村基层民主纳入法制的轨道,教育广大农村干部要带头学法、守法,不断增强基层干部遵纪守法意识,促进农村干部廉洁奉公、依法办事。与此同时,要加强农村干部对党的方针政策的教育学习,提高干部的政策观念和按方针政策办事、运用方针政策解决实际问题的能力。

(3)拓展廉政文化进农村领域,常敲"警示钟",增强教育的影响力。要通过廉政文化"五进"系列活动,大力学习宣传《建立健全教育、制度、监督并重的惩治和预防腐败体系实施纲要》,把廉政教育与党的优良传统和作风教育以及法律法规教育结合起来,充分发挥纪检、组织、宣传以及科文卫体等单位的作用,利用电视、电影、广播、报刊、标语、宣传画等形式,以及培训班、报告会、座谈会、文艺汇演等载体,常敲"警示钟",增强教育的影响力,因地制宜、机动灵活地将廉政教育不断向村组延伸,形成全方位、立体化大宣教格局,在广大农村地区营造起一种"崇尚廉政"、"褒扬廉政"和"以廉为荣、以贪为耻"的社会新风尚,把廉政建设和反腐败斗争不断推向深入。

2. 在社会主义新农村建设中,要紧紧围绕深化农村改革,种好"试验田",砌上"防火墙",认准"定盘星",安装"保险锁",构建不能腐败的制度体系

"反腐倡廉,制度是保证"。邓小平同志也指出:"反腐败工作,还是要靠法制,靠

法制靠得牢些"。当前,在社会主义新农村建设中,农村党风廉政制度建设相对滞后,需要紧紧围绕深化农村改革,种好"试验田",砌上"防火墙",认准"定盘星",安装"保险锁",构建不能腐败的制度体系。

(1) 深化村务管理体制改革,种好"试验田",实行决策、执行、监督三分开管理制度。党的十六大报告指出,按照精简、统一、效能的原则和决策、执行、监督相协调的要求推进政府机构改革。十六届五中全会也提出,要全面深化农村改革。进行村务管理体制改革,必须按照上述思路进行。村内重大事务由村民委员会决策,可以将村主任排除在决策圈之外;决策后的事务由村主任或村企业承包董事长负责组织人力、物力去实施,参与决策的成员原则上不能参与村务的执行;以村支部书记为首的村党支部负责对村务进行监督,由村党支部收集整理村务包括财务活动情况,定期向村民汇报。这样,一来可以有效地防止权力的过分集中,同时可以防止"村官"利用职权谋取私利。

(2) 健全农村财务管理制度,砌上"防火墙",切实规范农村干部用钱行为。农村财务问题历来是村民与村干部最关心的热点问题,财务管理的好坏直接影响到基层班子的团结和党群、干群的关系融洽与否。针对现在有些农村存在的换一批干部建一本账,村干部集会计、出纳于一身,一手拿钱、一手拿票、白条记账甚至不建账等问题,要积极推行"村财乡管"制度,建立乡镇财政集中支付中心。切实加强对村集体资金的监管,从源头上预防和治理用公款大吃大喝和以权谋私行为。积极建立乡村集体资产管理制度,明晰资产产权,建立固定资产台账并纳入村务公开,规范农村财务收支审批程序,建立农村集体财务审计监督制度,接受群众监督,防止集体资产流失。

(3) 完善村委会换届选举制度,认准"定盘星",选好新农村建设的领路人。农村党支部是农村基层组织的领导核心,村委会则是村民自治的重要领导力量,因此,在村干部选人用人时,要建立完善一套切实可行的制度。一是把好选举关。自推行"村官海选"制度以来,有些地方发生了贿选、逼选等严重破坏选举的事件,那些试图通过不正当手段获选的人,他们所想的只能是在当选后充分实践其自我投入产出的经济学。因此,一定要把好选举关,保证选民真正按照自己的意志行使选举权。二是通过立法形式,在法律上对村官的任期作出一定的限制,以避免长时间在位所带来的负面影响。三是在政策上培养、选拔优秀年轻干部。改变目前农村干部年龄渐趋老龄化、学历偏低、地域化及其他难以适应新形势的现状,提升农村干部的整体素质。四是规范村官报酬。拿得太多,群众有意见;拿得太低,则影响村官的积极性。可以根据各地农村的经济发展状况,经群众讨论,村党支部、村委会协商确定一个合理的数额,并与工作任务、工作实绩挂钩。

(4) 落实党风廉政建设责任制,安装"保险锁",切实加大责任追究力度。要利用责任制的工作机制,掌握有利时机,集中力量突出解决一些群众反映强烈的问题和工作中的难点。如农村干部贪污腐败、损害群众利益的不正之风,群众反映强烈,而又严重影响党和政府形象以及影响社会稳定的问题等。要把敢不敢抓责任追究,提高到是否具备党性原则的高度来认识,坚决克服"好人主义"和本位主义,对因为政不廉而导致农民集体上访,或因加重农民负担而引发恶性事件等问题,要坚决追究当地党政主要领导的责任,对那些为责任人开脱袒护、说情的领导干部,要追究责任;对那些不落实责任制追究规定的也要追究责任。坚决刹住"失之于宽,失之于软"的现象,使党风廉政建设责任制在农村得到落实,抓出明显的成效。

3. 在社会主义新农村建设中,要紧紧围绕基层党风廉政建设实际,设立"高压线",戴好"紧箍咒",配备"反光镜",形成不易腐败的监督机制

现在,一些基层单位对党风廉政建设责任制的贯彻落实流于形式,党内监督各项制度执行不够有力,纪检、审计、公安、检察等监督主体的监督作用没有很好发挥;特别是村委会干部实行村民自治选举后,非党员的村干部占有一定比例,对这一部分村干部的监督除了批评教育外,缺乏有效的监督特别是纪律约束措施,出现了纪检机关无法监督,公安、检察机关又监督不了的局面,存在监督"空当",群众的监督作用也没有得到很好发挥。在社会主义新农村建设中,要根据基层党风廉政建设的实际,设立"高压线",戴好"紧箍咒",配备"反光镜",形成不易腐败的监督机制。

(1) 强化党内监督,设立"高压线",认真落实《党内监督条例》。农村党组织和党员领导干部,要切实按照《党内监督条例》的规定,认真履行监督职责,严格执行各项监督制度。尤其要认真贯彻民主集中制,建立健全村级领导班子议事规划和民主决策机制。同时,要将廉政谈话、廉政承诺、民主生活会、述职述廉、民主评议等制度,向村级干部延伸,确保权力规范运行。

(2) 强化上级对下级监督,戴好"紧箍咒",不断提高监督效果。可从两个方面进行监督:一方面,要强化乡镇对村党支部和村委会的监督。着力抓好对"一把手"的监督,要突出监督重点,加强对村集体资金管理使用、土地发包承包、土地征用款和公益工程的招标等方面的监督。另一方面,要强化村党支部对村委会的监督。尽量提倡党支部书记通过民主选举担任村委会主任,实行村党支部书记与村委会"一肩挑"。鼓励村党支部和村委会成员按照规定的选举程序交叉任职,以加强村党支部和村委会成员之间的相互监督。同时,建立村党支部和村委会联席会制度,实行在村党支部和村委会民主协商的基础上对村级重大事项进行决策,切实保证村党支部的领导地位,加强村党支部对村委会的监督。

(3) 强化民主监督,配备"反光镜",积极开辟群众监督渠道。一是要进一步健全和落实村民会议和村民代表会议制度,完善村民自治章程和村规民约,加强对农村干部的监督;二是要进一步健全和落实村民民主理财制度,完善民主理财小组的职责和工作程序,切实加强对村集体财务活动的监督。三是要进一步规范村委会村务公开工作。实施"阳光工程",推行民主决策、民主管理、民主监督。四是要加强对农村集体财务的审计监督。要对农村财务进行定期审计,乡镇审计部门、村委会要定期派员对村委会、村民小组财务情况进行审计,并将审计结果及时向村民公布,发现问题及时组织查处。

4. 在社会主义新农村建设中,要紧紧围绕落实各项惠民政策,拍响"惊堂木",攥紧"铁拳头",高举"正义旗",发挥不敢腐败的惩处威力

惩治有力,才能增强教育的说服力、制度的约束力和监督的威慑力。在社会主义新农村建设中,要紧紧围绕落实各项惠民政策,拍响"惊堂木",攥紧"铁拳头",高举"正义旗",发挥不敢腐败的惩处威力。

(1) 突出重点部位,拍响"惊堂木",坚决制止各种涉农违规行为。要认真落实中央部署和要求,把维护和发展人民群众的根本利益作为农村基层党风廉政建设的出发点和落脚点,切实解决人民群众反映强烈的突出问题,严肃查处各种违纪违法行为。继续开展农民负担专项整治工作,重点整治农村教育、报刊订阅、用水用电、修建道路、计划生育、农民务工经商等方面的乱收费行为,加强对涉农负担的行政事业性收费项目和标准的审核、监督,防止以经营服务性收费为名变相加重农民负担。坚决制止在乡镇、村财务管理、宅基地审批、土地矿产资源开发承包等过程中的"暗箱操作",以权谋私,甚至搞宗族主义,勾结地方黑恶势力损害群众利益的行为。重点查处涉及农民负担的恶性案件、严重群体性事件和造成重大影响的其他案件;重点查处挪用、克扣粮食直补资金和村级补助资金及查处各种巧立名目、变换花样乱收费、乱罚款和强行集资摊派加重农民负担的行为,维护好人民群众的切身利益。

(2) 加大组织协调力度,攥紧"铁拳头",形成齐抓共管的工作态势。一是定期召开执纪执法机关和组织部门的联席会议。对确实属于违纪违法方面的案件给予及时查处,对属于干部作风方面的问题,由组织部门掌握作为干部调整的重要依据。二是要建立案件协查制度。由于乡镇纪委办案力量较薄弱,对于复杂或疑难案件难以独立完成。因此,要建立案件协查制度,由上级纪委直接指派人下乡指导,协助调查或是组织邻边乡镇纪检干部到案发单位帮助调查。这样,既能提高办案效率,又能保证案件证据充分。三是建立协审会商制度。对于一般案件,调查终结后,要经过审理小组讨论把关,严格按照办案"二十四字"要求进行案件审理。对于大要案、疑难或复杂案件,乡镇纪委把握不准的,要在审理小组讨论后、提交党委政府研究前,将案件材料报上级纪委进行协审会商,力求准确定案。同时要保证协审会商意见的落实,如有变动,必须征得上级纪委审理并同意,不能有任何的随意性。

(3) 加强农村纪检监察队伍建设,高举"正义旗",切实维护农民群众切身利益。在积极改进乡镇级纪检监察工作的前提下,要切实加强行政村的纪检监察工作。可试行在行政村设立纪检小组,配备专职纪检干部,协助村党支部、村委会解决矛盾,并及时向镇一级反馈党风廉政的信息。村民小组由群众选举产生,聘请党性强、信誉好、有公信力的人担任廉政监督员,加强对村级组织及其党员干部的廉政监督。在此基础上,通过建立定期排查制度,督促基层干部切实履行起职责范围内的工作任务,及时掌握情况。对群众的各类信访件,要及时处理,及时收集各种苗头性、倾向性信息,密切注意动向,把问题解决在萌芽状态,切实维护损害农民群众切身利益的问题。

第七节　新时期农村党员干部党性修养

党性修养是共产党员在具有道德修养、文化修养的基础上,依照党员先进性的要求,对个人修养的更高层次上的追求和完善。党性问题是每一个党员干部都必须严肃对待的问题。党性是共产党员的立身之本,有没有经得起考验的无产阶级党性,是衡量一个党员是否合格的一条重要标准。而党性修养则是每一个共产党员的人生永恒话题。共产党员不断地、自觉地加强自身的党性修养,通过党性修养永葆先进性,始终保持为党的事业努力奋斗的高尚品格和昂扬斗志,是我们党始终走在时代前列,永远得到广大人民拥护,不断地从胜利走向新的胜利的一条成功经验和优良传统。

一、正确认识新时期加强党性修养的重要性和紧迫性

共产党员首先是领导干部,要不要讲党性,要不要加强党性修养和从哪些方面加强党性修养,就是重要问题之一。事实上,这个问题并不是一般地,而是紧迫地,突出地提到了我们的面前。答案当然是肯定的,必须以十倍百倍努力,在广大党员特别是领导干部中普遍加强党性修养,严格党的要求。在新形势下加强党性修养的重要性和紧迫性,具体来说有以下几点:

其一,加强党性修养是永葆共产党员先进性的需要。中国共产党是永远站在时代前列,永远保持先进的党。坚持党的先进性,从来就是党能够得到最广大人民信任和拥护的根本条件,是党生存和发展的根本依据。

其二,加强党性修养是时代赋予党员干部的使命,是时代的呼唤。广大党员干部担负着实现中华民族伟大复兴的重任,是社会主义社会的领导力量,是社会主义现代化建设的领导核心和中坚力量。因此在全面建设小康社会、实现第三步战略目标、推进三大历史任务的进程中,广大党员干部要带头不断增强党性修养,做学习和实践"三个代表"重要思想的表率。

其三,加强党性修养是我们党长期执政的需要。党性修养是中国共产党在长期革命斗争实践中创造的一种党员自我改造和自我完善的有效方法,是中国共产党的伟大创造和重大特色,是加强党员队伍建设、提高党员素质的一条基本经验,也是我们党进行自身建设的一个好传统。

其四,加强党性修养是实践"三个代表"重要思想的需要。"三个代表"的精神实质是要解决如何在动态中,在世界文明和中国历史的发展中,始终保持党的先进性问题。党性修养是通过对党的本质、目标、使命的深刻理解而在思想深处发生质的变化,实质是把党的先进性转化为党员的世界观、人生观、价值观,转化为党员的行动指南,转化为党员履行客观世界、全心全意为人民服务的要求。对党员干部来讲,不进

行党性修养锻炼,就很难用实际行动实践"三个代表"重要思想。

其五,加强党性修养是加快发展的需要。当今世界,随着科学技术发展的日新月异,经济全球化、市场信息化、城乡一体化、农业现代化、农民市民化、农村城镇化的趋势正逐步形成。目前,我国已进入全面建设小康社会、加快推进社会主义现代化的新的发展阶段,对于党员干部来讲,要把科学发展当作当前的头等大事,要抓紧抓好。加强党性修养,应可以使其认识到本村、本部门的发展,事关群众的安危冷暖,事关党的事业的兴衰成败,事关小康社会的全面实现。

二、新时期加强党性修养的基本内容

党性修养的基本内容是什么？党性修养的内容是由我们党的性质和《党章》对党员的要求决定的,也是党在不同历史时期面临的历史任务决定的。在新的历史时期,共产党员的党性修养要结合新的时代特点和党的中心任务,从政治思想、政治理论、思想道德、科学文化、组织纪律等方面进行修养。

1. 政治修养是党性修养的重要基础

政治修养的目的就是为了使党员坚定共产主义理想和中国特色社会主义信念。共产主义是共产党人的精神支柱,也是共产党的立党之本。如果这个支柱倒了,共产党也就不成其为党了。具有鲜明的政治立场,是共产党人的一贯风格和本色。

当前,我国正处于改革发展的关键时期,即十六大提出的"重要战略机遇期",既面临着难得的发展机遇,也面临着非常严峻的挑战,每一个共产党人必须要头脑清醒,始终明确政治方向、站稳政治立场、严守政治纪律,提高政治鉴别能力和政治敏锐性,与党中央保持高度一致,紧密地团结在以胡锦涛同志为总书记的党中央周围,为建设中国特色社会主义、为全面建设小康社会而奋斗。

2. 理论修养是党性修养的基石

中国共产党是以马克思列宁主义、毛泽东思想、邓小平理论和"三个代表"重要思想武装起来的。辩证唯物主义和历史唯物主义是我们的理论基础。正是因为有了科学理论的指导,我们党才能够始终站在时代的前列,在领导全国各族人民进行社会主义革命、经济建设和改革过程中,克服各种困难,不断由胜利走向胜利。

胡锦涛同志指出:"加强理论学习是确立马克思主义世界观的思想基础,不努力学习和掌握马克思主义理论,就不能正确认识人类社会发展的客观规律,对共产主义、社会主义的信仰就不可能建立在科学的基础上,因而也不可能牢固,就会在各种错误思潮的腐朽生活方式的冲击下丧失抵御能力。"党员干部要认真学习马克思列宁主义、毛泽东思想、邓小平理论和"三个代表"重要思想,树立辩证唯物主义的科学世界观,坚定共产主义理想和中国特色社会主义信念。不断提高自己的政治觉悟、理论水平和认识能力。在新的历史时期,要做一个具有坚强党性的共产党员,就要不断加强马克思主义的理论修养,与时俱进,进行理论创新,保持理论上的清醒。

3. 思想道德修养是党性修养的核心

新时期共产党员的思想道德修养就是指共产党员在改革和建设的实践中按照共产主义道德的要求进行的自我教育和自我改造。

一个共产党员最根本的是要忠诚于党、忠诚于共产主义事业，党和人民的利益高于一切。正确处理个人与组织、个人与集体的社会关系，真正做到全心全意为人民服务。每一个共产党员都要在社会利益多样化和社会意识多层次条件下，加强共产主义道德和无产阶级思想意识修养。做到对党忠诚老实，个人利益自觉服从党的利益；对同志满腔热情，真情相待。坚持党的原则，维护党的团结统一。

共产党员要自觉培养高尚的道德品质，一方面是指按照道德规范进行自我锻炼和自我改造，懂得应该做什么和不该做什么，并且区分和评判哪些行为是道德的，哪些行为是不道德的；另一方面是指坚持按照正确的要求来规范自己的行动，提高自己的道德水平，升华自己的思想境界。对于共产党员来讲，培养高尚的道德品质，就是要努力培养自己的共产主义精神，像毛泽东同志在《纪念白求恩》一文中要求的那样，毫无自私自利之心，做一个高尚的人，一个纯粹的人，一个有道德的人，一个脱离了低级趣味的人，一个有益于人民的人。

4. 科学文化知识和专业知识修养是党性修养的必要条件

共产党员不仅要有为人民服务的愿望，还要有为人民服务的本领。当今世界，国际格局多极化态势日益明显，经济全球化趋势正在深入发展，科技进步日新月异，知识创新空前加快。国际社会的竞争越来越成为综合国力的竞争，特别是越来越表现为科技进步、知识创新和宏观驾驭能力的竞争，表现为人的素质和竞争。

我们每个共产党员所在的工作岗位，都是社会主义现代化建设这个总体工程中的一个部分。每个成员只有把本职工作做好了，并把周围的群众带动起来了，现代化建设这个总体工程才有保证。因此共产党员必须着眼于本职工作，争当本职工作的行家里手，用自己工作的高标准、高质量来保证总体工程的实现。农村党员要带头进行科学种田和勤劳致富，同时以极大的热情，带领广大群众走共同富裕的道路；从事科技、教育、文化工作的党员，都要以自己的勤奋劳动和创造，奋起赶超国内外先进水平，为现代化培育更多的优秀人才，为社会提供更好的精神产品。总之共产党员要为共产主义奋斗，要全心全意为人民服务，光有明确的方向和良好的愿望不行，还必须有与之相适应的本领和能力。

5. 作风修养是党性修养的重要组成部分

中国共产党高度重视党风建设，把党风问题提到关系到党的生死存亡高度。邓小平指出："执政党的党风问题是有关党的生死存亡的问题。"江泽民同志在《论党的建设》中明确指出："党的作风是党的形象，是党的性质、宗旨、纲领、路线的重要体现，是党的创造力、战斗力和凝聚力的重要内容。"党的十五届六中全会通过的《中共中央关于加强和改进党的作风建设的决定》指出："执政党的党风，关系党的形象，关系人心向背，关系党和国家的生死存亡。"重视党员的党风修养是中国共产党的一贯要求，也是中国共产党加强自身建设的一个鲜明特点,是中国共产党提高凝聚力和战斗力的一个重要保证。

6. 组织纪律性修养是党性修养的根本保证

"没有规矩,不成方圆"。马克思主义政党之所以坚强有力,之所以能够战胜比自己力量强大几倍甚至几十倍的敌人,就在于有科学的组织制度和严格的党风纪律。民主集中制是党的根本组织制度和领导制度,党的纪律是党取得各项事业胜利的根本保证,党的团结统一是党的生命。如果我们党没有科学的组织制度和严格纪律,就没有战斗力和凝聚力。

本章练习

一、名词解释

文化　廉政文化　"四有"新型农民　差额选举　两推一选

二、简答题

1. 简述村党支部的职责。
2. 简述村党支部的主要任务。
3. 简述党员教育的基本原则和方法。
4. 简述五好党支部。
5. 简述"三会一课"制度。
6. 简述发展党员工作的指导方针。
7. 简述党性的基本内涵。

三、论述题

1. 结合实际,谈谈新时期加强党的基层组织建设的必要性和重要性。
2. 在建设社会主义新农村过程中,如何推进廉政文化进农村?
3. 新时期如何树立权为民用、情为民系、利为民谋的观念?
4. 怎样认识新形势下党员干部加强党性修养的重要性和紧迫性?

第四章　新农村基层政权组织建设与管理

案　例

　　山东省微山县留庄乡李修文,被称为"东霸天"。他不仅是村党支部书记,还被聘为乡经委副主任。他利用这些合法的外衣和职权,聚集一批地痞流氓,并将乡建筑公司变成了他数十名打手的大本营,进而霸占集体湖地1 000余亩,鱼塘数十个,大型造船厂、砖厂、码头各一座,被他欺骗、赖账的企业、商家、店铺不计其数。他公开声称,留庄的天、地、水都是他的。在这里他真是无恶不作。

　　湖南省湘潭市雨湖区先锋乡赵修果,被称为"南霸天"。他通过不正当的手段当选为村主任后,营私结党,排斥异己,先后五任村支部书记被迫辞职,致使该村基层党组织长期处于瘫痪状态。赵修果为保住自己的"宝座",在换届选举中私拉私买选票,暗中操纵选举。他还通过欺上瞒下、虚报浮夸等手段,混得了区、乡两级人大代表的"光环",成了有多种合法外衣而作恶多端的一方霸主。

　　河南省许昌市魏都区七里店乡的吴国彦,被称为"西霸天"。此人1985年因为打架故意伤害他人被劳教三年,1989年吴国彦劳教出来后,和黑帮头子关系密切。他1993年当上吴庄村第五村民组组长,1995年当上村治保主任,1996年入党,1997年底当上村支部书记,并成了七里店乡和魏都区两级人大代表。他在吴庄得势后,巧取豪夺,因怕问题败露,竟然勾结黑恶分子,雇凶伤人。

　　抚顺市东部红透山区的刘景山,被称为"北霸天"。这个区盛产铜,党政部门设置以矿山为主而建立,全区由红透山铜矿和一镇三村组成。刘景山从铜矿提升区党支部书记兼区长。为了掌握更大的权力,获取更多的不义之财,他利用手中的权力网罗了20多名地痞流氓、"两劳"释放人员和惯盗、亡命徒,成立了一个"十三太保"黑帮,由他做帮主,为其篡权、贪污、统治矿山"保驾护航",并直接插手矿山和政府的政务,诸如交通事故、打架伤人、经济纠纷之类事端,都得由这个流氓集团裁决处理,甚至工商、税务部门也以30%的提成委托这个流氓集团收取税费。

第四章 新农村基层政权组织建设与管理

 点评

这些"霸天"们的存在,充分说明了农村黑恶势力侵入到基层政权已经是一个不可否认的事实。由于这一问题具有十分大的社会危害性,已引起当政者的重视。近年来在打黑除恶的专项斗争中,当政者运用专政机器对黑恶势力进行了集中打击和整治,取得了一定的效果。然而,迄今为止,执政者和学术界都没有从政权退化和政权建设这一高度来认识和研究这一问题,因此,许多整治措施只能是治标不治本。

为了研究现阶段黑恶势力侵入农村基层政权的状况和特点、方式和手段、原因和危害,专家们对湘南地区农村黑恶势力状况进行了考察,并重点调查了湘南某市40个被司法机关确定为黑恶势力控制的村的有关情况。通过这些考察和研究,得出的基本结论是,目前黑恶势力侵入农村基层政权的情况已十分严重且具有体制性原因,如果不进行农村政治体制改革而顺其发展下去,将会产生灾难性的政治后果。

基层政权是国家政权的一部分,它是相对于中央政权、中层政权而言的,是指这一级政权在国家政权结构中处于基层也就是说最低一层的位置。按照这样的解释,基层政权,顾名思义就是指设在最低一级行政区域内的国家政权。我国的基层政权包括农村基层政权和城市基层政权两部分。按照宪法和地方组织法的规定,在农村,是指乡、民族乡、镇一级;在城市,是指不设区的市、市辖区一级。为了便于行政管理,我国城市基层政权一般设有自己的派出机关——街道办事处。从组织机构上说,我国的农村基层政权是指乡、镇、民族乡人民代表大会和人民政府。

基层政权是国家政权的基础,也是一个极其重要的组成部分,它在国家政权体系中具有十分重要的地位和作用。

加强农村基层政权组织建设,必须牢牢把握主线和灵魂。学习实践"三个代表"重要思想是先进性教育活动的主线,也是加强农村基层政权组织建设的灵魂。要把学习实践"三个代表"重要思想贯穿于党的基层组织建设的全部工作和各个环节。基层党组织负责人要在认真组织好党员学习的同时,带头学习,带头实践。要以"三个代表"重要思想为指导,牢固树立和全面落实科学发展观,紧紧围绕全面建设小康社会的宏伟目标,不断创新发展思路,改进发展方式,用推动本单位业务工作开展的实际行动,为推动社会主义经济、政治、文化建设协调发展和社会全面进步作出积极贡献;要以"三个代表"重要思想为指导,切实加强党的先进性建设和执政能力建设,把党的先进性要求贯彻到基层的各项工作中去,不断提高领导能力和工作水平,使党的基层组织努力成为贯彻"三个代表"重要思想的组织者、推动者、实践者。

第一节　上海基层政权变迁的历史

上海基层政权建设工作的领导机关是中共上海市委和市人民政府,民政部门是具体负责基层政权建设日常工作的职能部门,起参谋、助手作用。

上海解放初期,民政部门承担基层民主建政的具体工作,从接管区公所开始,到废除保甲制度和建立区人民政府,并参与召开市、区各界人民代表会议,参加城乡人民代表大会的选举事务。1954年12月第三次全国民政会议以后,上海民政部门不再承担基层政权建设的日常工作。直到1982年,中共中央规定民政部门负责基层政权建设的日常工作后,才重新承担基层政权建设工作。主要任务是:调查了解基层政权的现状和存在的问题,向中共上海市委和市政府提出改进和加强的意见与建议。

街道办事处是区政府的派出机关,其前身曾称区接管专员办事处、冬防办事处、区人民政府派出人员办事处。1954年12月,全国人民代表大会通过并公布《城市街道办事处组织条例》,此后上海把区政府派出人员办事处统一改称为街道办事处。开始时,街道办事处主要办理市、区两级政府有关居民工作的交办事项,指导居民委员会工作,反映居民群众的意见。以后管理范围和职责有所扩大。在"文化大革命"期间,街道办事处的工作以"抓阶级斗争"为主,在思想上、组织上、工作上都遭到严重破坏。改革开放以后,城区管理任务加重,经1985年与1995年两次体制改革,街道在不改变《宪法》所规定街道办事处是区政府派出机关性质的前提下,根据上海特大城市的特点,赋予一级政府的部分行政权力:建立街道财经机制,建立居民代表会议制度,组成街道监察队,形成市、区"两级政府三级管理"的格局。1997年,全市有102个街道办事处。

农村的基层政权是乡镇人民政府,经历过乡镇人民政府、人民公社、重建乡人民政府和撤乡建镇几个阶段。从政权初建到农村体制改革,不断加强农村基层政权建设。通过理顺关系,分清职责,进一步完善乡镇政权体制。1997年,全市有205个镇人民政府和9个乡人民政府。

城镇居民委员会和农村村民委员会是群众性自治组织。居民委员会经历群众福利组织和冬防服务队等阶段。居民委员会在做好居民福利工作外,还进行治安保卫、调解居民纠纷等工作,但在"文化大革命"期间,居民委员会也"抓阶级斗争",承担了大量的"额外"任务,干扰了居委会作用的发挥。1985年,居民委员会整顿、改选后,管辖范围和任务作了调整。特别是居民委员会开展居民自治示范活动后,使居民委员会基层自治作用得到发挥。1997年,全市有3 361个居委会。农村村民委员会是1982年以后根据国家《宪法》的规定,以原生产大队为基础,采用"一大队一村"的办法建立起来的。村民委员干部依法选举产生,建立健全各种组织,制订必要的规章制度和村规民约,开展村民自治示范活动,实现村民的自我管理、自我教育和自我服务。1997年,全市有2 914个村委会。

一、民主建政

1. 接管区公所,废除保甲制度

1949年5月27日,上海全境解放。28日,上海市军事管制委员会政务接管委员会(主任周林,副主任曹漫之)的民政接收处(处长由曹漫之兼任)接收了控制全市区公所和保甲组织的指挥机关——旧市民政局。29日、30日,民政接收处派出20个市区接管专员,近郊接管委员会派出10个郊区接管专员,接管了30个区公所。

旧区公所形式上是"自治机关",设民政、户政、警卫、经济等股,办理保甲的领导、户籍的登记和执行征兵征实命令,上由旧民政局领导,下面控制若干保办公处和甲长,不是一级政权。1949年6月初,暂按原有的行政区及区公所原址,分别建立30个区接管委员会,名称为"上海市××区接管委员会"。区接管委员会由接管区公所的专员和接管警察分局专员以及该区驻防的警卫团政委三人组成,以接管区公所专员任主任委员。区接管委员会解散了区公所的组织,取消经济股,保留民政股、户政股,新设文教股、调解股和秘书室,开始办理区的行政工作,成为区的过渡性政权机构。

保甲组织是旧上海政权的基层组织,掌管全市保甲组织的是旧上海市民政局。根据1947年旧上海市政府所公布的《上海市区保甲组织暂行办法》规定:"区内之编制为保甲,每区以保为原则,不得少于10保,每保以30甲为原则,不得少于10甲,每甲以30户为原则,不得少于10户。"旧上海市政府通过30个区公所,1 193个保办公处,28 552个甲长,直接深入到居民间进行统治。保办公处掌握甲长,掌握全保户籍与人口动态,掌握居民的基本情况。保办公处设保长、保干事、保队附、户籍员各一人,保内主要事务由保干事办理。保甲的主要任务为管理户口、抽壮丁、摊派捐款和监视革命者的活动。区公所的股长及保干事由旧市民政局委任。区长开始也由该局委任,民国35年(1947年)起改为由"区民代表会"产生。保甲长为义务职,保长一般由地方豪绅或有地方流氓势力为后盾者充任。

各区初接管时,由于接管力量不足,群众还没充分发动起来,所以没有马上宣布废除保甲制度,而采取有步骤地取消保甲的办法。对保长及一部分保干事等,除有很大民愤者外,责令他们在原有岗位上,在接管人员监督下办理以下几项工作:① 检举、报告、清查散兵游勇和特务分子;② 呈报武器弹药及一切军用物品;③ 报告与看管一切公共房屋、机关、学校、工厂及一切公共财产,不使其遭受破坏;④ 其他临时指定的事项。1949年7月,为了联系群众与推行工作,各区接管委员会根据民政接收处的决定,在区接管委员会下设立接管专员办事处(郊区建立乡和村的行政组织),以原3~10保的区域范围为界限设接管专员办事处。接管专员办事处的性质为过渡性的区接管会的派出机构,任务是控制保甲以及与人民群众建立密切的联系。接管专员办事处建立后,实际废除了保长和保甲制,大部分保干事集中于接管专员办事处直接管制利用,甲长则在接管专员办事处的命令和监督下施行其职。至1950年5月,全市共建立102个接管专员办事处和53个乡政府、573个行政村。人民群众与政府的接触,以接管专员办事处或乡镇政府为桥梁,不需再通过旧有的保甲人员。各区接管委员会经过发动群众,并以解放初涌现出来的群众积极分子为骨干开始建立居民组织,把里弄居民组织起来。至1950年5月,全市共组织118个人民防护队,16 650个清洁卫生小组,104个自来水管理小组,36个里弄福利会。1950年底,全市各里弄成立2 020个冬防服务队。1951年4月后,在冬防服务队的基础上改组成居民委员会。至1952年底,全市建立3 891个居民委员会。全市居民委员会的建立标志旧保甲组织被彻底摧毁。

1949年6月各区接管委员会主任委员一览表

区 名	接管委员会主任委员	区 名	接管委员会主任委员	区 名	接管委员会主任委员
闸北区	石裕田	新成区	盛志明	新市区	祝一建
北站区	许凤翔	江宁区	多普照	江湾区	徐 鑫
嵩山区	杨洪才	普陀区	赵 虞	吴淞区	朱寿安
北四川路区	郭廷万	静安区	张 勉	大场区	万镜亮
卢湾区	黄元庆	杨树浦区	苏 峰	新泾区	朱友群
常熟区	张文通	虹口区	李 果	龙华区	关伯胜
长宁区	石 涛	徐汇区	任澄华	杨思区	王建民
蓬莱区	曹明梁	榆林区	魏则鸣	洋泾区	宋文生
提篮桥区	刘次恭	黄浦区	顾留馨	真如区	白 丁
老闸区	姜 杰	邑庙区	马 健	高桥区	张绍文

2. 建立区人民政府

1949年8月,上海市人民政府民政局成立后,民主建政工作由行政处负责,处长由局秘书主任屠基远兼任,该处的职责是加强各区接管委员会的业务建设和机构建设。1949年10月起,市民政局开始研究上海市的区域行政工作问题。局秘书主任屠基远也在12月起草了《建立上海市市区分区行政机构的初步研究》报告,认为:根据上海人口众多、工商业发达、情况复杂,无论工商业,还是广大居民经济、政治、文化等方面需要解决大量的问题。这些问题无法集中到市政府及有关局来处理,为了保证市政府有效地集中领导,必须实行市与区的分工,建立分区行政权力机关——区人民政府。为此,市民政局1950年初向市政府提出了建立区人民政府的方案,并强调了三条原则:①在城市经济、政治、文化集中的特点下,确定区人民政府为在市政府统一集中领导下分工的一级,在市政府规定的分工上,有其一定范围内的独立行政职权;② 区人民政府以下,不建立任何名义的一级政权组织,保证市政府分工到区便集中上来;③ 区人民政府的业务范围与组织机构视工作需要确定。上述方案和原则,均被市政府采纳。为了建立区人民政府,1950年3月起,市民政局做了一系列准备工作:同各区接管委员会研究,制定区人民政府的组织与编制;以区接管会的干部为基础,配备市区行政干部870人(其中老解放区来的干部387人,留用干部483人);3月上旬将户政工作移交公安部门,4月份将居民调解工作交人民法院办理;组织194名干部到工商局学习业务管理,为建立区的工商科做准备。1950年6月,市民政局拟订《上海市区人民政府暂行组织规程》,经市政府批准后施行。《规程》明确规定了区人民政府的组织原则、组织方法、工作程序。《规程》指出:"区人民政府为上海市人民政府分区行政机关,根据市政府政策方针、施政纲领、法令规程,执行下列任务:① 主持区域内行政事宜;② 领导区政府组织内所属各科室的各项业务;③ 根据市府的政策方针与各有关局处的业务指示,领导监督各局处分支机关工作;④ 就本主管事项,在市政府规定的权限内颁发指示、命令、布告,并审查监督其执行;⑤ 经常向市政府反映市民的意见和要求,并提供改革方案。"建区的准备工作至6月中旬基本就绪。1950年6月28日,经市人民政府批准,上海市各区人民政府正式成立。1950年7月1日,上海市军事管制委员会宣布:各区接管委员会已完成其历史任务,特决定各项组织即日起撤销。自此,各区的军事管制正式结束。随着区接管委员会的撤销,各区接管委员会的办事处也随即撤销。1950年6月24日,市政府成立区政工作委员会(市民政局局长曹漫之为主任委员)为市政府领导区政的协调机关,同时在市政府成立区政指导处(处长由曹漫之兼任),职责是指导和监督各区政府的工作(1952年7月区政指导处撤销,区的领导工作由市人民政府直接掌握)。1950年7月15日,上海市民政局局长曹漫之在第一次全国民政会议上根据上海解放以来区政建设工作的经验总结和理论概括作了《关于大城市区的建设问题》的发言。他指出:大城市区政权的建设必须依据城市政治、经济、文化集中和市领导集中的基本原则,反对把农村的组织形式搬到城市;以生产原则为主,住所地域原则为副,划分市与区的行政分工,以便广泛吸收人民群众参加各级代表会议和区政权的工作;区政府以下不应再有一级政权组织,可视工作需要建立区政府的派出人员派出机关;从居民居住生活和经济的要求建立居民的福利组织与合作社组织,必要时可按街道、里弄组织统一的居民委员会和居民小组;区人民政府所担负的任务是市人民政府有关各局所管辖的业务,因此在领导上必须集中市人民政府,由市人民政府、市长、副市长直接领导,在市长领导下,建立市政府区政工作委员会及区政指导处。

二、街道办事处建设

1950年7月1日,随着各区人民政府的成立,原区接管委员会下的接管专员办事处撤销。同年11月,全市开展以防特、防盗、防空、防火为主要内容的人民冬防工作,各市区以公安派出所辖区为范围成立冬防办事处。至1951年3月,共有冬防办事处117个。1951年6月,市区20个区,郊区洋泾、吴淞一部分城市化地区,在冬防办事处的基础上以公安派出所辖区为范围,设立区人民政府派出人员办事处。派出人员办事处在区政府领导下(业务上受区民政科指导),具体联系与指导街道里弄居民的组织工作,这是区人民政府派出人员办事的处所,而非一级行政机构。1952年6月,派出人员办事处一律改称上海市××区人民政府第×办事处。1952年底,全市共建立135个办事处。

1955年,根据全国人民代表大会常务委员会第一届第四次会议通过的《城市街道办事处组织条例》,上海市人民委员会于5月18日批示各区办事处的名称今后以其所在地街道名称称之,为××区人民委员会××街道办事处。至1997年,全市有街道办事处102个。

三、乡镇政权建设

1. 政社分开建立乡政府

1949年10月起,市郊行政办事处(即以前的近郊接管委员会)在全市10个郊区普遍发动群众组织农会,并在此基础上建立乡人民政府。至1950年5月,共建立53个乡人民政府,573个行政村。1951年5月起,郊区改变大乡制,重新划乡,并取消乡以下的行政村。至1952年底,郊区共建立130个乡,17个镇人民政府。1956年,10个郊区合并为3个郊区,116个乡人民委员会合并为39个,另外还有11个镇人民委员会。1958年,江苏省的10个县相继划入上海市后,至年底,全市共有175个乡、33个镇人民委员会。1959年,"人民公社化"后,实行"政社合一",撤销乡政权,建立103个人民公社。1961年,调整人民公社和生产队规模,实行"队为基础,三级所有"的政策,103个人民公社调整为198个公社。1968年,各人民公社、镇成立革命委员会,实行"党政一元化"领导。1980年10月—1981年6月,郊县206个人民公社、33个镇撤销革命委员会,恢复人民公社管理委员会和镇人民政府。

中共十一届三中全会以后,农村逐步实行联产承包责任制。农村经济体制改革中,现行的农村"政社合一"的体制显得很不适应。1982年12月4日,第五届全国人大第五次会议通过的新《宪法》明确规定在农村建立乡政府,政社必须相应分开。1983年10月12日,中共中央、国务院发出《关于实行政社分开建立乡政府的通知》,指出:"为做好这项工作,要建立政社分开、建乡的领导机构,日常工作由民政部门办理。"

1983年3月,在中共上海市委和市政府的领导下,市农业委员会、市民政局确定嘉定县为建乡试点县,在全县所属18个公社全面开展建乡工作。与此同时,由青浦、上海等县各择定一个公社进行建乡试点。上海郊县的人民公社,管辖范围平均在22 000人左右,人口集中,交通方便,长期以来已形成了当地政治、经济、文化、交通中心,为此,建乡工作以原有公社管辖范围进行,采取"一社一乡"、"一大队一村"的做法。1983年4月3日,嘉定县曹王乡在全市第一个挂起乡政府牌子。7月底,郊县24个建乡试点工作结束。市农业委员会、市民政局及时总结建乡试点经验,并于当年9月,结合县、乡、镇人民代表大会代表换届选举工作,在市郊全面开展建乡工作。1984年5月,郊县建乡工作基本完成,共建立205个乡政府。

在建立乡政府的同时,建立中共乡党委,并保留人民公社管理委员会作为乡一级经济组织,形成党、政、社三套班子并列的体制。公社管理委员会行使计划、管理、指挥全乡经济工作的职能,而且与乡政府并列,使乡政府很难领导和管理经济工作。1984年下半年起,市农业委员会和市民政局在10个郊县各选择1个乡进行乡级体制改革的试点工作,将原来的党、政、社三套班子,改为党、政两套班子,撤销公社管理委员会,把领导和管理经济的职能归还给乡政府。乡政府设经济办公室或经营管理站,由一位副乡长专管经济工作,行使乡政府领导和管理经济的职能。多数乡还建立农业、工业、副业、贸易、建筑等公司,为乡级经济组织。试点结束后,全面展开乡级体制改革,1987年9月基本结束。

为了建立乡级财政,市财政局、市民政局选择嘉定县徐行乡进行试点,1984年8月该乡正式建立乡一级财政。乡财政所是乡政府领导下的职能部门。1985年12月,市政府批转市财政局、市民政局《关于建立乡(镇)财政和执行乡(镇)财政管理试行办法的报告》。根据这个文件精神,上海全面开展建立乡财政的工作,至1986年底全面完成。

2. 撤乡建镇

1984年11月22日,国务院批转民政部《关于调整建镇标准的报告》,指出:"加速小城镇建设,充分发挥其连接城乡的桥梁和纽带作用,促进城乡经济的交流和发展,已成为当前基层政权建设上的一项重要任务。""总人口在两万以下或以上的乡,乡政府驻地非农业人口超过两千的,可以建镇","凡是具备建镇条件的乡,撤乡建镇后,实行镇管村的体制"。根据国务院文件精神,市农业委员会、市民政局指导各县对167个乡人民政府所在集镇的人口结构、经济情况、公用设施等规模,进行调查。在调查的基础上,1985年8月13日,市农业委员会、市民政局联合起草《关于贯彻〈国务院批转民政部关于调整建镇标准的报告的通知〉的意见》,经市政府8月30日批准施行。《意见》要求各县根据自己的县城总体规划和建镇条件,统一规划,合理布局,有步骤地实施。

各县从1985年9月起,选择一个已经具备建镇条件的乡,进行撤乡建镇的试点,10个县的撤乡建镇试点工作于1986年初基本完成。由于撤乡后新建的镇在工作中要进一步摸索,涉及各方面的政策体系需要进一步完善,因此,试点工作结束后,这项工作暂告一段落。进入1990年后,撤乡建镇工作重新开始。1995年6月,全市216个乡镇中140个乡撤乡建镇。至1997年底,全市15个区5个县,共有205个镇、9个乡。

四、村民委员会建设

1. 建立

1983年3月,市农业委员会与市民政局以嘉定县为试点县,开展建立乡政府的工作。在建乡过程中,嘉定县曹王乡施庙大队在全市第一个建立村民委员会。施庙大队有10个生产队,520户,1 441人,干部队伍整齐,工作基础好。自3月上旬开始,施庙大队在宣传动员的基础上,经过反复酝酿,初步确定候选人名单,交群众讨论,几上几下后,确定正式候选人名单。然后,大队召开村民大会,每户一名代表,以无记名投票方式,选出村民委员会委员。3月23日,施庙村村民委员会正式成立。新建立的村民委员会设人民调解、治安保卫、公共卫生3个委员会,并以原生产队范围设立村民小组。

1984年5月,建立乡政府工作结束后,各县继续组织力量,按照《宪法》和中央通知精神,参照施庙村的经验,以原有的生产大队为基础,采用"一大队一村"的做法,通过民主协商和群众选举,建立村民委员会。至1985年1月,各县建立村民委员会工作结束,共建立村民委员会3 028个。至1997年,全市共有村民委员会2 914个。

1985年2月1日,市民政局拟定《关于村民委员会积极开展创建"文明村"活动的意见》,要求全市郊县村民委员会在创建"文明村"活动中,要着重抓好五个方面的工作:要有一个好的村风;要有一个好的村容;要重视教育事业,抓好文化建设;要协助乡政府做好各项行政事务工作;发展生产,改善生活。

1987年4～12月,全市村民委员会进行整顿、改选。村民委员会建立以来,较好地发挥了群众性自治组织的作用,基本上适应了农村改革的要求,推动和促进了农村的社会主义物质文明和精神文明建设。但是村民委员会还有不健全的情况存在,少数村民委员会还未能发挥应有的作用,特别是村民委员会的干部变动较多、调动频繁,没有按照法定的程序进行选举而是由乡(镇)政府任命;有的还把村民委员会主任改称为村长;还有个别的村干部违法乱纪以权谋私。市民政局于4月24日向各县民政局发出《关于开展村民委员会整顿改进工作的意见》,要求在抓好思想整顿的基础上搞好组织整顿,严格按照《宪法》和法律的规定,改选村民委员会的领导班子,建立健全民政调解、治安保卫、文教卫生、公益事业等各工作委员会。通过整顿,进一步完善各项工作制度和村规民约,大力开展创文明村、五好家庭的活动,发动广大村民积极参加社会生活的民主管理,以进一步发挥群众性自治组织的自我管理、自我教育、自我服务的作用。村民委员会的整顿改选在1987年年底前全部结束。

2. 村民自治示范工作

为推动《中华人民共和国村民委员会组织法(试行)》的实施,有组织、有计划、有步骤地在农村基层逐步实现村民自治,按照《民政部关于在全国开展村民自治示范活动的通知》精神,1991年1月市民政局发出《关于开展村民自治示范活动的通知》,指出要依据《村民委员会组织法(试行)》的规定,立足于由村民群众依法办理群众自己的事情,实现村民的自我管理、自我教育、自我服务。其侧重点是:依法选举村委会干部;建立村民会议或村民代表会议制度;建立健全村民委员会的治保、调解、公共卫生以及村民小组等下设机构和组织;制定必要的规章制度和村规民约;完成乡(镇)政府依法布置的各项国家任务。对村民自治示范单位提出5条标准:① 村民委员会干部由村民民主选举产生,村民委员会领导班子坚强、团结、作风民主、有凝聚力;② 村民委员会各工作委员会和村民小组健全,工作职责和规章制度明确,切实发挥作用,村民委员会与村内其他组织工作关系协调;③ 每年召开两次以上村民会议或村民代表会议,通过多种途径实现村民民主参与制度,坚持村务公开、民主办理、群众监督原则;④ 经济发展较快,村内安定团结,公益事业办得好,村容村貌整洁;⑤ 村民依法履行公民义务,全面完成国家交办的各项任务。1992年,全市已有473个村民委员会开展村民自治示范活动。

1992年,市农业委员会和市民政局、市司法局、市公安局、市检察院一起,对川沙县城镇乡长丰村和城西村的治安、经济、村民情况深入调查后,起草了《长丰村村民自治章程》。该章程经广泛征求意见和修改后,经长丰村村民代表会议一致通过。章程的建立使村民的行为规范有了法律准则,以后,建立村民自治章程在上海农村广泛推广。

1993年6月21日,青浦县凤溪乡坚强村、闵行区梅陇镇华一村,被授予"上海市村民自治示范村"称号。1994年4月8日,在闵行区召开全市村民自治示范经验交流会。至此,市郊农村已有739个村开展村民自治示范活动,全市3 001个村实行由村民直接选举产生村委会制度。同年10月,闵行区被市政府命名为"上海市村民自治示范区"。1995年11月21日,闵行区被评为"全国村民自治模范区",旗忠村等8个村民委员会被评为"全国模范村民委员会"。1996年初,市民政局对青浦县创建上海市村民自治示范县工作进行验收,该县5个镇、10个村验收合格后,市政府命名青浦县为"上海市村民自治示范县"。1996年底,全市已有2个县区被市政府命名为示范县区,59个乡镇被市民政局、县区政府命名为示范(达标)乡镇,1 624个村被县区民政局命名为示范(达标)村。1997年,松江县被市政府命名为"上海市村民自治示范县"。

1997年3月起,推行村务公开(公开村委会事务)活动。同年4月,市民政局和市纪律检查委员会、中共市农村工作党委联合召开上海市农村镇(乡)村政务公开工作现场会,会后,各县区按照"党委政府统一领导、纪检部门积极协调、民政部门业务指导"的职责分工,推进这项工作。实行村务公开的具体要求是:坚持并完善民主理财制度,做到账目公开;建立村务公布于众,供村民随时查看,把村民委员会成员分工岗位责任制和村的三年任期目标上墙;要有村民委员会工作会议、村民代表会议、村委员会学习和民主生活会议记录簿存档备查。1997年底,有30%的村制定村务公开制度;70%的村建立村务公开栏;50%的村做到村务公开内容经村民代表会议审议后公开,公开内容立卷归档。

3. 换届选举

1990年,除金山、青浦县的村民委员会任期未满外,全市7县1区(宝山区)分别进行村民委员会换届选举,村民思想活跃,整个选举实施过程既严格依法办事,又充分发扬民主。通过选举,选出村民委员会主任 2 417 人,副主任 3 953 人,委员 6 647 人,其中男 10 312 人,女 2 705 人;35 岁以下的 4 468 人,36～45 周岁的 6 926 人,46 岁以上的 1 623 人;中共党员 8 045 人,团员 842 人,群众 41 301 人。1993 年,全市有 2 997 个村民委员会进行换届选举,选出村民委员会干部 137 202 人。其中中共党员 9 460 人,占 68.95%;高中以上(含中专)文化程度 3 237 人,占 23.59%;妇女 3 304 人,占 24.08%;45 岁(含 45 岁)以下 10 995 人,占 80.14%。1996 年,按照由全村选民进行直接、差额、无记名投票选举的民主程序开展村民委员会换届选举,选出村民委员会主任 2 133 人,副主任和委员 6 903 人,占 73.46%;其中党员 6 638 人,高中以上文化程度 2 800 人,占 30.99%;妇女 2 212 人,占 24.48%;40 岁以下 3 814 人,占 42.21%。与上届相比,文化水平有所提高,年龄层次略有下降。

第二节 中国农村基层政权组织形式变迁的特征

我国政治体制改革的推进是同经济体制改革的深入发展相适应的。农村基层政权组织建设也不例外。从建国后到现在,我国的农村基层政权组织建设一波三折,走了不少弯路。从 1958 年人民公社成立到 1984 年人民公社的解体,中国农村在人民公社制度上度过了整整 26 年。在这一时期,中国农村的发展和停滞,中国农民的希望或苦难,都与公社制度有关。但随着人民公社的解体和村民自治制度的重建,我国农村基层政权建设逐渐向理性化方向发展。新旧体制的演变呈现出不同时代的特征:人民公社适应了当时高度集中的计划经济体制安排,而村民自治是伴随着家庭联产承包责任制的出现而出现的。这些特征反映了一定时期的政治、经济、文化发展的现状。

一、从权力高度集中向权力分散状态的转变

一个社会的政治、经济和文化动力,归根到底是来自人民的积极性。经济变革的目的是要从利益上去激起这种积极性;政治变革则从制度上去实现和巩固因利益而实现的积极性。但任何政治、经济体制都是在一定的社会、历史和文化条件下生长与发展的。在 1978 年的经济体制改革以前,中国的经济体制是一种典型的计划经济形式,重要的生产品和消费品都由中央部门进行配置。与此经济基础相适应,政治上的集权也反应在人民公社制度上,公社制的基本特征可以简要地概括为集权体制和以村为队。高度集权的权威模式确保了制度的稳定,政令的贯彻,体制的单一和计划的执行;村队模式使制定的制度与传统的村落社会相契合,使农民在政治气氛中看到自

己的利益,体察到地缘的亲切与血缘的亲切。① 人民公社的确立标志着国家权力全面介入农村,改变了以往的中央政权对农村事务的非垂直的强势影响和干预,标志着以人民公社的公共权力来淹没农民个人的权力。这种情况使农村基层政权成为国家权力神经的强力末梢。人民公社作为高度中央集权、高度计划经济在农村基层的一种反映,它决定了当时人们的相互关系和应遵守的行为规则,这些关系和规则涉及社会、政治及经济行为,最重要的是它用集体的政治强势虚化了农民个人的政治地位,用集体行动和安排抑制了个体的生产积极性和创造性,用强化了的理想标准村落造成农村传统的地缘和血缘情结淡化。作为一种制度安排,人民公社是在一定时期一定范围内的行为主体博弈选择的结果。它的出发点也是探寻一种资源有效配置的极化途径。这种资源包括一定的文化、政治和经济行为。一方面人民公社从制度供给来讲是符合中央集权和计划经济的。中国传统的小农经济是原始落后、自由散漫的。要把"一盘散沙式"的小农经济纳入划一制度框架,政府就必须把权力的触角伸向农村的经济活动中,必须对农民的经济行为实行超经济的强制。作为这种反应农村社会的控制既是公社集权的必要条件,也是公社集权体制的有机部分。如公社化时期,为适应"大跃进"需要,农村大力提倡行动战斗化、组织军事化,各公社的劳动力按军队体制组成班、排、连、营、团,由公社统一领导、统一调配、统一指挥,采取军人似的大兵团作战方式从事农业生产。同时劳力都划入各种民兵组织。劳动组织也是民兵组织,实行劳武结合,农忙时生产,农闲时军事训练。为适应这种需要各队都实行生活集体化,即普遍建立公共食堂。② 再从另一种角度来讲,公社对于打破旧农村社会的封闭与对立,旧农民的分散、狭隘与某种程度上的惰性现象有其一定的意义。另一方面,从制度需求来看,解放和土改后,中国农民失去了导致极端贫困的土地私有根源,翻身做主的农民由于知识、技术和力量的有限,由于翻身做主而激发的极大政治热情,由于旧制度的贫困和奴役造成的痛苦和绝望,客观上也希望通过集体的力量来解决农村极端贫困和极端落后的面貌,渴望一种新的社会组织形式的尝试。再加上当时所宣传的人民公社集体化生活的优越性,这对长期生活在贫困、落后与封闭的农民来讲无疑具有极大的诱惑。然而人民公社体制的弊端也是显而易见的。如人民公社生产上的统一使农民受到很大限制,生产什么、如何生产等决定权都操纵在各级干部手里,而吃食堂又使这种限制扩大到生活领域,使农民由此受到严厉的束缚。公社制下的基层组织既是政府政务的代理机构,也是一级经营管理单位,负责本村的生产计划制订、土地利用管理、组织农产品生产与交换及农民的收入分配等。这就使村组织集经营权与所有权于一身,造成权力高度集中。

随着国内外形势的发展变化,中国共产党和人民对社会主义建设模式进行了重新评价,对建国后国内经济建设失误进行了经验总结,以及借鉴了国外社会主义建设成败的经验和教训,解放了思想,破除了迷信。中国共产党带领中国人民率先在农村

---

① 张乐天:《告别理想——人民公社研究》,东方出版中心,第237页。
② 陈吉元等:《中国农村社会经济变迁(1949—1989)》,山西经济出版社,第317~318页。

进行了一场革命,即实行家庭联产承包责任制,废除了人民公社制,重建乡村基层政权。改革后的农村面貌发生了翻天覆地的变化,特别是农村粮食增长迅速,短时间内大部分农民不仅解决了吃饭问题,还略有节余。因此这种制度相对于人民公社制是有效率的,政府也乐于以这种经济体制来确保农村稳定,来确保农民不丧失政治上的信仰。相对于制度需求而言,公社后的农村体制结束了多年来对农村基层生产单位的层层平调和剥夺;铲除了"瞎指挥"的根源;从制度上保障了农民集体经济对生产资料和产品的所有权,保障了农民在农业生产和各项经济事业经营中的自主权;使劳动人民真正得到了解放,真正成了生产条件和生产成果的主人,从而极大地调动了八亿农民的社会主义积极性和创造性。农民政治、经济地位发生了改变,农民权力也相对扩张,农村经济由集体经营变为家庭经营,农户拥有生产经营自主权,不再是公社制下单纯的劳动力,而成为自主经营、自负盈亏的相对独立的商品生产者。村组织权力出现分散,这对发挥农民真正当家做主,还权于民,发挥农民的积极性和创造性,发展农村经济,稳定农村社会,约束村组织、干部的行为是非常有益的。因此,政府为满足这种制度需求,从供给上在农村实行村民自治,由农民自己来管理和发展自己的事务,来选举和罢免本村的村干部,真正通过还权于民来发挥他们的主人翁地位。村民自治反映了农村社会出现利益分化及国家权力和影响退出农村后村组织权限被大大削弱的现象。因为一方面村组织过去作为农业生产的直接经济者身份已经丧失,村干部作为社区管理的权力持有者的地位被大大弱化,另一方面农民因独立经营对干部的依赖减少,同时也与社区组织关系出现淡化有关。

二、从强调利益主体单一化向多元化的转变

古希腊哲学家、政治学家亚里士多德在几千年前说过:"凡是属于多数人的公共事务常常是少数人照顾的事务,人们关怀着自己的所有,而忽视公共的事务;对于公共的一切,他至多只留心到其中对他个人多少有些相关的事务。"①美学者格雷特·哈西于1969年提出的"公用地灾难"就是这一危险境况的经典描述。其实人民公社下的集体又何尝不是这种"公用地灾难"的具体实例。如"大锅饭"割断了人们劳动与劳动贡献的联系,干多干少、干好干坏一个样,不干活少干活照样吃饭,偷懒的思想泛滥开来,一批懒汉出现了。公社制下的农民被高度地集中起来,农村基层组织成为国家政权牢固的地缘整合体,在这个整合体中,家庭、个人都失去了独立性,家庭功能日渐萎缩。人民公社集权具有强调消除自私自利和实现农民的大联合,宣扬物质与精神合一的哲学趋向。因此,在这种制度下,在处理利益关系上,就会过分强调集体的长远利益,用国家、民族、阶级的利益代替个人利益;只讲个人的无条件奉献,不讲个人应有的利益;过分强调整体性,把集体与个人对立起来,忽视甚至否定个人的个性作用;崇尚"大河有水小河满",反对"涓涓细流汇成河"。这是对农民个体的严重抑制

---

① 亚里士多德:《政治学》,吴寿彭译,商务印书馆,第48页。

和排斥。结果,广大农民通过大集体这个"公用地"形成两个极端:一是相互依赖;二是效率低下。人民公社目标上追求"一大二公",利益上实行平均分配主义。故而农民中没有多少人产生强烈的劳动动机,求生存的欲望没有转化为劳动致富的动机,干活磨洋工、出工不出力的现象比比皆是。大集体原本想通过集体行动来改变几千年的自然经济培育并不断强化的小生产的狭隘性、分散性,"皇帝面前人人等于零"的自卑心态,用国家和集体的概念来融合个人身份,使个人成为国家和集体真实的分子。结果制度变成了自己的对立物。实际上社会主义经济活动的主体是一个包含三个层次的矛盾系统:国家、集体和个人。社会主义的公有制在任何阶段上都应当是包含三级所有的矛盾系统,即国家、集体和个人共同占有。但在社会主义发展的不同阶段上,某一行为主体,某一级的所有制,在某一时期成为矛盾的主要方面,成为有决定历史意义的东西。1875年,马克思在《资本论》法文版中说:"历史上存在过的劳动者的私有制,被资本主义私有制否定了;共产主义所要重建的,不是劳动者的私有制,而是在资本主义时代的成就基础上,在协作和共同占有包括土地在内的一切生产资料的基础上,重新建立劳动者个人所有制。"①如果忽视每个劳动者对生产资料的占有,而将个人所有制仅仅理解为个人消费品的所有,公有制就成为抽象的、失去具体内容的法学概念。而社会主义的经济活动主体,社会主义就失去了应有的活力。

随着经济、政治和社会条件的变化,现存的制度结构就会变得不相适宜。为对这种新的条件作出反应,国家就会尽力修正制度安排,以至于使它们与新的稀缺性、新的技术性机会、收入或财富的新的再分配和新的爱好与偏好保持一致。即农村在坚持土地等基本生产资料公有的前提下,出现了经营权与所有权的相对分离,农民拥有了生产资料的权力。农民成为生产与经营的主体,从集体的束缚中解放出来,个人的政治与经济地位得到确立与尊重,个人的利益需求得到合理保障。这种制度交易为个人在新的选择里提高生产效益,重新分配收入,重新配置经济机会,重新分配经济优势提供了新的机会。提高经济效率是指由于经营方式和劳动方式的转变,农村既有统一经营,又有分散经营;既有集中劳动,又有分散劳动。经营和劳动方式的多样化符合人的能力的多样化,它能充分调动集中经营和个人经营的积极性,发挥两种经营和劳动方式的优势,提高生产效率。重新分配收入是指分配上以按劳分配和按生产要素分配相结合,体现了多劳多得、少劳少得、不劳不得的分配原则,还同时从劳动者对生产要素的占有多少进行分配。通过这种重新分配,个人的能力和综合素质在利益分配中表现出来,以利益差别产生激励。重新配置经济机会是指农民普遍地获得了支配自己的劳动力、劳动时间以及除承包土地以外的其他生产要素的自主权。劳动力可以越过社区界限出村、出县甚至全国各地流动。他们使自己的劳动力在满足完成自耕地的前提下,用富余的劳动力、劳动时间、生产的要素获取额外利益。重新分配经济优势是指农户自有资金的流向不再受外部条件的约束。农户利用自有资金的积累开展多元化经营,以滚动发展模式使原始资金积累逐渐扩大,在社会分配机

---

① 马克思:《资本论》,第一卷法文版修订版,中国社会科学出版社,第826页。

会中以资金优势重获丰厚的利益。这种制度结构就把潜藏多年的、各个领域的发展积极性都调动了起来,劳动主体的积极性、主动性和创造性得到充分发挥。这就从客观上促进了农村社会资源的合理配置和提高了效益,从而最大限度地保障了国家、集体和个人的合理利益,社会主义活力就会得到充分发挥。

三、从人治到法治的转变

马克思说:"任何一种解放都是把人的世界和人的关系还给人自己。"①社会主义制度的确立把广大劳动人民从土地奴役当中解放出来,并促使他们成为国家的主体,成为享有国家和社会事务权力的拥有者。解放意味对旧有的一种批判和否定,意味着物的层面和人的层面的双重激变。这主要反映在两个方面:一是制度的解放;二是观念的解放。制度的解放使原先在旧社会受奴役的农民成为国家的主人;观念的解放反应在人与人、人与社会的双重认识和定位,从真正意义上感觉国家的影响和自我价值的认识,认识到自己应对自己、他人与社会所承担的责任和义务。但公社制下的农村社会秩序破坏了这种解放的实际意义。如1958年户口管理办法公布以后,没有人民公社的批准,村民休想离开农村,更重要的是公社控制着一切资源,实现着生产资料的独占和消费资源的分配大权。农民对生产资料不拥有产权而成为一个纯粹意义的劳动者。农民当家做主是国家的主人不过是形式而已,农村的一切大事都由上级包办,包括干部的任免、生产计划的制订、土地的使用、消费品的分配等。这在实际上造成了基层政权拥有一种绝对的特权。劳动群众则默认这种农村社会秩序的合法存在,因为公社的存在是它存在的理由。但这种合法性的存在缺乏长久功能的有效性和主体行为的自主性。特权无论从法律还是从历史的角度来讲都带有强烈的封建色彩和个人专制主义。社会主义发展以人的解放为目的。封建专制和个人特权是与这种制度设计相违背的。但从保证农民的政治忠诚来讲,这种人治的农村社会秩序并不是自然形成而是自上而下自觉努力的结果。正如西方政治学者哈贝马斯所言:"在不求于合法化的情况下,没有一种政治系统能成功地保证大众的持久忠诚,即保证其成员意志服从。"②缺乏长久功能的有效性最重要的是由于基层政权组织失去了群众民主的普遍原则,而导致其民主决策功能和激励动力功能的偏离和严重不足。群众失去了各种民主权利,基层政权就失去了民主参与的行为主体,基层就失去了功能创新的活力和动力。产权界限的不分导致农民的主动性和积极性受挫,产生极度低效率的现象。

现在从计划经济向市场经济转变的任务之一是发展有效率的产权制度。家庭经营导致财富分配向个人倾斜,这为产权的界定实施提供了条件,为特权产生的制度、经济、文化观念等条件的消亡提供了环境,也为法治的制度需求奠定了基础。在此基

---

① 马克思,恩格斯:《马克思恩格斯选集》,第一卷,人民出版社,第443页。
② 时和兴:《关于限度、制度:政治发展过程的国家与社会》,北京大学出版社,第207页。

础上,平等契约、自由交易制度性市场规则和基本观念、行为规范开始形成。家庭经营实施后,村组织权力出现弱化,农户与村组织之间的关系处于松散状态,要保证村组织与农户的合法利益,个人的行为和意志力量不再起主导作用,依法治村便成为农村社会发展的必然趋势。依法治村既整合了农村社会出现分化后所产生的各种矛盾和摩擦,又顺应了农村市场经济发展的要求。家庭经营确立了农民在经济上的主体地位,对部分生产资料拥有产权,对劳动成果拥有绝对产权。村组织通过与农民签订土地承包合同而形成了他们之间的平等契约关系。这为村民自治奠定了经营和法律基础,使农民在政治上有了依法自治的可能,也就是农民首先只有确立物质生产资料过程中的主人地位,才能在社会政治生活中成为名符其实的主人。这就要求从制度供给上以法的形式来规范村组织与农户之间的契约关系;农民依法上交各项农业税,依法参与各项民主活动和享受民主政治权力;村组织依法落实和保障农民的利益和民主权利;依法行政和公开、公正办事。村民自治的基本原则是自我管理、自我教育、自我服务。这个原则在具体实践中发展为村民的民主选择、民主决策、民主管理和民主监督四项民主权利,进而在此基础上形成了相应的四项民主制度——民主选举制度、民主决策制度、民主管理制度和民主监督制度。随着村民自治制度的发展和完善,农民的民主意识和参政议政意识大大加强,村干部的民主行政行为和规范行政意识也相应地得到提高,群众也珍惜和充分运用自己的权力来确定与自己利益相关的村务,特别是对待干部的任免。例如,在浙江省萧山市一次村委会选举中,在深圳打工的村民集体包租了八架飞机赶回本地参加投票。村民们对选举程序和选举技术的要求也越来越高,如吉林省犁树县实行的著名的"海选"方式。

中国农村实行广泛的村民自治和直接民主,不仅扩大和保障了亿万农民的民主权利,促进了农村社会的全面进步,而且引起了国际社会的广泛关注和积极评价。美国《基督教科学箴言报》1997年曾发表一文《中国的村民选举暗示了民主》中指出:"在鲜为人知的选举试点村中,中国的民主在某些方面已经超过了美国⋯⋯在这些村子里,参加竞选的候选人进行着美国的候选人梦寐以求的选举方式:免费竞选。"[1]

第三节 农村治理性危机的主要标志

中国农村出现了严重的治理性危机,主要依据有三个方面:其一,近十年来,全国乡镇政府普遍出现了财政危机,目前全国65%的乡镇有负债现象,其中以中西部欠发达地区最为严重,这些乡镇还债能力低下,致使负债仍在不断增长,濒临破产的经济状况已严重地制约了乡镇政权的施政能力。其二,广大农村特别是中部地区发生

---

[1] 周罗庚、王仲田:《中国农村的基层民主发展与农民的民主权利保障——村民自治的历史、现实与未来》,《中国政治》,1999年第5期,第46页。

了一系列农民针对基层政权的集体抗争活动,这些事件不仅快速增长,组织化程度也迅速提高,规模越来越大,对抗性日益增强,暴力化趋势普遍蔓延。其三,部分农村基层政权和基层组织出现了黑恶化,乡村干部为完成各种"任务"假借地痞流氓之手,恫吓和强迫农民成了一种习以为常的"工作方法",恶霸和地头蛇控制农村基层组织的情况已十分严重,黑恶势力进入县乡政权直接掌握国家权力也屡见不鲜。

应该说,这三个方面是相互联系的,在很大程度上互为因果,都集中地表明了国家基层政权合法性正在逐渐丧失和社会控制能力的降低。但是,它们所表明问题的性质又有一定的区别。其中,乡镇财政危机表明的是农村经济发展状况、国家财政体制和税收政策、乡镇政权汲取资源的能力及财政开支等方面存在的问题,它是一个经济问题,但更主要的是一个政治问题;农民有组织抗争作为转型期社会冲突的表现形式,表明的是农村政治秩序的稳定状况,它可以破坏社会的稳定性,也可以作为一定时期内各种利益关系的外部化,具有结构的可控性,特别是对"能够容纳冲突的开放社会"而言,"能够从冲突中得到封闭、专制的社会所难以得到的益处";而基层政权的黑恶化则表明国家机体发生了病变,这种病变不仅仅是国家政权出现了功能性异化,而更严重的是一种结构性退化。甚至可以说,如果黑恶势力侵入基层政权,是制度性的原因在起主导作用的话,就标志着国家政权出现了严重的政治危机。对此,美国历史学家杜赞奇曾经有过探讨。他在研究民国时期乡村政治状况时就发现,随着地方乡绅从传统的乡村自治中退出,农村政治领域出现了真空,地方恶势力就进入到了乡村政治之中。这些地头蛇、恶霸、行霸、地痞、无赖等为非作歹之徒与地方政府的官员结成同盟,一方面,他们帮助地方政府盘剥农民,为国家搜刮资源,似乎是强化了国家能力。但是另一方面,他们也利用与政府的联姻以为国家征收税费为名中饱私囊、横行乡里、欺压良善,造成国家政治经济资源的流失。他们对地方政府官员有极大的腐蚀作用,许多地方政府官员逐渐放弃了原有的政治角色,蜕变成身着官服的恶势力,不是管理服务农民,而是鱼肉农民。杜赞奇把这种国家能力貌似增强、实则衰退的矛盾现象称为"内卷化",即国家退化。政权的"内卷化"虽然在短期内给中央政府提供了较多的税款,表面上增强了国家汲取资源的能力,但事实上是从结构上架空了中央政府,使中央政府失去了对地方政府的有效控制,连带丧失对于农村税源的有效控制,并最终丧失对农村社会的控制能力。其结果就是在农村社会中造成了极大的民怨,客观上为中国共产党领导的暴力夺取政权预备了土壤。

共产党在夺取政权后,沿袭战争时期的经验和做法,重构了农村治理体制:其一,扶植原来农村社会处于弱势的贫苦大众,并着力改造那些虽属社会无赖但却并没有罪恶的人物,让他们以旧政权受害者的身份进入新体制,而成了农村社会的主流;其二,彻底摧毁原来强势人物和宗族势力相结合的农村社会控制体系,防范游离国家体制之外的力量存在,将整个社会秩序纳入到国家的强控制之下,在农村建立了系统的基层政权。虽然,它的实际效能和历史性后果一直是学者们争论的问题,但有一点则是大多数研究者都肯定的,这就是那些直接挑战国家法定秩序的社会黑恶势力失去了公开和大范围生存的空间。就是在"文化大革命"这样的民族大灾难时期,地痞和恶棍这些沉渣泛起,但其存在和发挥作用的方式与当时国家政治状况相一致,他们以各种身份进入国家政权体制并被执政者所认可甚至利用。

然而,改革开放以来,在农村经济有了一定的发展,农村政治也因推行了村民自治这一"草根民主",被许多主流媒体和学者认为出现了"民主盛世"之时,一些农村地区的政治治理却发生了令人惊悚的退化现象。在增强国家能力的旗号下,各级政府对于农民经济资源的索取能力确实是增强了。但是,在资源提取增加的同时,中央政府丧失了有效的政治管制能力。理应是中央政府代理人的乡镇政府官员,反斥中央减轻农民负担的文件为"黑文件",甚至轻蔑地斥之为"狗屁"。为了榨取农民的血汗以自养自肥,乡镇官员置国家长治久安于不顾,豢养纵容社会上的黑恶势力,并给他们披上"执法队"、"工作组"的合法外衣。这些黑恶势力漠视法纪、耍蛮使横、为非作歹、欺压百姓。他们或欺行霸市,强买强卖;或敲诈勒索,不劳而获;或寻衅滋事,打架斗殴;或丧尽天良,残害无辜,甚至要挟政府,对抗法律,已到了为所欲为的地步。更为严重的是,他们有的还通过各种方式和手段侵入到了农村基层政权,成了农村治理体制中的组成部分,他们凭借基层政权和打手们的力量,成了可以公开挑战国家法律权威的一方霸主,其结果是"民怨沸腾",而导致国本动摇。近年来,各地公开揭露的许多案例,真可谓触目惊心。

第四节　农村黑恶势力侵入基层政权的方式和原因

如果从黑恶势力侵入国家政权的路径来分析,可以概括为两种基本模式,即官员的黑恶化和黑恶势力的官员化。官员的黑恶化是指党政官员向黑恶势力蜕变,这种蜕变不仅表现为他们作为黑恶势力的背景而存在,而且还表现为他们的施政行为在方式和性质上已具有黑恶势力的基本特征。而黑恶势力的官员化则主要是指一些黑恶势力的代表人物通过各种手段和途径进入体制内获取合法外衣,并运用手中掌握的国家权力从事罪恶勾当。就目前我国农村而言,西部地区主要是官员的黑恶化,东部地区更多的是黑恶势力的官员化,中部地区两种情况同样突出。根据对湘南的调查,目前黑恶势力侵入农村基层政权在方式和手段上主要有如下四种情况。

一、乡镇领导的"引狼入室"

乡镇领导容忍甚至纵使黑恶势力利用"合法的政权",是目前黑恶势力侵入农村政治领域最显著的特征之一。如果从乡镇领导的主观愿望来说,主要有"以黑治黑"、"以黑治良"、"同流合污"等三种情况。所谓"以黑治黑",是指乡镇领导企图用黑恶势力来整治已经混乱的社会治安。在一些地方,特别是县市交界地,有些乡镇党政面对已经存在的黑恶势力，不是主动地依法进行整治，而是企图采取扶持其中的一些黑恶势力来对付另一些黑恶势力。比如某镇属于县与县的结合部，历来社会治安比较乱，这个镇领导就启用了三个在当地有黑恶势力背景的人分别担任该地三个村的党支部书记或村主任。这些人掌握了村级组织后，更加有恃无恐，购置枪支，组织当地的黑恶势力与外县的黑恶势力进行多次械斗，并发生了多起致人死伤的刑事案件。其中一个村的杨某本是当地黑恶势力的"大哥大"，是多起社会治安案件的制造者。可当地党政不仅不对他进行打击，反而希望运用其在当地黑恶势力的影响来"维护社会治安"。于是，任命他为村党支部书记兼村主任。可他掌握村基层组织后，就利用村党支部和村委会的名义，强迫村民出钱，非法购置枪支，制造了土炮等进攻性武器，将村基层组织变成了杨某及黑恶势力的黑据点。所谓"以黑治良"，主要是指某些乡镇党政在利益的驱动下，企图借助社会黑恶势力从农民手中收取各种税费和罚款，于是采用"恶人治村"策略，将那些素有劣迹的村霸扶持到村级组织中，并作为这些黑恶势力的"保护伞"。比如某镇领导为了征收农民欠交的税费，就启用了当地"狠人"尹某做村支书，此人素有劣迹，是当地有名的恶霸，对村民动不动就是打骂，先后殴打干部和群众数十人，村民畏之如虎狼，敢怒不敢言。村民们选出来的村主任也必须对他言听计从。由于他能采取非法手段强迫农民交纳各种不合理的税费，镇里就多次封他为优秀党支部书记，而对村民的各种控诉不仅置之不理，而且还将这些告状村民视为刁民予以打击。他在担任村支书的短短几年里，就利用手中职权贪污、挪用、侵占公款数万元，甚至还用村里的名义贷款为自己赌博、嫖宿。所谓"同流合污"，则是指那些腐败的乡镇干部的玩忽职守、收受贿赂、不负责任，与黑恶势力互相利用、狼狈为奸。某镇党委书记是一个酒色贪婪之徒，为了打击和报复那些向上级和新闻媒体控告其违法犯罪行为的群众和干部，就与当地的黑恶势力勾结在一起，利用地痞和无赖组织所谓的"联防队"充当其打手专事镇压不服的干部和群众，并论功行赏地将多名打手安排到乡镇有关部门，其中有两名打手担任了各自村的村支部书记和村委会主任。

特别值得注意的是，乡镇领导"引狼入室"的一个重要方式就是直接任命那些被他们认可的黑恶势力代表人物为农村党支部书记，成为村级组织"三主干"的一把手。在调查的这 40 个因黑恶势力侵入而失控的村中，就有 14 位村党支部书记因此而被依法查处。其中有一位姓李的村民，曾经因盗窃案被刑事拘留过，但他并不思改过，"老子大牢都进了，还怕什么？"成了他的口头禅。加上他做事心狠手辣，身边也就有了一些混混，在当地成了谁见谁怕的角色，是典型的黑恶势力。可一些乡镇领导在"利用一切可利用的力量"的口号下，"以改革的精神"启用他来管制村务，在此人还不是党员的情况下，先直接任命他为该村"党政联席会议"的负责人，并不按照党章规定强行发展该人入党并很快任命他为村党支部书记。此人掌握村权力后，通过各种野蛮手段压榨农民，因能完成乡镇的各种税费任务而成了各种"先进"的同时，实际上将执政党的基层组织变成了黑恶势力的大本营。据了解，农村党组织之所以成为黑恶势力侵入基层政权的通道，与现行的农村制度安排是相联系的。因为，现在农村普遍实行村民自治，村委会主任需要选举，虽然这些选举较容易被控制，但终究要履行一些法定程序,而根据党章规定,村支部书记是可以由上级党组织通过任命的方式产生的,这样就为乡镇控制村级组织提供了制度上的空间;同时,在"村三主干"中,村支部书记是"老大",掌握着村级组织的主要权力,村中的重要事务都得听村支部书记的。因此,任命"老大"就更有利于直接控制村级组织。

出现乡镇领导"引狼入室"的现象,虽然与个别领导人的素质相关,但更主要的原因则是由于现行的体制所造成的。这主要表现在以下三个方面:

(1) 掠夺性财政体制所形成的官民之间直接的利益冲突。曾经有人用"掠夺性政府"来表述目前农村基层政权出现的只求索取而不为民谋福的功能性异化。事实上,基层政权这种异化有着很深刻的制度根源,这其中最主要的就是长期以来国家在"工业化"和"现代化"的旗号下对农村采取的掠夺性政策。这种掠夺性政策突出的表现在国家的财政制度安排上。近十多年来所进行的财税体制改革,使地方政府特别是县乡两级政权,成了具有独立利益的政治经济主体。可在财力安排上,国家和省市不仅垄断了主要的税源,而且还采用"国税不足地税补,地税不足财政补"等手段,以确保中央和省市财政。其后果就是造成了县乡地方财政普遍困难,特别在中部地区一些依靠农业税费维持运转的乡镇财政更是濒临破产。这些地方政府不仅无能力兴政,就连乡镇干部的工资也没有办法发放。于是,上级政府就以"给政策"的名义把官僚体制多年恶性膨胀的后果强栽在农民的头上,让冗员庸吏把他们手中的权力变成掠夺农民以自存自肥的手段。这种公然背弃现代科层制政府的基本架构、类似封建王朝时期的畜民做法,把本应当由政府财政完全支持并从而由政府完全控制的地方政府公务员,变成了必须搜刮民脂民膏才能生存(姑不论自肥)的"税吏"。据湖南省有关部门1999年调查,当时全省2 000多个乡镇,平均每个乡镇财政供养人员达448人,负债面85.4%,全省乡镇共负债85.4亿元,每个乡镇平均负债363万元,最多的达5 111万元。这些年撤乡并镇,乡镇在数量上有所减少,可人员和债务却并没有减少,有的反而有所增加。如此的财政状况,寻租以得自养并自肥就成了许多乡镇干部的必然选择。

(2) 压力体制下的干部制度造成的监督失效。压力体制下的干部制度并不具有真正积极意义的激励机制。这一点在乡镇干部问题上表现得更为突出。他们作为国家最基层行政组织的成员,许多工作诸如计划生育、社会治安、税费征收等都是上级政府规定的可以实行"一票否决"的硬任务,可他们并没有在这种"政治承包"中获得相应的政治激励,由于其人数众多,素质相对较低,其向上升迁的路径和机会也就十分有限。在缺乏合理激励机制的情况下,乡镇干部的行为具有明显的短期性和获利性。乡镇干部利用公共资源来谋取私人利益的行为也较为普遍。特别是乡镇干部在村级组织和村民面前直接代表着国家,其行为具有极大的权威性。由于政府作为权力资源的垄断机构这一特殊地位,使得官员们可以动用政治权力资源对经济活动进行行政干预和强制。而政治权力的膨胀在利益驱动之下,又演化为官员们超越政府的职责范围,进一步制造垄断或行政管制。因此,在许多情况下,乡镇干部就只执行约民的政策,即最终落实到农民头上的中央政策,例如税费和计划生育;但是对于约官的中央政策,即最终落实到官员自身的政策,例如限制农民负担、反对腐败、推进基层民主,乡镇党政则既有动力也有能力对中央政府阳奉阴违。目前很多地方政府,既不是中央的地方政府,也不是人民的地方政府,而只是地方官员的政府。也就是说,目前的制度安排赋予了农村基层政权一定的自利目标,而为了实现这种自利目标对公共目标的替代,只得将国家权力私有化,农村基层政权由公共权力机关变成了代理人控制的掠夺性政府。

(3) 社会不公和腐败现象使传统的政治动员手段失灵。长期以来,政治动员是共产党和政府管制农村社会最重要的手段。但随着基层政府与农民利益的对抗,特别是社会不公和腐败现象日益严重,这种动员的效力也因农民的抵制正在逐渐消失。而在目前中国这样自上而下的压力体制下,农村基层政权为了完成上级分派的各项任务并解决其本身的生存困境,就不得不采用强化政权机器等手段来填补社会动员资源的缺失。这样,一方面政权机器因扩张而恶性膨胀,另一方面又使政权趋于暴力化。扩张了的政权机器为了获得维护其运转的资源就会展开新的掠夺,而为了实现这样的掠夺,又需要借助暴力。从国家层面来说,为了节制基层政权对农民的掠夺行为,制定了许多相关的规定。而为了规避国家的这些规定,一些乡镇领导就企图利用黑恶势力来进一步强化其强势地位。

二、强权控制的"民主选举"

黑恶势力通过村委会的"民主选举"控制农村基层政权,是目前黑恶势力侵入农村政治领域的另一个特征。在调查的这 40 个黑恶势力控制的村中,有近 20 名村主任因涉黑而被查处。这些村主任大部分是在实行村委会选举中,通过"民主选举"而窃取权力的。从形式上来说,他们控制村级组织有着一定的"合法性",即是按照《村民委员会组织法》通过"合法选举"而进入村委会的。

社会上的黑恶势力之所以能通过"民主选举"的方式而"合法"地窃取村级基层政权,原因是多方面的,其中主要有:

(1) 这些地方的选举并不是真正"民主"的,而是由乡镇领导"主导"或黑恶势力控制的假民主,选举的结果不能体现多数人的意志。如某村康某本是村中一地痞,利用村委会选举之机,通过给镇干部送礼和动用黑恶势力来控制村委会选举,窃取了村主任一职。他掌握村委会权力后,就为非作歹,将村委会的财力和人力用于其黑帮的发展上,致使村基层组织失控。他为了从当地铅锌矿获利,遂纠集地痞、地霸打砸矿上车辆的专用变压器,致使矿山停工,造成很大的经济损失,最终被依法判处有期徒刑一年半。

(2) 选举虽然实现了"形式"上的民主,但由于家族势力等因素的影响,这种"民主"体现的"多数人"的意志,并不能形成正常的社区性力量。农村家族势力对乡村选举的影响是客观存在的。在一般的情况下,其影响会受到国家法律和社区公共利益等方面的制约。然而,一旦家族势力与黑恶势力结合在一起,这种"形式"上的"民主就会成为黑恶势力控制农村基层政权的"合法"武器。某村李氏宗族利用宗族势力控制了村委会的选举,并"成功"地将本族的利益代表者李某"民主"地选为了村委会主任。李某在控制村委会后,利用合法的身份,以社会联防为名非法购买了火药枪20多支,以加强本族的"打击力",对不听话的外族村民动辄以暴力相加,对峙械斗,将基层政权变成了与家族势力结合在一起的犯罪组织。某村阳某的情况更为典型。这个村村民以阳姓为主,在进行村委会选举时,阳姓家族公开提出要以家族利益为重,首先由其家族人员开会推荐了阳某为村委会主任候选人,并要求全族人员必须投其的票,否则要以族规处置。而阳某当选后,为了摆脱党支部的控制,就利用其家族力量在村委会之外成立了以其为首的非法组织"村理事会",直接组织社会黑恶势力进行各种违法犯罪活动。

通过"民主"的方式来使社区内的黑恶势力"合法化"或"政权化",这是目前农村基层政权建设必须注意的问题。因为,在农村社区内家族势力的客观存在,会使"大多数人"的意志并不一定体现社区正确的发展方向。许多大的家族,就是利用这种"多数人"的意志来"合法"地侵犯少数人的合法权益。因此,在目前农村民主政治的建设中,不仅要坚持少数服从多数的政治原则,而且还要建立保护少数人的合法权益的机制。这一点,对于生活在一定社区的村民来说特别重要。因为这些属于少数的村民,并没有退出这一社区的可能性。当然,这些现象的出现,并不能否定村民自治和村委会选举的意义。但黑恶势力利用"民主选举"而合法地控制乡村社会的现象,却是值得我们正视的。

三、经济能人的"利益诱惑"

通过经济上的诱惑来达到对农村基层政权组织的控制,是目前黑恶势力侵入农村政治领域的一个重要手段。农村改革开放后,在让一部分人先富起来的政策引导下,有许多农民通过自己的勤劳和努力而致富。这也在很大程度上改变了我国农村长期以来形成的社会行为评价体系及由此决定的权威结构。"财富"效应被提到了前所未有的地位,于是大批的"经济能人"因拥有了金钱的支配权而在乡村社会的影响力也变得越来越突出。大多数的"经济能人"利用这种影响力在为自己获得更多财富的同时,也在一定程度上带领群众发家致富或为社区的事务尽力。但也有少数的"经济能人"则由于"财富"的增加而成就了其政治野心,他们以改革开放为口号,以发展经济为借口,通过经济利益的诱惑,来实现对村级组织的控制,以获取更大的利益。如湘南某镇享有"皮鞋之乡"的美誉,因此,该镇企业办主任吴某也就成了当地有名的"经济能人"。由于其有一定的经营管理能力,不仅深受镇党政领导的心爱,还得到了一些村级领导的拥护。此人以利益为引诱,通过手下的一大批打手和马仔,以黑社会的方法为镇某些领导或村干部"解难",骗取信任,最后发展到直接控制镇政村务,并聚众斗殴,敲诈勒索,成为当地的一大祸害,最后被劳动教养两年。在调查中发现,黑恶势力以"经济能人"的面目控制农村基层政权,主要发生在一些城乡结合部。由于这些地方处在城镇化进程中,农村的土地资源往往可以变成实实在在的金钱。而为了控制这些经济资源,那些通过各种非法手段完成了所谓的"原始资本"积累的"经济能人",就会以发展本地经济为名,以"投资"或"捐赠"等手段来诱惑一些乡镇领导和群众,获取政治资本,并通过各种途径侵入农村基层政权。他们在控制农村基层政权后,会充分利用合法政权的政治资源,并通过金钱开路等手段,来保护和发展其黑恶势力,成为一些有政治身份和经济实力的"大老板"、"社会名流"和黑社会的"大哥大"等多料角色。

这些"经济能人"控制乡政村务的主要方式有:

(1) 直接出面,争夺乡村控制权。有些"经济能人"在乡村换届选举时,以金钱为诱饵,大搞非法活动,直接出面"竞选"村委会干部。由于拥有金钱支配权,并以"致富带头人"的身份出现,容易得到乡镇干部的支持,也容易在群众中获得认可,为他们掌握乡村政权提供了"合法"的外衣。他们中有的还被宣传成改革开放的典型。

(2) 控制村里重大事项的决策权。这些"经济能人"侵入农村基层政权的主要手法是通过腐蚀乡镇领导和村级干部,并逐渐架空村级组织,使其成为"影子"政权。他们有的则利用黑恶势力胁迫村级干部,有些村级领导为了获取私利,或者为了自保平安,而放弃了对村务的领导。这样他们实际上控制了村级组织,村中的大小事情都必须经他们表态才可以算数,合法选举的村干部就只能是他们的代言人。

(3) 扶植黑恶势力掌握乡村权力。有些"经济能人"自己并不出面,而是把一些本来就是社会黑恶势力中的人物"举荐"进乡村领导岗位。再通过控制这些担任了乡村领导的"打手"或"马仔"来行使各种"权力","合法"地欺压群众,为他们的利益服务。

黑恶势力以"经济能人"的面目来实现对村级组织的控制,具有很大的欺骗性。他们一般以诸如"改革开放"和"发展经济"这些时髦外衣打扮自己,并在某些时期或阶段能促使地方经济的一定发展。因此,他们也往往会得到更大的权力,以掌握控制更多的经济资源。而一旦他们发展到一定的地步后,还会利用现代企业制度来装扮自己,将黑恶势力公司化,并通过对村级组织的"改制"全面控制农村的经济资源,将村级组织变成这些黑公司的附属,他们也成为身为董事长或总经理兼村支书或村主任的多料人物。有的甚至通过这样的公司直接"改制"乡镇政权。事实上,黑恶势力对农村基层政权的侵蚀也得益于他们用金钱编织出的那张庞大的关系网和保护伞。而他们把持农村基层政权、成为"党政干部"后,为了得到更大的保护就千方百计拉拢腐蚀更高级别的党政干部,寻求更大的保护伞。

四、政治精英的"红黑蜕变"

乡村干部由农村政治精英向黑恶势力蜕变,也是目前黑恶势力侵入农村政治领域的原因之一。在湘南某市这次被整治的村霸中,有许多曾经是当地的政治精英,他们在成为黑恶势力之前,是当地的村支书或村主任,有的还是人大代表或政协委员,曾经为农村的经济和社会发展做出过一定的贡献,也获得过各种荣誉。但在各种原因下,他们逐渐由"红"向"黑"蜕变,由农村政治精英变成了村霸或黑恶势力的组织者、保护人。某村支部书记陆某,担任村组干部多年,也为当地的经济和社会发展起到过许多积极作用,因此他成了市政协委员,是当地有名的政治精英。但随着地位的上升,他逐渐将全村视为自己私有的领地,将村支部和村委会当成了自家的衙门,容不得任何反面意见。而为了对付那些不听话的村民他就开始聚集社会恶势力为己所用,最后成了黑社会团伙的保护人而被依法查处。某村村主任、镇人大代表陈某,从保护黑社会势力来欺压群众,发展到自己组织黑社会团伙,蜕变成了黑社会的"大哥大"。而某村村支书、县人大代表罗某,则因直接利用黑社会势力进行敲诈勒索,而被刑事处分。从已掌握的情况来看,这些从政治明星转变为黑社会团伙的保护人及其参与者的比例要大于前三种情况。

由农村政治精英向地方黑恶势力转化的原因是多方面的。其中主要有:

(1) 腐化变质,以黑恶手段获利。在社会转型期,由于经济利益主导行为价值观得到普遍倡导,使得有些农村干部开始找不到自己的位置。由于村组干部的"合法权利"控制的经济资源有限,权力寻租难以满足他们的私欲。为了更好地获利,他们就采用一些非法手段来达到目的。这样,就在他们身边形成了一股黑恶势力,并逐渐将村级组织变成他们从事非法活动的掩蔽所。这些掌握了村级组织的政治精英们,就利用自己手中的权力,充当地方黑恶势力的保护伞。他们相互勾结、狼狈为奸,更有甚者,亦官亦黑,一身二任。

(2) 错误地选择治理农村的方法。这些地方政治精英,面对日益紧张的党群关系,还不习惯用社区民主的办法来治理乡村,只看到了强权的一时之效。他们认为,支持和保护黑社会团伙对于治村是有好处的。因为这样村民就会怕自己,许多通过正常合法途径办不了的事,只要通过黑社会团伙出面,就容易多了。

(3) 对村级干部缺乏必要的监督和评价制度。村级组织具有很强的地方性和非行政性。乡镇领导对于村级干部的管理表面上强性的,而实际上却是软性的。这在于村级干部的本土性使他们更容易获得家族势力或乡土社会势力的支持。而村级组织的非行政性则使乡镇领导一般很难改变村级干部的本土性特色。这样,乡镇干部在监督和评价村级干部时,就往往以是否完成国家和乡镇的上交提留及计划生育任务为标准,从而势必对那些本地性的政治精英产生很大的依赖。因此,当这些政治精英发生蜕变时就不能得到及时有效的制约。

第五节 当前农村职务犯罪的原因、特点及防范对策

所谓职务犯罪是指特定行为人利用职务上便利实施的、依照刑法规定应当受到

刑法处罚的犯罪行为的总称。农村基层干部职务犯罪可能触及的罪名很多,当前主要表现为贪污、受贿、挪用公款、挪用资金、职务侵占等近十个罪名。据报道,某市检察机关从 2005 年 1 月～2006 年 2 月,共立案查处这类案件 100 件 147 人,其中贪污案件 51 件 96 人,贿赂案件 19 件 19 人,挪用公款案件 10 件 10 人,玩忽职守案件 11 件 11 人。在当前建设社会主义新农村,大力维护农村和谐稳定的新形势下,充分认识农村职务犯罪的原因、特点,有效遏制和预防农村职务犯罪具有十分重要的意义。

一、当前农村基层干部职务犯罪的特点

(1) 罪名相对集中。主要集中在贪污、挪用、侵占集体资金上,犯罪对象主要包括镇村企业承包费、土地租赁费、征地拆迁补偿费、集体企业资金、山林承包款、移民资金、救灾扶贫资金、社保资金等。

(2) 犯罪主体绝大部分是村级基层干部。如村民委员会主任、村支部书记、村委会会计等。如某市水南镇南桥村党支部书记谢某某、村委会主任黄某某、村委会副主任刘某某、村会计黄某某等 4 人,在为私营企业主黄某某代为办理征地过程中共同贪污 3 万元案,就是典型案例。

(3) 共同犯罪突出,犯罪金额越来越大。在查处的村级干部职务犯罪中,多数都是共同犯罪,某市检察院 2005～2006 年查处的这类犯罪都是共同犯罪,且金额越来越大,特别是市区近郊农村,表现尤为突出。如某市一村委会 5 名成员共同侵吞征地补偿款 93 万元案。

(4) 犯罪的手段简单原始,直接性较强。贪污手段主要有"白条子"出账、收入不入账、重复支出、虚列支出等;受贿多是权钱交易,以收好处费为主;挪用资金则是明目张胆将款项直接拿出。由于村级财务管理混乱、账目不清加上监督不力,这类犯罪虽然易查处但不易暴露。

(5) 因土地征用、转让、出租引发的案件呈上升趋势。近几年由于城镇化建设速度的加快和公路建设的需要,国家征用农村土地多,农村基层干部掌握、经手的资金量明显增大,给其犯罪以可乘之机。

(6) 农村基层干部职务犯罪案件呈上升趋势。某市检察机关 2005 年 1 月到 2006 年 2 月共立案查办各类职务犯罪案件 658 件 811 人,其中农村基层组织干部犯罪案件 100 件 147 人,分别占总件数和总人数的 15% 和 18%,而前几年这类案件所占的比例均在 5% 以下。某市检察院前几年每年一般立案查处此类案件只有 1 件,而 2005 年 1 月～2006 年 3 月就查处了 6 件 11 人,上升比例大。

二、农村基层干部职务犯罪的原因

(1) 部分农村基层干部素质不高。由于自身思想素质、文化素质不高,加上法制观念淡漠,抵挡不住"拜金主义"、"享乐主义"的诱惑和侵蚀,在金钱面前把握不住方

向,从而走上犯罪道路。

(2) 村务不够公开。不少地方村级管理缺乏民主,透明度不够。按照《村民委员会组织法》的规定,村委会应当定期将村务公开,包括村的财务收支情况、宅基地审批事项等。但实际上,有的村干部为谋取私利方便,不想让群众了解村务、政务和财务,害怕群众知道多了不利于工作,应该让群众明白的事情却暗箱操作,使民主理财流于形式,这无疑为村干部滥用权力,肆意挥霍集体资产,也给经办人员伺机实施违法犯罪提供了条件。

(3) 制度不健全或有制度而不落实。大多数基层组织的规章制度和程序存在较大漏洞,特别是一些镇村对拆迁补偿款、土地出让金、生活安置费、青苗补偿款、计划生育费等专项资金以及集体企业承包租赁款、土地租赁费、山林承包租赁款等集体资金缺乏严格的管理制度,导致"白条子"出账、假票据入账、随意审批等不规范行为较为普遍,从而为腐败的滋生提供了便利的条件。

(4) 村干部权力过分集中。尽管村干部是国家权力的最底层,村干部的根还在农村,他们只拿很少的工资,但他们在某些事务上却具有决定权。不少地方村里的大权还集中在村党支部书记和村委会主任等个别人手中,有的甚至集党、政、企大权于一身,大小事情一人说了算,一旦经受不住诱惑,便会陷入金钱的泥潭,走向犯罪。

(5) 监督体系形同虚设。首先是自身监督流于形式。一些农村基层组织领导常常集领导决策权和资金支配权于一身,大小事务个人说了算,对其监督缺乏行之有效的措施和办法,内部的监督几乎是一片空白,上级部门又缺乏有效的监督。二是职能监督不到位。特别是对专项资金的收取、管理,票据的管理缺乏定期或不定期的检查和审计,对私设"小金库"的行为打击不力,清理不及时,而对村级财务的检查和审计常常出现真空。由于监督的不到位,让农村基层干部职务犯罪有机可乘,有的地方还呈现蔓延之势。"没有制约的权力必然产生腐败",上述某村5名干部共同贪污征地补偿款93万元案就说明了这一点。

(6) 立法的不完善和刑罚打击的不力。随着农村经济的迅速发展,乡村干部掌管的资财名目众多,数额惊人,贪污、侵占、挪用现象严重,而新刑法规定检察机关只对极少数村干部职务犯罪有管辖权,多数的犯罪由公安机关管辖,公安机关行使职权的经侦部门却忙于侦查合同诈骗、虚开增值税等严重经济犯罪,在警力有限的情况下,无暇顾及农村领域的"小案"。在不少地方,农民都是到检察机关举报乡村干部职务犯罪,他们知道检察机关是反腐败的重要机关,并且他们相信检察机关能给他们做主,而检察机关处在一个非常尴尬的位置,他们有能力并擅长办理这类案件,但如果越权办案则违法,将受到上级处理,因此只能将无管辖权的案件线索移送给公安机关,至使不少案件不能或没有得到及时侦破,降低了司法机关的威信,影响了群众的举报热情,助长了基层干部的霸道作风和腐败的泛滥。有的干部被举报未被侦破,而后还打击报复举报人和证人,造成极为恶劣的影响。

三、农村基层干部职务犯罪的防范对策

检察机关作为国家的法律监督机关,也是打击和预防职务犯罪的专门机关,要充分发挥在预防和惩治农村基层干部职务犯罪中的重要作用,以法律手段推进社会主义新农村的民主法制建设。公安机关和纪检等部门也要积极参与,互相配合和协作,运用各自手段打击和预防农村基层干部职务犯罪,为社会主义新农村建设营造一个和谐的社会环境。

1. 在打击方面要加大力度,维护国家机关的声誉和法律在广大群众中的权威,给犯罪分子以震慑,给群众以信心

一是广泛宣传,受理举报线索。各职能部门首先要加大宣传力度,让广大群众知道哪些事情违反了国家法律法规,哪些事情应向哪个部门反映,应如何收集相关材料,这对打击犯罪极为有利,不仅能增加破案比例,而且能减少办案时间,少走弯路。宣传中不能走形式,而要力求实效,重点到农村、社区、乡镇宣传,不仅要宣传法律,还要宣传已经办理的典型案例,让广大群众看到政府反腐的决心,促使他们积极举报。

二是认真研究农村基层干部职务犯罪的规律,找准犯罪易发区域,制订侦查方案,提高侦破效率。由于农村财务管理的不规范,各种制度的不健全,取证极为困难,给侦办案件增加了难度,因此对任何一个案件都要认真分析研究,制订周密方案,这样才能取得好的效果。

三是实行争议案件联合办案制度。对管辖有争议的案件可以由相关部门联合办案,既符合法律规定,又加大了办案力度,提高办案效率。同时还可防止各部门之间对群众举报"踢皮球"的现象。有的案件从线索上看,应由哪个部门管辖不明确,对这种情况,可由纪检和公安或检察院共同办案,待侦破后交由有管辖权的部门办理。

四是坚持有案必办,给群众一个明白的交代。对于农村领域的职务犯罪,不少是小金额的犯罪,有的部门不重视,而去关注大案要案,这种做法欠妥。在大力推进新农村建设的今天,各部门应特别注意发生在农村的职务犯罪,认真对待每一个线索,不能因为案子小而不重视、不办理。对有可查性的线索绝不能放弃,而要仔细调查,力争破案。

2. 在预防方面要讲求方法,务求取得实效,逐步减少发生在农村领域的职务犯罪现象

一是加强农村思想政治工作,强化对农村基层干部的普法教育。加强对农村基层组织干部的政治思想教育,使之树立正确的人生观、世界观、价值观,牢固树立"立党为公、执政为民"的理念,结合当前党员先进性教育活动和社会主义荣辱观教育活动,努力提高农村基层干部素质,让他们真正懂得为谁掌权、为谁服务这个根本问题,树立勤政廉政的良好形象,专心带领群众致富奔小康。同时要重视农村干部的普法教育,让其懂得哪些行为违法,哪些行为犯罪,提高他们的遵纪守法意识,使得这些干

部在执行公务时更加自觉地遵守法律法规,同时加强对人的监督。

二是积极推行村务公开和民主管理工作,赋予群众一个知情权、参与权、管理权、监督权,同时建立健全各项制度,堵塞基层干部贪污、挪用公款的漏洞。在不少乡村,基本没有制度可言,有的地方有一些制度也是形同虚设,因此加强基层制度建设极为重要,让"制度治村"取代人言代法的情况,同时要让群众对土地征用、公益设施改造、集体企业经营状况等集体事务有知情、参与、监督等权利,杜绝个别人或少数人暗箱操作,不让犯罪分子有机可乘。

三是建立合理的收入分配制度,改善和提高农村基层干部的待遇。当前,农村干部的待遇较低,是其犯罪的一个原因。如某市一个村一年的经费不足20 000元,在职干部的待遇还在其中,人均收入不足4 000元,而目前的村面积广,人多事多,工作相当辛苦,低收入大大影响了村干部的工作积极性,有的干部容易产生不平衡心态,从而走向犯罪。因此提高他们的待遇,降低他们的压力,对促使他们努力工作、减少犯罪有较好的效果。镇干部下派到村任职或者"能人治村",虽然对村社工作有一定的好处,但也有不少弊端,实践中要好好把握,加强管理,否则会带来负面效应。

四是建立镇村职务犯罪预防网络,促使广大群众加大对干部的监督,同时也让农村基层干部自身加强反腐。在党委的领导下,职能部门在镇村建立职务犯罪预防网络,齐抓共管,形成合力,能有效做好农村基层干部职务犯罪预防工作。同时让广大群众和干部都参与,定期开展形式多样的各种活动,如开展预防讲座、放专题片、组织干部参观监狱或看守所等活动,对犯罪预防也有一定效果。

总之,在大力开展社会主义新农村建设的今天,我们要在农村深入开展保持共产党员先进性教育活动和社会主义荣辱观教育活动,围绕社会主义新农村建设搞好整改提高工作,以提高基层干部素质、加强基层组织、服务人民群众、促进各项工作为目标,立足当前,着眼长远,增强农村基层党组织的凝聚力,真正把农村基层党组织建设成为带领农民群众建设社会主义新农村的坚强领导核心,各级政府部门和有关职能部门在加强领导的同时,要高度重视农村基层干部的职务犯罪工作,要坚持教育保护为主、打击惩治为辅的原则,打防结合,努力为社会主义新农村建设营造良好而和谐的社会环境。

第六节　切实加强农村基层政权组织建设与管理

我们国家是一个农业大国,农民占全国人口的2/3以上,没有农村的和谐稳定,就没有全国的和谐稳定。我们党是一个有着7 000多万党员的大党,农村党员占了全国党员总数的43%,没有广大农村党员的先进性,全党的先进性就难有保证。农村基层政权是我们党执政的最广泛、最深刻的社会基础,没有农村政权的巩固,党的执政地位就会受到影响。因此,加强农村基层党风廉政建设,提高农村基层党组织的创造力、凝聚力和战斗力，是夯实党在农村的执政基础、提高党的执政能力、巩固党的执政地位的必然要求。

农村基层干部，处在农村改革发展稳定的最前沿，他们直接面对农民，面对农村的各种矛盾和问题，他们的一言一行、一举一动，都直接影响着党和政府的形象，直接关系着农民的利益。农村基层干部肩负着重大的责任，农村的面貌靠他们带领群众改变；党和国家在农村的各项方针政策，靠他们带领群众贯彻落实。"村看村，户看户，群众看的是党支部"，党支部的风气，往往是一个村庄的风气；党支部的面貌，往往也是一个村庄的面貌。因此，通过加强农村基层党风廉政建设，不断提高农村基层干部为人民服务的意识、廉洁自律的意识、党的纪律观念和民主法制观念，才能进一步密切党群干群关系，以良好的作风推进社会主义新农村建设。

加强党的执政能力建设是当前全党同志的首要政治任务。农村基层组织是党在农村全部工作和战斗力的基础，其执政能力的高低直接关系着农村的改革、发展和稳定，关系着全面建设小康社会目标的实现，关系着党在农村执政地位的巩固和提高。贯彻落实中央《决定》精神，就要高度重视农村基层组织执政能力建设。面对新形势、新要求，如何加强基层党组织执政能力建设，已成为摆在我们面前不容忽视且必须解决的重大课题。

一、我国农村基层组织建设面临的挑战和存在差距

在新形势下，农村基层党组织建设面临着新挑战：一是经济多元化发展趋势对基层党组织领导经济工作的能力提出了新要求，农村基层党组织和领导干部在领导经济工作时，必须从以行政命令、催种催收、大包大揽等行政推动方式向以制订发展规划、完善基础设施、维护市场秩序、健全配套服务等方式转变，从只会抓传统农业向善于抓现代农业、工业、服务业、城镇建设等转变，不断提高驾驭市场经济的能力。二是新旧体制转轨过程中产生的矛盾对农村基层党组织做好群众工作的能力提出了新要求，农村基层党组织必须不断提高政策水平和应对复杂局面的能力，认真研究新形势下群众工作的新特点，探索做好群众工作的新途径和新方法，善于运用思想、经济、法律、行政等手段，妥善处理各种矛盾，既保护好群众的合理利益，又维护好农村改革、发展、稳定的大局。三是农民迫切要求改善生产生活条件的愿望对农村基层党组织增强办事能力提出了新要求，农村基层党组织必须牢固树立用发展的办法来解决问题的意识，解放思想，抢抓机遇，加快镇财源建设和村级集体经济发展的步伐，不断增强自身办事的能力。四是农村由封闭走向开放对农村基层党组织加强先进文化建设提出了新要求，农村基层党组织切实加强阵地建设，注重针对性、实效性、经常性，用群众喜闻乐见的方式宣传党的路线方针政策、国家的法律法规以及科技方面的知识，用行之有效的方式广泛开展健康有益、丰富多彩的群众性精神文明创建活动，满足群众日益增长的精神文化需求。五是农民民主参与意识的增强对农村基层党组织的领导方式提出了新要求，农村基层党组织必须与时俱进，改进领导方式，增强凝聚

力和战斗力,更好地发挥领导核心作用。六是经济发达城市的失地农民利益保护及农民就业问题。七是外来务工的流动人口管理问题。

面对农村经济和社会发展的新变化、新要求,我国农村基层党组织在执政能力上还存在"三个不适应":一是基层干部素质不适应。面对新形势下的困难和问题,有的干部缺乏创新意识、办法不多,甚至束手无策,有的则精神不振、安于现状,甚至畏难退缩。主要表现在缺乏前瞻性,不能站在全局的高度去思考和把握工作走向;缺乏主动性,开拓创新能力偏低,特别是运用市场经济知识,谋划农村经济发展的思路不清;缺乏务实性,把目标变成现实的能力偏低;缺乏公正性,民主管理的能力偏低;缺乏"点金术",带头致富能力偏低。二是党员队伍状况不适应。一些农村党支部忽视抓党员发展,入党积极分子队伍"后源不足",导致农村党员年龄老化,文化素质低,知识和能力储备不足。部分村两委班子成员综合素质偏低,工作不够协调;管理不规范,激励不科学,相当部分的乡镇党委对农村党员缺乏系统科学的管理制度,在党员进、退、去、留及绩效考评方面存在较大的随意性和不公正。三是集体经济实力不适应。

二、坚持科学执政、民主执政、依法执政,不断完善党的领导方式和执政方式

改革和完善党的执政方式,是党的十六大提出的政治建设和政治体制改革的任务之一。胡锦涛同志在"七一"重要讲话中提出,如何改革和完善党的领导方式和执政方式,是我国社会主义自我完善和发展需要进一步探索和回答的重大课题之一。党的十六届四中全会通过的《决定》进一步强调:"坚持科学执政、民主执政、依法执政,不断完善党的领导方式和执政方式。"党实现领导的过程,就是不断改革和完善党的领导方式和执政方式的过程。科学有效的领导方式和执政方式,是实现党的正确领导,完成党的任务的重要条件。时代的不断发展和社会的不断前进,使得党所处的环境、面临的形势和承担的任务不断发生深刻的变化,要求党的领导方式和执政方式相应地加以改革和完善。只有认真研究和解决好这一问题,才能不断提高党的领导水平和执政水平,巩固党的执政地位,实现全面建设小康社会的奋斗目标。

1. 坚持科学执政、民主执政、依法执政

提高党的执政能力,必须不断完善党的领导方式和执政方式。完善党的领导方式和执政方式,必须做到科学执政、民主执政、依法执政,这是改革和完善党的执政方式的内容和目标。所谓科学执政,就是要以科学的思想、科学的制度、科学的方法领导中国特色社会主义事业;所谓民主执政,就是要坚持为人民执政、靠人民执政,以发展党内民主带动人民民主,领导和支持人民当家做主;所谓依法执政,就是要坚持依法治国,领导立法,带头守法,保证执法,不断推进国家政治、经济、文化、社会生活的法制化、规范化。能否做到科学执政、民主执政、依法执政,这是我们党的执政能力是否得到质的提升的根本标志。

坚持科学执政、民主执政、依法执政,是我们深刻总结历史经验、认真探索执政党

执政规律得出的一条重要结论。任何一个执政党都存在着如何科学地运用国家权力，如何使党的执政方式更加科学化、民主化、法制化、规范化的问题。我们党作为长期执政的党，手中掌控着全部的国家权力和执政资源，并领导着整个社会，这是我们党执政的优势，是任何其他国家其他性质的执政党所望尘莫及的。这些优势为我们党执好政提供了良好的条件。但是，要把这些条件真正化为党对国家和社会的有效领导，就需要按照执政规律的基本要求，按照民主政治的基本要求来掌握和使用权力。只有科学地处理执政党与国家公共权力之间的关系，采用科学的执政方式，党才能正确履行自己的职责，完成自己的历史使命，党的执政能力也才能得到充分的展现。我们党深刻认识到了这个问题的重要性，执政以后就开始了正确处理党政关系的探索。特别是经历"文化大革命"的教训之后，通过政治体制改革解决党政关系的体制弊端，更是被摆到了极其重要的位置。当然，真正解决这个问题并不容易。后来在改革中出现的"党政分设"式的所谓"党政分开"，没有达到党政职能分开的改革初衷，"一个人说了算"的老问题没有得到合理解决，同时还造成了新的问题：比如党政一把手闹矛盾的"内耗"现象，比如常委班子内部和四大班子的职数太多、效率低下的现象，比如党委、人大、政府之间职能不清、运行紊乱的现象，比如四大班子之间职位重叠、难以协调、执行不力的现象等。这些弊端都严重影响了党的执政效率，人为加大了党的执政成本，制约了党的执政功能的充分发挥。随着社会主义市场经济建设进程的不断深入，我们党对这一问题的认识也在不断深化。党的十五大明确提出了改革和完善党的领导方式和执政方式的问题。党的十六大提出，发展社会主义民主政治，最根本的是要把坚持党的领导、人民当家作主和依法治国有机统一起来。这些都反映了我们党在这个问题上的新认识。

科学执政、民主执政、依法执政，为进一步推进党的领导方式和执政方式的改革与完善指明了根本方向。要科学执政，就不应当是简单地实行党政的所谓"分"与"合"，把不同性质的权力在党政之间作简单分割，而是科学界定执政党与国家公共权力的不同职能；要民主执政，就不应当是党事无巨细地包揽一切，以党代政、党政不分，管大量管不了、管不好、也不该管的事情，而是扩大人民群众对国家和社会事务的参与、决定、监督，让他们真正成为主人；要依法执政，党就应当接受宪法和法律的规范，严格按照宪法和法律规定来行使自己对国家和社会的领导，就应当努力建立科学的领导体制和工作机制，通过完备的制度和法律体系来治理国家。

2. 党的领导制度与执政方式

中国共产党自1949年执政以来，以毛泽东为核心的党中央确立了具有中国特色的五种基本领导制度：一是共产党领导的人民代表大会制度；二是共产党领导的多党合作与政治协商制度；三是共产党领导的行政首长分工负责制度；四是共产党领导的军事委员会分工负责制度；五是共产党领导的公、检、法协调与制约相结合的制度。这五种基本领导制度，奠定了中国共产党执政的基础。

以邓小平为核心的第二代领导集体，非常重视党的领导方式和执政方式的改进，强调要加强党的领导，就必须改善党的领导，并提出了改革党和国家的领导体制问题。以江泽民为核心的第三代领导集体,继承和发展了毛泽东、邓小平的上述思想,明确提出了"要按照总揽全局、协调各方的原则,进一步加强和完善党的领导体制,改进党的领导方式和执政方式"的新论断。胡锦涛指出,各级党委和全党同志都要充分认识加强党的执政能力建设的重大意义,坚持以提高党的执政能力为重点,全面推进党的建设新的伟大工程,不断提高领导水平和执政水平,不断改革和完善领导方式和执政方式,抓紧解决执政能力方面存在的突出问题,使党始终成为中国特色社会主义事业的坚强领导核心。这就告诉我们,要加强党的领导和巩固党的执政地位,不仅要坚持党领导政权的基本制度和改革领导体制,而且还要改进领导方式和执政方式。

从政治学的角度考察,所谓执政就是执政党在国家生活中贯彻自己的主张(纲领、路线、方针、政策、措施)。一般地说,执政党有三种执政方式:一是执政党通过国家政权机关对国家事务实施领导;二是执政党居于国家政权之上,直接向国家政权机关下命令;三是执政党代替国家政权机关行使职权。第一种方式最符合民主宪政的原则。第二种、第三种方式的实质是代替人民当家作主。

一个政党之所以取得执政地位,是由于她的主张得到广大人民群众的认同。要保持执政地位,一个重要的条件是,其主张实行的结果必须使国家的经济和社会得到发展,人民群众得到实惠,生活水平得到提高。但仅仅如此,还不足以保持执政地位,还不足以维系执政党的合法性。这是因为经济的长期高速增长是不可能的,基数越大,增长的速度就会放慢,而一旦经济出现问题,执政党的地位就可能发生危机甚至丧失。另外,人们还会思考如果是其他政党执政会不会使经济有更好的发展。因此,保持执政地位,维系执政党的合法性,最重要的是要靠民主制度,其中一个主要的方面就是要实行科学的、民主的执政方式。

三、切实加强我国农村基层组织执政能力建设的思考

加强党的执政能力建设要以加强党的基层组织建设为基础,只有农村基层党组织的执政能力提高了,"三农"问题才能真正得到解决,全面建设小康社会才有希望。在今后一个时期,我们要把提高农村基层党组织的执政能力作为一项重点工作来抓,要以提高农村基层干部和党员的整体素质为重点,着力提高农村基层组织发展农村经济能力和依法办事能力,为农村建设小康社会宏伟目标的顺利实现打下了坚实的基础。

1. 必须把提高农村基层党员干部队伍整体素质作为农村基层组织执政能力建设基础性工作来抓

基层党员干部队伍的整体素质是提高农村基层组织执政能力的前提和保证,只有农村基层干部和党员的整体素质提高了,才能增强他们贯彻落实党在农村各项方针政策的能力,增强带领农村广大群众奔康致富的本领,为解决新时期"三农"问题奠定良好的基础。因此,要大力培养和提高农村基层党员干部的整体素质。首先,要选好配强农村基层党组织领导班子。要按照"优化班子结构,强化整体功能"的原则,创

新选拔机制、拓宽选拔渠道,把那些政治强、思想好、懂经济、善开拓、有闯劲的优秀党员干部选拔到乡镇和村级领导岗位上来,提高基层党组织的整体素质和领导水平。其次,要加强对农村基层党员干部的教育和培训工作。以各级党校为基地,有计划、有针对性地对农村党员干部尤其是领导干部进行党的基本理论、法律法规、科技知识和农业适用技术培训,教育他们树立正确的世界观、价值观和人生观,增强为人民服务的意识,提高他们的政治理论素养、领导工作水平,增强带领群众发展经济、奔康致富的本领。第三,加大农村发展新党员工作力度,着重培养年轻、有知识、有文化的农村致富能人入党,优化农村党员队伍的年龄结构和知识结构,不断增强农村基层组织的活力和战斗力。着重培养一支后备干部队伍,把政治素质好、具有一定文化科技知识的优秀党员选拔进基层后备干部队伍,进行重点培养,优先使用。第四,加强农村基层干部和党员的作风建设。对农村基层干部和党员进行自力更生、艰苦奋斗教育和廉洁自律教育,鼓励引导他们转变作风,深入基层,深入群众,一心一意帮助群众致富,想方设法为群众排忧解难,以实际行动在农民群众中树立"立党为公,执政为民"的良好形象。建立和完善以领导干部联系点为主的干部深入基层制度,开展"进百家门、察百家情、排百家难、解百家忧",记"民情日记",发放"连心卡"等活动,做好新形势下的群众工作,想群众之所想,急群众之所急,关心和解决好农村的热点、难点问题,为群众办好事、办实事。第五,丰富基层组织建设的载体,不断增强农村基层组织的战斗力。按照中央提出的新"五个好"的目标要求,继续深化"三级联创"活动,运用系统工程的方法健全农村基层党组织,形成常抓不懈的工作机制,做到县、镇、村一年一部署,一年一总结,一年一考评,一年一表彰,形成县、镇、村三级同争先进、创一流工作的格局,推动农村经济发展和社会进步。

2. 必须把提高发展农村经济的能力作为农村基层组织执政能力建设的中心工作来抓

发展经济的能力是农村基层组织工作能力和水平的集中体现。目前,我国有少数村党支部"说话没人听,办事无人跟",缺乏凝聚力、战斗力,其中一个重要原因是党支部缺乏带领群众发展经济的本领。因此,要把提高发展农村经济的能力作为解决"三农"问题和提高农村基层组织执政能力的根本点来抓,把农业增效、农村发展、农民增收作为农村基层组织建设的出发点和落脚点。当前农村基层组织要围绕经济抓党建,抓好党建促发展,紧紧抓住经济建设这个中心不放,创新领导经济工作的方式、方法,在提高发展经济的能力上下工夫,带领农民加快脱贫致富步伐。一是创新领导方式方法。农村基层组织领导方式与方法创新的着力点是促进农村生产力的发展,始终代表先进生产力的发展要求的农村基层组织必须与时俱进,不断创新工作方式方法。在工作方式上,要由简单行政命令向尊重农民群众意愿、尊重客观规律转变;在工作管理上,要由"暗箱操作"向民主管理转变;在工作方法上,要由只重过程不重结果,向全方位服务、示范、引导转变。市场经济条件下党对农村工作的领导,就是要善于运用市场机制引导农民搞好生产经营、产业结构调整。要加强政策引导,及时纠偏调控,增强农民在市场上的竞争能力。要把主要精力用在调查研究、科学规划、样板示范上来,帮助农民拓宽致富渠道。要增强领导服务功能,增强服务意识,做好政策服务、信息服务、资金服务、现代科学和适用技术服务、流通服务,为农民搭桥铺路,提高农民进入市场的组织化程度。要扎扎实实地做好各项应对入世工作,使农业的整体效益在竞争中得到提高。各级干部要以新的工作方式,入农家门、察农家情、知农家心、帮农家富,切实解决好农民生产、生活中的实际困难和问题。二是要理清发展思路。牢固树立和认真落实科学发展观,坚持以增加农民收入为核心,以经济结构调整为主线,以改革开放和科技进步为动力,以农村工业化、城镇化和农业产业化为方向,着力转变经济增长方式,建设现代农业,扶持龙头企业和农村二、三产业发展,加大农村劳动力转移力度,加大对农村基础设施投入,促进农村经济全面、协调、可持续发展。三是要明确发展重点。农民增收、农业增效既是解决三农问题的核心内容,也是发展农村经济的主要目标。要认真落实党在农村的各项政策,坚持"多给,少取,放活"的方针,切实增加对农业和农村的投入,加快农村基础设施建设,不断改善农民的生产生活条件。要深入推进农村税费改革,切实减轻农民负担,让农民休养生息。要对农业和农村经济结构进行战略性调整,优化农业生产布局、农产品结构、农村产业结构和农村就业结构,坚持以市场为导向、科技为依托、农业产业化经营为主线,发挥比较优势,大力发展特色农业、"三高"农业。要通过多种形式普及科技知识,提高农民接受和应用农业科技的能力。积极开展各种形式的科技培训和送科技下乡活动,推广科技种植新技术,让科技增效增收的作用在生产实践中进一步得到发挥。上海2005年实施"万人专业农民培训"工程,为农民增收奠定了基础。要全面加强财源建设,支持和鼓励乡镇抓住营造环境这一关键,以招商引资为突破口,积极发展非公有制经济为重点,培育新的经济增长点,不断增加乡镇财政收入。要不断壮大集体经济,继续实施"帮村富民"工程,落实"五定"、"六帮"等措施,采取多种形式,不断增强村级集体经济实力。加强对村级集体经济的管理,通过多种形式盘活村集体资产,确保集体资产保值、增值。解决好目前在集体经济管理中存在的决策盲目、责权不清、缺乏约束的问题,确保集体经济项目按市场化要求运作。四是选准发展路子。农村工业化、城镇化和农业产业化是发展农村经济的必由之路。要按照"面向市场、发挥优势、注重品牌、规模经营"的思路,借助外力,推进农村工业化;采取"龙头企业+基地+农户"等形式,从实际出发,因地制宜,结合市场需求,搞好布局规划,选择好主导产业和产品,推进农业产业化;以规划为先导,以乡镇撤并为契机,以中心镇建设为重点,推进农村城镇化,以"三化"的实际成效推动农村经济的发展,夯实农村基层组织执政的经济基础。

3. 必须把提高依法办事能力作为农村基层组织执政能力建设关键性工作来抓

依法治国是党的基本方针,依法执政是社会主义政治文明的体现,依法办事是保持社会稳定和经济发展的前提。提高农村基层组织依法办事能力,是提高农村基层组织执政能力的重要内容,也是解决"三农"问题的重要手段。当前,必须抓住三个重点:一是要加强对农村党员尤其是基层党员领导干部的法制教育,增强他们的法制观念,确保各项工作在法治轨道上开展。二是要贯彻落实村委会组织法,进一步推进以村民自治为核心的农村民主政治建设。完善村民选举程序,进一步健全村级民主选举制度,严格遵循党章、选举法和《村民委员会组织法》,真正把那些能够依法办事、公道正派、勤劳实干、热心为村民服务的人选进村委班子,保障农民群众的选举权。要完善民主议事程序,健全村级民主决策制度,逐步规范村级重大事务民主议事、决策的范围、程序和方法,完善村民会议和村民代表会议议事规则,实现重大村务由全体村民或村民代表民主决策,保障农民群众的决策权。要完善村民自治章程,健全政务公开、村务公开、财务公开、依法治村、民主管理等制度,按制度办事,用制度管人,推进村级事务民主管理,保障农民群众的知情权。要健全村级民主监督机制,加强对农村集体财务的审计监督,大力推广村账镇代记、会计聘任制和电算化等农村集体财务管理新模式,规范村级财务管理。积极推进民主评议村干部工作制度,建立健全村干部任期、离任审计制度、过失责任追究制度和激励约束制度,保障农民群众的监督权。三是要正确处理村"两委"关系,建立良性互动的运行机制。按照"精简职权、优化结构"的原则,采取"两推一选"的办法选举产生村"两委"班子成员,最大限度地实现"两委"成员交叉任职,减少职权重叠。依据《村民委员会组织法》和《中国共产党农村基层组织工作条例》,切实划清村"两委"的工作职责。建立健全村党支部领导下的"两委"分工负责制、"两委"联席会议、民主评议"两委"干部等制度,明确党支部对村委会实行政治领导、工作指导、思想引导的职能,做到坚持领导不包办、把握方向不旁观、保障自治不违法、支持工作不拆台,村委会在党支部领导下依法行使职权,工作到位不越位,形成"两委"协调一致、良性互动的运行机制,切实提高基层组织的执政效能。

四、提高农村工作领导能力,创新农村工作方式方法

2005年中央一号文件要求,要加强和改善党对农村工作的领导。要提高党对农村工作领导的成效,取决于党的领导能力的高强和领导方法的科学。近些年来,农村基层党组织在改革开放的实践,领导能力不断增强,领导方法不断改进。但面对农村的新形势、新任务,党的执政能力和工作方法还存在一些亟待解决的突出问题,主要体现在:一是干部队伍素质不高、能力不强。一些农村干部知识老化、观念陈旧,缺乏认识、理解、分析和解决新形势、新问题的本领和办法;有的缺乏驾驭市场经济和处理复杂社会矛盾的能力;有的缺少正确运用法律和一般经济规律管理社会和管理经济的手段;有的缺乏远大理想,事业心和责任感不强。二是领导方式和执政方式、领导体制和工作机制还有许多需要改进和完善的地方。部分基层干部仍然习惯于计划经济条件下形成的传统工作方法,不善于运用市场的手段、经济的手段和法律的手段指导农村工作。应当看到,当前我国已经进入工业反哺农业、城市支持农村的新的发展阶段,我们党已经明确把坚持解决好"三农"问题作为全党的工作重点,一系列大量的"三农"问题政策已经而且还将进一步出台。如何落实好中央关于解决好"三农"问题的各项政策,关键在于提高党领导农村工作的能力,改善党领导农村工作的方法。

特别是作为农村工作直接领导者的乡镇党委、政府和村党组织,必须努力适应农村已经变化了的客观形势,及时调整和改进工作思路、工作方法,用领导活动的不断创新,推动农村经济社会的全面进步和快速发展。

1. 提高农村基层党组织对农村工作的领导能力

党对农村工作的领导能力,实质上就是党在农村的执政能力。党的十六届四中全会通过的《中共中央关于加强党的执政能力建设的决定》指出:加强党的执政能力建设,必须坚持"以加强党的基层组织和党员队伍建设为基础";"加强和改进党的基层组织建设,使党的基层组织真正成为贯彻'三个代表'重要思想的组织者、推动者、实践者"。在加强执政能力建设新的历史条件下,农村基层党组织如何积极适应新形势、新任务的新要求,不断强化执政意识,健全执政功能,提高执政素质,增强执政能力,为加快推进全面小康社会建设步伐提供坚强的组织保障,这是农村基层组织建设必须解决的一个重大课题。提高农村基层党组织的领导能力和执政能力,必须坚持提高以下三种能力:

第一,提高农村基层党组织领导发展的能力。

农村的发展,首先是经济的发展,但不只是经济的发展,还包括教育、文化、医疗、社会保障等各项事业的发展。这就要求农村基层党组织在促进农村经济社会全面发展的实践中具备统筹发展的能力。提高农村基层党组织统筹发展的能力,一要增强农村基层党组织解放思想,牢固树立抓住机遇加快发展的意识,树立敢于突破、敢于负责,抢抓机遇,发挥优势,加快发展的意识和能力。发展较好的农村要把握机遇,自加压力,乘势而上,不断推动各项事业上新台阶;发展相对滞后的农村要知难而进,迎头赶上,从根本上解决"等、靠、要"的思想,积极发挥比较优势,争取主动,不断加快发展的步伐。二要增强农村基层党组织树立和落实以人为本、全面协调可持续的科学发展观的能力,落实各项政策、谋划发展、推进工作,要充分反映人民群众的意愿,维护人民群众的利益。三要增强依靠广大党员和农民群众,充分调动他们的积极性和创造性,推动发展的能力。农村的发展任务十分繁重,农村基层党组织必须广泛调动各方面的积极因素,充分发挥广大党员落实党的富民政策,带领群众发展致富的先锋模范作用,形成推动发展的整体合力。要善于整合农村的各种资源,从完善水、电、路、通讯设施入手,大力改善农民的生产生活条件;要因地制宜,走产业兴村的路子,坚持以市场为导向,科技为依托,农业产业化经营为主线,大力发展特色农业、效益农业;要高度重视发展民营经济,加快农村工业化步伐。同时,大力发展第三产业,让更多的农民向非农产业转移,加快农村全面小康社会建设的步伐。

第二,提高农村基层党组织推进农村基层民主政治建设的能力。

扩大基层民主,完善基层政权、基层群众性自治组织的民主管理制度,坚持和完善村务公开等办事公开制度,保证基层群众依法行使选举权、知情权、参与权、监督权等民主权利,是推进农村民主政治建设的内在要求,是增强农村基层党组织决策科学化、民主化,增强农村基层党组织凝聚力和向心力的重要保证。增强农村基层党组织的凝聚力,推进基层的民主政治建设能力必须在三个方面下工夫:一是牢固树立加强基层民主政治建设的意识。办任何一件事都要把群众需要作为第一选择,把群众的满意作为第一标准。真正做到权为民所用、利为民所谋、情为民所系;二是做好科学决策。决策前要广泛听取党员的意见,集中党内的智慧。发扬人民民主,要广泛听取广大农民群众的意见,考虑和满足大多数人的利益要求,集中广大农民群众的聪明才智;三是继续健全和完善政务公开、村务公开、财务公开、依法治村、民主管理等制度,按制度办事,用制度管人,促进农村工作规范化。特别要认真总结近几年来各地开展村务公开和民主管理中实行村账托管、村务民主听证试点、培育村务公开中心户、建立百姓知情室等经验,加强分类指导,进一步探索用制度规范党员干部的执政行为和党组织的议事决策程序;实现决策的科学化、民主化,推进农村基层民主政治建设的有效途径。

第三,提高农村基层党组织驾驭复杂局面、化解各种矛盾、处理突发性事件、维护稳定的能力。

农村基层党组织处在第一线,直接面对群众,既要加快经济社会的发展,更要善于正确认识和处理各种社会矛盾,协调不同利益群体关系,有效抵御来自各方面的风险,营造更加有利的发展环境,增强保证发展的能力。随着农村改革步伐的进一步加快,农村社会关系包括群众的利益关系处在不断调整之中,发展过程中的各种矛盾也接踵而至,在利益得失和新旧观念冲突方面表现得尤为突出,解决的难度越来越大,维护稳定、促进发展成为农村基层党组织执政能力建设必须解决好的一个突出问题。近年来,在征地、林业体制改革、农村税费改革等工作的落实上遇到了很多的困难和问题,有的问题一旦没有得到及时有效的解决,很容易引发群体上访等事件。这要求农村基层党组织必须不断提高政策水平和应对复杂局面的能力,认真研究新形势下做好群众工作的新特点,探索做好群众工作的新途径和新方法,善于运用思想、经济、法律、行政等手段,妥善处理各种矛盾。既维护好、实现好群众的利益,又维护好农村改革、发展、稳定大局。农村基层党组织不仅要不断提高应对复杂局面的能力,在平时的各项工作中能够发挥积极作用,而且还要在遇到重大突发事件时,也能够显示强大的凝聚力和战斗力。这一点,对每一个农村基层党组织来说,尤为重要。为此,一要增强研究新情况、新问题的能力。要善于在实际工作中把握各种矛盾新的表现形式、特点和发展趋势,增强前瞻性和预见性,把工作做在前,把矛盾化解在基层,做到处乱不惊,胸有成竹。同时进一步总结经验,探索建立科学有效的工作机制,增强妥善处理群体事件、抵御自然灾害等各种突发事件的能力。二要增强组织性和纪律性,提高有效化解矛盾、妥善处置各种突发事件的能力。特别要增强在关键时期,从思想、政治、行动上始终同党中央保持高度一致,确保政令畅通的自觉性和坚定性。三要提高做好新形势下群众思想工作的能力。善于协调处理不同群体之间以及群体内部的利益关系,充分调动各方面的积极性和创造性,形成战胜各种困难和风险的强大合力,保持农村社会的稳定。

2. 创新农村基层党组织的工作方法

方法是实现目的的手段。毛泽东早就用"桥"、"船"与"过河"来形象地比喻方法与目的的关系。他说,要达到过河的目的,就必须有"桥"或"船"。结合农村实际不断创新农村基层党组织的工作方法,是农村改革与发展取得成功的一条重要经验。农村工作的方式方法如果不对头,不仅会侵犯农民的自主权,伤害农民的生产积极性,影响党群干群关系,而且中央支农惠农的各项政策的效果也会大打折扣。因此,农村基层党组织要切实解决"老办法不管用,新办法不会用"的问题。当前,重要的是要在过去已有的行政方法、经济手段的基础上,学会用科学的、民主的、法律的、服务的、务实的等新的领导农村工作的方法,全方位实现领导方法的创新和改善。

第一,努力实现科学领导。

科学执政是党的重要执政方式,科学领导是党领导农村工作的重要方法。科学领导就是要从农村的实际出发,尊重农民的意愿,尊重农村经济社会发展的客观规律,严格按照科学的办事程序,发挥领导作用。当前,重要的是要进一步增强时代意识,体现时代特征,全面把握时代发展趋势,按照农村发展规律办事。要深入调查研究,发掘当地优势,科学求实,锐意创新,大胆探索。要充分考虑到农民的认识水平、接受能力等方面的实际情况,尽力避免劳而无功,好心办坏事。

第二,努力实现民主领导。

坚持群众观点、群众路线,是我们党重要的工作方法之一,也是做好农村工作的基础方法。广大农民群众是农村工作的主体,做好农村工作归根到底要靠农民群众。要坚持党的群众路线,强化一切为了群众、一切依靠群众、一切相信群众的观点。各级各部门要想农民之所想,急农民之所急,办农民之所需,切实把农民的利益放在首位。农村基层党组织和广大农村干部,要以新的工作方式,入农家门、察农家情、知农家心、帮农家富,与农民交朋友,切实解决好农民生产、生活中的实际困难和问题,做农民的贴心人。要把农民的事交由农民来办,尊重农民群众的自主权和创新精神。要自觉主动、诚心诚意地接受农民群众的监督和批评,虚心向群众学习。要善于总结和推广来自农民群众伟大实践中的成功经验,不断引导农民群众发挥积极性和创造力。当前,一要特别注意研究新形势下农村群众工作的新特点,及时转变工作作风,改进工作方式方法,妥善处理各种矛盾,探索做好群众工作的新途径和新方法。二要坚持深入了解民情、充分反映民意、广泛集中民智、切实珍惜民力,规范民主决策程序,健全议事规则,努力形成民主决策机制,保证决策符合农民群众的意愿。

第三,努力实现依法领导。

依法治国是我们党的基本方略,依法治村是各地农村法制建设的一个重要目标。当前,广大农民群众的法律意识大大增强,不少农民对某项法律知识的掌握程度甚至超过我们的领导干部。这是时代进步的重要标志。但同时也给乡村两级干部的政策水平、执法水平提出了新的、更高的要求,对干部的工作行为有了严格的法律和政策约束。因此,提高农村基层干部的法制意识和依法办事水平,是一项十分迫切的任务。农村干部一要认真学习并组织广大农民群众学习法律知识,特别是与农村工作相关的法律知识,为实现依法领导提供法律依据。二要健全带有当地农村特色的、国家法律法规与当地农民群众接受程度相适应的村规民约,使农村各项事务有章可循。

三要善于用法律手段解决农村各种问题，坚持依法办事、按章理事。通过依法领导的实现，为农村改革发展和经济组织的创新提供良好的社会环境。

第四，努力实现服务型领导。

全心全意为人民服务是我们党的根本宗旨，这一宗旨在农村的体现就是农村基层党组织和广大农村干部诚心诚意为人民谋利益，由此决定了基层党组织对农村工作的领导就是对农民群众的服务。因此，农村基层党组织必须增强服务意识、服务能力和服务水平。当前，重要的是一要靠政策服务，即加大政策宣传力度，使中央和各级党委、政府的支农惠农政策家喻户晓、深入人心。二要靠引导服务，即充分发挥样板的示范作用，使农村各种优秀人才不仅自己能发家致富，而且能做给群众看，引导农民干。三要帮扶服务，即帮助农民切实解决好经济发展中缺资金、缺技术、缺信息等紧迫问题，使农民增强抗御市场风险的能力。

第五，努力实现务实领导。

求真务实是我们党的优良传统和作风，也是基层党组织做好工作、实现领导的重要方法。一般说来，对于农村工作各类任务提得很多，各项要求也提得很高，许多同志能够勇于探索、勤奋工作，确保了各项工作任务能够落到实处。但是，也确实存在着这样一些情况，有该抓的工作没有下劲抓，该管的事情没有真正管，该落实的制度没有认真落实，结果不少工作在一片落实声中应付了之。这样的结果，不仅劳民伤财，而且降低了党对农村工作的领导能力和领导成效。为此农村基层党组织和广大农村干部，必须大兴求真务实之风，真抓实干，以求实效。要切实解决好涉及面广、工作量大、群众关心度高的问题，特别是要把中央的各项支农惠农政策落到实处，以实际行动推动农民增收，推动农村经济社会的全面发展，树立起党在广大农民群众中求真务实的光辉形象，巩固党在农村的执政基础。

五、切实加强农村基层政权管理

基层政权是人民民主专政的基础组织，一系列的工作都要通过基层政权才能完成。我国有八亿人口在农村，把农村基层政权建设好，对于顺利推进政治体制和经济体制改革，加强社会主义民主和社会主义法制，促进社会主义精神文明建设，实现社会治安和社会风气的根本好转，建设有中国特色的社会主义，具有十分重要的意义。

从我国国情出发并结合现阶段农村基层政权建设中所面临的客观实际，农村基层政权管理应当从如下六个方面着手进行。

1. 坚持和改善党的领导，是加强农村基层政权管理的根本前提

坚持党的领导，坚持社会主义是中国人民的共同愿望，也是把具有中国特色社会主义事业全面推向21世纪的基本保障。党对国家政权机关的领导，在地方是通过各级党委的领导来实现的，在乡镇表现为乡镇党委对乡镇政权机关的领导。但这个领导是政治领导和思想领导，而不是以党组织来取代国家政权组织。正如中共中央和

国务院《关于加强农村基层政权建设工作的通知》中所指出,乡镇党委的职责是抓好党的路线、方针、政策的贯彻执行,抓好基层党组织的思想建设、作风建设和组织建设;加强对共青团、农会、妇联和民兵组织的领导;抓好群众的思想政治教育,促进党风和社会风气的稳定和好转;抓好干部的选择、考核和监督工作。

这就要求乡镇党组织必须在宪法和法律的范围内活动,严格实行党政职能分开,而不是包办人大和政府的具体工作。唯有如此,才能切实加强党的自身建设,也才能为改变基层政权结构不合理的状况并为进一步加强和巩固农村基层政权创造根本前提。

2. 坚持和完善乡镇人民代表大会制度,是加强农村基层政权管理的核心内容

要坚持和巩固我国的人民民主专政,在任何时候都要坚持和完善各级人民代表大会制度。根据当前农村的实际情况,要进一步坚持和完善乡镇人民代表大会制度,应着重解决好如下几个方面的问题:

一是要树立乡镇人民代表大会的权威。恩格斯指出:"把权威说成是绝对坏的东西,而丝毫看不到树立权威的必要性和重要性,是极其荒谬的。"①我们不能把权威等同于专制和独裁。在社会主义条件下,同样需要民主的、法制的权威。在农村现实的社会政治生活中,不少人认为乡镇人大有无权威无关紧要,而乡镇党委或行政部门才是权力的中心。这种观点既违背我国的宪政体制和法理,在实际工作中也会带来不良后果。树立乡镇人大的权威,要求权力机关的工作人员政治素质好,业务能力强,法律和政策水平高,更重要的是要敢于行使法定的权力;要求行政部门自觉地接受人大的领导和监督,并自觉地在宪法和法律的范围内活动。

二是要坚持和完善选举制度。我国的选举制度是人民代表大会制度的重要内容和存在方式。因此,不坚持和完善选举制度,也就谈不上坚持和完善人民代表大会制度。这要求任何领导、任何组织、任何部门,都必须按选举法规定的选举制度办事,不搞"人治",不搞"钦定",不搞"委派",以便把那些大公无私、作风正派、密切联系群众且有参政议政能力的人,由选民根据选举程序和规则将其选为人民代表;要花功夫做好选区划分的工作,特别要注意乡镇人大代表的合理性问题。据调查,有些较大的乡镇,特别是居住分散的乡,要好几个自然村或好几个行政村才能分配到一个代表名额,因而使代表的广泛性难以保证。还有些乡镇的人民代表大会,列席人员等于甚至超过正式代表。如浙江嘉兴某乡召开人大代表大会会议时,其直属机关的列席代表与正式代表相等,均为 51 名②。这是很严重的问题,应高度重视并加以解决。

三是要完善人民代表大会会议制度。人民代表履行其职责,权力机关履行其功能,最主要的方式之一是通过日常工作和代表大会来完成和实施的。因此,完善乡镇人大会议的会议制度,是保证代表更好地依法行使职权、树立乡镇人大权威的重要步骤和得力措施。政府要从人力、物力、财力上给予支持和帮助;会议要把质量和效率

---

① 马克思、恩格斯:《马克思恩格斯选集》,第二卷,人民出版社,第 553 页。
② 王崇明、袁瑞方:《中华人民共和国选举制度》,中国法制出版社,第 61 页。

统一起来,要把会议开成民主、团结、求实、奋进的大会,切忌借此拉山头搞派系。

3. 进一步发挥基层政权的职能,是加强农村基层政权管理的必要条件

乡镇政权所担负的组织经济建设的职能和政治职能,是国家职能的具体表现。政权职能的变形走样或功能发挥不到位,就会影响国家政权的性质并使其生存和发展的根基受损。因此任何一级国家政权组织,都要根据国家形势发展的客观需要,正确处理经济建设职能和政治职能的关系。以乡镇政权而言,既要领导农民群众大力发展生产力,不断提高和改善农民的生活水平,又要充分发扬社会主义民主,健全社会主义法制,对破坏社会稳定、破坏农村正常的生活、生产和工作秩序以及破坏无产阶级专政的人和集团,予以坚决打击。唯有如此,才能巩固和加强农村基层政权。

4. 切实加强对"人民公仆"为人民服务观念的教育,是维系农村基层政权生存和发展的重要举措

人民群众的根本利益就是无产阶级的最高利益。乡镇领导干部必须时时刻刻把农民群众的利益放在第一位,时刻不忘为人民服务这个根本宗旨。这要求在行政决策中要遵循科学化和民主化的原则,决不能不顾群众的实际承受力来片面追求"高速度"、"高积累"、"高指标";在实际工作中要求"人民公仆"决不能搞官僚主义、形式主义和衙门作风,更不能以种种借口向农民增加不合理负担。"得道多助,失道寡助"这个质朴的真理,应当为"人民公仆"所牢牢记取!

5. 切实加强社会主义民主和法制建设,是巩固农村基层政权的根本保障

社会主义民主是社会主义法制的前提和基础,社会主义法制是社会主义民主的表现和保障。我们只有不断地发扬社会主义民主,健全社会主义法制,才能巩固人民民主专政。

我国是一个有几千年封建历史的国家,乡镇政权中的不少领导人受封建主义的影响相当严重,如选干上的任人唯亲、组织上的拉帮结派、生活上的腐化堕落,都与封建思想联系密切。在社会主义市场经济条件下,也有些乡镇干部受到市场经济负面因素的影响和刺激,把商品交换原则引入政治生活,不讲组织纪律,不讲党性原则,只讲实惠和物质利益,成了"金钱至上"观念的奴隶,成了商品拜物教的殉葬品。

上述表明,在我国广大农村的基层政权内,用社会主义民主和法制来反对封建主义和资产阶级的思想的影响,仍然是摆在我们面前一项刻不容缓的战略任务。历史的经验和现实证明,只有加强社会主义民主建设,切实贯彻执行民主集中制原则,切实按社会主义法制办事,才能使基层政权内的政治生活有章可循、有法可依,也才能使基层政权健康地运行和稳步地向前发展。

6. 坚决贯彻执行我国的民族政策,是巩固农村基层政权的基本要求

民族问题与社会主义事业的兴衰和国家兴亡息息相关。一般说来,社会主义国家民族众多,我国更是如此。"而民族差异和历史现实诸方面的原因往往会使得各民

族之间存在着一定的矛盾,有的甚至相当尖锐和复杂。处理不好,国家政权就要动摇甚至会改变颜色。"*因此在我国,在一些自治的乡镇人民政权,务必要高度重视这个问题的极端严重性。少数民族地区的乡镇政权必须在贯彻党和国家民族政策的根本原则前提之下,从各民族具体的实际情况出发,充分尊重各民族的风俗习惯和历史传统,大力发展经济和文化事业,在共同繁荣共同发展的基础上,逐渐消除业已存在的隔阂和矛盾。对于已出现的民族纠纷,只要属于人民内部矛盾,就不能运用政权的强制力来解决,而要加以疏导和全面协调,以实现民族平等、民族团结和和睦,使乡镇政权得到加强和巩固,为国家的繁荣和稳定作出应有的贡献。

本章练习

一、名词解释

科学执政　民主执政　依法执政

二、简答题

1. 我国农村基层组织建设面临的新挑战有哪些?
2. 简述党的领导制度与执政方式。
3. 简述创新农村基层党组织的工作方法。

三、论述题

1. 结合实际,请你谈谈当前形势下,如何提高农村基层组织执政能力建设?
2. 谈谈你对把提高发展农村经济的能力作为农村基层组织执政能力建设的中心工作来抓的认识。
3. 为何要坚持科学执政、民主执政、依法执政?

---

* 周星:《民族政治学》,中国社会科学文献出版社,第85页。

第五章　新农村村民委员会管理

案 例

鱼池征用补偿款之争

2000年3月20日长春经济技术开发区小河沿村村委会与长春宏达方砖厂签订了《鱼池租赁协议书》。2006年4月17日,由于长春宏达方砖厂承租的鱼池被开发区征用,村委会又和长春经济技术开发区国土资源分局签订了《补充协议书》。为了135万元的鱼池征用补偿款,方砖厂将村委会告上了法庭。先来看一下村委会先后签订的两份合同。

鱼池租赁协议书

甲方：长春经济技术开发区小河沿村（以下简称甲方）

乙方：长春宏达方砖厂（以下简称乙方）

经甲、乙双方共同研究和充分协商,遵照平等、自愿的原则,就甲方现有的鱼池租赁一事,双方达成如下协议：

一、租赁鱼池的概况

1. 位置：卫星路东端路南200米处。

2. 鱼池水面和废弃地出租的总面积3万平方米。

3. 现有杨树的所有权归乙方所有。

二、租赁期限

自2000年3月20日起至2020年3月20日止,租期为20年。

三、租赁费及上缴的方式

1. 乙方每年向甲方上缴租赁费捌仟元人民币。

2. 乙方付款的时间,每年6月末交肆仟元人民币,12月末付清。

四、租赁协议有关规定

1. 乙方必须在协议规定时间内足额地给甲方上缴租赁费。

2. 为了提升鱼池的整体形象,改变现有的状况,需要扩大鱼池的水面和加深鱼池的深度,甲方不可干涉。

3. 乙方自建的建筑物、道路、树木等,甲方要按总造价把款一次性付给乙方。

4. 甲方负责通向鱼池道的征用,地点在卫星路通向鱼池,其费用由甲方负责。

五、违约责任

甲、乙双方任何一方违约,违约方要赔偿守约方的全部经济损失。

六、租赁协议的变更与解除

租赁协议依法成立,都具有法律效力,任何一方不得擅自变更和解除,但发生下列情况之一者允许变更和解除协议。

1. 甲、乙双方经过协商同意,并且不因此而损害各自的利益。

2. 如遇国家、开发区征用,其经济补偿全部归乙方所有,与甲方无关。

七、本协议甲、乙双方签字盖章后生效。

八、本协议一式贰份,甲、乙双方各执一份。

补充协议书

甲方:长春经济技术开发区国土资源分局

乙方:长春经济技术开发区小河沿村村民委员会

根据长春市总体规划要求,甲方需征用乙方集体土地,建设小河沿子住区项目,该宗地位于卫星路以南,世纪大街以西(详图附后)。基于以下两方面原因使主协议于2006年4月17日签订,遗留部分村集体地(鱼池)未作补偿。

(1)项目单位急需进地施工,施工前农民补偿费必须到位。

(2)鱼池评估价格没作出来。

经甲、乙双方实地踏查,根据评估机构的评估价格,就补偿事宜达成协议如下:

一、鱼池25 000平方米,补偿费1 350 000元(明细见附件后评估单)。

补偿金额总计:1 350 000元。

大写:壹佰叁拾伍万元整。

二、付款时间:于2006年5月12日前付清所有款项。

三、乙方必须在协议签订之日起5日内将土地全部倒出,交付甲方使用。乙方必须保证甲方工程正常施工。

四、本协议自签字之日起生效,一式四份,甲方执三份,乙方执一份。

一审判决

查明事实如下:原告与被告于2000年3月20日签订《鱼池租赁协议书》,由原告承租被告位于开发区卫星路东端路南200米处的3万平方米鱼池。协议第六条第二款约定"如遇国家、开发区征用,其经济补偿全部归原告所有,与被告无关"。2006年5月,原告承租的鱼池被开发区征用,鱼池内的鱼和地上物补偿款52万元已补偿原告。

根据（2006）长经开民初字第1162号判决书认为：该租赁协议有效，依据租赁协议第六条第二款判决如下：鱼池征用补偿款135万元归原告长春市宏达方砖厂所有。

 讨论

作为村民利益代表的村委会是该鱼池所有人，怎么就能把应该得到的补偿款判给承租人所有呢？本案的鱼池补偿款是给代表村民利益的村民委员会所有，还是作为承租人的砖厂所有？

 点评

这起案件是现在征地补偿等利用暗箱操作的典型案例。现在类似的案件很多，法律关系并不复杂，但案件的判决结果却很耐人寻味。既然鱼池内的鱼和地上物补偿款52万元已补偿原告，那么作为鱼池所有权人的村委会就应该享有"鱼池征用补偿款135万元"。

如果这笔补偿费归承租人所有，那鱼池所有权人村委会的损失谁来负担？如果村委会得不到补偿款，不就等于物和物权同时灭失了吗？

物权是根本，最应该收到保护。法律不是万能的，但法律失去了人心确实万万不能的。如果承租方没有得到52万补偿，那么村民在得到征用补偿后应该赔偿承租方的损失。但承租方已经得到了补偿，那么鱼池征用补偿款135万就应该归村民所有。这是基于物权的补偿，与承租方无关。

村民委员会是在人民公社进行政社分开、建立乡政权的过程中，在全国农村逐步建立起来的。目前，村民委员会在组织村民开展村民自治活动、带领村民进行社会主义物质文明和精神文明建设、推进农村基层民主政治建设、密切政府与群众关系中发挥着重要作用。

本章以《中华人民共和国宪法》、《中华人民共和国村民委员会组织法》（以下简称《村民委员会组织法》）和《上海市实施〈中华人民共和国村民委员会组织法〉办法》为依据，阐述了村民委员会的性质、任务、民主选举、民主决策、民主管理、民主监督的内容和程序以及村民委员会如何正确处理与其他组织的关系。

第一节　村民委员会的性质、任务及其工作机构

村民委员会是农村基层群众性自治组织，是国家政权在农村的基石，是联系党和

政府与人民群众的桥梁和纽带。根据法律规定,村民委员会的主要任务是宣传国家法律和党的方针政策、办理本村的自治事务、协助政府开展工作以及教育村民依法履行应尽的义务。明确村民委员会的性质、任务及其下属工作机构的职责,对于加强村民委员会建设、推进村民自治不断发展,具有十分重要的意义。

一、村民委员会的性质

宪法第一百一十一条明确规定:"城市和农村按居民居住地区设立的居民委员会或者村民委员会是基层群众性自治组织。"《村民委员会组织法》第二条规定:"村民委员会是村民自我管理、自我教育、自我服务的基层群众性自治组织,实行民主选举、民主决策、民主管理、民主监督。"根据以上规定,村民委员会的性质是农村基层群众性自治组织。

村民委员会这一概念有两层含义:一是指由广大村民组成的自治共同体;二是指由村民选举产生的村民委员会成员,即主任、副主任和委员。村民委员会成员是村民选举出来为村民办事的,是村民自治的具体组织者和执行者。村民自治的根本途径和形式是村民会议。村民通过村民会议行使当家作主的权利;涉及全体村民切身利益的事,都必须由村民会议按照少数服从多数的原则讨论决定,决不能由村民委员会成员几个人决定。同时,《村民委员会组织法》也允许人数较多和居住分散的村由村民推选的代表,根据村民会议的授权开会讨论决定事项。总之,村民是自治的主人,是自治权利的享有者。

1. 村民委员会与国家政权机关的区别

国家政权以一系列具有不同作用的国家机关的形式出现,如权力机关、行政机关、审判机关、检察机关、军事机关等,它以暴力为后盾,对社会实行系统的控制和管理,其内部具有严格的组织关系和层级结构。村民委员会与政权机关的区别是:

(1) 政权机关所通过的法律、法规、规章、指示、命令、决议、决定、行政措施等,都具有国家强制力,对拒不服从者可以强制其服从;而村民委员会所通过的决议、决定、村民自治章程和村规民约等,都不具有国家强制力,对拒不服从者不能强制其服从,而只能靠说服、动员、教育、舆论压力等方式加以贯彻落实。

(2) 政权机关自上而下有一套严密的组织系统,村民委员会没有自己的上下组织系统。

(3) 政权机关全面管理本辖区内的政治、经济、文化、社会事务等方面的工作,村民委员会只管理本村群众自己的事情。

2. 村民委员会与非国家政权组织的区别

非国家政权组织是指国家政权以外的其他各种社会组织,如政党、工青妇(职工、青年、妇女)等社会团体、企业事业单位、基层群众自治组织等。村民委员会与其他非国家政权组织的区别是:

(1) 村民委员会是按照居住区域建立起来的,具有明显的区域特点;而其他非国家政权组织则不是按居住区域组织起来的。

（2）其他非政权组织的成员一般可以根据自己的意愿决定加入或退出该组织，也可以根据自己的意愿决定享受或放弃在该组织中的权利，决定履行或不履行对该组织所承担的义务；而村民是其居住地的村民委员会的当然一员，不因自己的意愿而改变，村民可以放弃行使自己的权利，但不能放弃履行其应尽的义务。

3. 村民委员会与民族区域自治地方的主要区别

村民委员会与民族区域自治地方的主要区别是：

（1）民族区域自治，是指按照宪法和民族区域自治法的规定，在国家的统一领导下，各少数民族聚居的地方实行区域自治，设立自治机关，行使自治权。它是我国解决民族问题的一项基本政策，是一项民族民主制度。基层群众自治是指在农村基层由群众按照法律规定设立村民委员会，自己管理自己的基层事务，它是我国解决基层直接民主的一项基本政策，是一项基层民主制度。

（2）民族区域自治只是在少数民族聚居的地区实行，我国的民族自治地方有自治区、自治州、自治县三级。而基层群众自治则在全国农村普遍实行，只有村民委员会一级。

（3）民族自治地方设立的自治机关，即人民代表大会和人民政府，是国家的地方政权机关，除依法行使地方国家政权机关的职权外，还依法行使自治权，自主地管理本地区的政治、经济、文化等建设事业。虽然法律也明确规定了村民委员会的自治权限，但它不是一级国家政权机关。综上所述，村民委员会在性质上既不同于国家政权机关，也不同于其他的非国家政权组织，同时也不同于民族自治地方，而是我国农村基层群众按照居住区域组织起来的一种社会群众性自治组织，是我国基层群众实行基层民主自治的一种法定形式。

我国宪法之所以规定村民委员会的性质是农村基层群众性自治组织，是因为：

第一，有利于社会主义民主政治建设。我国是个封建统治时间很长的国家，缺乏民主传统，群众的民主意识比较淡漠，很多人都不知道民主是何物，因此，要在我国建立社会主义民主政治，必须首先从基层做起，让群众先学会管理自己身边的事务，逐渐培养民主意识，提高管理能力。因此，把村民委员会规定为基层群众性自治组织，是我们党经过深思熟虑决定的、事关我国社会主义民主政治建设的战略决策。有人认为，农村基层群众还没有自治意识和自治能力，还不具备自治的条件。这种认识不仅低估了广大农民，而且缺乏长远的眼光。实践证明，一个村的村民长期生活在一起，相互间都比较了解，群众对本村的事务也都比较熟悉，知道要办什么，也知道应该怎么办，只要放手让他们自己去办，都能办得很好。另一方面，群众也只有通过亲身的民主实践，才能逐步养成民主习惯，增强民主意识。因此，实行基层群众自治，是建设有中国特色的社会主义民主政治的一项具有长远战略意义的、必须坚持不懈地努力做好的基础性工作。

第二，有利于基层建设。实行基层群众自治，基层的事务由群众自己管理，有利于调动基层群众的积极性，促进基层建设和基层各项事业的发展。实践证明，一个村的事务,由群众自己动手,自己办理,往往可以办得很好,而且还花钱少,见效快,民气顺。

二、村民委员会的任务

宪法规定,村民委员会的任务是"办理本居住地区的公共事务和公益事业,调解民间纠纷,协助维护社会治安,并且向人民政府反映群众的意见、要求和提出建议。"《村民委员会组织法》除了重申宪法的以上规定外,又作了一些补充规定。村民委员会的任务归纳起来有以下十项。

1. 办理本村的公共事务和公益事业

公共事务是指与本村全体群众生产和生活直接相关的事务;公益事业是指本村的公共福利事业。在实际工作中,村民委员会兴办的公共事务和公益事业主要有修桥建路、修建码头、兴修水利、扶助贫困、救助灾害等。

2. 调解民间纠纷

民间纠纷,是指村民之间有关人身、财产权益方面的纠纷和其他日常生活中发生的纠纷。主要包括婚姻、家庭、债务、宅基地、收养、赡养、继承、分家析产等方面的纠纷和因轻微的侵占、伤害、欺诈、侵害名誉、轻微虐待等轻微违法行为而引起的纠纷。

3. 协助维护社会治安

维护社会治安是人民政府的职责。但社会治安与群众的切身利益紧密相关,村民委员会作为基层群众性自治组织,也有责任协助政府维护社会治安,具体工作由村民委员会下设的治安保卫委员会负责。主要包括以下几项工作:一是宣传和组织群众做好以防盗、防火、防治灾害事故为中心的安全防范工作;二是协助公安部门组织群众搞好治安联防,维护公共秩序;三是协助公安机关依照法律规定对被管制的、被剥夺政治权利的、监外执行的、假释的、缓刑的人员进行监督管理和教育;四是发现有违反治安管理的案件,及时予以劝阻和制止;五是发现刑事和治安违法案件后,及时向公安机关报告,并协助公安机关保护现场,为侦破案件提供线索等。

4. 向人民政府反映群众的意见、要求和提出建议

向人民政府反映意见、要求和提出建议,是群众的一项重要的民主权利。村民委员会作为群众自己的组织,有义务帮助群众行使好这一权利。

5. 支持和组织村民发展经济

根据《村民委员会组织法》第五条的规定,村民委员会在支持和组织村民发展经济方面,有以下几项任务:

(1) 支持和组织村民依法发展各种形式的合作经济;

(2) 承担本村生产的服务和协调工作;

(3) 尊重集体经济组织依法享有的经营自主权,保障集体经济组织和村民(包括承包经营户、联户、合伙等)的合法财产权和其他合法权益;

(4) 维护以家庭承包经营为基础、统分结合的双层经营体制;

（5）依法管理本村土地和其他财产；

（6）教育村民合理利用自然资源，保护和改善生态环境。

6. 宣传宪法、法律、法规和国家政策

7. 维护村民的合法权利和利益

8. 教育和推动村民履行法律规定的义务，爱护公共财产，发展文化教育，普及科技知识，促进村与村之间的团结、互助，开展多种形式的社会主义精神文明活动

9. 教育和引导村民加强民族团结、互相尊重、互相帮助

10. 协助乡镇政府开展工作

三、村民委员会的下设机构

《村民委员会组织法》第二十五条规定："村民委员会根据需要设人民调解、治安保卫、公共卫生等委员会。村民委员会成员可以兼任下属委员会的成员。人口少的村的村民委员会可以不设下属委员会，由村民委员会成员分工负责人民调解、治安保卫、公共卫生等工作。"

村民委员会下属各工作委员会设立与否及设立的数量，要根据本村的实际需要、村民委员会的规模大小、人口多少和经济发展状况来决定，不能硬性规定。从实际情况来看，大多数村的村民委员会一般下设人民调解、治安保卫、公共卫生、计划生育、社会福利等委员会。

1. 人民调解委员会

人民调解委员会是依法对民间纠纷当事人说服劝解，进行自我教育、自我管理和消除纷争的一种群众性自治组织。人民调解不同于法院调解，是没有进入诉讼程序、不具有诉讼性质的诉讼外民间调解，具有自治性、群众性和民主性的特点。这种调解由人民调解人员主持，是一种以国家政策法律为依据、以自愿为原则、以说服教育为基本方法，促成当事人双方友好协商、达成协议、消除纷争的调解活动。

2. 治安保卫委员会

治安保卫委员会是协助政府维护社会治安的群众性自治组织，是公安机关贯彻执行党的群众路线，密切联系群众的桥梁和纽带。村治安保卫委员会要组织村民做好安全防范工作，协助公安部门搞好治安联防，加强外来人口管理，维护本村治安秩序。

3. 公共卫生委员会

公共卫生委员会是开展爱国卫生运动、防治疾病的群众性自治组织，其主要职责是：办理本村的公共卫生事务，协助建立健全农村医疗合作制度，组织村民搞好环境卫生；宣传卫生保健知识，做好疾病防治工作；定期开展公共卫生检查和评比，使村民养成爱清洁、讲卫生的习惯和美德。

4. 计划生育委员会

计划生育委员会是开展计划生育工作的群众性自治组织，其主要职责是：宣传

我国计划生育的政策和法律法规,普及婚育科学知识,引导和帮助村民实行计划生育;健全计划生育服务网,为育龄夫妇实行计划生育、优生优育提供多种形式的服务;及时调查、掌握育龄妇女的情况,实行科学管理;自觉接受村民委员会的领导,及时向村民委员会或者上级人民政府汇报工作情况,反映搞好计划生育工作的意见和建议。

5. 社会福利委员会

社会福利委员会是办理村级社会福利事务的群众性自治组织,其主要职责是:做好本村的拥军优属工作;做好本村的救灾救济工作;做好五保供养工作;提倡移风易俗,搞好婚丧改革;搞好村民的多种社会福利,协助建立健全各种形式的养老保险和医疗保险制度。

四、实行村民自治的意义

1. 实行村民自治是实施依法治国方略的重大举措

依法治国,建设社会主义法治国家,是党的十五大提出的党领导人民治理国家的基本方略。我国是农业大国,农村人口占大多数。没有农村民主与法制建设,就不可能实现建设社会主义法治国家的目标。实行村民自治,在党的领导下,村里的"官"由村民自己来选,村里的事由村民自己来管,村里的财由村民自己来理,由此把农村的经济社会发展纳入民主法制的轨道。这样做,有利于提高广大农村干部和农民群众的民主意识和法制观念,加快农村民主法制建设步伐,使依法治国的方略在广大农村、在九亿农民中间得到落实。

2. 实行村民自治是社会主义民主最基础最广泛的实践

村民自治制度是社会主义民主在农村的有效实现形式,符合社会主义初级阶段我国农村的实际,适应农村生产力发展水平,能够最大限度地保证广大农民在政治、经济、社会生活中行使民主权利。同时,村民自治还是社会主义民主法制教育的大学校。广大农民在行使民主权利的实践中,能够不断增强主人翁意识,增强民主法制意识。

3. 实行村民自治是进一步加强和改善党对农村工作领导的必然要求

加强和改善党对农村工作的领导,是实现农业现代化、建设社会主义新农村的根本保证。把农村基层组织建设好,是加强党对农村工作领导的基础性工作。实行村民自治,能够把优秀的、能为群众服务的人选进村级领导班子,有利于解决"有人办事"的问题;能够集思广益、找出符合实际的发展路子,促进经济发展,加快农民致富奔小康的步伐,有利于解决"有钱办事"的问题;能够促进农村各项规章制度的建立健全,促进农村工作体制和机制的转换,有利于解决"有章理事"的问题。农村基层组织和民主法制搞好了,党在农村的执政基础必然会得到巩固和加强,党的路线方针政策就能得到更好的贯彻落实。

实践证明,加强以村民自治为主要内容的农村基层民主法制建设,是完善我国农村基层管理体制的有益探索,是一条激励和引导亿万农民建设社会主义新农村,过上富裕、民主、文明、和谐、幸福生活的成功之路。

第二节 村级民主选举制度

村民委员会的直接选举,是村民自治的前提和基础。《村民委员会组织法》第十一条规定,村民委员会主任、副主任和委员,由村民直接选举产生。党的十五届三中全会通过的《中共中央关于农业和农村工作若干重大问题的决定》指出:要"全面推进村级民主选举。村民委员会要严格依照法律法规,坚持公平、公开、公正的原则,由村民按期进行直接选举,真正把群众拥护的思想好、作风正、有文化、有本领、真心实意为群众办事的人,选进领导班子。"

一、村民委员会选举的基本原则

根据《宪法》和《村民委员会组织法》的规定,村民委员会选举的基本原则主要有普遍、平等、直接、差额、竞争和秘密投票六项原则。

1. 普遍选举权原则

普遍选举权原则,又称"普选权"原则。它是就享有选举权的主体范围而言的,凡年满十八周岁、未被依法剥夺政治权利的村民,均享有选举权和被选举权,而不受民族、种族、性别、职业、家庭出身、宗教信仰、教育程度、财产状况、居住期限等的限制。

2. 平等选举权原则

凡被确认为有选举权的村民在平等的基础上参加选举,不允许任何人享有特权。所有有选举权的村民在一次选举中只能投一张选票、一人一票,而且所有选票的效力完全相等。

3. 直接选举原则

村民委员会的直接选举,是指享有选举权利的村民,直接投票选举村民委员会主任、副主任和委员。在村民委员会选举中,要坚决纠正由户代表选举和由村民代表选举,或者先选村民委员会委员,然后在委员中实行分工等错误做法。

4. 差额选举原则

差额选举是指候选人的名额多于应选名额的选举。村民委员会选举实行的就是差额选举,其主任、副主任、委员三种职务都应差额选举,不得混在一起差额,必要时可以分层次投票。

5. 竞争选举原则

所谓竞争选举,是指候选人之间为了争取村民信任而主动采取的自我宣传、自我表现、主动承诺和相互竞争的活动。在村民选举委员会组织下,在村民选举委员会向村民介绍候选人情况的同时,也允许候选人宣讲自己的治村方案和当选后的打算。

6. 选举权秘密原则

选举权秘密原则,也称无记名投票原则。它可以免除有选举权的村民的思想顾虑,把自己的真实意愿表达出来。

村民委员会选举只要坚持了这六项原则,村民委员会的选举就一定能体现出民主选举的精神,对扩大农村基层民主将起到推动作用。

二、村民委员会选举的主要步骤

根据《村民委员会组织法》和《上海市村民委员会选举办法》的规定,村民委员会选举主要分六个步骤进行。

1. 建立选举机构,周密进行部署

建立选举机构,周密进行部署,是村民委员会选举的前提,它包括建立机构、制订方案、培训骨干、进行部署等内容。

(1) 建立选举工作机构。《上海市村民委员会选举办法》第四条规定,村民委员会的选举工作,由市人民政府统一部署,区、县人民政府成立选举工作领导小组,乡、镇人民政府设立选举工作指导小组,村推选产生村民选举委员会。

《上海市村民委员会选举办法》第六条规定:村民委员会的选举,由村民选举委员会主持。村民选举委员会由七至九人组成,其成员应当有一定的代表性。村民选举委员会成员由村民会议或者各村民小组推选产生。如村民小组推选的村民选举委员会成员人数超过规定名额,其成员由村民代表会议确定。村民选举委员会成员被确定为村民委员会成员正式候选人的,应当退出村民选举委员会。

村民选举委员会的主要职责是:① 依法拟订选举工作方案,提请村民会议或者村民代表会议讨论通过;② 开展选举的宣传、发动工作;③ 确定和培训选举工作人员;④ 确定选举日并予以公布;⑤ 组织村民登记,审查村民的选举资格,并公布有选举权和被选举权的村民名单;⑥ 组织村民提名村民委员会成员候选人,并公布候选人名单;⑦ 主持投票选举,公布选举结果,并报乡、镇人民政府备案;⑧ 受理有关选举工作的群众来信来访;⑨ 总结选举工作,整理、建立选举工作档案。村民选举委员会履行职责,自组成之日起至新一届村民委员会召开第一次会议为止。

(2) 制定选举工作方案。区县、乡镇、村三级均应制定选举方案。村应在乡镇村民委员会选举工作指导小组的指导下制定好本村的选举工作方案。村的选举工作方案除规定有选举权的村民的登记方法、村民委员会成员候选人的提名方式、投票选举的方式等内容外,还应包括对本届村民委员会的职数、候选人一般应具备的条件及选举中可能出现情况的处理。村的选举工作方案应当经村民会议或村民代表会议讨论通过。

(3) 培训选举工作骨干。选举方案通过后,要立即着手培训村级选举工作人员。

培训可以采取以会代训的方法,使村民选举委员会及其他选举工作人员正确掌握选举程序和方法。

(4)进行选举工作部署。部署工作,主要在区、县级进行,村主要是结合本村实际,落实区、县和乡、镇政府的实施意见。

2. 广泛宣传发动,教育村民积极参选

村应采取群众喜闻乐见的形式,宣传、介绍村民委员会选举工作,让广大村民了解、掌握选举的方法、步骤、重要意义和法律、法规的主要精神,调动村民参与选举的积极性,为搞好选举工作奠定思想基础。

在宣传发动的同时,还要针对选举每个阶段的不同特点对村民进行教育。在选民登记阶段,要讲清民主选举的意义,教育村民积极进行登记;在提名、确定候选人阶段,要宣传候选人一般应具备的条件,教育选民要出以公心推选候选人,克服家族、宗族等干扰因素;在投票选举阶段,要让选民了解投票的时间、地点、程序和方法,如何办理委托投票手续等,教育选民珍惜自己的民主权利,真正选出自己满意的村民委员会成员。村民委员会选举结束后,还要引导村民密切配合村民委员会工作,把村里的民主决策、民主管理、民主监督工作做好。

3. 登记、公布选民名单

《村民委员会组织法》第十二条规定:"年满十八周岁的村民,不分民族、种族、性别、职业、家庭出生、宗教信仰、教育程度、财产状况、居住期限,都有选举权和被选举权;但是,依照法律被剥夺政治权利的人除外。"因此,有选举权的村民至少同时应具备以下几个条件:

第一,年龄条件。即必须年满18周岁。村民是否年满18周岁,以本村村民委员会选举的选举日为准;村民出生日期的确定,以身份证为准;新满18周岁未办理身份证的,以户口簿为准。

第二,属地条件。《上海市村民委员会选举办法》第七条规定:有选举权和被选举权的村民应当在其户口所在地的村进行登记。结婚后居住在配偶所在村,但户口未迁入,本人要求在配偶所在村登记的,经村民选举委员会确认,可以予以登记,但不得在户口所在地的村重复登记。已经转为非农业户口的原本村村民,仍在本村居住或者工作,遵守村规民约、村民自治章程,执行村民会议、村民代表会议决议,本人要求登记的,经村民选举委员会确认,可以予以登记。

第三,政治条件。即未被依照法律剥夺政治权利。确认是否被剥夺政治权利,以司法机关的法律判决文书为准;对还未判决的因各种严重犯罪被羁押,正在受侦察、起诉、宣判的人,经人民检察院或人民法院决定,在被羁押期间停止行使选举权利,但必须有检察院或法院出具的认定公函。

登记前,村民选举委员会首先要公布选举日,其次要培训登记员,然后再进行登记。登记的办法是设立登记站,一般以村民小组设立,村民到站登记,登记人必须造册登记。对造册登记的选民名单,村民选举委员会应认真审核确认后,在选举日的20日以前公布。村民对公布的名单如有不同意见,可以在选举日的10日以前向村民选举委员会提出,村民选举委员会应当在选举日的5日以前作出解释或者补正。

村民选举委员会应当认真负责地将选举证发给村民。

经登记、确认、公布的有选举权的村民资格除村民个人的情况发生变化,出现法律规定不享有选举权、被选举权的情况外,长期有效。

4. 组织村民提名候选人

组织有选举权的村民酝酿、提名村民委员会成员的候选人,是村民委员会选举工作的关键环节,村民选举委员会应当依照法律规定,认真做好这步工作。

（1）候选人的资格。《村民委员会组织法》第二十三条规定:"村民委员会及其成员应当遵守宪法、法律、法规和国家的政策,办事公道,廉洁奉公,热心为村民服务。"这是法律对村民委员会成员资格最基本的要求。村民选举委员会可以根据本村的实际情况,在拟订选举方案时,对村民委员会成员的资格作出较具体的引导性规定,经村民会议或者村民代表会议通过后实施。提名候选人之前,村民选举委员会应当向村民公布、宣传候选人一般应具有的资格。

（2）候选人的提名方式。《上海市村民委员会选举办法》第十条规定:"选举村民委员会,由本村有选举权的村民直接提名候选人。村民通过投票直接提名村民委员会主任、副主任和委员候选人,均以得票多的为正式候选人。村民委员会成员正式候选人名单应当在选举日的五日以前,按照得票多少的顺序张榜公布。"这种提名方式能充分体现民主,体现村民的意愿,也是今后的发展方向。在提名时,必须按村民委员会主任、副主任、委员三种不同职务分别提名,不能将三种职务混在一起提名。

《村民委员会组织法》第十四条第一款规定:"候选人的名额应当多于应选名额。"这就是说,主任、副主任和委员的候选人都要分别差额确定。采用预选方式提名候选人的,应当根据差额原则,以得票多少顺序确定正式候选人。

5. 客观公正地宣传介绍候选人

村民选举委员会公布村民委员会成员正式候选人后,到选举日投票选举之前,一般为正式候选人的宣传介绍阶段。其目的在于全面、客观、公正、平等地向有选举权的村民介绍候选人的各方面情况、工作能力以及当选后的工作打算,以便于有选举权的村民在投票选举时能够准确地挑选自己满意的人选。宣传介绍的形式有两种:

（1）村民选举委员会介绍。村民选举委员会应当客观公正地向村民介绍村民委员会成员正式候选人的情况,包括正式候选人的简历、家庭情况和本人的特长、优点、当选后的治村打算等。

介绍的形式主要有两种:一是口头介绍,即通过召开村民会议或村民代表会议,或利用广播,向村民介绍候选人情况;二是书面介绍,即把候选人的有关情况印成书面材料向村民散发或在公共场所张贴。

（2）自我介绍。在村民选举委员会的组织下,村民委员会成员的正式候选人可以向村民介绍本人的基本情况、治村方案或当选后的承诺等。

自我介绍的形式有两种:一是村民选举委员会召开村民会议或村民代表会议,安排正式候选人,主要是主任的两名候选人,发表治村方案或当选后的承诺,并回答选民提出的问题;二是在自我介绍的时间内,村民委员会成员正式候选人写出书面材料,在村民选举委员会规定的场所张贴。村民委员会候选人的"竞争"演说不得攻击他人。

村民选举委员会对正式候选人的自我介绍,应当随时掌握情况和动态,发现正式候选人采用不正当的竞争手段,必须及时给予批评教育和制止。

不管是组织介绍还是自我介绍,投票选举日当天应当停止。

6. 组织投票选举

投票选举的主要程序是:

(1) 宣布选举大会开始。选举大会由村民选举委员会主持。首先,清点与会的选民数,包括选举大会中心会场、投票站和委托投票的选民数。如果符合法定人数(超过全体选民人数的半数),主持人可以宣布召开选举大会。之后,主持人介绍本届村民委员会选举工作准备情况、选民登记情况、正式候选人产生情况,宣布选举规则和会场纪律。

(2) 推选总监票人、监票人、唱票和计票工作人员。总监票人、监票人、唱票人和计票人由村民选举委员会提名推荐,在选举大会上以鼓掌或举手表决形式通过。正式候选人及其配偶或者直系亲属不得担任唱票、计票和监票人员。

(3) 宣布选举方式和投票方式。

(4) 检查、密封票箱。各票箱在投票前,应当在选举大会或者投票站由工作人员当众检封票箱。

(5) 领取选票、写票。村民凭选举证或委托投票证到领票处领取选票,对领取选票的选民应在花名册上作出标志,以便核对统计。之后,组织村民到秘密写票处填写选票。因文盲、残疾或其他原因不能填写选票的,可以委托本人信任的人或大会设立的公共代写处的工作人员代为填写,代为填写者不得违背委托人的意愿。

(6) 投票。有选举权的村民填写好选票后,应当亲自将选票投入票箱。

(7) 开箱验票。所有投票站的票箱在投票结束后,应当在选举日当日集中到选举大会会场。当众检验票箱封条是否完好,经选民认可后开箱,在监票人员监督下验票。所有票箱中的选票等于或少于发出选票数的,选举有效;多于发出选票数的,选举无效。选票中所选人数超过应选人数的,该选票无效。

(8) 公开计票,当场宣布选举结果。计票工作应当当众进行,在两名监票人的分别监督下,唱票和计票员进行唱票、计票。经唱票、计票、监票人员核对、计算得票数后,应当场公布选举结果。公布选举结果时,应当公布全部候选人和其他得票人的姓名及得票数,并同时公布当选人的姓名及当选职务。

另外,村民选举委员会应当在投票的当日或次日,以公告的形式向村民公布选举结果,并将选举结果报乡镇人民政府备案。乡镇人民政府应当报区县换届选举工作领导小组备案。乡镇人民政府向当选人颁发由市民政局统一印制、区县民政局盖章的当选证书。

(9) 封存选票。投票选举结束后,监票人整理封存全部选票,并填写选举结果报告单。选票由村民委员会保存、备查。

三、另行选举

《上海市村民委员会选举办法》第十九条第一款规定:"获得过半数赞成票的当选村民委员会成员的人数少于应选名额时,当选人数达到3人以上的,不足的名额可以另行选举,也可以暂缺;当选人数未达到3人的,不足的名额应当另行选举,直至村民委员会成员人数不少于3人。"另行选举应当注意以下问题:

1. 另行选举日的确定

另行选举日由村民选举委员会确定,另行选举应当在第一次投票选举日后的7天内进行。参加另行选举的选民,不必按另行选举日期重新登记。

2. 候选人的确定

另行选举实行差额选举,候选人的产生按照第一次投票选举时未当选人得票多少的顺序确定。

3. 当选票数的计算

另行选举时,选民的过半数投票,选举有效;候选人或另选人得票数不少于参加投票的选民数的1/3,始得当选;获得不少于1/3选票的人数多于应选名额时,以得票多的当选。

4. 投票程序

另行选举的投票程序按第一次投票选举的程序进行。另行选举结果应当在另行选举的当日或次日正式公布,同时填报另行选举结果报告单。

5. 缺额的处理

(1) 当选人已达3人或3人以上的,不足的名额可以暂缺。村民委员会主任暂缺的,由当选的副主任临时主持村民委员会工作;当选的副主任多于1人的,或村民委员会主任、副主任都暂缺的,由村民代表会议讨论,确定1名副主任或委员临时主持村民委员会工作。

(2) 当选人未达3人,不足的名额应当另行选举。经过两次投票选举,村民委员会成员仍未选足3人的,已选出的有效,所缺名额由村民选举委员会在3个月内按照《上海市村民委员会选举办法》的规定,重新进行提名,再次组织选举,使村民委员会组成人员不少于3人。

四、村民委员会选举工作应当注意的问题

1. 加强宣传工作,教育和引导村民正确行使民主权利

在村民委员会选举过程中,提名候选人是最为关键的环节。《村民委员会组织法》规定了有选举权和被选举权的九个"不分",但并不是所有享有被选举权的村民都

有能力、有资格担任村民委员会成员。所以,村民选举委员会应当加强宣传工作,从正面教育和引导村民正确行使民主权利,使村民真正从自己的长远利益出发,按照党的十五届三中全会决定的要求,"把群众真正拥护的思想好、作风正、有文化、有本领、真心实意为群众办事的人选进领导班子"。

2. 严格依照法律规定的程序进行选举

如果不严格依照法律规定的程序进行选举,即便是细枝末节问题,也有可能使村民群众产生误解,甚至造成选举失败。以下四个方面要特别注意:一是必须依法推选产生村民选举委员会;二是必须在选举日当日进行投票;三是必须设立秘密写票处;四是必须当场唱票、计票、宣布选举结果。

3. 正确判定选举、当选是否有效

《村民委员会组织法》第十四条第二款规定:"选举村民委员会,有选举权的村民的过半数投票,选举有效;候选人获得参加投票的村民的过半数的选票,始得当选。"选举有效必须同时具备两个条件:第一,必须是有选举权的村民的过半数投票。第二,收回的全部选票数少于或者等于发出的选票数。在这里,过半数投票是指投票或者参加投票的人数(在数值上等于收回的选票数)超过有选举权的村民的半数。候选人所得的赞成票数,通过唱票、计票程序可以得知。如果得票数超过收回全部选票数的一半,则可能当选。

第三节 村级民主决策制度

村民会议和村民代表会议,是村民自治活动中民主决策的主要组织形式,是农村基层民主和村民自治制度的重要组成部分。建立、完善村民会议和村民代表会议制度,对于加强村民委员会建设、推进村民自治不断发展,具有重要意义。

一、村民会议的组成、职权和议事制度

1. 村民会议的组成及其性质

《村民委员会组织法》第十七条规定:"村民会议由本村 18 周岁以上的村民组成。"它表明,凡年满 18 周岁的村民,不需要经过选举或者其他认可的程序,均为村民会议的当然人员。村民会议的组成原则和特点,决定了它是村民自治组织中村民参与最广泛、最直接的组织形式,能够最全面、最直接地表达村民利益和要求的组织形式,也是村民自治中拥有最高决策权的权力组织。

2. 村民会议的职权

根据《村民委员会组织法》规定,村民会议具有以下四个方面的职权。

第一,决策权。村民会议对涉及全村村民利益的重大事项拥有直接决定权。《村民委员会组织法》第十九条明确规定:"涉及村民利益的下列事项,村民委员会必须提请村民会议讨论决定,方可办理。① 乡统筹的收缴办法,村提留的收缴及使用;② 本村享受误工补贴的人数及补贴标准。《上海市实施〈中华人民共和国村民委员会组织法〉办法》第十条进一步明确规定:'村主要负责人的报酬或者补贴标准,可以由乡、镇人民政府提出方案,经村民会议或者村民代表会议讨论通过后实施;其他从事村务人员的报酬或者补贴标准,由村民委员会提出方案,经村民会议或者村民代表会议讨论通过后实施。'③ 从村集体经济所得收益的使用;④ 村办学校、村建道路等村公益事业的经费筹集方案;⑤ 村集体经济项目的立项、承包方案及村公益事业的建设承包方案;⑥ 村民的承包经营方案;⑦ 宅基地的使用方案;⑧ 村民会议认为应当由村民会议讨论决定的涉及村民利益的其他事项。"

《上海市实施〈中华人民共和国村民委员会组织法〉办法》第十二条对村民会议的职权作了补充规定:"涉及村民利益的下列事项,村民委员会必须提请村民会议讨论决定:① 村经济与社会发展规划和年度工作计划;② 村的财务预算、决算和收支情况的报告;③ 村土地征用补偿费的使用和劳动力安置的方案;④ 村务监督小组成员的产生;⑤ 法律法规规定属于村民会议讨论决定的其他事项。"

第二,立约权。《村民委员会组织法》规定:"村民会议可以制定和修改村民自治章程、村规民约。"村规民约和村民自治章程是重要的规章制度。因此,上述法律规定实际上是赋予了村民会议的立约权。

第三,监督权。村民会议有对村民委员会成员的工作及其行为进行监督的权力。《村民委员会组织法》规定:"村民委员会向村民会议负责并报告工作。村民会议每年审议村民委员会的工作报告,并评议村民委员会成员的工作。"这种监督权是村民会议保证村民委员会按村民利益要求、按村民意愿办事的重要权力,也是纠正村民委员会工作偏差和失误的重要权力。

第四,罢免权。村民会议有对村民委员会成员依法进行罢免的权力。《村民委员会组织法》规定:"本村1/5以上有选举权的村民联名,可以要求罢免村民委员会成员。""村民委员会应当及时召开村民会议,投票表决罢免要求。"这一规定表明,当村民委员会成员发生严重过失或者由于其他原因不适宜再担任干部时,村民会议可以对其实行罢免。

3. 村民会议的议事规则

村民会议是以会议形式行使自己的所有权力,能否开好会议,直接关系到其作用的发挥。因此,必须重点健全村民会议议事规则。根据《村民委员会组织法》规定,完善村民会议议事规则应抓好以下几个环节:

第一,会期制度。村民会议作为一种民主决策的形式,必须有定期召开会议的制度,否则就会流于形式。《村民委员会组织法》虽然没有明确规定多长时间召开一次村民会议,但规定:"村民会议每年审议村民委员会的工作报告,并评议村民委员会成员的工作。"这实际上是要求村民会议每年至少召开一次,同时也表明,村民会议必须首先实行年会制度。此外,《村民委员会组织法》第十九条规定,在涉及村民利益七个方面的事务时,或村民会议认为应当由村民会议讨论决定的涉及村民利益的其他事项时,应当召开村民会议。法律还规定,"有1/10以上的村民提议,应当召集村民会议。"这些规定表明,只要涉及上述事项和特殊情况时,村民会议应当及时召开,讨论决定有关事项。这种会议形式属于不定期会议制度形式。实践表明,只有实行定期会议与不定期会议相结合的制度,村民会议才能有效发挥作用。

第二,会议的召集和主持。《村民委员会组织法》明确规定,"村民会议由村民委员会召集"。根据这一规定,村民会议应由村民委员会主持,一般情况下,应由村民委员会的主要负责人——村民委员会主任来主持。但对于一些决议涉及村民委员会成员自身利益的村民会议,如罢免村民委员会成员,特别是罢免村民委员会主任的村民会议,由谁主持,法律未作具体规定。一般而言,凡是讨论涉及会议主持人利益的问题时,为了保证客观、公正地讨论问题,当事人应实行必要的回避。在这种情况下,有些地方实行临时推选会议主持人的方法,有些地方则由村党支部书记主持会议,还有的地方在罢免村干部时,由乡、镇党委和政府派出干部主持会议。这些经验的共同特点是体现了当事人回避的原则,均有可取之处。

第三,村民会议的法定人数和决议通过方式。根据《村民委员会组织法》的规定,村民会议的法定人数是本村18周岁以上成年村民的过半数,或者2/3以上的户的代表。村民会议所作决定应当经到会人员的过半数通过。

需要特别指出的是,村民自治是依法自治,因此,村民会议作为村民自治的重要组织形式,它的各项职权的行使也必须依法进行,村民会议在讨论决定各项事务时,必须遵守宪法、法律和法规,必须符合国家的政策,同时不得侵犯村民个人的人身权利和财产权利。只有这样,村民会议才能得到法律的保护、政策的支持和群众的拥护,才能充分发挥自己的民主自治作用。

二、村民代表会议的组成和职权

1. 村民代表会议设立的条件

《村民委员会组织法》规定:"人数较多或者居住分散的村,可以推选产生村民代表,由村民委员会召集村民代表开会,讨论决定村民会议授权的事项。"它表明,村民代表会议的设立是有条件的,即人数较多或者居住分散两种情况。《上海市实施〈中华人民共和国村民委员会组织法〉办法》第十三条规定,"二百户以上的村,可以召开村民代表会议。"因此,二百户以下的村,应当召开村民会议讨论决定涉及村民利益的事项。

2. 村民代表会议的参加人员

《上海市实施〈中华人民共和国村民委员会组织法〉办法》第十四条规定,村民代表会议由经村民推选产生的村民代表组成。考虑到村民委员会成员、村党支部成员参加村民代表会议,有利于提高村民代表会议的议事质量和议事效率;同时,考虑到目前农村中有不少户口已"农转非",但仍居住在本村的人员,这些人员熟悉本村情况,关心本村建设而利害关系又相对超脱,看问题比较客观、公正,因此,《上海市实施〈中华人民共和国村民委员会组织法〉办法》第十四条还规定:非村民代表的村民委员会成员、村党支部成员列席村民代表会议。必要的时候,可以邀请驻在本村的单位和居住在本村的非本村村民派代表列席村民代表会议。这一规定不仅包含了虽已"农转非"但仍居住在本村的人员,也包含了居住在本村的外来流动人员。

3. 村民代表的数额与推选

《村民委员会组织法》第二十一条规定:"村民代表由村民按每5户至15户推选一人,或者由各村民小组推选若干人。"《上海市实施〈中华人民共和国村民委员会组织法〉办法》第十三条规定,村民代表的人数不得少于35人。

村民代表的推选一般与村民委员会选举同时进行。村民代表的任期与村民委员会成员任期相同,一般为3年,可连选连任。无论是投票选举还是协商推选,村民代表一般都应经本选举(推选)单位过半数的村民同意才能当选,其中联户协商推选村民代表,有时要全体联户同意。

此外,村民代表必须具备以下条件:本村有选举权和被选举权的村民;有一定的参政、议政能力;遵纪守法,公道正派,在群众中有较高威信;必须履行自己的职责。当选后,村民代表应当与村民保持密切联系,及时反映村民的意见、建议和要求。

推选村民代表的户或者村民小组认为该村民代表不称职的,可以根据《上海市实施〈中华人民共和国村民委员会组织法〉办法》第十三条的规定,予以更换。村民代表的更换、补选按原推选方式进行。任何组织和个人不得指定、委派或者随意更换村民代表。

4. 村民代表会议的性质和职权

村民代表会议是村民会议在特定条件下的补充形式。村民代表会议根据村民会议授权,可以成为村的决策性权力组织,但绝不是管理性、执行性机构,更不可能是具体工作机构。

村民代表会议的职权取决于村民会议的授权。根据《上海市实施〈中华人民共和国村民委员会组织法〉办法》的规定,除选举、罢免村民委员会成员和制定村民自治章程、村规民约的职权外,村民会议的其他职权可以授予村民代表会议行使。

5. 村民代表会议的议事规则

(1) 村民代表会议的召集和主持。

村民代表会议一般由村民委员会召集和主持。在全国有些地方的有关规定中,采用了村民代表会议自己另设领导人员,负责召集和主持村民代表会议,这有待于进一步探索和规范。

村民代表会议的召开时间有定期与不定期之分。所谓定期召开,是指按照《上海市实施〈中华人民共和国村民委员会组织法〉办法》的规定,至少每6个月召开一次。从上海市农村的实践来看,每3个月召开一次村民代表会议的较多,也有部分条件较好的村,每月召开一次村民代表会议。所谓不定期召开会议,就是指村民代表会议多长时间召开一次没有具体规定,而是根据需要临时决定。《上海市实施〈中华人民共和国村民委员会组织法〉办法》第十四条规定,有1/3以上的村民代表或者村务监督小组书面提议,应当临时召集村民代表会议。

村民代表会议的人数、决议或者决定的通过原则在《上海市实施〈中华人民共和国村民委员会组织法〉办法》第十四条中规定,村民代表会议必须有2/3以上的村民代表出席,才能举行。所作决议、决定应当以全体村民代表过半数通过,并不得与村民会议的决议、决定相抵触。

(2) 村民代表会议的议题。

村民代表会议讨论的问题大致有两类:一类是需要由村里完成的政务,即国家行政管理方面的任务和其他国家任务的完成;另一类是村务,即需要议定的本村内部的事务。

讨论政务性议题的重点不是要不要办某件事或能不能办某件事,而是如何办某件事,因为国家的行政管理工作带有强制性,对于公民或社会组织来说,不是讨论要不要办的问题,而是必须办,必须执行。在此前提下,村民代表会议着重讨论怎么办、怎么执行的问题。

讨论村务方面问题的特点是:第一,议题的具体内容由村民委员会或村民代表会议自己提出;第二,讨论的重点是某项事务要不要办,怎么办,行动方案和具体措施是什么等。

(3) 村民代表会议的决议和决定。

村民代表会议讨论问题并作出决定的基本程序是:第一,在村民代表会议召开五日以前,村民委员会应当公布会议议题和议程,并通知村民代表。村民代表应当在会前就有关事项广泛征求村民意见和建议,并在村民代表会议上如实反映;第二,召开村民代表会议,村民委员会汇报并说明本次会议的议题情况;第三,村民代表讨论有关议题,并发表自己的意见;第四,村民代表对各项议题进行表决。

村民代表会议作出决议或者决定后,村民委员会应当利用专栏、黑板报、广播等形式及时向村民公开、公布和宣传;村民代表也应当向其联系的村民宣传村民代表会议的决议、决定。

6. 村民代表会议的配套制度建设

村民代表会议制度要全面、健康地向前发展,并充分发挥其作用,除了健全议事规则,还必须完善有关的配套制度。

(1) 完善村民代表会议的各项具体制度,如村民代表会议的提案方式、工作程序、议事规则和村民代表联系村民的制度等,使之成为程序完备、机制健全、具有更强的操作性和实用性的村民民主参与制度。

(2) 加强村民代表的培训工作,提高他们的民主意识和参政议政能力。村民代表会议的实际作用如何,除了看村民会议的授权,在很大程度上取决于村民代表的参政议政能力。

总的看来,村民代表的素质与村民代表会议的需要还不够适应。这种状况制约了村民代表会议职能的充分发挥。为此,必须加强村民代表的培训工作,提高其参政议政能力,从人员素质上保证村民代表会议的活力及其职能的有效发挥。

第四节 健全和完善村务公开和民主管理制度

村务公开和民主管理作为基层民主政治建设的重要组成部分,把涉及群众切身利益或普遍关注的村务,通过一定的形式告知群众,使群众在了解真实情况的基础上,参与决策与管理,实施有效监督,对于促进农村工作起到了重大的推动作用。但是,村务公开和民主管理工作也还存在一些问题。因此,一定要在村务公开和民主管理工作基本现状基础上,充分认识做好这项工作的重大意义,不断探索做好这项工作的新思路和新途径,使村务公开和民主管理工作在实践"三个代表"重要思想、农村全面建设小康社会、密切党群干群关系中,发挥更大的作用。

一、做好村务公开和民主管理工作的重大意义

当前,我国正处在全面建设小康社会、加快推进社会主义现代化的新的发展阶段,农村改革、发展和稳定的任务十分繁重。为了把党在农村的各项政策落到实处,切实解决好"三农"问题,必须进一步健全和完善村务公开和民主管理制度,扎实推进村务公开和民主管理工作。各级党委和政府要以邓小平理论和"三个代表"重要思想为指导,增强推进村务公开、民主管理的自觉性和紧迫感,真正把这一关系亿万农民切身利益的大事抓紧抓好、抓出成效,实现好、维护好、发展好广大农民群众的根本利益。

1. 做好村务公开和民主管理工作,是实践"三个代表"重要思想、维护农民群众根本利益的具体体现

"三个代表"重要思想的本质是立党为公、执政为民。坚持立党为公、执政为民,必须落实到党和国家制定和实施方针政策的工作中去,落实到各级领导干部的思想和行动中去,落实到关心群众生产生活的工作中去。在我国现阶段,农民群众是全国大多数。我们党代表最广大人民群众的根本利益,就必须首先代表农民群众的利益,就必须把广大农民群众的利益实现好、维护好、发展好。实践证明,做好村务公开和民主管理工作,有利于充分调动农民群众建设社会主义新农村的积极性,促进农村生产力和农村经济发展;有利于增强农村干部群众的民主法制观念和依法办事的能力,促进农村民主政治建设;有利于激发农民群众建设社会主义精神文明的主动性,促进农村先进文化的发展,从而为满足农民群众的经济、文化要求,提高农民群众的经济、政治和文化享受奠定坚实的基础。因此,做好村务公开和民主管理工作,对于在经济上保障农民的物质利益,在政治上尊重农民的民主权利,在文化上提高农民的精神享

受,具有十分重要的意义。

2. 做好村务公开和民主管理工作,是完善村民自治、发展农村基层民主的重要内容

党的十六大明确指出:健全基层自治组织和民主管理制度,完善公开办事制度,保证人民群众依法直接行使民主权利,管理基层公共事务和公益事业,对干部实行民主监督。村务公开和民主管理,是村民自治的基本要求和基本形式。所谓村务公开,实质上就是把涉及村民切身利益或村民普遍关注的村中事务,通过一定的形式告知村民,使村民在了解真实情况的基础上,再去参与决策和管理,实施有效的监督。我国宪法规定:中华人民共和国的一切权力属于人民。人民依照法律规定,通过各种途径和形式,管理国家事务,管理经济和文化事业,管理社会事务。村务公开,虽然算不得什么惊天动地的大事,但其所体现的却是一个至高神圣的理念,那就是权力观。村务公开,表明了农民群众在管理农村事务中当家作主的地位和对农村事务的知情权、参与权、决策权和监督权。因此,村务公开、民主管理是发展社会主义民主的基础性工作,是保证人民群众在党的领导下行使村民民主权利,参与管理国家和社会事务的重要途径。

3. 做好村务公开和民主管理工作,是顺利推进农村改革和发展,加快农村全面建设小康社会进程的必然要求

当前,农村改革稳步推进,农业结构稳步调整,农村经济稳步发展,农民收入稳步增长。这为我国从总体上解决13亿人口的温饱问题,进入全面建设小康社会的新的发展阶段奠定了坚实的基础。但是,我们的小康还是低水平的、不全面的、不平衡的小康,而这里的"低水平、不全面、不平衡"的主要差距在农村,或者更具体地讲,凡属在小康指标中还有差距的项目,都在一定程度上与农业、农村和农民问题有关。"三农"问题已成为制约我国全面建设小康社会的瓶颈,成为全面建设小康社会的重点和难点。要解决这个重点和难点,一个非常重要的问题就是要充分调动广大农民群众的积极性和创造力,就是要通过使广大农民了解村内事务,决策村内事务,也就是实现村务公开和民主管理。

4. 做好村务公开和民主管理工作,是促进农村党风廉政建设,密切党群干群关系的有效途径

有人曾把村务公开喻为"阳光行动"。确实,村务公开像阳光一样,照亮了每一个角落,腐败没有了藏身之所。同时,又像阳光一样,带来了温暖,化解了干群矛盾,带来了团结和凝聚力。进一步做好村务公开和民主管理工作,有利于从源头上防止腐败,促进农村基层干部廉洁自律。权力是产生腐败的源头。要防止手中掌权的干部搞腐败,就必须对其手中的权力进行有效的制约。因为失去监督的权力必然产生腐败。农村作为我国社会中最基层的单位,农民干部手中的权力虽然是非常有限的,但其带有权力的共同特点。实行村务公开,是农村干部正确使用权力的重要保证,是防止农民干部引发腐败行为的基本途径。许多事实证明,在村务公开搞得好的村庄,由

于启动了群众监督机制,形成了对干部自下而上的直接监督,把最容易产生腐败的权力运行环节公开了。减少和避免了以权谋私、滥用职权现象的产生。农民说:"村务公开就是好,大事小事全知道,看谁还敢瞎胡闹。"因此,由村务公开和民主管理所带来的新的管理观念和管理方式,不仅促进了农村经济、社会的全面发展,而且有利于干群之间相互理解和信任,密切干群关系。

二、当前村务公开和民主管理工作的现状

随着村民自治的诞生,村务公开作为村民自治的重要组成部分,在亿万农民的热烈期待和强烈要求中,在全国普遍展开,很多地方分级成立了专门的村务公开工作领导机构,认真规划、专题部署、培养典型、总结经验,继而全面推行。据了解,目前全国68万多个行政村中,目前已有95%的村实行了村务公开,有些省份甚至达到了100%。总结在全国农村普遍推行村务公开和民主管理工作的效果和经验,主要有以下几个方面:

一是村务公开和民主管理工作逐渐向规范化发展。村务公开和民主管理作为我国农村民主政治建设的重要内容,是一项新生事物。它经历了一个由不规范到逐渐规范的发展过程。村务公开的内容、形式、时间、程序、监督逐步规范,涉及党的方针政策、国家的法律法规、上级布置的有关任务、村内规章制度的执行和日常事务的管理、公共财务的收支、集体企业经营等,特别是群众所关注的重大事项和重点、热点、难点问题,采用公开栏张榜公布、打印分发农户、召集村民会议或村民代表会议、面对面公开、广播电视等灵活多样的形式,按照程序定期或随时公开,有的涉及财务的事项逐笔逐项公布明细账。有的对重大村务及经营管理以个案形式,事前公布方案,事后公布结果,接受群众监督,走上规范化的轨道。

二是村务公开和民主管理工作逐渐向制度化发展。要使村务公开和民主管理工作在农村发展中不断发挥其巨大的推动作用,就必须在不断总结经验的基础上,把一些先进的行之有效的经验加以制度化,因为制度更具有根本性、长期性和规范性。在广大农村成立了以村党支部书记为组长的村务公开领导小组,建立完善了相关制度,有的建立"八公开"、"两公布"制度。"八公开",即新上的经济项目公开、村级财产和财务收支公开、征用土地和宅基地审批公开、计划生育指标公开、提留统筹方案公开、集体土地和经营实体的承包租赁公开、救灾救济款物的发放方案公开、村干部工资和奖金等待遇公开。"两公布",即公布村干部责任目标、公布村干部的功绩过失。有的实行了"五规范"、"一满意"制度。"五规范",即规范村务公开的内容,规范村务公开的程序,规范村务公开的形式,规范村务公开的时间,规范村务公开的管理。"一满意",即公开的结果让群众满意。有的则是紧紧抓住最容易产生腐败的权力运行环节公开,减少和避免以权谋私、滥用职权现象的产生,从源头上防止腐败,促进基层干部廉洁自律,提高遵纪守法、廉洁奉公的干部威信,还了干部一个清白,化解了干群矛盾,消除了误会,干群之间相互理解和信任,密切党群干群关系,增强了团结和凝聚

力。事实证明,村务公开已经成为解决基层诸多矛盾的重要途径之一,群众来信来访反映村干部的问题明显减少,为促进改革、稳定和发展起到了很大作用。

三是村务公开和民主管理工作逐渐向法治化发展。依法治国,是我国民主政治建设的基本目标,在农村落实依法治国的基本方略,就是要做到依法治村、依法办事。村务公开和民主管理工作也只有纳入法治化轨道,才能更好地促进村务公开和民主管理工作健康发展。在实践中,广大农村由村民会议或村民代表大会以及选出的村务公开监督小组、民主理财小组等监督机构,建设较完善的公开监督机制,开展经常性的民主监督活动,自下而上和自上而下加强对村务公开的监督,保证公开质量。有的组织人员审核公开内容和定期检查,对检查中发现的问题当场责令限期整改,乡镇职能部门加强审计,乡镇人大开展经常性的执法检查,乡镇政府和有关部门依法解决公开中暴露出来的问题并对有关责任人进行查处,保证村务公开依法进行。

四是村务公开和民主管理工作逐渐向民主化发展。村务公开和民主管理工作本身就是民主的具体体现,然而只有真正把这项工作民主化,才能使广大农民群众真正成为本村各项事务的知情者、参与者、决策者、监督者。通过公开,一方面还了群众一个明白,使群众知晓各种事务的来龙去脉,增加工作透明度,有人喻为"阳光行动",使其大事小事全知道;另一方面,让广大群众明白村中事务的真实情况,便于群众更好地行使自己的民主权利,参与公共事务的决策与管理,由此一些公益事业也得到群众支持,得以顺利开展。

村务公开和民主管理工作作为一项不断探索和尝试的新生事物,在其发展中不可能十全十美,存在这样或那样的问题是不可避免的。从目前的实际情况看,一些地方村务公开和民主管理工作还存在不少问题,归纳起来主要是做法不规范、不完善;形式主义严重,效果不理想,在实际操作过程中诸如如何实现公开内容的真实性、公开形式的灵活性、公开程序的严密性、对反馈意见及纠正等问题有待探索,影响了村务公开的实际效果,人民群众也不满意。具体表现在:

一是村务公开和民主管理工作发展不平衡。自新的村委会组织法颁布后,村委会实行村务公开已经成为一项法律规定,不公开就是违法。在全国农村中,已有95%以上的行政村实行了村务公开。但是,也有极少数农村成了村务公开和民主管理工作的"死角"。就是在已实行村务公开的行政村之间,村务公开和民主管理工作的开展也是不平衡的。两委班子正直、战斗力强的村,村务公开工作开展得较好;而两委班子不团结、相对较软弱涣散的村,村务公开工作存在走过场、敷衍了事的现象。

二是村务公开和民主管理工作内容不真实。有些村对应当公开的村务内容,公开不完整,模糊性大,搞假五花八门、无奇不有,使村务公开成为应付上级、糊弄群众的花架子,成了"讲在嘴上,贴在墙上,挂在栏上"。有的公开内容虚假,特别是在财务公开方面,避重就轻,避实就虚,只公布总账,而不公布明细账或流水账,账、墙不一致,漏洞百出,经不起检查;有的只公开鸡毛蒜皮的小事,对群众关心的重要事项、财务收支细目则讳莫如深;有些干部怕曝光,搞人前人后两本账,用假账欺骗群众,一些不便公开的以"其他支出"瞒天过海,且数额较大;有的只公开做得好的,不合理收支一概不与群众见面。有的公开时间虚假,只见公开栏上换日期,不见换内容,未及时公开使群众已经记不得事情的本来面目。有的公开地点虚假,不是把公开栏放在便于群众观看的地点,而是放在干部办公或偏僻人少的地方,让群众看不见,变成了"秘密公开",有的则纯粹是为了应付上级检查摆设。凡此种种,不一而足。

三是村务公开和民主管理工作公开时间不及时,随意性大,不少村没有定期公开。公开方式单一,有的地方会议不讲、广播不响,仅有的一块"公开栏"也成了各类广告的宣传阵地。有的缺乏透明度,干群不能及时沟通了解,群众觉得自己被蒙在鼓里,怀疑干部有问题,干部又感到很委屈,造成两者的隔阂与对立,导致干群关系紧张。释疑整改滞后,深度不够,因此对群众提出的疑问、建议又不能及时作出答复和解释,造成群众上访增多。

四是对村务公开和民主管理工作中的违法行为查处不力。有的村群众长期上访,要求公开村务,特别是公开财务,但这些合法要求迟迟得不到满足。而那些以种种借口,采取种种行为,阻挠公开、搞假公开的人,却能大事化小、小事化无,平安过关。有些人,通过公开暴露出严重的经济问题,已经触犯了法律,却能逍遥法外。这一切,极大地损害了法律的权威,破坏了政府的形象,使群众对村务公开失去了信心,致使本来就不够巩固的村务公开制度更加难以为继,随时有夭折的危险。

三、村务公开和民主管理工作的主要内容

中共中央办公厅、国务院办公厅《关于健全和完善村务公开和民主管理制度的意见》指出:国家有关法律法规和政策明确要求公开的事项,如计划生育政策落实、救灾救济款物发放、宅基地使用、村集体经济所得收益使用、村干部报酬等,应继续坚持公开。要继续把财务公开作为村务公开的重点,所有收支必须逐项逐笔公布明细账目,让群众了解、监督村集体资产和财务收支情况。同时,要根据农村改革发展的新形势、新情况,及时丰富和拓展村务公开内容。当前,要将土地征用补偿及分配、农村机动地和"四荒地"发包、村集体债权债务、税费改革和农业税减免政策、村内"一事一议"筹资筹劳、新型农村合作医疗、种粮直接补贴、退耕还林还草款物兑现,以及国家其他补贴农民、资助村集体的政策落实情况,及时纳入村务公开的内容。农民群众要求公开的其他事项,也应公开。这就明确了村务公开和民主管理工作的主要内容,成为各地农村在深入开展村务公开和民主管理工作中必须遵循的依据。

一般说来,就村务公开和民主管理工作的主要内容来看,可以分为以下三个类型:

第一,政务公开,主要是涉及党的方针、政策,国家的法律、法规和政策,上级政府布置的有关任务,以及村里规章制度的执行情况等事项的公开。

第二,事务公开,主要是涉及村内日常事务的管理等事项公开。农村事务公开的具体内容主要包括,如农村经济社会发展规划、村民委员会年度工作计划及执行情况;生产性建设和公益福利事业项目建设方案及实施情况;集体企业、经济项目承包

经营方案、竞争办法和经营者情况；土地转让、集体资产变动和债权债务情况；生产性建设和公益福利事业项目建设方案及实施情况；征用土地和宅基地审批情况；土地、荒山出卖和使用情况；救灾救济、扶贫助残、拥军优属、社会捐赠等项款物的接收、发放、使用情况；村民义务工、劳动积累工和以资代劳的使用情况；群众用电、用水和享受各种集体统一服务项目的情况；村合作医疗的情况；村组干部工资、奖金、补贴及其他福利情况；安排计划生育指标、人员名单、落实节育措施和计划外生育的情况；协助乡级政府开展工作情况等。同时，应当公开的农村事务，还可以是农民群众认为应当公开的各项事务。

第三，财务公开，主要是对村内公共财务的收支，如农民负担、集体企业经营、日常开支等情况的公开。财务公开的主要内容是多方面的：一是年度财务计划及集体经济收益及其经营管理情况，包括集体企业、经济项目承包经营方案、竞争办法和经营者情况、承包费及收缴、合同履行和其他生产服务项目收入、土地转让费、其他集体收入；二是集体资产变动和债权债务情况，生产性建设和公益福利事业项目建设方案及实施情况、资金筹措及使用等情况；三是征用土地和宅基地审批公开，包括征用土地的数量、补偿费数额和劳动力安置补助费数额及使用情况，土地、荒山出卖和使用情况，企业和非农建设用地的土地收益和支出情况，计划安排的宅基地面积、发放条件和收费标准，申请宅基地的农户名单、申请理由和原有宅基地面积，向上级主管部门上报的申请户名单、批准建房的名单、地点、面积及收费情况；救灾救济、扶贫助残、拥军优属、社会捐赠等项款物的接收、发放、使用情况；四是上级下拨的补助经费、专项经费的收支情况；五是农业税额以及有法律（法规、政策）依据的集资、收费、罚款的收费标准和管理使用、村民义务工、劳动积累工和以资代劳的使用情况；六是群众用电、用水和享受各种集体统一服务项目的收费标准和使用情况；七是村合作医疗费的收缴和开支情况；八是村组干部工资、奖金、补贴及其他福利，公务活动，如招待费、办公经费方面的开支情况；九是安排计划生育指标、人员名单、落实节育措施和计划外生育费的收缴、管理、使用情况；十是协助乡级政府开展工作情况等。

关于村务公开和民主管理工作的基本形式，中共中央办公厅、国务院办公厅《关于健全和完善村务公开和民主管理制度的意见》指出：要规范村务公开的形式、时间和基本程序。各地农村应坚持实际、实用、实效的原则，在便于群众观看的地方设立固定的村务公开栏，同时还可以通过广播、电视、网络、"明白纸"、民主听证会等其他有效形式公开。要充分利用现代科学技术，不断创新村务公开的有效形式和手段。

四、完善村务公开和民主管理工作的基本思路

村务公开和民主管理工作是一项系统工程，也是党的一项民心工程。在今后，要以"三个代表"重要思想为指导，正确贯彻落实党在农村的各项方针政策，以基层党组织建设和民主政治建设为核心，以推行村务公开为基础，实行民主选举、民主决策、民主管理和民主监督，进一步深化完善、规范和提高村务公开工作，推动村务公开和民

主管理工作向深层次、高标准、高质量发展,向规范化、制度化、民主化、法治化迈进,促进农村物质文明、政治文明、精神文明建设,全面实现小康社会目标。因此,2004年6月22日,中共中央办公厅、国务院办公厅联合下发了《关于健全和完善村务公开和民主管理制度的意见》,为今后村务公开和民主管理工作的健康发展指明了方向。

第一,努力实现村务公开与村民自治良性互动,使村民自治、村务公开共同走上制度化、规范化之路。

要继续完善村务公开制度,特别是在如何实现公开内容的真实性,公开形式的灵活性,公开程序的严密性和公开后的意见反馈及纠正等方面,都需要探索更有效的办法,并使之制度化。要在村民自治的全过程中实现公开一体化,将村务公开贯穿于民主管理、民主选举、民主决策、民主监督之中。要全面推进村民自治,保障村务公开的健康发展。

第二,认真抓好村务公开和民主管理工作,要坚持"四个到位"。

对村务公开和民主管理工作要经常性检查到位,通过定期和不定期的全面检查,以查台账、听汇报、座谈会、个别访谈等方法进行专项督查,保证村务公开得到切实执行。对村务公开和民主管理工作要重点性清理到位,在村务公开中,财务混乱、村务未及时公开等,是导致群众来信来访的重点问题。要抓住这些重点问题进行清理整顿,一查到底,重点突破,带动全局。对村务公开和民主管理工作要双向监督(自上而下的监督和自下而上的监督)到位,加强各级领导对这项工作的重视和有效领导,扩大村务公开工作的群众参与面,提高村务公开的透明度,增强村务公开的效果。对村务公开和民主管理工作要按章理事到位,完善村级民主议事制、民主管理制、民主监督制,进一步规范村民关注的村级财务管理、土地补偿费管理、招标等各项制度,使村级组织工作有序,办事有据,做到按章理事。

第三,在深化农村基层民主政治建设中,积极探索村务公开、民主管理的运行机制,实现了村务公开形式和内容的创新。

一是在公开内容上由村务公开向党务公开延伸。村务公开的内容要从农民普遍关心的和涉及群众切身利益的实际问题入手,以"给群众一个明白,还干部一个清白"为出发点,将财务公开作为村民最为关心的主要问题之一,应作为一项重点工作来抓,做到内容够全面、收支够清晰,凡是要公开的,不管是几万元还是几分钱的收入支出,都要向村民公布。总之一句话,凡是农民群众普遍关心的问题,都应当公开。更需要给予重视的是,村党组织是农村各项工作的领导核心,使得村务公开和民主管理工作必须在村党组织的全面领导下开展起来和发展下去。村党支部要把村党组织对重大事项的决策、后备干部的培养、发展党员工作、党员缴纳党费以及民主评议党员等情况纳入公开内容。这样,不仅有利于实现党内监督与群众监督的有机结合,而且有利于使村务公开做得更加到位。

二是在公开形式上由单一形式公开向多种形式公开延伸。形式是内容的载体。村务公开和民主管理工作也需要借助一定的形式,根据一般经验,形式的多样化是使一项工作丰富多彩地开展起来并保证效果的重要途径。因此,村务公开工作和民主管理工作,除利用村务公开栏公开村务外,还可以采取召开党员代表大会、村民代表大会或农户代表会议进行宣讲、发放详细说明资料、民主评议干部、村民委员会定期报告工作,并利用广播、电台、有线电视、报纸等形式,向群众说明白、讲透彻,让党员群众在明白中实施监督,切实调动群众参与监督的积极性,增强监督的有效性,从而使村务公开这项工作持之以恒地坚持下去。

三是在公开方法上由公开办事结果向公开办事程序延伸。公开办事结果,无疑是村务公开的重要方法,但结果的正确往往需要科学的程序作保障。凡涉及村级重大事项的决策,做到事前公开,广泛征求党员群众的意见,使群众监督直接进入到决策程序,这对于实现决策的民主化、科学化,提高其正确性和有效性,是十分重要的。因此,在村务公开实践中,除了对办理村务的结果进行公开外,还要将办理过程中资金的使用、工作成效以及存在的问题予以公开,让广大农民党员和群众对重大事项的办理实行全程监督。

四是在公开时间上定时公开向即时公开延伸。村务公开是否及时,也是村务是真公开还是假公开,是真要给农民群众知情权、参与权、决策权和监督权,还是做样子给农民群众看的一个重要标志。因此,及时公开村里的各项重大事务,是做好村务公开和民主管理工作的一个重要方面。要坚持按季度公开村务,对事关群众切身利益而又急需办理的热点、难点问题,以及计生、民政救济和重大村务的处理情况及时予以公开,接受党员群众的监督。

第四,加强组织领导,健全农村村务公开和民主管理的领导体制和工作机制。

各级党委和政府要以求真务实的精神,把推进村务公开和民主管理作为关系农村改革、发展和稳定的一件大事来抓,并与增加农民收入、加强农村社会主义精神文明建设和党的建设等各项工作紧密结合起来,使之相互促进、共同提高。各省(自治区、直辖市)党委和政府要及时研究分析村务公开和民主管理工作情况,提出指导性意见。县(市)党委和政府要制定具体的实施意见,常抓不懈。要把推进村务公开和民主管理作为考核评比民主法治示范村、"五个好"村党组织、"五个好"乡镇党委和农村基层组织建设先进县(市)的一项重要内容,通过严格考核,促进村务公开和民主管理制度的进一步落实。

各地各级村务公开和民主管理工作组织机构,要及时研究分析村务公开和民主管理工作情况,特别是结合当地农村的实际,提出指导性意见,以推动村务公开和民主管理工作的健康发展。为此,必须切实加强农村党组织建设,充分发挥村党组织在村务公开和民主管理工作中的领导地位,特别是要提高村党组织书记的素质,确保村党组织在有关村务公开和民主管理工作中能够提出合理化的建议和意见。

各地要建立健全党委和政府统一领导、有关部门共同参与、民政部门组织协调的领导体制和工作机制,并保证开展工作的必要人员和经费。各有关部门要在各自职责范围内支持和引导村党组织、村民委员会、村集体经济组织做好村务公开和民主管理方面的工作。共青团、妇联和计划生育协会要动员农村青年、妇女、计划生育协会会员积极参与村务公开和民主管理活动。村务公开协调机构要及时掌握工作动态,加强沟通和协调。新闻媒体要加强舆论引导和监督。要通过培育典型、示范引导、专项检查等多种形式,积极探索推进村务公开和民主管理的有效途径。

加强村务公开和民主管理工作,还离不开新闻媒体的舆论引导和监督。各新闻媒体作为党和政府的喉舌,作为党和人民的宣传阵地,必须在村务公开和民主管理工作中发挥自身所特有的作用。及时报道和褒奖村务公开和民主管理工作中涌现出的先进典型和先进经验,为广大农村做好这项工作提供学习的榜样;及时披露和鞭挞村务公开和民主管理工作中存在问题和违法违纪事情,寻求解决问题的对策,震慑不法行为。这样,必将有力地推动村务公开和民主管理工作的健康发展。

明确县乡党委和政府的责任。健全和完善村务公开和民主管理制度,县、乡党委和政府是关键。要建立党政领导责任制,把村务公开和民主管理作为基层干部政绩考核的重要内容,并不断完善考核评价办法。要加大督促检查力度,及时受理群众来信、来访和申诉,及时化解社会矛盾,维护农村稳定。要加大培训力度,加强对新任村组干部、农村财会人员、民主理财小组成员和村民代表的培训,提高他们的政策水平和依法办事能力,使他们善于用说服的方法、示范的方法、服务的方法推动农村工作。要切实加强农村精神文明建设和思想政治工作。积极引导农民群众参与村务公开和民主管理的实践活动,在实践中学会正确行使民主权利。坚决制止利用宗教、宗族、家族势力干预基层经济社会事务管理的行为。

第五节　村级民主管理制度

民主管理是指根据宪法、法律和法规以及国家政策,结合本村实际情况,由村民会议制定村民自治章程和村规民约,据此对村内的社会事务、经济建设、个人行为等进行管理。因此,把村规民约、村民自治章程制定好,对村民委员会建设和实行村民自治具有重要意义。

一、关于村规民约

1. 村规民约的性质与特点

村规民约是指村民群众根据有关法律、法规、国家政策,结合本村实际制定的涉及村风民俗、社会公共道德、公共秩序、治安管理等方面的综合性规定,是村民进行自我管理、自我教育、自我约束的行为规范。我国宪法规定:"国家通过普及理想教育、道德教育、文化教育、纪律和法制教育,通过在城乡不同范围的群众中制定和执行各种守则、公约,加强社会主义精神文明的建设。"《村民委员会组织法》所指的"村规民约",就是宪法这一规定中"各种守则、公约"的一种。

村规民约具有三个特点:

（1）村规民约是由本村村民制定的用于群众自我约束的行为规范，只在本村范围内有效；

（2）村规民约的执行，主要靠道德的、舆论的力量，靠村民的思想觉悟，以及相关的处罚措施；

（3）对违反村规民约者，主要是进行批评教育，并辅之以适当的经济制裁。

2. 村规民约的形式和内容

村规民约一般由名称、正文和结尾三部分组成。目前较为规范的名称为《××村村规民约》。比较规范的正文结构形式是"条款"式，即把村规民约具体分为"第一条、第二条、第三条……"。还有些地方采取了把正文的具体内容均按"一、二、三……"自然顺序排列的结构形式。村规民约的结尾部分，一般是在右下方写上通过的具体时间。

由于村与村之间的情况各异，对村规民约的具体内容不能要求千篇一律。从全国各地实践来看，村规民约一般包括以下内容：

（1）热爱祖国，热爱共产党，热爱社会主义，热爱劳动；

（2）履行公民义务，依法按时交粮、纳税，并履行其他应尽义务；

（3）遵纪守法、不偷盗、不赌博、不打架斗殴，维护社会公共秩序；

（4）爱护集体财产；

（5）讲礼貌、尊老爱幼、团结互助，帮助五保户、困难户，不虐待妇女和儿童；

（6）讲文明、讲卫生，搞好环境美化绿化；

（7）学科学、学文化，移风易俗，反对封建迷信；

（8）提倡晚婚晚育、少生优育，搞好计划生育；

（9）积极参加各种公益活动。

二、关于村民自治章程

村民自治章程，是村民自我管理、自我教育、自我服务的综合性规章，是结构比较完整的村规民约，村民形象地称之为"小宪法"。村民自治章程的制定、执行与村规民约完全一致，但是它的内容、作用与村规民约不尽相同。

1. 村民自治章程的内容

村民自治章程一般包括以下内容：一是村民组织。重点规定村民会议和村民代表会议的组成、职权和会议制度；规定村民委员会的产生、职责、工作制度和下设工作机构；规定村民小组的划分和村民小组长职责；规定村民的权利和义务；规定村干部的行为规范等内容。二是经济管理。重点规定劳动积累、土地管理、承包费的收取使用、生产服务、财务管理、村办企业管理办法等内容。三是社会秩序。重点规定社会治安、外来人口管理、邻里关系、婚姻家庭、计划生育等内容。

有些村民自治章程在上述内容的基础上还分别增加了若干内容，如社会保障和社会福利、农村建房及房屋出租管理、户口管理等内容。各村在制订和修订村民自治章程时,可以依据法律法规,结合本村实际,经村民会议讨论同意后,增添针对性条款。

2. 村民自治章程的作用

在整个村民委员会民主法制建设的体系中,村民自治章程处于基础性地位,它是村民自治制度化的标志,在村民自治及农村基层民主政治建设中发挥着重要作用。

(1) 为党和国家的方针政策和法律法规在农村的贯彻落实提供了保证。村民自治章程以党的方针政策和国家的法律法规为依据,由村民群众结合本村实际制定的。在制定村民自治章程的过程中,组织村民学习、贯彻党的各项政策和国家的法律法规,本身就使村民受到较为系统生动的社会主义民主法制教育。经村民讨论通过的村民自治章程,一般来说既能把政策、法律具体化为全体村民共同遵守的行为准则,同时还能解决因有关规定散见于各种法律、法规中不易操作的问题,从而在村级这一层面上实现了国家大法、地方法规、村情的有机结合,使法律条文从本本上走进了千家万户,为党和国家大政方针的有效执行提供了保证。

(2) 规范了村级管理的基本制度,为提高村务管理水平奠定了基础。村民自治章程从制度上理顺了农村各方面的关系,规定了农村村级组织的各项制度,从而使村务民主管理进入了程序化的阶段。过去一些地方农村干部处理问题时,苦于村里没有依据和手段,碰到矛盾和纠纷往往是"一推二拖三不管"。有了村民自治章程,干部处理问题有了章法,广大村民心中也有了底数。

(3) 规范了干群关系,理顺了群众情绪。村民自治章程既约民,又约"官",干部和群众在制度管理下都是管理者,又都是被管理者,形成了自我管理、自我教育、自我服务的机制,农村社会大量矛盾得以化解,干群关系不断融洽。

三、关于村规民约与村民自治章程的关系

村规民约和村民自治章程同属于一种范畴,都是适用于村中各项事务管理的准则。但村规民约和村民自治章程也有许多不同之处。

1. 村民自治章程的内容比村规民约更广泛

村规民约主要是从纪律、道德规范方面对村民提出要求,而村民自治章程内容基本包括了村民自治和村务管理的各个方面。凡涉及村民要执行的政策,要遵守的法规,要完成的任务,要统一规范的村中事务等,村民自治章程都有明确的条文。村民自治章程这一特点,使它能够促进村务管理的协调进行,不至于出现顾此失彼、相互矛盾的现象。

2. 村民自治章程在制度规定上比村规民约具体

村规民约一般只讲"几要"、"几不准",多属于正面提倡;而村民自治章程将村民应该做什么,不应该做什么,支持什么,反对什么,违反了怎么办,都规定得明明白白。就是村民自己违反了章程,都可以从章程中找到处理意见。

3. 村民自治章程的结构形式比村规民约要完整规范

村规民约一般只有几条，而村民自治章程完全按正规章程书写，采用的是"章"、"节"、"条"三级结构形式，给人一种更为严肃、正规之感。

4. 村民自治章程的可操作性比村规民约要强

由于村民自治章程比村规民约广泛、具体，而且又是针对本村实际制定的，因此，它比村规民约更有针对性、更实用、更便于操作。

5. 村民自治章程的权威性比村规民约大

村规民约由于条文有限，文字表达上只要不与有关法律法规相抵触就行，不需要核对许多法律条文。而村民自治章程由于量大面广，表述严谨，在制定过程中必须把有关农村、农民的所有法律、法规、政策都拿出来学习讨论，并变成章程中的条款，因此，其权威性、合理性大大超过了村规民约。

总之，村民自治章程是关于村民自治各种制度的系统化、规范化。它既不同于一般的规章制度，也不同于一般某个单项制度，更不同于一般村规民约。它是目前农村实行村民自治比较规范、比较全面和权威的规章。

四、村规民约、村民自治章程的制定和执行

1. 村规民约、村民自治章程的制定

制定村规民约、村民自治章程，一般要采取以下五个步骤：第一步，采取多种形式向村民讲清楚村规民约和村民自治章程的性质、作用，制定村规民约和村民自治章程的意义；第二步，组织广泛讨论，结合本村实际提出本村最关心、最需要解决的问题；第三步，村民委员会将各村民小组的意见集中起来，拟订村规民约和村民自治章程的草案，然后再发给村民征求意见，讨论修改；第四步，召开村民会议表决通过，使其具有约束力；第五步，张榜公布，并报乡、镇人民政府备案。

根据村规民约和村民自治章程的性质，制定村规民约和村民自治章程要坚持合法的原则、民主的原则、从实际出发的原则和便于执行的原则。

第一，必须坚持合法的原则。村规民约和村民自治章程必须以党的方针政策和国家的法律法规为指导，合乎政策和法律尺度，而不能与其相抵触。在村规民约和村民自治章程中，要正确处理个人与个人、个人与集体、集体与国家、本村与邻村之间的相互关系，不能把个人的利益、集体的利益、本村的利益放在妨害他人的利益、邻村的利益，甚至国家的利益的基础上，否则村规民约和村民自治章程就会失去合法性。

第二，必须坚持民主原则。这是由村民自治的属性所决定的。村规民约和村民自治章程是每个村民必须遵守和执行的行为规范，只有充分发扬民主，对村规民约和村民自治章程的范围以及处罚方式、管理机制、执行监督程序等进行广泛酝酿讨论，并严格按照《村民委员会组织法》的规定经村民会议讨论通过，才能真正制定出体现

全体村民意愿的村规民约和村民自治章程。唯有如此,群众才会认账,才会自觉遵守。在以往的实践中,个别地方采取少数村干部自行制定或上级政府统一制定提出条文,群众只是简单地举手通过等方式,违反了民主原则,使村规民约和村民自治章程徒有其名,流于形式。

第三,必须坚持从实际出发和便于执行的原则。要考虑到本村的自然历史状况、风俗习惯、群众的文化素质等方面的因素,要符合本村实际,不能简单照搬照抄政策、法律条文。对全体村民的要求,应切合实际,具体规范。另外,文字要简洁明了,形式要生动活泼,便于村民遵照执行。

村规民约和村民自治章程应当随着客观形势的变化不断修订、完善。关于村规民约和村民自治章程修订的周期,目前没有统一的规定,一般是在村民委员会换届选举之后进行。需要注意的是,修订村规民约和村民自治章程也要由村民会议讨论通过后,才能公布实施。

2. 村规民约和村民自治章程的执行

村规民约、村民自治章程制定后,重要的任务是做好贯彻执行工作。《村民委员会组织法》对村规民约和村民自治章程的监督执行没有明确作出规定,根据全国各地以及上海农村的实践经验,可以采取以下做法:

第一,建立健全执行机构,经常检查落实村规民约和村民自治章程的执行情况。一般而言,村规民约和村民自治章程的监督执行人员,应由村民委员会成员和村内德高望重、热心公益事业、办事公道、村民信得过的村民代表共同组成。在处理问题时,应当秉公办事。对模范遵守村规民约和村民自治章程的农户或者个人,要给予表扬或者奖励,对表现差的,要批评教育,督促改正,从而在村内营造人人遵守村规民约和村民自治章程的良好气氛。另一方面,村规民约和村民自治章程由村民制定,也应当由全体村民自我监督、共同执行,这样才能收到更好的效果。

第二,要坚持有约必依、执约必严,在村规民约和村民自治章程面前人人平等的原则。村规民约和村民自治章程是全体村民讨论制定的符合大家共同意愿的准则,因此,一经通过就对全体村民产生约束力,村民委员会成员更要带头遵守和执行。对于村中个别无理取闹者,要公开处理。这样才便于村民相互监督,共同遵守村规民约和村民自治章程。

第三,要建立适当的处罚方式,以保证村规民约和村民自治章程的严肃性。对于违反村规民约、村民自治章程者,应当根据违约情节的轻重、损失的大小、态度的好坏等具体情况,给予适当的处罚。处罚的形式有批评教育、公开检讨、参加法制或村规民约、村民自治章程学习班、赔偿损失、罚款等,在处罚过程中,要做到宽严适度,以理服人,以达到使违约者受到教育、改正错误的目的。

第四,坚持思想教育,依靠群众舆论和道德的力量来促进村规民约和村民自治章程的执行。村规民约和村民自治章程毕竟不是法律,多数违约行为属于人民内部矛盾。因此,对违反村规民约和村民自治章程的村民,不能一味靠经济处罚来代替思想教育工作,不得有侵犯村民的人身权利、民主权利和合法财产权利的行为。同时还应注意,对已构成违法或者犯罪的案件,村民委员会应当及时报告司法机关,不能以村规民约、村民自治章程代替法律制裁。

第六节 村级民主监督制度

党的十五届三中全会通过的《中共中央关于农业和农村工作若干重大问题的决定》指出,要"全面推进村级民主监督。凡是村里的重大事项和群众普遍关心的问题,都应向村民公开。村务公开的重点是财务公开。村民委员会要广泛听取群众意见,大多数群众不赞成的事情,应予纠正。经村民民主评议不称职的村干部,应按照规定程序进行调整。"《村民委员会组织法》也对村级民主监督制度作出了明确规定。因此,必须下决心把村级民主监督制度建设好。

一、建立和完善村级民主监督制度的重大意义

村级民主监督制度是村民自治的重要内容,是村民自治不可缺少的重要组成部分。党的十五大提出了扩大基层民主,保证人民群众直接行使民主权利,依法实行民主管理的目标。为推进农村基层民主建设、密切党群干群关系,促进农村的改革、发展和稳定,《村民委员会组织法》在总结试行十年实践经验的基础上,对村级民主监督作了明确的法律规范。

农民是我们党在农村的依靠力量,也是我们国家政权最广泛、最深厚的群众基础。保护和发挥农民的积极性,历来是我们党取得革命和建设胜利的重要保证,也是推进社会主义现代化建设事业顺利进行的必要条件。调动农民积极性的核心是保障农民的物质利益,尊重农民的民主权利。推进村级基层民主监督,有利于发展农村基层民主,活跃农村基层民主生活,保障农民群众直接行使民主权利。进一步扩大基层民主,有利于充分调动广大农民群众建设社会主义现代化的积极性和创造力,有利于加强农村基层组织和党风廉政建设,强化党员和群众对干部的监督,密切党群干群关系,有利于引导农村依法建制、以制治村、民主管理,正确执行党的群众路线和党的政策,按章办事,做好工作。

二、村级民主监督制度的主要内容

《中共中央关于农业和农村工作若干重大问题的决定》指出:"搞好村民自治,制度建设是根本。重点是建立健全村民委员会的民主选举制度,以村民会议或村民代表会议为主要形式的民主议事制度,以村务公开、民主评议和村民委员会定期报告工作为主要内容的民主监督制度。"

1. 村务公开制度

《村民委员会组织法》规定,村民委员会实行村务公开制度。村务公开是村民民主监督的基础。实行村务公开,要从农民群众普遍关心和涉及群众切身利益的实际问题入手。凡属群众关心的热点问题,以及村里的重大问题,都应向村民公布。村务公开的主要内容包括:

第一,由村民会议、村民代表会议讨论决定的事项及其实施情况。对于由村民会议或者由村民会议授权,经村民代表会议讨论决定的事项,村民委员会应当及时组织村民实施,并将讨论决定和实施情况及时公布,接受村民的监督。

第二,国家计划生育政策的落实方案。实行计划生育是我国的一项基本国策。我国计划生育工作的重点和难点都在农村。为了做好计划生育工作,我国部分省、自治区、直辖市制定了地方性的计划生育法规和政策,允许符合条件的夫妇生育第二胎;同时,为了有计划地控制人口增长,对计划生育工作实行指标控制。村民委员会是农村的基层组织,农村的计划生育工作最后都需要通过村民委员会进行落实。为保证计划生育政策方案落实情况的公平、公正,村民委员会应当及时公布有关计划生育政策的落实方案的情况。

第三,救灾救济款物的发放情况。党和国家历来重视遭受自然灾害的人民群众的生产和生活,建立了救灾救济制度来帮助人民群众恢复生产,重建家园。因此,救灾救济款物的发放是一项关系到人民群众生活和社会稳定的重要工作,救灾救济款物必须按照规定的范围、对象和标准发放。村民委员会发放救灾救济款物,要切实做到"三公开":公开发放的对象和原则;公开上级拨来的救灾救济款物的数量;公开救灾救济款物的领取户的名单和数量,接受村民群众的监督。

第四,涉及本村村民利益,村民普遍关心的其他事项。具体包括:村的主要财产和债权债务、村主要负责人和其他有关人员的报酬或者补贴及其他待遇、外出学习考察以及业务招待费的使用情况、农村社会养老保险投保和发放情况、集体拖欠村民资金和村民拖欠集体资金情况、村务监督小组的工作报告等。村民委员会应当随着形势的发展变化和村民的要求,及时调整、充实村务公开的内容,真正做到凡涉及群众切身利益的大事,都能以一定的形式向村民公开,接受村民群众的监督。

村务公开的重点是财务公开。村级财务公开的内容,主要包括财务计划及其执行情况、各项收入和支出、各项财产、债权债务、收益分配、代收代缴费用、以资代劳情况以及群众要求公开的其他财务事项。

村务公开的内容要清楚、简洁,便于群众查看。公开的形式和方法可以根据实际情况因地制宜、灵活多样,如采用张榜公布、有线广播、召集村民会议或者村民代表会议等方式。各村均应在本村适当的地方,建立专门的公开栏,进行张榜公布,方便村民随时查看。

村务公开的时间要及时。需要公开的事项要尽早向村民公开。经常性项目,也可以采取定期公布的形式,一般不得超过三个月。有些时间较长的事项,可以每完成一个阶段,即公布一次进展情况。每一件较大事项完成之后,要及时向群众公布结果。为确保财务公开的及时性和有效性，《村民委员会组织法》明确规定，涉及财务的事项至少每 6 个月公布一次。《上海市实施〈中华人民共和国村民委员会组织法〉办法》进一步规定，涉及外出学习考察费用、业务招待费的使用情况以及其他财务收支事项，至少每季度公布一次。

村民委员会应当保证公布内容的真实性和完整性，并接受村民的查询。村民对公布的村务内容有疑义的，可以直接向村民委员会询问或者提出意见，也可以通过村务监督小组要求村民委员会作出解答。村民委员会可以当场解答的，应当当场解答；不能当场解答的，应当在 15 日内作出解答。经村务监督小组同意，村民可以在有关部门或者专业人员的指导下查阅有关账目。

村民和村务监督小组也可以就村务公开等村务问题向乡、镇人民政府或者区、县人民政府及其有关部门反映，乡、镇人民政府或者区、县人民政府及其有关部门应当对村民反映的有关问题负责调查核实，经查证确实的，应当责令村民委员会公布或者纠正；确有违法行为的，有关人员应当依法承担责任。

2. 民主评议制度

民主评议制度是村级民主监督制度的重要内容，是村民行使对村民委员会监督权利的重要方式。为切实加强村民群众对村民委员会的民主监督，村民委员会班子及其成员的工作，都要由村民会议或者村民代表会议进行民主评议或民主测评。根据《上海市实施〈中华人民共和国村民委员会组织法〉办法》第十五条规定，评议结果应当作为确定村民委员会成员报酬或者补贴的标准之一。

民主评议的内容，一般包括德、能、勤、绩四个方面，以评议村民委员会班子及其成员的工作实绩为主。"德"主要是指村民委员会成员的政治素质和思想作风；"能"主要是指工作能力和业务水平；"勤"主要是指工作态度和工作作风；"绩"主要是指实际工作成绩。在进行村民委员会班子及其成员的评议时，应当遵守以下原则：① 评议要依据国家法律、法规和党的有关方针、政策有组织地进行；② 评议要从关心和爱护干部的愿望出发，坚持实事求是，一分为二；③ 评议要注重干部实绩，抓主要问题；④ 评议要与干部的奖惩相结合；⑤ 在评议过程中，既要注意保障评议人的民主权利，又要注意保护被评议人的正当权益。

村民的民主评议或测评可结合年终工作总结，每年进行一次。评议中村民委员会班子成员都要作述职报告，在此基础上，由评议者评出称职或者不称职。对于被评为不称职的村民委员会成员，应予以调整。《上海市实施〈中华人民共和国村民委员会组织法〉办法》第十五条规定，过半数与会（指村民会议）人员认为村民委员会成员不称职的，可以劝其辞职或者依法提出罢免要求。

3. 村民委员会报告工作制度

村民委员会成员定期向村民会议或者村民代表会议报告工作，是村民委员会的一项重要责任，也是村级民主监督的重要内容。村民委员会除及时公布涉及村民利益、村民普遍关心的事项外，应当根据各地实际情况，确定每个月或每两个月、每季度向村民会议或者村民代表会议报告一个阶段以来的工作情况，接受村民的民主监督，对于群众提出的意见，村民委员会应当认真听取，需要改进的，村民委员会应当及时提出改进措施，公布于众并认真执行。

村民委员会应当在每年年终向村民会议或者村民代表会议作年终总结报告，报告一年来的工作情况及成败得失，认真听取村民群众的评议，根据村民群众的意见制定新一年的工作目标。

三、搞好村级民主监督制度建设应当注意的问题

当前，绝大多数农村干部是好的或者比较好的，他们为农村的改革、发展、稳定作出了重要贡献。但是确实也有一些干部为政不勤、办事不公、自身不廉。这有自身素质问题，也与缺乏必要的民主监督制度有关。为此，必须进一步加强村级民主制度建设，强化民主监督工作。在推进村级民主监督制度建设时，应当注意以下几个问题：

首先，各级党委和政府要从农村改革、发展和稳定的大局出发，充分重视村级民主监督，把村级民主监督作为农村工作的一项重要任务和农村基层组织建设的一项重要内容，列入议事日程。加强领导，精心部署，采取得力措施，帮助和指导村级组织把有关制度建立健全起来，并经常检查各项制度的落实。

其次，要采取各项措施，加强推行民主监督制度的宣传教育工作。要加强对村级干部的思想教育，特别是为人民服务的宗旨教育和政策、作风教育，解决好为谁服务、为谁掌权、为谁谋利益的问题，使基层干部真正懂得，群众是我们的衣食父母，干部是人民的公仆，任何时候都不能颠倒主人和公仆的关系，自觉接受群众的民主监督。同时，也要教育村民群众正确行使民主监督的权利。

再次，要建立、健全村级民主监督的各项具体制度，实现村级民主监督的制度化、规范化。要以法律、法规、政策为依据，以实际、实用、实效为原则，建立起村务公开、民主评议、村民委员会定期报告工作等各项村级民主监督的具体制度，做到有制可依，按制办事。

第七节　村民委员会应当正确处理三方面的关系

村民委员会是村民自治活动的组织者和推动者，在带领村民开展两个文明建设、密切党和政府同村民群众的关系中发挥着重要作用。村民委员会有效地开展工作，必须处理好与乡镇人民政府、村党组织、村民会议的关系。

一、正确处理与乡镇人民政府的关系

《村民委员会组织法》第四条规定："乡、民族乡、镇的人民政府对村民委员会的工

作给予指导、支持和帮助,但是不得干预依法属于村民自治范围内的事项。村民委员会协助乡、民族乡、镇的人民政府开展工作。"

因此,村民委员会处理与乡镇人民政府的关系时,应当把握以下几点:

第一,乡镇人民政府与村民委员会不是领导与被领导的关系,而是指导与协助的关系;

第二,对村民委员会的工作应当给予指导、支持和帮助,是乡镇人民政府的一项法定职责,同时,村民委员会也有义务接受乡镇人民政府的指导、支持和帮助;

第三,村民委员会应当协助乡镇人民政府开展工作。村民委员会是基层群众性自治组织,不是政府的派出机关。因此,村民委员会不能代替政府行使职权,也不能包办政府事务。但是,由于公民有遵守法律和服从政府管理的义务,因此,村民委员会作为群众性自治组织,也有责任协助政府开展工作。

村民委员会协助政府开展工作,包括协助政府做好环境保护、土地管理、建设规划、公共卫生、治安保卫、计划生育、优抚救济、税收、粮食收购等。协助的主要形式是宣传、教育动员、提供情况等,一般不直接办理。村民委员会协助乡、镇人民政府开展工作,可以接受乡、镇人民政府的委托,办理与本村有关的事项。另一方面,乡、镇人民政府委托村民委员会办理有关事项时应当给予指导,提供必要的条件或者经费,并对委托的事项依法承担责任。

二、正确处理与村党组织的关系

首先,必须明确村党组织与村民委员会是领导与被领导关系。党的十五大通过的《中国共产党章程》明确规定:"街道、乡、镇党的基层委员会和村党支部,领导本地区的工作,支持和保证行政组织、经济组织和群众自治组织充分行使职权。"《村民委员会组织法》第三条也规定:"中国共产党在农村的基层组织,按照中国共产党章程进行工作,发挥领导核心作用。"因此,村民委员会必须自觉接受村党组织的领导,对于涉及村民利益的重大事项,应当及时向村党组织汇报,以得到村党组织的支持。在村党组织的领导下,真正依靠群众、发动群众,进行自我管理、自我教育、自我服务,把村里的日常事务工作做好。

其次,必须明确与村党组织在组织、职责上的区别。村党组织和村民委员会是性质不同、组织形式不同、工作方式不同、职责不同的两种组织。在一个村子中,村党组织和村民委员会应当明确各自的职责,并应当按照各自的职责去工作,做到各司其职、各尽其责,如果是村党组织的工作,就以党组织的名义,通过党员的先锋模范作用,去动员群众自觉完成;该由村民委员会组织的工作,就以村民委员会的名义,去动员村民实施落实。否则,容易使村民群众误认为村党组织和村民委员会是一个组织,是一回事。这不仅会妨碍党的自身建设,也不利于村民委员会组织村民实行自治。

三、正确处理与村民会议的关系

村民委员会是由村民直接选举产生、为村民办理自治事务的工作机构。村民委员会的直接权力来源,是本村村民和由村民组成的村民会议。村民委员会及其下属任何机构的权力均不得超过村民会议。正确处理与村民会议的关系,必须把握好以下几点:

一是及时有效地召开村民会议(代表会议),就村内重大问题作出决策,以保障村民会议(代表会议)的权威性;

二是村民委员会及其所属机构必须认真执行村民会议(代表会议)决定,积极主动地向村民会议(代表会议)报告工作,以接受村民会议(代表会议)和村民的监督;

三是村民应积极支持村民委员会的工作,发挥村民委员会的作用,使村民委员会能够顺利实施村民会议(代表会议)通过的各种决定。

本章练习

一、名词解释

行政方法　直接选举　村民自治章程　竞争选举　村民委员会

二、简答题

1. 简述村民委员会选举的主要步骤。
2. 简述村务公开的内容及形式。
3. 村民委员会的选举应符合哪些基本原则?
4. 村规民约和村民自治章程有哪些不同之处?

三、论述题

1. 结合本村实际,谈谈村民自治章程的作用。
2. 为保证村规民约和村民自治章程的贯彻执行,谈谈你的想法和建议。
3. 结合工作实际,谈谈实行村民自治的意义。

第六章　新农村合作经济组织管理

案 例

对甘肃徽县农村专业经济合作组织的实证分析

徽县在实行家庭联产承包责任制以后，早在1984年就出现了合作组织。当时农村科技组织的设置和技术服务远远跟不上形势发展的需要，柳林镇的部分天麻专业户、重点户和一些农户，为了扩大生产经营范围，增加收入，解决劳力、技术、资金、信息、交通、经营管理等方面不足、不灵的问题，自发创办了徽县第一个合作组织——天麻研究会。1984年在柳林镇天麻研究会的启示和示范带动下，全县各乡镇的农村企业技术研究会、协会纷纷涌现。1990~2004年这14年间，全县农村专业经济合作组织、农产品行业协会在稳定中得到了更大发展，县乡两级把整顿和发展作为重要措施来抓，在整顿提高的同时，组建了35个作物高产栽培研究会和7个其他种养、加工专业技术协会，发展会员累计达到3 289人，在整顿提高中发展，在发展中前进。

通过分析调查资料显示，专业技术协会在组织管理机构、章程和规章制度等组织管理机制方面较健全的占70%，一般的占20%，不够健全的占10%；运转或执行较好的占50%，一般的占30%，不好的占20%。按章程规定，决策时实行一人一票的为100%，但实际执行中少数人说了算的情况比较严重（占40%）。股份合作组织在组织管理机构、章程和规章制度等组织管理机制方面较健全的占80%，一般的占13%，不够健全的占7%；运转或执行较好的占50%，一般的占30%，不好的占20%。按章程规定，决策时实行一人一票的占90%，实行一人一票为主、一股一票为辅的占10%，实际执行中少数人（主要是经营者）说了算的情况比较严重（占40%）。股份合作组织的利润分配形式有两种：一种是按股分红，占90%；另一种是以按股分红为主、按劳分配为辅，占10%。

点评

上述情况表明,股份合作组织的组织管理机制较为健全,但运转或执行还不够好,农民协会的规范程度不太高;民主管理方面普遍存在着不够民主的问题;利益分配过分突出按股分红,使组织合作性质有所削弱。

中国农业应对"入世"挑战的必然选择只有大力发展合作制经济,才能不断提高我国农业的国际竞争力,不断加快我国农业科技推广、产业化的发展步伐,才能不断提高我国农产品的产量和质量,才能不断增加农民的收入,才能应对"入世"后政府对农业支持方式改变的需要。

第一节 农村合作经济组织

邓小平同志指出,中国社会主义农业的改革和发展,从长远的观点看,要有两个飞跃。第一个飞跃,是废除人民公社,实行家庭联产承包为主的责任制。这是一个很大的前进,要长期坚持不变。第二个飞跃,是适应科学种田和生产社会化的需要,发展适度规模经营,发展合作经济组织。这是又一个很大的前进,当然这是很长的过程。

一、农村合作经济组织的定义与形式

1. 农村合作经济组织的定义与特征

(1) 定义:农村合作经济组织是在稳定以家庭承包经营为基础的统分结合双层经营公有制前提下,以农民为主,按照自愿互利、民主管理的原则,依据共同章程建立的,对外参与竞争、对内提供服务的,以专业合作社、公司加农户、综合服务社及专业协会、行业协会为主要形式的合作经济组织。

(2) 特征:① 农村合作经济组织必须是劳动者之间的经济联合;② 合作经济组织必须遵循合作、自愿、互利和民主原则;③ 合作经济组织是一个具有经济法人的企业。

2. 农村合作经济组织的形式

我国农村经济管理体制改革 28 年以来,多种合作经济组织蓬勃发展,其主要形式有以下几种:

(1) 社区性合作经济组织:社区性合作经济组织又被称为村级集体经济组织。通常可以分成两种类型:第一种类型是无对外经营功能的村级集体经济组织。以管

理计划经济体制下残留的一些集体资产,完善统分结合的双层经营体制,承担向农民提供生产服务、协调和处理社区范围内的各种利益,推进集体资产的积累。第二种类型是具有对外经营功能的集体经济组织,主要分布在城市郊区。随着城市的扩张,原来农民承包经营的集体所有制土地被集中进行商业开发,从而形成了大量集体资产,农民将土地的承包经营权入股,合作经济组织则设立公司经营集体资产。入股农民从这些集体资产的经营中得到分红。这两类社区性合作经济组织对该村的农民来说,生来就是集体经济组织的成员,也不存在入社退社问题。这类社区性合作经济组织同真正意义上的农民专业合作社有较大区别,其作用也越来越弱。

(2) 农村供销合作社:这是在农村合作化过程中,由农民自筹股金,并在国家扶助下组织起来的流通领域的合作经济组织。供销合作社实行农民自我互助、自负盈亏、方便生产和生活、服务农村的方针。它是我国农村商品流通的主渠道。供销合作社正式成立时,其性质是集体所有制的,是社会主义商业的组成部分。随后供销合作社与国营商业之间经历了"三分三合",到 1975 年已经正式成为国家政权的一个组成部分,由民办组织变成官方组织。目前正处在改革过程中。

(3) 农民专业性合作组织:农民专业性合作组织是农民合作经济组织中,最符合合作社原则的一类,它由独立的农业生产者为主体组成,自主经营、自我服务、自负盈亏;它坚持以家庭联产承包经营为基础,农民自愿加入,退出自由;它具有对外经营的功能,是一种独立的经济实体,是一种以发展商品经济为目的,以农户经营为基础,实行资金、技术、生产、供销等互助合作的新型民间合作经济组织。

(4) 农村合作基金会:这是在坚持资金所有权和得益权不变的前提下,由乡(镇)、村(社)的合作经济组织和农户按照自愿互利、有偿使用原则而建立的,主要从事集体资金管理和融通活动的社区性资金互助合作组织。农村合作基金会萌发于 20 世纪 80 年代中叶,扩张发展于 20 世纪 90 年代初。主要以高于国家法定存款利率来提高合作基金会的集资能力,实行"高进高出"的经营策略,并且入股人不参加管理,不承担风险,成为实际上的违法经营金融业务。1996 年开展关闭整顿,留下了一定的后遗症。

(5) 农民专业协会:农民专业协会是指由生产同一种农产品的农民或者相关的农技推广机构发起的,将从事该种农产品生产的农民,按自愿加入的原则组织起来形成的一种非营利性组织。它的职责和功能主要是为会员提供技术推广服务、标准化生产服务和信息交流服务等。多数的农业专业协会本身并不对外经营取得盈利,也不存在盈余返还的问题,从其本质来讲,农民专业协会是一种自然人组成的社团法人。也有部分农民专业协会逐渐增加了一些经营活动。如组织会员统一采购种子、饲料、化肥等生产资料,其性质逐渐向合作社靠近,其中一部分最终发展成农民专业合作社。

(6) 农产品行业协会:农产品行业协会是由从事同类或相关农产品的生产、加工、流通的企业或合作社,以及相关的技术推广、科研等事业单位发起的,将与该类农产品生产经营相关的各类企业、事业单位、合作社,按自愿加入的原则组织起来的一种非盈利性社团组织。其主要功能是进行行业的整合,将生产该农产品的整个产业链上的包括生产、流通、加工、技术推广、科研等组织进行联合,协调行业内部成员之间的关系,发挥各自优势,共同抵御风险;进行行业服务,编制行业发展规划,开展品种推广、技术培训、信息交流、展示展销等服务;进行行业自律,制定行业规范和行业标准,开展信誉、质量、价格等行业自律活动,避免行业内恶性竞争;进行行业维权,协调行业内部会员与会员之间的关系,组织倾销、反倾销的调查和应诉,维护会员的各种权益。它的性质类似于工商业中的同行业商会,是一种由各类法人团体组成的社团法人。

(7) 农村股份合作经济组织:参见本章第二节内容。

二、合作经济组织的作用

实践证明,发展农村合作经济组织无论在政治上,还是对于发展社会主义市场经济、实现农村现代化都具有重要的历史意义。合作经济组织的作用表现在许多方面,主要有下面几点:

1. 提高了农民的组织化程度,有利于形成规模化经营,较好地解决了农户分散的小生产与大市场的矛盾

常言说,众人拾柴火焰高,组织起来力量大。实行家庭承包经营以后,如何形成农业生产的合力,克服小生产的缺点,实现规模效益,通过互助合作组织,可以较好地解决这些问题。

2. 有利于引导农民参与市场竞争,促进商品经济发展

合作经济组织利用自身的优势,发挥组织、疏导和服务功能,在产前、产中、产后等多方面,向农户提供信息,按照市场需求,发展商品生产,获取市场效益。

3. 有利于加强基础设施,改善生产条件

合作经济组织可以有效地组织资金、劳力、技术等生产要素,在统筹规划下,采用先进技术,合理配置资源,开展农业基本建设活动,提高农业现代化水平。

4. 有利于提高中国农业入世以后的市场竞争能力

农民合作经济组织引导和带领农民进入市场,帮助农民减少和化解市场风险;可以提高在国际市场中的谈判地位,在国际农产品的贸易纠纷中,要求损害和反倾销调查的,都要由农民自己的组织提出;可以争取农业扶持和农业补贴,入世后政府对农业的直接补贴受到很多限制,发达国家的惯例是通过支持农民合作经济组织来实现农业的补贴。

5. 有利于促进政府职能的转变

农民没有自己的经济组织,政府就不得不干许多不该干的事,干许多费力不讨好的事,并且不符合市场经济的要求。农民有了自己的合作经济组织就可以真正开始发挥作用,为农民和政府之间的沟通提供了有效途径。政府可以通过农民合作经济组织来引导农民进行生产经营活动,通过农民合作经济组织这一载体,将对农业和农

民的各种优惠扶持政策,比如科研、推广、人员培训、基础设施建设等方面的投资和食品安全、环境保护等方面的补贴落到实处,形成政府扶持"三农"的新模式。

总之,农村合作经济组织对于我国农业跨世纪的发展起着巨大的作用,但农村合作经济组织的基础还很薄弱,需要政府各部门的扶持和政策扶助,加强宣传引导,形成全社会关心、支持农村合作经济发展的良好氛围。

三、中国农村合作经济组织的职能

1. 服务的职能

农村合作社要为农民服务,使农民能够以低廉的价格购置所需要的生产资料和生活资料,以较高的价格销售出自己的产品。给社员提供技术和信息,给社员提供机会和渠道。并学习发达国家合作社的经验,力争服务的范围越来越广泛,服务的水平越来越上档次。

2. 纽带的职能

合作社必须成为政府和农民的纽带,上情下达、下情上达,协助政府贯彻和落实农业与农村政策,把农民的意愿反馈给政府,为政府施政提供第一手材料。合作社也必须成为农民与市场、农民与龙头企业等的纽带,使农民有通畅的销路,商家有稳定的货源,为商家和农民架起一座双赢的金桥。

3. 保护的职能

作为弱势群体的代表,合作社必须成为农民利益的代表,为减轻农民的负担,保护农民的权益不受侵害而努力。同时,合作社也要成为农民生活的空间——农村的利益的代表,发挥农民的联合体的作用,保护农村的环境,保护农村的资源,使我国的农业能够可持续的发展。

4. 教育的职能

教育的职能也可以称为培训的职能。合作社作为农民的联合体,必须为社员素质的提高而努力。农业结构的调整、科技的转化、技术的普及、生产经营与管理水准的提高,都离不开社员素质的提高。目前,在农村劳动力中,小学及其以下文化程度的占总劳动力的40%,文盲和半文盲约占总劳动力的18%。这种现状,不适应今后农业的设施化、机械化、信息化和集约化的要求。

5. 示范的职能

据1999年的一项统计:利益关系比较紧密,真正称得上农业产业化组织的只有1.2万个左右,连接农户约2千万户,占全国农村总户数的9%。在21世纪,中国的农村合作社,必须通过自身的发展,带动更多的合作社的成立,带动更多的农民的参加;并在实践中发展一批成功的、具有示范作用的样板社,带动更多的成功社的出现。

6. 发展的职能

要总结过去的经验教训,学习发达国家合作社的成功经验,更要结合中国的实际情况进行探索与突破。合作制的内容非常广泛,合作社的形式也多种多样。把计划经济与市场经济进行有机结合,有可能会创造出合作社的一种全新的模式。

7. 合作的职能

合作社的特点是合作,但我国现在的农村合作经济组织是作而不合。几种合作社自成体系,只有纵向的指导,而无横向的联合。反观发达国家的合作社,都是既有纵向的合作,又有横向的联合,合力非常强大。要迎接国际强势农业的冲击,今后中国的农村合作社必须加强。要迎接国际强势农业的冲击,今后中国的农村合作社必须加强上下、左右、周边、各体系间的协调与合作,并最终实现一元化的联合。

如果能实现并完善上述的七大职能,按照自愿、自治、互助、公平、民主管理等合作社基本原则去发展,中国的农村合作社就会大有希望。农业产业化核心载体的价值也就不会虚化,产业化也就不再只是理论上设计的几种模式。

四、上海农村合作经济组织建设的经验和启示

1. 改革开放以来,上海的农村合作经济组织经过不断地实践和市场经济的考验,积累了一些好的做法和经验,出现了一些好的运行模式和良好态势

(1) 龙头企业加农户的合作经济模式进展显著。到 2004 年底,全市有一定规模的龙头企业加农户的合作经济组织共 654 家,销售总额达到 300 亿元,从业人员增加到 9 万人,带动农户 40 万户。目前全市已经形成的农业产业化龙头企业 402 家,其中国家级龙头企业 11 家,市级龙头企业 24 家,形成了一批具有比较优势的主导产品,如光明乳业、高榕食品、上海汉德等;涌现了一批知名度较高的农产品加工龙头企业,极大地提升了上海农业生产基地的规模和水平。

(2) 农民专业合作经济组织势头良好。自 1993 年上海沪郊蜂业联合社创办以来,上海农民专业合作组织已经历了 13 年的发展历程。目前全郊区已发展各类农民专业合作社 281 家,注册资金 15 526 万元,入社农民 85 392 人,拥有的种植面积 30.9 万亩,牲畜饲养量达到 18.6 万头,禽类饲养量达到 4 800 万羽,养殖水面面积 17 万亩。

(3) 农产品行业协会建设初见成效。自 21 世纪初上海蔬菜加工与出口行业协会成立以来,目前上海已经拥有生猪行业协会、奶业协会、饮料行业协会、家禽行业协会、特种养殖行业协会、肉鸽行业协会、种子行业协会、西甜瓜行业协会、宠物行业协会等 10 家市级农产品行业协会。拥有团体会员 1 025 个,理事单位 256 家,个人会员 18 位。这些农产品协会在行业服务、行业代表、行业自律、行业维权方面发挥了积极的作用。

2. 上海农村合作经济组织建设还远远跟不上上海率先实现农业现代化的需要,主要存在着以下几个问题

(1) 农民对建设合作经济组织的内在要求不高,缺乏紧迫性。上海农村人多地

少,农业的集约化水平偏低,农业的传统生产方式未能根本改变。目前上海仍有从事农业的劳动力 65 万左右,多数农户承包的耕地在 2~3 亩;农户中的兼业农户占 90%以上,种田的收入占家庭总收入的比例不高,家庭的主要收入来源以非农为主;农业劳动力的老龄化、边缘化趋势明显。上海是个农产品消费大都市,农民生产的农产品离终端市场近,所以对农村合作性经济组织建设的内在要求低。

(2) 具有竞争优势的农产品龙头企业数量偏少,规模不大,带动农户的实力不强。上海农民专业合作社尚处在起步阶段,以龙头企业带动农户和专业合作社的作用十分重要。虽然上海农业产业化起步较早,但由于缺乏规模化生产支撑和农业企业之间整合力度不够等原因。上海农业龙头企业的市场竞争能力总体不强,除光明乳业、上海种业、高榕食品等以外,多数的龙头企业先天不足,规模不大,品牌不响,缺乏竞争优势和稳定的经营业绩,难以成为带动农户发展的坚强实体,使企业加农户的合作经济组织缺乏生命力。

(3) 农民专业合作不紧密,规模不到位,缺乏竞争力。存在着各相关主体认识不明确,政府主体对建设农村合作经济组织重要性的认识不到位;存在着政府角色定位不当、行政介入过多的问题;基层干部和农民严重缺乏合作社知识,对合作方式和方法缺乏明晰的认识;存在着缺乏适宜的外部发展环境,缺乏专门的地方法规,导致农民专业合作在法人登记、贷款、税收政策方面面临各种麻烦,既影响正常经济活动和规模发展,又难以保证其应有的合法权益;存在着农民专业合作社组织结构松散、合作层次不高,内部管理制度不平衡和发展速度迟缓。

3. 进一步推进上海农民合作经济组织的启示和对策

(1) 政府应当切实关心和支持农民合作经济组织的发展。发展农民合作经济组织农民当然是主体。但并不意味合作经济组织事业仅仅是农民自己的事,或者仅仅是农业部门的事。农民合作经济组织是兼顾效率与公平的组织,发挥着社会稳定的功能。在不同市场主体之间起着某种制衡作用,还特别担负着农村社会发展的某些公益事业,所以关心和支持合作经济的发展政府负有义不容辞的责任。

(2) 要为农村合作经济组织提供法律保障。没有法律保障的合作经济组织是得不到发展壮大的。世界上农民合作社发展良好的国家都制定了《合作社法》。我们应借鉴国内外的经验教训,尽快制定《合作社法》。只有在法律的规范下,才能使合作经济组织的活动符合市场经济的要求;只在法律的保护下,合作经济组织的合法权益才能得到保障,事业才能健康发展,其社会经济功能才能得到较大体现。

(3) 发展合作经济组织要尊重农民的自主选择。合作经济组织是农民联合自助组织。其所有者与其服务的客户都是合作社社员自己,合作社要为社员农户服务为主,而不是以自身营利为目的。因而,在多样化创新和规范化发展中,始终应以广大农民意愿为首要前提,不搞行政式的归大堆。

(4) 开展合作教育,大力宣传引导。加入 WTO 以后,我国农业面临激烈的市场竞争和农民增收困难的严峻挑战,为使农民能够在国际和国内市场竞争中生存发展,提高农民的组织化程度,发展合作经济组织是重要的手段和保证。因此,要大力开展合作的宣传教育,让广大农民真正认识到组织起来的巨大力量,使发展合作经济组织成为农民的内在要求。

(5) 加大对合作经济的政策扶持。在国家合作经济法规未出台之前,上海的各级政府对农村合作经济要多给予政策支持。在税收、工商登记、房屋土地占用和资金贷款扶持中给予大力支持。

第二节　农村股份合作制管理

一、农村股份合作制的特征和类型

1. 股份合作制的定义及基本特征

农村的股份合作经济是股份制和合作制相互联合形成的一种新的经济组织形式,具有将股份制的资本联合和合作制的劳动联合融合在一起的特点。集合了股份制与合作制的双重优点。它保持了股份制筹集资金、按股分配和经营管理方面的合理内核,吸收了股东参加劳动、按劳分配和提取公共积累等合作制的基本因素。通过股份明确产权关系,实行一人一票制的民主管理方式和按劳分配与按股分红相结合的分配方式,把劳动者、经营者、所有者合为一体的企业组织形式。股份合作制的基本特征如下:

$$\text{基本特征}\begin{cases}\text{以双层经营制的组织为基础}\\\text{由等额资产组成股份}\\\text{一人一票制}\\\text{民主管理制}\\\text{不可分割的公共积累制}\\\text{劳资结合的分配原则}\end{cases}$$

(1) 组织特征:在统分结合双层经营这一基本体制基础上产生,具有股份与合作双重特征,社区合作性质非常明确。

(2) 资产由等额股份构成:各类股份合作制的资产,都被分成了若干相等的份额,然后根据社员资格、成员贡献大小和投资额的多少来分配和确认。

(3) 一人一票制:无论折股型,还是集股型股份合作制,其民主表决和决策方式,多采取一人一票制。也就是不论持股多少,每个成员(股东)都有同等的权利,体现了合作制的原则。

(4) 民主管理制:企业的资产为全体股东所有,实行民主管理,管理的形式可以是股东(代表)大会,或是合作经济组织内部的社员(代表)大会;允许雇工,但股东与雇工关系是一种平等、互利的关系,被雇者有权参与股份合作制的管理,体现管理的民主性。

（5）不可分割的公共积累制：不可分割的公共积累的存在，是现在各种股份合作制区别于合伙企业和股份公司的最大特点。其主要功能是为了保持合作社经营资产的稳定性，抵御亏损和经营风险。这种公共积累制的目的可归纳为三点：① 为了保持集体经济的性质，与政策导向有关；② 防止合作社的任意解散；③ 股份合作制自身发展的内在要求，即为了抵御经营风险和亏损。

（6）劳资相结合的分配原则：现在农村中各种股份合作制利润的分配方法是其中一部分按劳分配，以工资、奖金、福利的形式来体现；另一部分按资分配，以股息和分红形式来体现。

2. 我国股份合作制的类型

（1）从组建的形式看：

① 横向参股联营型。其特点是突破地区、行业和所有制的界限，在隶属关系、财产关系不变的原则下，企业、部门、机关、学校自愿以资金、设备、场地、技术等生产要素入股，联合办厂，按股份承担风险。

② 职工入股共营型。其特点是新型企业以资带劳或以劳带资，老企业职工入股或以工折股组成企业，职工由单位的劳动者变成既是劳动者又是股东的双重身份。企业由单一的集体所有制变成多层次的股份合作制。

③ 财产折股合营型。其特点是对原来乡村集体企业进行清产核资，按原始资产和企业积累折为公股和个人股，使集体财产权属朗明化。折到个人的股份只能享受，不准转移抽走，同时根据所分股份设置现金股并且依本股带新股，滚动增加，最终形成企业。

④ 农户合股共营型。其特点是一般由"能人"挑头，劳资双联，联合经营，对等分红。也有的是小户依附于大户，劳资分离，按比例分红。

⑤ 多元联合群体共有型。其特点是既有企业内部职工入股，又有企业外部的横向参股，并在一定范围内向社会招股，形成多元合一的企业。

（2）从股份合作制的组合方式看：

① 单个企业的股份合作制。其特征是一个企业就可以采用股份合作制，它可以是新建的股份合作制，也可以由原有的企业改组而来。这种类型的股份合作制，规模小，管理简单，没有地区、行业、所有制的限制，其产权的优点是股份化过程简单，企业内部的安排变动不大，几乎仍是原来的组织机构，故易被乡镇企业所接受。但其缺点是不易形成规模经济，不利于产业结构的调整和主导行业的形成，有一定的局限性，对于小型企业比较适用。

② 联营型股份合作制。这种联营具体又可以分为合伙型联营、合同型联营和法人型联营三种形式。一为合伙型联营，合伙双方在自愿互利的基础上，按照协议入股经营，按股分配，这种合伙型联营既可以是乡镇企业之间合伙，双方保持独立的法人地位，自负盈亏，也可以是个人合伙组成一个法人。但这种形式由于是按照协议经营，故存在"盈利解体，亏损散伙"的现象。二为合同型联营，这种形式是联营各方按合同协作经营，各方也保持各自独立的法律地位，并不构成一个新的独立经济实体。

但比合伙型经营规范和严格,有一定的保障。三为法人型联营,即联营双方在自愿基础上以一个(或几个)骨干企业为龙头组成的企业。这种形式实际上是集团股份制,主要以主导企业实行控股的形式组建。这种法人之间的联营,可以通过资本关系如持股和提供贷款来实现;也可以通过人事关系如兼任或派遣公司领导人来实现;还可以通过交易关系如转包、供给原材料、销售服务等来实现。这种形式能够迅速形成规模较大的企业,有利于产业结构的调整,有利于主导行业和拳头产品的形成。由于这种形式从组建到内部管理相对来说比较复杂,因而在实践中这种形式很少。

③ 乡镇企业与国际间的联合。一方面有利于引进外资发展乡镇企业,对解决资金短缺的问题、开拓国际市场、提高经营管理水平是一种快速有效的形式。另一方面,有利于发展外向型乡镇企业,加入国际市场竞争行列,努力扩大出口,增加外汇,建立"以外促内,内外结合"的经济关系。

从上面内容可知,股份合作制并不等于股份制,这两个概念的区别可从下表加以比较:

股份合作制与股份制的区别

区别项目	股份合作制	股份制
股份载体	有劳动股和资金股,允许农民的承包土地入股,实行按劳带资或带土地,以劳动股为主。	只有资金股(技术设备可以折合为资金股),以融资和积聚闲散资金,然后以股金购买生产资料、招聘员工。
股份所有者	大部分限于本单位的成员,多数成员兼有劳动者和股份所有者双重身份,其融资覆盖面较小,积聚资金的功能较低。	不限于本单位的成员,甚至大多是外单位的人士或法人,"三资"企业中还有港、澳、台人士和外国的资本家,其融资覆盖面广。
股份证券流通的方式与范围	大部分有亲属或其他指定人的继承权,农民退出时可以取走,但不允许进入股票市场,可以防止买卖股票投机行为的发生。	不仅具有继承权,而且可以在股票市场买卖,流通到国内各地乃至国外,容易滋生买卖股票的投机行为。
盈利分配办法	有些在提留一定比例的公共积累后,既有股份分红,又有劳动分红。国家一般不征收所得税,用以鼓励和支持合作经济的发展。	不一定提留公共积累,自有资金的增量主要来自增股,国家对其利润必须征收所得税,税后利润主要用于股金分红。
企业管理体制	由农民(代表)大会选举出来的管理委员会、监察委员会,掌握企业的大权,实行管理委员会领导下的经理负责制。	实行董事会领导下的经理负责制,同时实行民主管理,接受职工的监督。

二、股份合作制的股权种类

1. 按产权归属划分

农业股份合作制的股份按产权归属,一般可设置为乡村股、企业股、社会法人股、个人股和外资股。

(1) 乡村股：乡村股是指乡(镇)、村(村民)小组范围内农民集体共同拥有所有权的股份。其来源是乡村集体经济组织的直接投资和历年追加投入的资产。

(2) 企业股：企业股是指企业内部职工共同拥有所有权的股份。其来源是企业自身积累和国家减免税形成的资产。企业积累形成股份，可以划出部分根据职工对企业的贡献情况量化到职工个人，不能继承和转让，只能参与分红。国家减免税形成的股份，只能留在企业用于扩大再生产。

(3) 社会法人股：社会法人股是指企业法人和具有法人资格的事业单位和社会团体拥有所有权的股份。其来源是这些社会法人向企业投入的资金、设备、原材料、发明权、专利权等资产。

(4) 个人股：个人股是指企业职工和社会个人拥有所有权的股份。其来源是个人以资金、实物、技术等投入的资产。

(5) 外资股：外资是指外国和我国香港、澳门和台湾地区投资者拥有所有权的股份。其来源是上述投资者向企业投入的资金、设备、技术等资产。

2. 从股东权利划分

农业股份合作制按股东权利可以设立普通股和优先股。

(1) 普通股：普通股是指承担较大风险，享受较大权利，在企业资产构成中最重要、最基本的股份。其基本特点是：股息和红利的分配完全取决于企业的经营状况；普通股在企业支付了优先股股息后，可按规定分得红利；企业破产时，普通股在清偿债务和支付优先股的股金后参与分配企业的剩余资产。普通股持有者有选举权、投票表决权(参与经营权)、收益分配权、资产分配权、优先购股权和股份转让权。

(2) 优先股：优先股是指承担较小风险，享受较小权利，但在分配上比普通股享有优先权的股份。其基本特点是：一般预先明确股息收益率，在普通股分配之前分得固定股息；优先股股息一般不随企业盈利状况而增加，不参加企业的红利分配；企业破产时，优先股享有优先索偿权，即清偿债务后企业剩余资产的优先分配权。优先股持有者一般没有选举权和被选举权及投票表决权。

乡村股、社会法人股、个人股和外资股都可根据企业具体情况全部或部分选择作为普通股或优先股。企业股不能作为优先股。

持股者由企业发给股权证书，股权证书要载明股东姓名、股份种类、股金数额及变动情况等。股东依在股份合作制中所拥有的股份参加管理，享受权益，承担风险。股份可在规定的条件下或范围内转让，一般不得退股。个人股可以继承、转让、馈赠。

三、农村股份合作制的管理和完善

农村股份合作制中的农民具有双重身份。既是劳动者，又是股东，因而既能实现劳动合作，又能实现资本合作，既能继承合作制的优点实现规模经营，又能融入股份制长处，调动各方面积极性，所以这种具有中国特色的农业组织制度从一开始便受到了广大农村干部和农民的关注和支持。但从20世纪八九十年代起，曾经风行一时的农村股份合作制经过十多年的改革洗礼,现在基本上是驻足不前。这里既有认识上的问题,也有管理运作的问题。在经济发展的上海农村,加强对农村股份合作制的完善和管理引导,对推进农村经济的发展,增加农民的收入,具有十分重要的意义。

1. 建立有效率的产权制度

一个有效率的产权制度首先要求具有明晰的产权划分。要有明确的财产所有者,在考虑农民基本生活补助、养老保险及集体公益金的基础上,将集体经营性资产界定资产所有权的归属关系,以入股的成员(股东)共同所有的集体资产净值为依据,按价值形态进行股权的重新设置和认定,改变过去"有份无股,有份无值"的现象,真正体现股权,明确股东个人占有集体资产的份额(价值量)。同时还可以建立股东股权流动机制。以前农村股份合作制实行的是封闭股权,不能转让,不能出售,要逐步进行股权流动的探索。首先要允许股权在农村社区股份合作组织内部流通,可经股东大会讨论通过以后,办理股权变更手续,可以转让、买卖、赠送和抵押。以此来调动入股成员经营管理资产的积极性。

建立一个有效率的产权制度,农村股份合作经济组织还要将土地的经营权作为资产入股,将土地的经营收入按入股面积分配给入股农户。土地是农民生产生存的主要资源和生活来源,土地出租和土地连同建筑物的出租是大城市郊区农民收入的重要来源,也是农村股份合作经济组织的重要来源。这一块土地资产搞活了,农村股份合作经济组织的活力和实力也将大大增加。

2. 建立与市场经济相适应的管理体制和运行机制

传统的人民公社村队经济管理带有政企合一的特点,缺乏经营自主机制,农村股份合作制企业也存在着这方面的弊端。因此,在建立兼有合作制与股份制特征的农村股份合作制组织时,一定要按股份制组织原则。建立股东会、董事会、经营班子和监事会,并实行市场经济相适应的选举制、聘任制、任期制、分权制、监督制,将完善管理和转换经营机制紧密结合起来。由于股份合作制一般都不对外发行股票,内部社员持股又基本相同,所以社员大会可与股东大会合二为一,由社员大会按一人一票的原则选举产生董事会;由董事会聘任总经理主持日常事务,负责经营管理;由社员大会按一人一票原则选举产生监事会,聘任财务总监,监督企业的经营和财务,确保广大股东的利益不受损失和侵害。

3. 加快农村股份合作制企业的立法工作,确保股份合作制企业的规范运作

股份合作制企业也是一种盈利性的经济组织,因而也是企业,也是市场市场主体;是出资方式多样化的企业,是兼有资本合作和劳动合作的企业,也是在目前情况下适合土地现代化经营的企业。但目前还没有统一的《股份合作制法》。所以,应当加快农村股份合作制的立法工作,应明确股份合作制的法人地位,加强土地承包权的物权立法,保障股份合作制设立人的自愿地位;明确村委会在股份合作制企业中的地位,保障农村股份合作制出资形式多样化。特别是对农村土地这种重要的财产而言,通过股份合作制使其所有权、承包经营权、使用权(可体现为法人财产权)分离,才能符合农村土地价值化、社会化的发展趋势,充分发挥土地作为一种资本性质的作用,

为解决"三农"问题,确保农民增收作出贡献。

4. 选好经营者,不断提高农村股份合作制企业的经济效益和按股分红的实力

农村股份合作制组织的生存能力和发展能力主要在于经营者的实践能力和参与市场竞争的能力,所以要帮助农民,积极组织培训,普及股份合作制的知识,提高参加股份合作制的干部和农民的整体素质,指导他们选择好自己的带头人和经营者,各级政府要建立培训基地,制订培训计划,对各级农业主管部门、股份合作制企业的负责人、股份合作制组织中的骨干,分期分批有计划地培训。培养一大批有合作思想,能带领股份合作企业的经营者,不断提高农村股份合作制企业的市场竞争能力,取得更好的经济效益和按股分红的能力,提高市场生存能力。

第三节 农村合作经济组织承包合同管理

一、合作经济组织承包合同的内容与特征

合作经济组织承包合同的内容即合同的条款,指合同当事人双方经充分协商和约定的事项。它是合同的核心部分,是当事人双方履行合作经济组织的承包合同的基本依据。

1. 合同的发包方

集体合作经济组织是农村承包合同的发包方。属乡一级所有或使用的生产资料由乡级发包;属村一级所有或使用的生产资料,都由设置在村组或乡级的集体合作经济组织发包。发包方的权利和义务分别为:

(1) 发包方所发包的内容必须符合国家有关的法律法规的规定,在法律法规允许的范围内行使发包权。主要包括对发包的集体所有的生产资料行使所有权及合同规定的经营管理权,对发包的国有自然资源行使合同规定的经营管理权;

(2) 按照合同规定对承包方的生产经营活动进行监督管理;

(3) 按照合同规定向承包方收取承包金,要求承包方完成村提留、乡统筹费、劳动积累工和义务工以及国家税金等;

(4) 按合同规定的时间、数量、质量和方式,向承包方提供生产资料及其他生产条件;

(5) 按合同规定的时间、数量、质量和收费标准,向承包方提供各种服务;

(6) 尊重和保护承包者的经营自主权和合法收益权,抵制合同以外的各种不合理的摊派和负担。

2. 合同的承包方

承包集体发包的生产资料的个人、农户、专业队等都是农村承包合同的承包方。承包方的权利和义务分别为:

(1) 享有法律或合同规定的生产经营自主权；

(2) 享有合同规定的产品处理权；

(3) 享有法律或合同规定的收益权；

(4) 按法律或合同规定,转包承包标的和转让承包合同；

(5) 按照法律或合同规定,其继承人继承其承包经营权；

(6) 承包期届满,享有法律或合同规定的优先承包权；

(7) 不得出卖、损坏承包标的或者改变其合同规定的用途；

(8) 完成合同规定的承包金、村提留、乡统筹费等。

二、合作经济组织的合同签订与无效合同的确认

1. 合作经济组织的合同签订

合作经济组织承包合同的签订是指合同双方当事人,经过协商,就合同主要条款达成一致意见后,按一定程序办手续。

(1) 签订合同应遵循的原则：① 必须符合国家的法律和政策；② 兼顾国家、集体和个人三者利益；③ 符合乡集体合作经济组织章程,遵守集体合作经济组织成员大会或者成员代表大会的决议；④ 有利于农村基本政策和基本制度的稳定和完善；⑤ 民主协商、自愿互利。适应商品生产规律,引入市场经济机制。

(2) 签订合同的基本程序：① 由集体合作经济组织的成员大会民主协商,按绝大多数成员的意向,选择和确立生产经营责任制的形式；② 生产经营责任制形式选定后,再由成员进一步商定具体的承包方式、期限；③ 承包合同双方当事人,依据成员民主决议或组织章程,就合同内容和条款进行协商,经过协商达成一致协议。

2. 如何确认和处理无效合同

(1) 无效合同的概念和确认：① 违反国家法律、法规和政策的；② 损害国家、集体或者他人利益的；③ 违反乡集体合作经济组织成员大会或者成员代表大会决议的；④ 发包方无权发包的；⑤ 代理人超越代理权限签订的；⑥ 滥用权力或者采取欺诈、胁迫等不正当手段订立的。

(2) 确认无效合同的主要条件：① 当事人是否合法；② 合同内容是否合理合法；③ 合同代理是否有效。

无效合同的确认权归农村承包合同主管机关和人民法院,其他任何单位或个人均无权确认合同是否有效。

(3) 无效合同的处理：① 合同被确认无效后,尚未开始履行的,不得履行；② 合同被确认无效后,正在履行的,按照有利生产、减少损失的原则,由无效合同确认机关确定停止履行的时间；③ 确认合同部分无效的,如果不影响其余部分的效力,其余部分仍然有效。无效合同给对方造成的经济损失,应由有过错的一方赔偿；④ 双方都有过错的,各自承担相应的责任。

三、变更和解除合同

1. 合同变更和解除的条件

（1）当事人双方协商一致，而且并不因此损害国家、集体和他人利益的；

（2）订立合同所依据的国家价格、购销、税收等政策发生较大变化，继续履行合同将严重影响一方利益的；

（3）由于自然灾害和其他不可预见的因素，致使合同无法履行或者无法完全履行的；

（4）承包的土地等生产资料依法被国家征用或者收回使用权的；

（5）承包者丧失承包经营能力，致使合同规定的指标和任务不能完成的；

（6）由于合同当事人一方严重违约，致使合同无法履行或者没有必要履行的。

2. 合同变更和解除的程序

（1）当事人一方要求变更或者解除合同的，应及时通知对方；

（2）当事人双方就变更或者解除合同事项，经协商达成协议后，应当在协议上签字并加盖发包方公章，报农村承包合同管理机关备案；

（3）数量较大、涉及面广的承包合同的变更或者解除，须经村民大会或者代表大会讨论决定；

（4）变更或者解除合同，涉及国家计划、价格、税收等政策的变化或因不可抗力的影响，须取得该项业务的行政主管部门的证明；

（5）经过鉴证或者公证的合同，要变更或解除的，需报鉴证或者公证机关备案。

四、转包和转让

1. 土地的转包与转让

转包是指承包方在承包期内，将所承包的土地等生产资料部分或者全部转让给第三者。转让是指承包方在承包期内，将承包合同转让给第三方。

2. 转包和转让应遵循的原则

（1）转包和转让须经发包方同意，接受集体的监督和管理；

（2）转包和转让的期限不能超过承包合同规定的终止日期；

（3）转包和转让不得改变承包所规定的土地等生产资料的用途；

（4）成块的土地不得转包或者转让给两个或两个以上的没有联营关系的接包者或受让者；

（5）转包和转让双方应当签订转包和转让合同，对有关事宜作出明确规定；

（6）转包和转让应该是自愿、自发、自觉的行为，而不能搞强迫命令和"一刀切"。

第四节 农业社会化服务体系

一、农业社会化服务体系的含义和特征

1. 含义

农业社会化服务体系是以乡镇集体或合作经济组织或有产品加工龙头企业为基础,以专业经济和技术部门为依托,以农民自办服务为补充,为农业生产者提供产前、产中、产后的系列服务。它是一种多经济成分、多渠道、多形式、多层次的社会性农业服务体系。基本包括:农业生产技术和农业机械综合服务,农产品供求信息服务,优质种子种苗繁育推广服务,产品质量检测服务,产品加工销售服务,以及农业支撑和农业保护服务等六大体系内容。

2. 特征

从以上的定义和几年来的实践情况来看,农业社会化服务体系的特征是:

(1) 社会化。农业社会化服务体系的社会化特征是随着传统农业向现代农业转化而日益体现的。在这个进程中,不仅农业生产过程的分工日益深化,农业生产专业化不断发展,而且整个社会分工越来越细密,出现了一些专门为农业服务的部门。如进行农业生产资料的生产、采购和供应的部门,进行农产品储存、运输、加工、销售的部门,向农业提供技术、资金、信息的部门等,这些部门的加入,使农业生产服务的社会化程度逐步提高。

(2) 系列化。农业社会化服务体系为农业提高全方位的系列化的服务,也就是为农业生产者提供产前、产中、产后全过程提供配套系列服务。

(3) 三产化。服务体系是第三产业的组织部分,提供技术、劳务、信息等第三产业方面的各种服务。

二、服务体系的服务内容和组织形式

1. 科技服务

科学技术服务是农村社会化服务的重点,包括作物良种、优良种苗、种子、种畜的服务;地膜覆盖和农、林栽培技术、饲养技术的服务;合理施肥、土壤改良、植物保护、畜禽防病、治疗、配种的服务;农用机械使用管理的技术服务;农田水利基本建设的组织和技术服务;向农民普及科学知识和先进技术、新品种的试验、示范和推广的服务,为乡镇企业提供各种新技术、新产品的服务。

2. 信息服务

建立各类信息数据库,为农村家庭生产提供及时准确的经济技术信息;帮助农户

对生产经营活动作出正确的预测、决策;指导农户掌握市场行情,生产适销对路的产品;帮助农户不失时机地及时运用销售策略销售自己的产品,在市场竞争中避免风险、获取利益;帮助农户引进人才,开拓致富之路。

3. 供销服务

组织各种生产资料供应服务,特别是化肥、柴油、农药、农机和饲料、原材料供应;组织农户种、养、加工产品的收购销售服务;做好各种生产资料供应与产品销售的运输服务。

4. 贮藏服务

对季节性比较强的农副土特产品,要依靠多方面的力量或集资的办法,兴建仓库、冷库等基础设施,为农民开展贮藏服务,保证市场均衡供应,增加季节差价收入。

5. 加工服务

建立各类农副土特产品的加工企业,搞好种、养、加一条龙配套服务,如建立各种肉类加工厂、禽蛋奶制品厂、皮革制品厂、亚麻制品厂等。提高加工深度,增加产品附加值。

6. 经营管理服务

经营管理服务主要包括:土地建设与合作经济往来的合同和档案的管理服务。如帮助农户和乡镇企业签订和计算各种合同;为农户和乡镇企业搞好财务管理、会计指导、成本核算以及经济管理、人才培训;帮助专业户和乡镇企业开展经济诊断和联营资料服务等。帮助农民签订各类经济合同,仲裁经济纠纷,向农民提供法律援助等。同时还要进行农村金融服务,包括农村资金融通、农业信贷、农业保险等。

7. 教育培训和劳务输出服务

为农民提供教育培训服务,包括农村教育、农业科技知识的普及、农业实用技术和农民再就业培训、农业经营管理知识培训等。为输出劳务提供各种信息服务;组织人员牵线搭桥,开拓劳动力就业门路;扶植、组织劳动力外出搞建设、搞开发等。

总之,服务组织的形式多种多样,在今后的实践中还会不断有新的组织形式出现。

三、社会化服务体系的建立

1. 服务体系建立的基本原则

(1) 因地制宜的原则:农业社会化服务体系的发展,是一项长期任务,一定要根据生产力发展的实际需要办事,不应强求一律,搞一刀切。我国各地经济发展很不平衡,应本着量力而行、因地制宜和分类指导的原则去发展。

(2) 配套服务的原则:农业社会化服务体系应伴随着生产的需要去同步发展,实行配套建立,相应发展。不可脱离实际。

(3) 有偿服务原则:国务院 1984 年 1 号文件提出:"服务也是一种劳动交换,一般应是有偿的"。确定服务收费标准,应充分考虑农民的承受能力和本着优质低偿的原则,合理收取服务费。必须以服务为宗旨。

(4) 自愿原则:要根据农民的需要开展服务活动,通过提高服务质量和服务效益,取信于民。通过示范,让农民自愿选择,不可搞强迫命令。

(5) 龙头企业带动模式:即以实力较强的农产品销售企业为龙头,围绕一项产业或产品,联结生产基地和农户,实行产供销一体化经营服务。龙头企业为生产基地和农户提供产前、产中、产后的系列服务,而生产基地和农户则为龙头企业提供原始产品,形成利益联合体,将农业社会化服务体系融合在紧密联系的经济活动中,相互依赖,共同面对市场,共同受益,共同发展。

2. 社会化服务体系的建设途径

(1) "以工补农"建设农业服务体系:在大中城市郊区和沿海经济比较发达的地区,农村第二、第三产业的发展为集体经济组织提供了较多的积累。集体从这些积累中拿出一部分,购买农业社会化服务所需的各种机械、设备,进行必要的农业基础设施建设,并配备相应的技术和管理人员。在这些地区,由于集体用于统一服务的投资较多,因而农户可以从集体那里无偿或低偿地得到较为完备的系列化服务。

(2) 通过农村基层组织来发展服务体系:在集体经济实力相对薄弱的地区,通过健全发展组织,充分发挥组织资源的优势,依靠组织力量发展集体服务。

(3) 农业技术集团承包:一般是以行政部门为纽带,连接科研教育、农业技术、生产资料、财政金融等几个方面,共同组成农业技术开发服务承包集团,联合向农民提供服务。

(4) 协会模式:以某种产品的生产为中心,以农民技术人员为骨干发展各种专业协会、研究会,重点负责为农民提供生产有关的技术指导与服务。

(5) 龙头企业带动模式:即以实力较强的农产品加工销售企业为龙头,围绕一项产业或产品,联结生产基地和农户,实行产供销一体化经营服务。龙头企业为生产基地和农户提供产前、产中、产后的系列服务,而生产基地和农户则为龙头企业提供原始产品,形成了利益联合体。将农业社会化服务体系融合在紧密联系的经济活动中,相互依赖,共同面对市场,共同受益,共同发展。

本章练习

一、名词解释

合作经济　合作基金会　股份合作制　农村社会化服务组织

二、简答题

1. 简述股份合作制的特征。
2. 简述发展社会化服务体系应遵循哪些原则?
3. 简述承包合同的基本内容。

4. 合作经济组织的基本性质是什么？

三、论述题

1. 试述合作经济在农村经济中的地位和作用。
2. 如何提高农业承包合同的管理水平？

第七章　村经济组织管理

案 例

农村非正规金融

所谓农村非正规金融,是指通过非政府监管渠道,利用非标准化的金融工具,为农村生产和消费提供各种资金融通服务的形式及其活动。它不仅包括非组织化的农户之间的民间借贷行为,还包括私人钱庄、合会、民间集资、民间商业信用、农村合作基金会和其他各类非正式金融组织的融资等组织化行为。

山东省诸城市昌城镇,有一家规模较大的肉制品加工企业——山东省诸城市得利斯集团公司(以下简称得利斯公司)。该公司是一家由当地村办企业逐步发展起来的农业产业化龙头企业,企业生产所需原料生猪多数来自外购。由于需求量较大且价格较为平稳,来自鲁、冀、豫等大量外地个体生猪贩卖者成为得利斯公司的生猪供应商。但这些生猪供应商必须面对的事实是,他们将生猪出售给得利斯公司后,得利斯公司并不当时给付现金或银行承兑汇票,只是出具一张具明金额的欠款单。因其形似以前农民缴纳国库粮后收到的白条,故当地群众称之为"猪条子"。其上不具公章,无兑付担保,不标明应收款人,只是口头承诺7天之后凭条按标明款额付现。

点评

在山东省诸城案例中,尽管猪条子买卖盈利性很好,但得利斯公司驻地昌城镇的几家国有银行分支机构和农村信用社对生猪贩卖者财务信息难以掌握,又缺少抵押品,因此对其融资需求爱莫能助,迫使生猪贩卖者寻求正规金融渠道以外的办法。从这个意义上说,农村非正规金融的产生,是在正规金融机构无力克服信息不对称而无法满足农村金融需求的情况下,具备信息获取优势的资金供给者和资金需求者的市场必然耦合。

村经济组织是农村经济组织的细胞,这级组织的运转正常与否,直接关系和影响到农村经济的整体发展,因此对目前村经济组织的一些基本内容作一些探讨是很有必要的。

第一节 村经济组织概述

村经济组织的发展是同社会经济的发展相呼应的。不同的发展阶段,对这个概念的理解也是不同的。就目前的发展情况和趋势来看,村经济组织已经越来越按照经济组织的一些内在规律得以发展和壮大。本节主要探讨有关村经济组织的一些概念性的问题。

一、二十年来农村经济改革的历程

以党的十一届三中全会为标志,中国进入了一个波澜壮阔的改革开放的新时期。众所周知,中国的改革开放首先是从农村开始的,从农村成功的经验继而转向城市和整个经济体制的全面改革,这是中国改革成功的路子。

在二十年的改革历程中,我国农村经济改革大体经历了这样三个阶段:

第一阶段,从十一届三中全会召开到1984年普遍实行家庭联产承包责任制。在这一阶段中,农村改革的重点主要是实行了家庭联产承包责任制。1978年底,安徽凤阳县小岗村的18户农民,冒着风险搞起了"大包干",几乎同时,在安徽的肥西县等其他地方,也有不少生产队搞起了包产到户,家庭承包经营始于安徽。中央在1982年、1983年、1984年相继发布了三个1号文件,对家庭联产承包责任制进行了不断的完善,并逐步推向全国。到1984年全国有99%的生产队实行了家庭联产承包责任制,创造并形成了农村集体经济的基本经营制度。

第二阶段,从1984年以后,农村改革中提出调整产业结构,发展乡镇企业,改革了农产品的统购统销制度,开始了农村经济体制全面改革的阶段。中央出台了关于发展社队企业的文件和关于调整农业结构的文件。

第三阶段,1992年,邓小平同志视察南方讲话和党的十四大提出建立社会主义市场经济体制,我国农村改革进入了稳定基本政策、按照建立社会主义市场经济体制的方向深化改革的新阶段。

从二十年农村经济改革所经历的三个阶段我们不难看出,农村经济体制发生了一系列重大变化:

——突破了高度集中的人民公社体制,实行以家庭联产承包为基础、统分结合的双层经营体制。

——突破了"以粮为纲"的单一结构,发展多种经营和乡镇企业,全面活跃农村经济。

——突破了统购统销制度,面向市场搞活农产品流通。

——突破了单一集体经济的所有制结构,形成以公有制为主体、多种所有制经济共同发展的格局。

——突破了实际上的指令性计划,实行指导性计划。

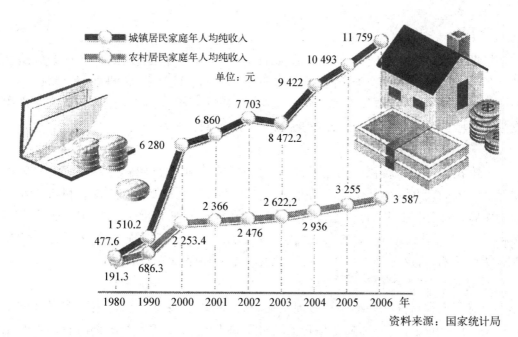

二、村经济组织的概念

随着农村改革的深化,随着计划经济体制向市场经济体制的转变,村经济组织也得以名正言顺地发展,且形式和规模也日益多样和壮大。

所谓村经济组织,就是村民为共同从事农村各种经济活动和参与经营,按照民主管理原则,自愿联合组成的经济实体,是农民群众经济利益的合法代表者。

作为一种经济实体,它的存在是以盈利为前提和基础的,并且在面对市场环境的生产经营活动中,实行独立核算、自负盈亏。

在社会主义市场经济条件,进一步巩固和完善村合作经济组织,对于繁荣农村经济,推动农业的产业化进程,引导农民走共同富裕的社会主义道路,推进农村的现代化建设都具有十分重要的意义。

三、村经济组织的特征

村经济组织的特征可以体现在以下五个方面:

1. 形式的多样化

由于农村单一的集体经济所有制结构被打破,取而代之的是适应市场经济发展需要的以公有制为主体、多种所有制经济共同发展的格局,因此,体现在村经济组织的具体形式方面也是多样化的。可以是集体经济,也可以是个体经济、私营经济,或者是股份合作制和股份制经济,只要是有利于农村的社会主义市场经济发展,各种形式的村经济组织都有生存和发展的空间。

2. 领域的多元化

村经济组织所从事的经济活动的范畴已不再局限于农业,而是涉及社会经济活动的各个领域之中。有农副产品加工业、商业、饮食业、建筑业、修理业、外贸加工业、制造业、服务业等。从市场经济的角度来看,凡是有利于经济发展的,能给农民带来收益的领域,都可以成为村经济组织经营从事的领域。

3. 收益的互补性

鉴于农业特别是种植业的经济收益比较低,而农业这个基础性的产业又必须得到保证和巩固,因此,就要借助于其他的经济活动所产生的收益来平衡农村各产业之间的发展,村经济组织的有效运行可以使经济收益产生一定的互补性,通过大力发展多种经营,兴办集体企业,并实行"以盈补亏"、"以工补农"等措施,平衡各业之间的收入。从长远来看,这也是农村经济持续发展的基础和保障。

4. 功能的综合性

当前我国农村商品经济还不是很发达,农民的思想观念和意识还没有得到彻底的转变,符合市场经济脉络的新思想还没有大面积地形成,小农经济仍占有很大的比重(当然经济发达地区与落后地区还是有差别的)。因此,村经济组织既有从事经济活动的管理功能,又兼有组织社会生活和兴办公益事业的一些功能。从社会公益角度来看,村经济组织的收益可以使扶贫帮困成为现实。从经济发展角度来看,村经济组织不仅有利于专业化经济组织的发展,而且会推动农村商品经济的发展和繁荣。

5. 组织的跨地域性

目前农村经济组织的组成呈现出跨地域性的特征,许多较有实力的村经济组织的构成已经不再局限于本村的地域范围内,凡是有合作和发展的地域都可以成为村经济组织组成的元素。跨地域性这个特征可以更好地利用各地域的优势,更合理地利用资源。

四、村经济组织的作用

村经济组织是商品经济发展的结果,同时又是商品经济进一步发展的条件。在农村经济由封闭的自然经济向开放的市场经济转化过程中,具有十分重要的作用。

1. 村经济组织是壮大村级经济的重要依托

首先,我国农村经济的本质是社会主义集体经济。村经济组织是在村民自愿互利的原则下联合组成的,其占有的生产资料,如土地等都是集体公有的,分配形式以按劳分配为主体。它的经济工作的职能与基础,也是在农村的社会主义集体所有制为主体的基础上建立起来的。这种本质决定了它在发展农村经济的进程中,必须重点发展集体经济。因此,村经济组织也必然成为发展壮大集体经济的基本依托。

其次,村经济组织是推动农村市场经济发展的有效形式。党的十一届三中全会以来,农民一方面有了生产经营的自主权,另一方面又必须置身于市场经济的环境中,个体的局限性必然要求有广泛的社会服务。村经济组织能顺应社会化服务发展的需要,组织农民从事商品生产,解决专业户、包括承包户产前、产中、产后的需要,从而推进农村市场经济的发展。

再次,村经济组织是发展集体经济所需资源、资金、劳动力等生产要素的直接组织者。生产经营活动所必需的生产要素往往是孤立地、分散地存在着,建立村经济组织就能把这些孤立的、分散的生产要素有机地结合起来,从而使潜在的生产力变为现实的生产力,做到人尽其才、物尽其用。因此,村经济组织的存在,可以合理地利用、安排农村的资源、资金和劳动力等生产要素,保证生产经营活动正常有效地进行。

2. 村经济组织是农村经济的有效组织形式

农村经济体制改革的根本任务就是促进农村生产力的发展。经过二十年的改革,我国农村经济体制发生了深刻的变化,已经形成了以社会主义集体所有制为主体的、多种经济成分并存的生产资料所有制结构。同时,新型的村经济组织显示了其独特的优势和生命力,在发展农村市场经济中发挥了主要作用。

但是,我们也应该看到,我国农村仍然处于新旧两种经济体制的转换过程中,而探索和促进新体制的形成,加速新旧经济体制过渡的任务便历史地摆在了农村经济组织的面前。比如在村经济的横向联合过程中,必然会打破原有经济体制的地区封锁、条块分割和不同所有制经济孤立发展的状况,这种横向联合经济的出现,将对农村的经济关系进行全面、深刻地调整。在村经济组织内部,会出现跨村、跨乡甚至跨县、跨市的合作经济,会出现个人与个人、个人与集体、集体与集体、集体与国家,甚至集体与外资经济的合作。在这个巨大的变革过程中,村经济组织始终能起到探索实践的积极推动作用。

3. 村经济组织是各种经济利益的微观调节者

农村经济组织内部要处理好各成员单位之间以及企业和个人之间的利益分配问题,外部要处理好国家、集体、个人三者之间的利益平衡问题以及眼前利益与长远利益的问题。其中存在着政策、平衡、协调等大量的工作。实行家庭联产承包责任制后,村经济组织要增强服务功能和统筹功能,解决一家一户难以解决的生产和流通过程中的困难,减轻农民负担,为广大农民提供质优价廉的服务。在服务过程中,照顾一些市场竞争力差的农户,对他们进行适当利益调节,通过经济的支持,使家庭经济潜在的活力能够充分地调动起来。

五、村经济组织的职能

村经济组织的职能可以从以下五个方面来阐述:

1. 战略职能

村经济组织所面对的经营环境和市场环境是非常复杂的,这些环境受到众多影响因素的制约,变化很快,而且竞争激烈。在这样一个环境中,村经济组织欲求长期稳定的生存和发展,就必须要高瞻远瞩,善于审时度势,随机应变。必须从战略的角度来考虑有关经营管理的问题。因此,战略职能理应是一个首要的职能。另外也可以从战略经营的概念来认识战略职能的重要性。所谓战略经营,实际上就是在没有得到最准确的答案之前就采取行动。因此,它要求经营管理者树立战略观念,要具有一定的超前意识,这样才能在战略上采取主动,利用环境提供的机会,回避环境带来的风险,牢固立足于市场。

不同类型的村经济组织都要具备这种职能,否则的话就会远离市场环境的要求,导致生产经营活动的盲目性。

2. 决策职能

战略方向一旦确定,就要做好具体的决策工作。因此,决策职能也是经营管理的中心内容,从狭义的角度看,甚至可以说经营管理就是经营决策。

各种类型的村经济组织由于面对的环境不同,采用的组织形式不同,从事的行业不同,决策工作的侧重点也会有所不同。但不论怎样,决策职能是必须要具备的。

3. 开发职能

村经济组织同样也会面临一个如何开发资源的问题。这里所说的资源是一个非常广义的概念,包括人力、物力、财力、信息等方面的内容。在众多资源中,尤为重要的资源是人力资源,因为它是生产力发展的第一要素。

村经济组织相对于工业企业来说,在人力资源的数量和质量上都有所区别,由此带来了许多连贯的问题,比如:产品质量能否得到保证?新技术能否得以运用?新产品的开发是否及时?能源的利用是否合理?市场的开发是否到位?资金的运用是否合理?要想改变目前村经济组织的现状,就必须在整体开发上加大力度,使村经济组织不断得以完善和发展。

4. 积累职能

村经济组织运作的一个目的就是要达到一定的积累水平,这是进行扩大再生产和追加投资的必要保证。要逐步完善积累制度,各种不同类型的村经济组织可以按照国家的有关规定建立和完善积累制度,使村经济组织的综合功能得到更好地发挥。

5. 经营职能

村经济组织的生存和发展具体是通过其有效的经营来实现的。经营职能主要体现在制定合理的经营计划、确立经营目标、找准市场范围、制订筹资方案、合理组织生产等方面。

第二节 村经济组织类型

由于农村经济体制的改革,使得农村经济组织的类型也呈现出多样化的特点,尤其在那些比较发达的地区,农村城镇化的水平普遍较高,各种存在于农村的工业企业类型的村经济组织形式共存、共同发展,促进了农村社会主义市场经济的发展。但必须强调的一点是,在多种经济组织的形式中,集体所有制经济始终占据主导地位。

经济组织的存在是以盈利为目的的,至于如何营利,各种不同类型的经济组织由于其性质的不同,在管理上也有所不同。

一、村集体所有制经济组织

所谓村集体所有制经济组织,就是在村区域内设立的、以生产资料的劳动群众集体所有制为基础的、独立的商品经济组织。一般表现为在村区域内设立的集体所有制企业,实行自主经营、自负盈亏、独立核算,并且可以实行多种形式的经营责任制。

1. 村集体所有制经济组织的特点

(1) 在生产资料占有和使用方面,土地和主要的生产资料或财产归集体经济内部成员共同所有,由他们支配和使用。

(2) 在经营管理方面,集体所有制经济比起国有经济有着更多的灵活性。它在完成合同规定的任务之后,有权按照自己的需要和根据自己的条件来安排生产和进行交换。

(3) 在分配方面,集体经济实行独立核算、自负盈亏。

2. 村集体所有制经济组织的主要任务

(1) 发展商品生产和服务业,满足社会日益增长的物质和文化生活的需要;

(2) 调整农村产业结构,合理利用农村劳动力;

(3) 支援农业生产和农村建设,增加国家财政和农民的收入;

(4) 积极发展出口创汇生产;

(5) 为大工业配套和服务。

3. 村集体所有制经济组织的权利

根据《乡村集体所有制企业条例》和其他有关法规的规定,村集体所有制经济组织(企业)的权利主要有:

(1) 产、供、销方面的权利。包括生产经营活动自主安排权,物资选购权,产品销售权,进出口权,制订价格权,联合经营权,订立合同权等;

(2) 人、财、物方面的权利。包括人事劳动管理权,资产、资金占有和使用权,拒绝摊派和非法罚款权等。

4. 村集体所有制经济组织的义务

有权力就必须承担义务。村集体所有制经济组织的义务主要有:

(1) 对国家的义务。包括遵守法律、法规的义务;努力降低原材料能源消耗,发展符合国家产业政策的产品的义务;依法交纳税金、费用的义务;依法建立和健全财务会计、审计、统计等制度的义务等。

(2) 对社会的义务。包括保证产品质量和服务质量的义务;依法履行合同的义务;保护自然资源和环境、防止和治理污染的义务等。

(3) 对组织内部成员的义务。包括搞好员工教育的义务;实行按劳分配的义务;做好劳动保护工作的义务;依法实行劳动保险的义务等。

5. 村集体所有制经济组织的管理

村集体所有制经济组织的财产属于举办该经济组织的村范围内的全体村民集体所有,由村集体经济组织行使财产的所有权。经济组织的所有者依法决定组织的经营方向、经营形式、经营人选或者选聘方式,依法决定组织税后利润在其组织之间的具体分配比例,有权作出关于组织分立、合并、迁移、停业、终止、申请破产等决议。

村集体所有制经济组织的经营者是厂长、经理,并实行厂长、经理负责制;厂长、经理对经济组织全面负责,并代表经济组织行使职权。

村集体所有制经济组织的成员有权参加本组织的民主管理,有权对厂长、经理和其他管理人员提出批评和控告。职工代表大会有权对经营管理中的问题提出意见和建议,评议、监督厂长、经理和其他管理人员,维护员工的合法权益。村集体所有制经济组织应当兼顾国家、集体和个人的利益,合理安排积累与消费的比例,对员工实行各尽所能、按劳分配的原则。

村集体所有制经济组织的税后利润,留给组织的部分不应低于60%,由组织自行安排,主要用作增加生产发展基金,进行技术改造和扩大再生产,适当增加福利基金和奖励基金。税后利润交给经济组织所有者的部分,主要用于扶持农业基本建设、农业技术报务、农村公益事业、企业更新改造或者发展新企业。

6. 上海市郊村级集体经济组织的改革探索

上海市郊新一轮村级集体经济组织的改革探索,主要针对集体资产的虚置,改变对大多数村民意味着集体资产"人人有份,人人无份"的状况。将集体资产量化,让村民户户持股,特别是让农民在失去土地后能享受股份分红的权利,实现长效增收。由于上海市郊村级经济发展具有不平衡性,在实际操作中总结探索了三种模式。

(1) 村变居委会。村集体资产整体量化到人。如闵行区虹桥镇虹五村,由于村里人口全部实现了"农转非",所以在操作中撤消了虹五村村民委员会的建制,同时清理集体资产,将集体经济组织可量化的净资产按村民"农龄",以股权形式量化到人,彻底明晰了农民对集体资产的所有权。

(2) 村建制保留,资产部分量化到人。如闵行区七宝镇九星村,九星村是上海市郊的"亿元村"状元,由于其资产总量大,首先将村集体经济组织的部分可量化的资产,按村民"农龄",以股权量化到人;对目前尚难以量化的村集体资产仍由村民委员会管理,并逐步创造条件加以量化。

(3) 资产不量化,分红按股份。如松江区九亭镇九里亭村,他们将村里的集体资产按原九里亭村民,以不同年龄折算成每个村民所占的股份,最高为10股,16岁以下的为3股,原村的集体资产仍由九里亭实业公司统一经营,年终将净资产的8%以红利形式返还给原村民。

上述三种模式尽管做法不同,但把集体资产量化给村民,将村集体经济组织改制成股份合作制企业,是大势所趋,是适应市场经济发展要求的。这种改革既有利于农民的持续增收,也有助于增强村级经济的活力;同时也有利于村级经济账目公开,防止腐败发生。

二、私营经济组织

所谓私营经济组织,是指由自然人投资设立或由自然人控股,以雇佣劳动力为基础营利性经济组织。包括按规定代名词注册的私营独资企业,私营合伙企业,私营有限责任公司。

私营经济组织的形式是私营企业。依照《私营企业暂行条例》第二条规定:凡是企业资产属私人所有、雇工8人以上的营利性经济组织就属于私营企业的范畴。

1. 私营经济组织的基本特征

(1) 私营经济是营利性的经济组织。它既不同于国家机关、事业单位和群众团体,也不同于个体经济组织,它是按照价值规律的要求独立从事商品经济活动,并以营利为根本目的。

（2）私营经济组织中存在着雇用劳动关系。私营经济组织的雇工是指资产所有者以外的受雇于该经济组织的人员，因此，私营经济组织的资产所有者与雇工之间的关系是一种雇用劳动关系。当然，这与个体经济组织中的雇佣关系是有区别的：私营经济组织的雇用人数要在8人以上才构成组织形式，可见雇用劳动力是组织生产经营的基础；个体经济组织也可以请一两个帮手，或者带三五个徒弟，但是主要还是以自己劳动为主。

（3）私营经济的资产属于私人所有。这里所说的私人，可以是一个人，也可以是若干人。根据《私营企业暂行条例》第六条的规定，我国私营企业可以分为独资企业、合伙企业和有限责任公司三种。

① 私营独资企业，是指一人投资经营的私营企业。这类私营企业的投资者对企业债务负无限责任。

② 私营合伙企业，是指两人以上按照协议投资、共同经营、共负盈亏的私营企业。这类私营企业的合伙人对企业债务负连带无限责任。

③ 私营有限责任公司，是指投资者以其出资额对公司负责，公司以其全部资产对公司债务承担责任的私营企业。它必须符合《私营企业暂行条例》的有关规定：公司名称标明有限责任公司或有限公司的字样；有符合本条例规定的公司章程；投资者符合规定人数；注册资金取得合法的验资证明；不得减少注册资本；不得向社会发行股票；投资者转让出资应当取得半数以上投资者的同意。私营有限责任公司依法取得法人资格。私营有限责任公司还必须符合我国《公司法》的有关规定。

2. 私营经济组织的权利

私营经济组织的投资者对其财产依法享有所有权。根据有关法规的规定，私营经济组织在生产经营活动中享有的权利主要有：

（1）自主经营权。私营经济组织在核准登记的范围内，根据自身的条件和市场需求，实行自主经营。

（2）订立合同权。私营经济组织有权与其他经济组织、事业单位订立经济合同和其他合同。

（3）制定价格权。私营经济组织有权按照国家价格管理的规定，制定商品价格和收费标准。

（4）联合经营权。私营经济组织按照法律、法规的规定，可以同我国大陆的其他经济组织、事业单位联营，也可以同港澳台地区的经济组织或个人以及外国企业和其他经济组织或个人联合举办合资经营企业、合作经营企业，承揽来料加工、来样加工、来件装配，从事补偿贸易。

（5）人事劳动管理权。私营经济组织有权决定本组织的机构设置以及人员编制。根据平等自愿、协商一致的原则，按照劳动合同的规定招用、辞退员工。有权决定本组织的工资制度。

（6）资金使用权。私营经济组织按照一定的税后利润水平，有权决定资金的投向，也有权决定利润的分配方式。

(7) 工业产权。这是一种无形财产权,私营经济组织所享有的工业产权包括发明创造专利权、注册商标专用权、专有技术权和企业名称专用权等。

(8) 拒绝摊派权。除了法律、法规另有规定者外,任何单位和个人都不得以任何方式要求私营经济组织提供人力、物力、财力。对于向私营经济组织的摊派,私营企业有权拒绝提供。

3. 私营经济组织的义务

根据有关法规的规定,私营经济组织在生产经营活动中应当履行的义务主要有：

(1) 遵守国家法律、法规和政策的义务；

(2) 依法交纳税金和费用的义务；

(3) 建立、健全财务会计制度的义务；

(4) 做好劳动保护工作和实行劳动保险的义务；

(5) 支持工会工作的义务；

(6) 服从国家有关机关监督管理的义务。

4. 私营经济组织的管理

《中华人民共和国宪法修正案》第一条规定,宪法第十一条增加规定:"国家允许私营经济在法律规定的范围内存在和发展。私营经济是社会主义公有制经济的补充。国家保护私营经济的合法的权利和利益,对私营经济实行引导、监督和管理。"据此,对私营经济组织的管理主要体现在如下两个方面:

(1) 劳动管理。私营经济组织招用员工必须按照平等自愿、协商一致的原则,以书面形式签订劳动合同,确定雇佣劳动双方的权利、义务；劳动合同应当包括：劳动质量和数量要求,合同期限,劳动条件,劳动报酬、保险和福利待遇,劳动纪律,违约责任以及其他约定事项；私营企业工会有权代表职工与企业签订集体合同,依法保护职工的合法权益,支持企业的生产经营活动；劳动合同应当向当地劳动行政管理机关备案。私营企业实行8小时工作制,不得招用未满16周岁的童工。私营企业必须执行国家有关劳动保护的规定,建立必要的规章制度,提供劳动安全、卫生设施,保障员工的安全和健康；对从事关系到人身健康、生命安全的行业或工种的员工,企业必须按国家规定向保险公司投保；私营企业应当为员工办理社会保险。

(2) 财务税收管理。私营经济组织必须按照国家财务会计法规和税务机关的规定,健全财务会计制度,配备财会人员,建立会计账簿,编送财务报表,严格履行纳税义务,接受税务机关的监督检查。

私营经济组织税后利润留作生产发展基金的部分不得低于50%。由于特殊原因,提取比例低于50%的,须经税务机关批准。私营经济组织的生产发展基金可以用于本组织扩大再生产、向其他组织投资、偿还贷款或者弥补本组织的亏损,用于其他用途,须经税务机关批准。

私营经济组织必须按照税法规定,严格履行纳税义务,接受税务机关的监督。私营经济组织必须按规定确立账簿和保存凭证,并按规定向当地税务机关编送财务报表和进行纳税申报。私营经济组织的投资者应按规定缴纳个人所得税。

三、股份制经济组织

所谓股份制经济组织,就是以股东出资的数额为限对经济组织承担责任的组织形式。股份制经济的典型形式就是公司制。同时,公司制也是实行现代企业制度的根本形式。

最常见的股份制经济组织的形式是有限责任公司和股份有限公司。

随着农村经济改革和体制改革的进一步深化,村经济组织的发展也会采用股份制经济的形式,并借鉴现代企业制度的管理思路来发展村经济组织。

1. 有限责任公司

(1) 有限责任公司的概念。

所谓有限责任公司,就是指两个以上的股东共同出资,股东以其出资额为限对公司承担有限责任,公司以其全部资产对其债务承担责任的企业法人。

有限责任公司是一种典型的公司形式,即便在我国《公司法》颁布之前,有限责任公司已见诸有关法律、法规的规定,实践中早已存在。如法律规定中外合资经营企业必须采用有限责任公司形式;规定了具备法人条件的中外合作经营企业、外资企业和私营企业可以采用有限责任公司形式。

(2) 有限责任公司的特征。

有限责任公司呈现出如下这些特征:

① 募股集资的封闭性。这是有限责任公司区别于股份有限公司的主要特征。有限责任公司是通过投资者协商确定投资比例和出资方式,形成公司股本总额,不得向社会公开募集资金,不得发行股票,因此,其设立和监督不如股份有限公司严格。

② 股东数额的限制性。有限责任公司对股东的数额一般有上限或者下限的限制,我国《公司法》规定,有限责任公司的股东人数为 2~50 人;国家授权投资的机构或国家授权的部门可以单独设立有限责任公司,而在《中外合资经营企业法》中,对合资企业股东人数未作具体规定。

③ 公司资本的不等额性。有限责任公司的资本构成通常称为出资,全部资本不必划分为等额股份,股东按照协议比例出资,按出资比例享有权利、承担义务和风险,股东的股权表现形式不是股票,而是由公司签发的出资证明书或者股权证书。

④ 股份转让受到严格限制。有限责任公司的股份可以转让,但转让受到严格的法律限制。股份可以在股东之间转让,也可以向股东以外的人转让,后者转让必须经全体股东过半数同意,在同等条件下,其他股东有优先购买权。

⑤ 组织机构比较简单。有限责任公司因其封闭性,内部组织机构设置不及股份有限公司严格,有些可以简化。如《公司法》第五十一条规定,有限责任公司股东人数较少和规模较小的,可以设一名执行董事,不设立董事会。执行董事可以兼任公司经理。

(3) 设立有限责任公司应具备的条件。

设立有限责任公司必须具备下列条件：

① 股东符合法定人数：股东为 2 个(含 2 个)以上,50 个以下；

② 股东出资达到法定资本最低限额；

③ 股东共同制定公司章程；

④ 有公司名称,建立符合有限责任公司要求的组织机构；

⑤ 有固定的生产经营场所和必要的生产经营条件。

(4) 有限责任公司的组织机构

有限责任公司的组织机构包括以下几部分内容：

① 股东。有限责任公司的股东也就是公司的出资人,股东不是公司组织机构范畴,但却是公司各种组织机构的基础。《公司法》规定,公司股东作为出资人按投入公司的资本额享有所有者的资产受益、重大决策和选择管理者等权利。

② 股东会。有限责任公司设立股东会。股东会是依照法律规定,由全体股东组成的、对公司经营管理中各项重要事项拥有最高决策权的权力机构。股东会议由股东按照出资比例行使表决权。

③ 董事会。有限责任公司的董事会是股东会的常设执行机关,由股东选举产生,行使公司的经营管理权。董事会对股东会负责。《公司法》规定,有限责任公司设董事会,其成员为 3~13 人。董事可以由股东担任,也可以推举非股东担任；董事可以是自然人,也可以是法人。董事任期由公司章程规定,但每届任期不得超过 3 年,董事任期届满,连选可以连任。董事会设董事长 1 人,可以设副董事长 1~2 人。董事长为公司的法定代表人。

④ 经理。经理是有限责任公司的辅助业务执行机关,是公司日常经营管理工作的负责人。经理由董事会聘任或解聘,对董事会负责。

⑤ 监事会。监事会是对公司生产经营业务活动进行监督检查的常设机构。我国《公司法》规定：经营规模较大的有限责任公司应当设立监事会,其成员不得少于 3 人,监事会应在其组成人员中推选一名召集人；股东人数较少、规模较小的有限责任公司,可以设 1~2 名监事。监事会有股东代表和适当比例的公司职工代表选举组成,具体比例由公司章程规定,职工代表由公司职工民主选举产生。

2. 股份有限公司

(1) 股份有限公司的概念。

所谓股份有限公司,就是指由一定数额的股东所组成的,其全部资本分为等额股份,股东以其所持股份为限对公司承担责任,公司以其全部资产对公司债务承担责任的企业法人。

在此必须说明一点：股份有限公司和股份制企业是两个含义不能等同的概念：股份制企业是指两个或两个以上投资者所组成的股权式企业,包括有限责任公司、两合公司等,股份有限公司仅是其中的一种。

(2) 股份有限公司的特征。

股份有限公司呈现出如下这些特征：

① 募股集资的公开性。股份有限公司向社会开放募股集资,它通过放行设立或募集设立方式,在一定范围内向社会公开筹集公司股本,招股采用公示主义,即招股时要制定招股章程。这一点明显不同于有限责任公司;

② 股东数额的广泛性。股份有限公司只规定股东最低的法定人数。对于股东的资格,一般只对公司发起人资格作某些限制,而对一般股东没有资格限制;

③ 股份的等额性。股份有限公司的注册资本由等额的股份组成。将股份划分为若干等额股份有利于保证股份有限公司的广泛性、公开性和平等性;

④ 股份可自由转让性。股份有限公司的股份表现形式为股票,股份的转让实质上就是股票的转让,股票转让的结果是股东资格及其权利义务的转让。这种股份的转让在法律上没有严格的限制,也就是说在法定范围内这种转让是自由的;

⑤ 设立要求相对严格。股份有限公司因其组建与生产经营具有特殊性,国家对其监督管理较之有限责任公司要严格。股份有限公司设立必须具备法定条件,履行严格的法定程序,股份有限公司的设立必须经有关部门批准,其设立实行核准主义。

(3) 设立股份有限公司的条件。

根据《公司法》第七十七条规定,股份有限公司的设立应具备六个条件:

① 发起人符合法定人数。发起人即公司的创建人。发起人是公司的当然股东,可以是自然人,也可以是法人。设立股份有限公司应当有2人以上、200人以下为发起人,其中须有过半数的发起人在中国境内有住所;

② 发起人认缴和社会公开募集的股本达到法定最低限额。股份有限公司的注册资本为其在公司登记机关登记的实收股本总额,最低限额为人民币500万元。法律、行政法规对股份有限公司注册资本的最低限度有较高规定的,从其规定;

③ 股份发行、筹办事项符合法律规定;

④ 发起人制定公司章程,并经创立大会通过;

⑤ 有公司名称,建立符合股份有限公司要求的组织机构;

⑥ 有固定的生产经营场所和必要的生产经营条件。

(4) 股份有限公司的组织机构。

股份有限公司的组织机构包括以下几部分:

① 股东大会。它是股份有限公司的权力机构,由股东组成。股东大会由董事会依照《公司法》的规定负责召集,由董事长主持。股东出席股东大会,所持每一股份有一表决权。股东大会作出决议,必须经出席会议的半数以上人员通过;

② 董事会。股份有限公司设董事会,其成员为5~19人。董事会对股东大会负责。董事会设董事长1人,可以设副董事长1~2人。董事长和副董事长由董事会以全体董事的过半数选举产生。董事长为公司的法定代表人。董事任期由公司章程决定,但每届任期不得超过3年;董事任期届满,连选可以连任;

③ 经理。股份有限公司设经理,由董事会聘任或解聘,经理对董事会负责,列席董事会会议。公司董事会可以决定,由董事会成员兼任经理;

④ 监事会。股份有限公司设立监事会,其成员不得少于 3 人,监事会应在其组成人员中推选一名召集人。监事会由股东代表和适当比例的公司职工代表组成,具体比例由公司章程规定。

从市场经济发展的规律来认识,既然是一种经济组织,就必须按照经济发展的规律来运行。从企业行为的角度看,村办企业与工业企业并没有本质上的差别。因此,村经济组织同样可以借鉴现代企业管理制度使得农业中的产权关系得以明晰,有效地实现出资者所有权与法人财产权的分离,使得经营管理中的权责明确,贯彻真正意义上的政企分开,有效地实施科学管理。在此,我们就股份制经济的基本内容作一些简单的介绍,以便于村经济组织中的股份制形式规范化。

四、个体经济组织

所谓个体经济组织,就是以劳动者个人或家庭为单位,生产资料归家庭个人所有,产品归个人支配,依靠家庭自己的劳动力、生产资料和资金从事生产经营活动,独立核算、自负盈亏的经济形式。

农村的个体经济组织主要是以农民家庭为单位的家庭经济。当然,随着生产力的发展和社会的进步,今天的家庭经济同过去的家庭经济相比较,已经不可同日而语。社会经济的发展,并不能排斥家庭经济的存在,相反,使得农村家庭成为生活与生产相结合的社会经济单位。同样,家庭经济也可以容纳较现代化的生产力,以家庭为单位进行生产经营是适应社会主义初级阶段农业生产经营的一种适用形式。

随着市场机制的不断完善,市场经济要求有明确的市场主体,因此,在今后的发展中,个体经济组织的发展必将逐步形成以家庭为单位、具有较大规模和现代化生产水平的独立的经济单位,较多的家庭生产经营将步入私营企业行列。

我国目前农村中存在的庭院经济、家庭承包经济等都是在农村改革过程中出现的一些过渡性经济组织。从发展的角度来看,农户的庭院经济与承包经济将逐步统一,成为农民家庭经济。这种家庭经济照样可以容纳现代化科学技术,照样可以进行大规模的商品生产和从事专业化分工的生产。

第三节 村经济组织管理

加强村经济组织的管理,对推动农村生产力的发展,繁荣农村经济,改善农户生活条件有着极其重要的意义。村经济组织管理所涉及的内容相当广泛,各种不同类型的组织形式其管理的内涵也不尽相同。

一、村经济组织管理的必要性

1. 管理可以维持村经济组织的生存和发展

由于村经济组织构成的形式呈多样化,且各种形式的组成也都有着自身的特殊性。各种经济组织内部存在的各种利益和目标也并非是天然一致的,有些目标甚至会出现相悖的情况。于是,个人与部门之间的利益、个人与个人之间的利益、部门与部门之间的利益、部门与经济组织整体之间的利益就会发生冲突。这种目标的冲突必然会导致行为上的冲突。如果不进行有效地化解,冲突所带来的最终结果将是导致经济组织生存的危机。而做好管理工作,可以将各种利益有机地结合起来,使个人和部门在实现经济组织目标的行动中,同时实现自身的利益目标。

2. 管理可以提高村经济组织的效率

所谓效率就是指经济组织活动达到经济组织目标的有效性。一般来说,经济组织具有不同与其各组成部分的独立目标,该目标实现的程度取决于经济组织内部的协调程度。管理就是通过种种手段和途径使经济组织内部各部门、各个人的行为协调起来,以最低的成本、最快的速度实现经济组织的目标。任何经济组织都有自己的目标,实现目标是要耗费一定的资源的。在当代社会中,以最少的资源投入获得最大的产出,是每一个经济组织都必须要遵循的原则。也就是说要有成本费用观念,讲求经济效益。决定一个经济组织效益大小和资源效率高低的首要条件是资源的最优配置和最优利用,其手段都是管理。

二、村经济组织设置的原则

村经济组织的设置,应从本地实际出发,立足精简高效。具体说,应遵循如下三条原则:

1. 与生产力水平相适应的原则

村经济组织的设置,应以现有的生产力水平为依据。不要盲目地追求形式上的现代化,是什么水平就采用与之相适用的经济组织的形式。十一届三中全会以来,我国农村普遍成立了村经济合作社或农工商合作社等组织,实践证明,这些组织形式是比较适应农村生产力发展状况的。

2. 自愿互利和独立自主的原则

所谓自愿互利,是指经济组织的设置要建立在农民自愿的基础上,并要以互利为根本的经济前提。因为只有农民自愿,才能表现出其生产的积极性;只有让他们"有利可图",才会让他们真正做到自愿。所谓独立自主,是指村经济组织的设置,必须有利于维护组织中每个成员的独立地位和自主权。只有让他们利益均占、风险共担,才能促进他们发挥潜力,努力提高经济效益。

3. 历史性和现实性相结合的原则

市场经济条件下的经济组织形式多种多样,各村经济发展水平又有相当大的差异,因此,村经济组织的设置不能一概而论,关键在于必须从本地经济发展的现实要求出发,并充分注意组织设置形式的历史条件和现实条件。

三、村经济组织管理的主要内容

村经济组织管理内容涵盖量非常广,就其主要内容而言,有合同管理、财务管理和土地管理。

1. 合同管理

所谓合同管理,就是指对合同的订立和履行所进行的计划、组织、指导、监督和协作等活动。村经济组织的合同管理,就是把村经济组织的经济活动纳入法律的轨道,依法经营,用法律的手段来保护和维持自身的生产经营活动。

合同管理可以从以下几方面来认识:

(1) 合同的订立。

合同的订立有一定的程序要遵循。合同订立的一般程序,从法律上可以分为要约和承诺两个阶段。

① 要约。所谓要约是指订约当事人一方向另一方发出的缔结合同的提议。发出要约的一方为要约人,另一方为受要约人或相对人。要约的成立条件有:必须是以缔结合同为目的的意思表示;必须是由特定的当事人向特定的相对人作出的意思表示;其内容必须包括足以决定合同成立的主要条款。

要约的法律效力表现在两个方面:第一,就要约人而言,自要约生效时起受要约的约束。要约人在要约的有效期内不得随意变更或撤销要约。第二,就受要约人而言,自要约生效时起取得承诺的资格。要约生效后,受要约人有权在要约的有效期内作出接受要约的答复。

② 承诺。所谓承诺是指受要约人向要约人作出的对要约完全同意的意思表示。承诺必须具备如下条件才能成立:必须是对要约作出的答复;必须是受要约人向要约人作出的意思表示;必须与要约的内容相一致;必须是于要约的有效期限内作出的答复;必须具备相应的形式。

承诺的效力指的是承诺引起的法律后果,其表现为使合同成立,订立合同的阶段结束。

(2) 合同订立应遵循的原则。

当事人在订立合同时应当遵循以下原则:

① 诚信合法原则。当事人在订立合同中要诚实,守信用,不得弄虚作假、欺骗对方。订立合同要坚持合法原则,任何组织与个人都不得利用合同进行违法犯罪活动,不得订立违反国家法律和政策的合同。

② 平等自愿原则。订约当事人的法律地位是平等的,订立合同应当坚持平等自

愿的原则,当事人自由表达自己订约的意愿,任何人不得以强凌弱、以小欺大,不得将自己的意志强加给对方。

③ 协商一致原则。订约当事人在订约过程中应当充分协商,取得一致意见。

(3) 合同的主要条款。

合同的主要条款是指合同必须具备的条款。当事人若不能就主要条款达成一致意见,合同便不能成立。

一般来说,合同的主要条款有:

① 标的。标的是合同当事人权利义务共同指向的对象。没有标的,合同的权利义务也就不能确定。没有标的,或标的自始客观不能的合同,是不能成立的。因此,标的是所有合同必须具备的主要条款。合同的标的可以是物,也可以是货币,还可以是工程项目或劳务或科技成果等。

② 数量和质量。数量和质量是确定合同标的具体条件,是同一种标的相互区别的具体特征。合同没有标的不行,标的不明确也无法履行。因此,数量和质量也称为合同的主要条款,应当具体、清楚、明确。

③ 价款或酬金。价款或酬金是标的价金,是当事人一方取得标的应向对方支付的代价。因此,价款或酬金是有偿合同必须具备的条款。

④ 履行期限和地点。履行期限是当事人履行债务或合同的时间限度,关系到合同履行的经济和法律意义。合同履行的地点关系到履行费用的负担,因此履行期限和地点也常作为合同的主要条款。

⑤ 违约责任条款。违约责任是当事人违反合同应当承担的民事法律后果。合同中规定违约责任条款,可以使当事人时时想到违约的法律后果,有利于督促当事人自觉履行合同,也有利于违约后纠纷的解决。

(4) 农副产品购销合同。

农副产品购销合同是指转让农副产品的合同,是法人之间、法人与个体经营者、农村承包经营者之间签订的购销农副产品的协议。

① 农副产品购销合同的特点。

农副产品购销合同是买卖合同的一种,它具有以下四个特征:合同的标的物是农副产品;合同的主体可以法人,也可以是个体经营者,但应为从事农副产品生产或经营者;既可以是计划合同,也可以是非计划合同;除即时清结者外,合同须采用书面形式。

② 农副产品购销合同的主要条款。

农副产品购销合同的主要条款应包括以下十条:

● 产品的名称。使用的名称必须准确,使用地区性习惯名称的,双方当事人应取得一致的意见。

● 产品的数量和计量单位。合同中须明确规定产品的数量、计量单位和计量方法,不得使用含混不清的计量概念。

● 产品的品种、等级和质量。有国家标准的,执行国家标准;无国家标准而有部颁标准的,按部颁标准执行;无国家标准和部颁标准的,按地区标准执行;无上述标准的,由双方协商确定。

- 产品的包装。包装物的标准,按国家标准或专业标准执行;没有国家标准或专业标准的,由托运方和承运方商定。双方应商定包装物的供应。
- 产品的价格。产品价格应按照物价主管部门规定的价格签订。国家允许协商定价或议价的,由双方协商确定。
- 交(提)货期限和地点。双方应根据产品的生产周期、收获季节、交接能力,明确规定交(提)货的期限。
- 交(提)货的方式。一般由送货、提货、代运、义运等方式。当事人应根据有关规定、历史习惯协商确定。
- 货款的结算。合同中应明确规定货款的结算办法和结算时间;应注明双方的开户(结算)银行和账户名称、账号。
- 产品的验收。合同中应对产品的验收地点、验收办法做出明确规定。
- 违约责任。

对农副产品购销合同的鉴证,是对合同的合法性、可行性和真实性进行的审查,并确认当事人双方签订合同这一法律事实。这是合同管理的一部分,也是村经济组织合同管理的一个重要方面,是保证合同履行的一个有效办法。

同样,对合同实施监督检查,不但要对合同规定的产品品种、等级、数量、质量、包装等进行监督检查,而且还要对购销合同的履行进行检查,应当要求当事人双方必须尊重合同,守信用,确保合同得以实际履行、全面履行、协作履行。

(5) 村办企业租赁经营合同。

村办企业租赁经营合同,是出租人将企业提供给承租人经营,承租人向出租人为此交付租金,并于合同终止时将企业返还给出租人经营的协议。协议双方的当事人通过协商,依法享有权利和承担义务。

作为租赁经营合同本身而言,它具有以下法律特征:

① 出租人须将财产交付承租人使用,但不转移所有权。
② 承租人须向出租人交付租金。租金一般为现金,也可以是实物。
③ 承租人于租赁关系中止后须将原租赁物返还给出租人。
④ 租赁合同具有临时性。
⑤ 租赁合同为有偿合同、承诺合同。

对村办企业租赁经营合同的管理,须做好这样几方面的工作:第一,合同的事前管理;第二,合同的中期管理;第三,合同的结算管理。

(6) 村经济组织合同的纠纷处理。

合同在履行的过程中,由于各种原因往往会发生纠纷。对此,村经济组织要有区别地、及时正确地加以处理。

对农副产品购销合同纠纷的处理,有如下四种方法:

① 协商。即产生合同纠纷的双方在自愿互谅的基础上,按照政策、法规的规定,

通过协调、商量的途径解决问题与纠纷。

② 调解。即通过第三方对合同纠纷双方进行说服教育，使双方在互谅互让的基础上解决纠纷。一般有合同管理机关的行政调解和法庭审判调解两种形式。

③ 仲裁。即由国家规定的合同管理机关或仲裁委员会对合同、当事人双方发生的纠纷居中进行调解，并作出判断和裁决。仲裁决定书经仲裁机关和当事人双方盖章后具有法律效力。

④ 审理。当合同纠纷发生后，一方不愿意进行协商或调解无效或不服仲裁时，可以向法院提起上诉，由法院进行调解和判决。对判决不服的可以在规定期限内向上级法院上诉；对上级法院审理判决的，必须执行，不能再上诉。

对村办企业租赁经营合同纠纷的处理，一般可按照如下程序进行：第一，确认租赁经营合同是否合法有效；第二，调查合同双方的履约情况，明确纠纷的责任方；第三，追究责任方的违约责任。

2. 财务管理

所谓财务管理，就是指对经济组织的财务活动及其所体现的财务关系进行管理。

所谓财务活动，就是指资金的筹集、运用、耗资、收回及分配等一系列行为。从整体上讲，财务活动包括筹资活动、投资活动、资金营运活动和分配活动。

所谓财务关系，就是指经济组织在组织财务活动过程中与有关各方所发生的经济利益关系。它包括经济组织与国家之间的财务关系、经济组织与投资者之间的财务关系、经济组织与债权人之间的财务关系、经济组织与受资者之间的财务关系、经济组织与债务人之间的财务关系、经济组织内部各单位之间的财务关系、经济组织与职工之间的财务关系。

村经济组织的财务管理就是把上述内容具体化，通过强化村经济组织的财务管理，增强资金的筹措能力，确保资金投向的准确性，使资金能够得以有效地运营，让有限的资金发挥出更佳的效益。

村经济组织的财务管理工作应把握三个主要方面。

(1) 建立健全村经济组织内部财务会计管理制度。村经济组织应建立健全财务会计管理制度的内容有：

① 现金管理制度。不相容职务进行分离；严格执行国家《现金管理暂行条例》。

② 银行存款管理制度。加强对银行存款的管理，支票、存款和印鉴应分别妥善保管，定期与银行核对账目，不出租出借银行账户，不签发空头支票和远期支票，不套取银行信用。

③ 产品物资管理制度。包括要建立健全产品物资的保管、领用制度；建立保管人员责任制；严格执行产品物资的盘点核对制度，定期对存货进行盘点核对。

④ 固定资产管理制度。包括建立固定资产登记、保管、使用和维修保养制度；建立固定资产折旧制度，按年或按季、按月提取固定资产折旧。

⑤ 财务收支管理制度。正确计算各项收入，并及时入账；建立健全各项开支审批制度。实行主管领导"一支笔"审批制度。

⑥ 财务报表和财务档案管理制度。准确、及时、完整地编制财务报表,并进行各项财务分析,定期提供给主管部门和有关单位,并向全体成员公布;加强对财务档案的管理。

⑦ 民主理财制度。

⑧ 财务人员管理制度。明确财会人员的权利和义务,建立岗位责任制;按有关规定任免财会人员;做好对财会人员的培训工作。

(2) 搞好村经济组织的财务管理工作必须坚持民主理财的原则。主要应落实好以下几项工作:

① 建立民主理财小组。村经济组织要建立以其成员代表为主、有关村干部共同参加的民主理财小组。民主理财小组有权监督各项财务制度的实施情况;有权检查现金、银行存款、物资、产成品、固定资产的库存情况;有权对财务公开情况进行检查和监督;有权代表群众查阅有关财务账目,反映有关问题;有权向上一级部门反映有关财务管理中的问题。

② 重大财务事项,应先报乡镇业务主管部门审查,经成员大会或成员代表大会讨论通过后执行。这些事项包括:村经济组织筹集的资金在特殊情况下需要抽走的;大额借债由于债务单位撤销,依照民事诉讼法确实无法追回,或由于债务人死亡,既无遗产可以清偿,又无义务承担人,确实无法收回的应收款项的核销;大中型固定资产的变卖和报废处理;大额对外投资项目;村经济组织会计人员的任免和调换;计划外较大的财务开支项目;主要生产项目的承包办法及承包指标的确定。

③ 实行财务公开,定期公布有关账目,接受群众监督。

(3) 搞好村经济组织的利益分配。村经济组织的利益分配是指将村经济组织全体成员在一定时期内所取得的生产经营成果,按照党的有关政策规定,在国家、集体、个人之间进行分配的过程。搞好利益分配,不但可以进一步稳定和完善承包责任制,壮大集体经济;而且可以调动农民的生产积极性,不断增加农民收入,逐步改善生活,促进经济的发展。

村经济组织利益分配应遵循的基本原则有:

① 效益决定分配原则。村经济组织是一个独立核算、自负盈亏的经济组织,不享受国家的补贴,因此,村经济组织的利益分配是建立在上缴国家各项税收和法定负担后剩余的那部分净收益基础上的。

② 以劳动所得为主和按生产要素分配相结合的分配制度原则。农村改革之后,坚持土地公有、家庭经营,使两权分离,建立以家庭承包经营为基础、统一经营和分散经营相结合的双层经营机制。同时,鼓励和引导农民发展个体、私营经济和股份制经济,实行以公有制经济为主体、多种所有制经济共同发展的局面。村经济组织有多种形式,有合资、合作等。因此,以劳动所得为主和按生产要素分配相结合,是由现阶段的生产力水平和劳动特点所决定的,有利于充分调动广大劳动者的生产积极性。

③ 正确处理国家、集体、个人三者之间关系原则。正确处理国家、集体、个人三者之间关系,其核心是正确处理积累和消费的关系。要严格按照消费基金的增长低于积

累基金的增长这一原则,来确定积累和消费的比例关系,既要调动大家的积极性,又要为国家多提供积累,还要为村经济组织的扩大再生产和全村福利事业打下坚实的基础。

3. 土地管理

土地是人类生存和生产活动必不可少的重要物质条件,是人们的立足之地和活动的场所,是一切生产部门所必需的条件和自然基础。尤其在农业生产中,土地不仅被当作基础、立足点和操作空间发挥作用,还被当作极其重要的劳动对象和劳动资料发挥作用,是最主要的不可替代的基本生产资料。因此,马克思指出:"……劳动并不是它所生产的使用价值即物质财富的唯一源泉。劳动是财富之父,土地是财富之母。"可见土地在农业中的地位和作用是如此之重要。由此,合理利用土地和开发土地资源同样也是一个极其重要的问题。

(1) 土地的特点。

土地管理要依据土地的特点来进行,归纳起来,土地有以下这些特点:

① 数量或面积的有限性。数量或面积的有限性是指土地不是劳动产物,而是自然历史过程的产物,它的面积是有限的。劳动可以改良已有的土地,但不能创造出新的耕地来。这一特点要求农业生产要采取一切有效措施,充分合理地利用一切土地资源,使有限的土地生产出更多的产品,以满足人们的需要。

② 土地位置的固定性。土地的位置是指各地区土地的分布,它是人们无法移动的。这种人们不能改变其位置的土地所处的自然条件和经济条件千差万别、各不相同。根据这一特点,发展农业生产除了通过各种途径来改变各种不利的自然条件和经济条件外,还应当因地制宜地利用土地,采取宜农则农、宜林则林、宜牧则牧、宜渔则渔的方针,趋利避害,获得较高的经济效益。

③ 土地肥力变化的双向性。土地肥力的变化是双向的。在合理使用过程中,其肥力会不断提高;但如果使用不当,土地肥力就会逐步下降,甚至遭到破坏。这一特点要求我们:一方面要通过耕作、施肥、灌溉、改良土壤等措施,使土地肥力不断提高;另一方面,应该因地制宜地安排农业生产,把用地和养地密切结合起来,不断提高土地的肥力。

(2) 土地管理的内容。

我国土地管理的根本任务就是维护社会主义的土地公有制,保护土地所有者和使用者的合法权益,合理组织土地利用,切实保护耕地。土地管理的中心内容是认真贯彻《土地管理法》和"十分珍惜和合理利用每寸土地,切实保护耕地"的基本国策。

土地管理的具体内容有以下几方面:

① 基础管理。这是整个土地管理的基础,主要任务是土地调查、登记、统计、分等定级,土地动态监测和土地权属的确认与变更的登记,建立地籍档案等。村级组织必须积极协助土地管理部门抓好本村土地的清理、登记、确认使用权、诉讼等工作。

② 用地管理。包括土地利用规划、土地开发改造及城乡建设用地的审批等。涉及村民利益的各项建设用地,包括兴办企业、村办公益事业、公共设施用地和村民建房用地等。都必须按照国家土地管理的权限逐级审批,防止擅自决定、滥用土地现象

的发生。

③ 土地经济管理。坚持土地有偿使用的原则,开展土地使用权的有偿转让,运用经济手段,实现土地的合理利用和分配。村级组织有协助各级土地管理部门解决本村建设用地中出现的各类矛盾、纠纷的职责。用一些有效的经济手段处理有关问题。

④ 土地法制管理。宣传贯彻《土地管理法》,强化土地管理的执法监督检查,认真严肃查处非法土地买卖和非法占有土地,滥用和破坏土地资源。村级组织要经常向村民宣传土地政策,教育村民认清土地的国情、省(市)情、县情和乡情,帮助广大村民深刻认识到珍惜土地和保护土地的意义,牢固树立惜土如金的思想。要经常举行法制观念教育,努力增强村民依法用地、依法管理的观念,真正做到知法守法,自觉贯彻执行各项土地政策。对违法占地行为,有及时向土地管理部门反映情况、及时协助查处的义务。

⑤ 土地科技管理。加强土地管理的科学研究和现代土地科学技术的应用等,使有限的土地资源得到更好的利用。要搞好土地整治工作,要在县乡(镇)农业技术部门的帮助指导下,认真进行农田的整治和改良等工作。村级组织有保护、管理和合理利用土地的义务。在可能的情况下,运用科技的力量开发荒地,充分利用一切可以利用的土地。

(3) 土地管理的原则。

在对土地进行管理时,必须遵循以下四条基本原则:

① 坚持社会主义土地公有制和土地有偿使用制度。土地公有制是任何情况下都不能动摇的前提原则,而实行土地有偿使用,允许土地使用权依法进行转让,则是与我国社会主义市场经济体制相适应的一种做法。土地使用权作为特殊重要的生产要素,必须在有偿使用的条件下允许转让流动,形成土地使用权市场。通过有偿的转让流动,促进节约用地、合理用地,使土地的国家所有权在经济上得到保证。

② 坚持"十分珍惜和合理利用每寸土地,切实保护耕地"的基本国策。人口多,有效耕地少是我国土地的基本国情,在进行土地管理时要充分正视这一现实情况,坚持"节流"和"开源"并举的方针,严格控制用地数量,最大限度地节约用地,切实保护有效耕地。

在土地管理的具体操作上要遵循以下四条一般原则:

① 有利于经济建设和改善人民生活。农村生产力的发展和人民生活水平的提高不可避免地要占用一定数量的土地。但是,为了促进农村的现代化进程,提高农业生产力,又必须拥有足够数量的土地,特别是耕地;土地日甚一日的紧张状况,要求我们更加要珍惜土地资源,正确处理好节约土地与经济建设、节约土地与改善人民生活的关系,严格遵守和执行国家颁布的各项土地法规,要在规划上合理确定用地规模,建立紧凑的宏观布局;同时,对征用土地的建设项目要从严掌握设计定额,尽可能地利用荒地和劣地,不占用耕地和好地;对农民建房用地必须按标准严格控制。

② 有利于提高现有耕地的利用率。管理土地,要实行节约与合理利用并举的方

针。不保持一定数量的土地面积，土地利用率即使再高也不能满足社会的需要，如果土地利用率不高，对土地实行粗放的、掠夺式的经营，就会形成另一种浪费，同样不能满足社会的需要。由此要求我们必须因地制宜地利用土地，安排本村各产业及作物种类，调整各产业的结构，逐步实现土地在经营单位上适度集中，做到地尽其用，同时，逐步建立起土地生产率定额管理制度和土地培肥补偿制度，使有限的耕地创造出更多的社会财富。

③ 有利于未耕土地的开发。我国现实的土地资源潜力有限，村合作经济组织应把未开发的土地视为储备资源并予以认真的保护，严禁随意掠夺性开发和污染。对其中属于共享资源的土地，应当根据资源整体性的特点，协同有关单位制订共同的管理办法，认真予以保护，初步创造条件，把保护和开发有机地结合起来。

④ 有利于建立良好的生态环境。农村土地是对调节和保护生态平衡具有决定性作用的生态空间。因此，土地管理要在经济、社会和生态三者效益统一的原则下，制定和完善各项土地管理制度，积极协助政府主管部门把好关，严禁对土地滥垦、滥伐、滥采、滥收、滥捕，并要对属于农民使用的土地实行严格的生态方面的管理，严禁非生态性经营以保护土地的生态得以良性循环。

我国拥有960万平方千米的土地，土地总面积约占世界土地总面积的7.4%，仅次于前苏联和加拿大。但是，人均占有土地面积只有14.2亩，仅占世界平均数49.5亩的三分之一。现有耕地约15亿亩，人均占有耕地仅为1.3亩，略高于埃及和日本等国，大大低于世界人均占有5.5亩的水平，居世界第67位，而且在可耕地中高产地占32.2%，中产地占27.5%，低产地却占了40.3%。我国以占世界7.4%的土地，养育了世界22%的人口，人多地少，土地后备资源不足，是我国土地资源现状的基本国情。

建国以来，我国在对土地的开发利用上取得了较大的成绩。垦殖了大量的农田，改造了不少穷山恶水，农田质量大大改善，土地生产力显著提高。但是耕地锐减的现象也十分严重。据统计，1957～1985年，由于国家基本建设、农田基本建设、生产建设、农民建房、乡镇企业占地以及因自然灾害弃耕燎荒等原因，净减耕地共2.24亿亩，平均每年减少耕地800万亩。由于人口急剧增长，人均占有耕地由1952年的2.82亩下降为现在的1.3亩。现在，各项建设占有耕地仍在继续增加，乡镇企业和农村建房乱占耕地、滥用耕地的现象尤为突出。另外，随着生产的不断发展，各行各业对土地的需求量将越来越大，方方面面都向土地伸手。但是我国的土地面积有限，特别是上海这样一个大都市，如果这对矛盾处理不当，缺乏宏观控制，导致耕地面积剧减，那么，不仅会造成土地使用的严重失控，而且还会受到客观规律的惩罚，给国家建设和人民生活造成极为严重的后果。

因此，正确协调行业之间、单位之间、个人之间的用地关系，坚决实行用地的宏观控制，建立土地的最佳利用结构，使土地发挥出最佳的生态功能，做到既保护土地，又促进生产发展和人民生活水平的提高。这是当前和今后相当长的历史时期内摆在我们面前的一项艰巨任务。

本章练习

一、名词解释
村经济组织　私营经济　村合作经济　个体经济　有限责任公司　股份有限公司

二、简答题
1. 简述村经济组织的特点。
2. 简述村经济组织设置的基本原则。

三、论述题
1. 在新时期,如何发挥村经济组织的作用?
2. 结合实际,请你谈谈如何处理好党支部、村委、村实业公司三者的关系。

第八章　农民专业合作社法和上海的实践

上海冯氏果蔬专业合作社

上海冯氏果蔬专业合作社（闵行区浦江镇）成立于2008年，注册资金100万元，属下有两个分支机构：上海悦龙果蔬专业合作社（奉贤区金汇镇），注册资金118万元；上海丰艺果蔬专业合作社（崇明县堡镇镇），注册资金300万元。目前在闵行区、奉贤区、崇明县共有2 500多亩优质农产品生产基地，主要种植西瓜、甜瓜、葡萄、梨、桃等水果，另外还有蔬菜和谷物。上海冯氏果蔬专业合作社已获得中国绿色食品发展中心颁发的葡萄、生梨绿色农产品认定证书，西瓜、甜瓜、草莓、桃的无公害农产品认定证书，上海市农业委员会颁发的上述果品的农产品产地认定证书，2009年上海冯氏果蔬专业合作社还通过ISO9001国际质量管理体系认证。上海冯氏果蔬专业合作社农产品的注册商标为"冯氏悦龙"牌。

2010年上海冯氏果蔬专业合作社被上海市农业委员会评为"上海市级农民专业合作社示范社"。2011年度该社选送的"雪里红"甜瓜和"东方密一号"甜瓜参加上海市科技示范户评优、推优活动，其中"雪里红"甜瓜和"东方密一号"甜瓜荣获双金奖，位居榜首，"悦龙"牌西瓜荣获银奖和"最受市民喜欢奖"，葡萄荣获市级金奖。在2012年度上海市首届草莓评比活动中，该社选送的"章姬"草莓荣获金奖，"红颜"草莓荣获银奖之首。

点评

兴办农民专业合作社，就是为了维护和提高农民社员的利益所得。因此，最根本的并不是股权安排、治理结构之类的组织建设，这些都是手段，不是目的，根本目的就是要实实在在地降低社员营农成本、提高社员营农收入、维护社员营农利益。所以，任何一个合作社既要抓好组织建设，更要抓好生产经营。

我们当下身处的时代,是一个产品普遍供过于求的时代,是属于消费者说了算的时代,是市场营销的时代,是讲求品牌的时代。因为产品普遍供过于求,所以消费者说了算;因为消费者说了算,所以生产经营者就要开展市场营销;因为要开展市场营销,所以必然要进行品牌建设。这是市场经济时代的铁的逻辑。

冯氏果蔬专业合作社高度重视选择国内外优良品种和引用先进的科学的生产技术,并在生产实践中不断总结和创新,从而形成了自己的一套独特生产技术——"数字化精致栽培模式",通过严格控产,使果形、果重标准化,并以有机肥料为当家肥,科学运用多种产品,确保人体所需的微量元素,从而使"冯氏悦龙"品牌产品的品质与众不同,外表着色均匀、果形一致、内在品味纯正、清甜爽口、解渴生津,成为上海市场果中精品。

农民专业合作社产生于20世纪80年代中后期,以家庭承包经营为基础,以互助互利为内容,以"民办、民管、民受益"为特征,适应了现阶段生产力发展的要求,符合市场经济发展的需要,具有强大的生命力,为解决千家万户生产与千变万化市场的对接,推动农业规模化、标准化和产业化发展,为促进农业增效、农民增收、农村和谐,找到了新的途径,奠定了新的基础。为了进一步促进农民专业合作组织健康、快速地发展,十届全国人大常委会第二十四次会议审议通过了《中华人民共和国农民专业合作社法》(以下简称《农民专业合作社法》),使农民专业合作社进入了依法发展的新阶段。《农民专业合作社法》的颁布,是党中央、国务院高度重视"三农"工作的集中体现。

第一节 《农民专业合作社法》的立法背景和主要内容

一、制定和颁布《农民专业合作社法》的重大意义

改革开放以来,中央确立了以家庭承包经营为基础,统分结合的双层经营农村的基本经营制度。但是,由于缺乏法律的保护和规范,在市场竞争中,出现农民专业合作社法律地位不明确、内部运行不规范、组织和成员的权益得不到保护等问题,成为制约农民专业合作社发展的瓶颈。对此,党中央、全国人大和国务院高度重视。在2006年中央"一号文件"中,都明确提出要加快立法进程。经过三年的广泛调研、论证、起草和审议修改工作,十届全国人大常委会第二十四次会议于2006年10月31日通过了《中华人民共和国农民专业合作社法》。《农民专业合作社法》的制定和颁布,是我国农民合作社事业发展史上的里程碑,标志着我国农民专业合作社将进入依法发展的新阶段,具有划时代的历史意义。依法促进农民专业合作社的建设和发展,

有利于进一步丰富和完善农村经营体制,推动农业产业化经营,提高农民进入市场和农业的组织化程度;有利于进一步挖掘农业内部增收潜力,推动农业结构调整,增强农产品市场竞争能力,促进农民增收;有利于进一步提升农民素质,培养新型农民,推进基层民主管理,构建农村和谐社会,建设社会主义新农村。

二、《农民专业合作社法》的立法目的和宗旨

《农民专业合作社法》第一条规定:"为了支持、引导农民专业合作社的发展,规范农民专业合作社的组织和行为,保护农民专业合作社及其成员的合法权益,促进农业和农村经济的发展,制定本法。"根据这一规定,制定《农民专业合作社法》的目的和宗旨如下:

第一,支持、引导农民专业合作社的发展。农民专业合作社在解决分散的小规模经营与农产品大市场的矛盾方面发挥着重要作用。在农业市场化进程中,小规模经营的农户面临越来越多的市场信息、生产资料和农产品价格、市场竞争和交易条件以及农产品标准、新技术应用等方面的困难。实践证明,发展农民专业合作社是解决这些困难的有效形式之一。但是,目前我国农民专业合作社总体上还处于发展的初始阶段,需要政府和社会各方面给予扶持。《农民专业合作社法》规定的政府职责,农民专业合作社的设立登记条件和程序,国家对农民专业合作社的产业政策引导和项目扶持、财政支持、金融服务与税收优惠等措施,为支持、引导农民专业合作社持续健康发展提供了明确的法律依据。

第二,规范农民专业合作社的组织和行为。现实中的农民专业合作社存在着诸多不规范现象,诸如登记机关的不统一、机构设置的不合理、章程内容的不完整、利润分配的不公开和不透明、容易被少数人控制、责任方式的不明确等。这些现象致使合作社的交易地位难以被市场认可,也难以保障交易对象的交易安全。为此,需要对农民专业合作社的组织和行为加以必要的规范。《农民专业合作社法》对农民专业合作社的组织原则,责任方式,设立登记的条件和程序,章程应当载明的主要事项,内部机构设置,合作社及其成员和管理者的权利、义务与责任,财务管理与盈余分配,法律责任等进行了规定,为农民专业合作社的组织和行为方式提供了必要的法律规范。

第三,保护农民专业合作社及其成员的合法权益。以前由于农民专业合作社的法律地位不明确,利益保障机制不完善,内部治理结构不规范,使得农民专业合作社及其成员的合法权益得不到有效保护,所以客观上需要明确农民专业合作社及其成员的财产权利和其他物质利益,需要明确成员在合作社中的民主决策、民主管理的权利,也有必要以法律手段建立和完善农民专业合作社及其成员的权益保障机制。《农民专业合作社法》的制定和颁布,为保护农民专业合作社及其成员的合法权益,提供了坚实的法律保障。

第四,促进农业和农村经济的发展。解决小规模生产与大市场的矛盾需要提高农业和农民的组织化程度。但是立法的最终目的并不是简单地停留在组织农民上,

而是为了通过完善农民专业合作社的运行机制和支持政策,引导农民专业合作社的建设和发展,增强农民专业合作社对成员的服务功能,化解农民的生产经营风险,提高农民的市场交易地位和谈判能力,切实增加农民收入,促进农业和农村经济的全面发展。

三、《农民专业合作社法》的主要特点

《农民专业合作社法》是一部市场主体法。自改革开放以来,我国相继颁布了《公司法》、《合伙企业法》、《个人独资企业法》、《中外合资经营企业法》、《中外合作经营企业法》、《外商独资企业法》等市场主体法,可以说在市场主体立法方面法律体系的框架已经初步建立并趋于完善,而农民专业合作社既不同于公司等企业法人,也不同于不从事营利性经营活动的社会团体法人,因此原有的法律不能涵盖农民专业合作社这种特殊的市场主体。《农民专业合作社法》从我国农民专业合作社的发展实践出发,借鉴国外相关立法经验,从设立条件、内部机构设置、民主决策方式、责任承担形式、盈余分配机制等方面创设了一整套有别于其他市场主体的法律制度,明确了其作为市场主体的法律地位,填补了我国市场主体立法的空白。

《农民专业合作社法》是一部农民的市场主体地位保障法。这部法律突出了农民的主体地位和农民对合作社的民主管理权利,规定农民成员的比例不得低于百分之八十,成员地位平等,实行一人一票的基本表决权制度。这些规定充分保障了农民成员在合作社中的财产权利和民主权利。

《农民专业合作社法》是一部产业促进法。农民专业合作社是围绕同类农产品的生产经营组织起来的,涉及农业的各个产业。《农民专业合作社法》规定的一系列制度,有利于农民依法建立和发展农民专业合作社,发挥其帮助农民有效克服在市场竞争中的不利因素、解决农民在农业产业化发展过程中遇到的各种矛盾和困难等方面的重要作用。这部法律还特别专设"扶持政策"一章,规定了国家支持农民专业合作社建设与发展的财政、金融、税收以及农业和农村经济建设项目等优惠扶持政策,将更有利于发挥农民专业合作社在促进农业各产业和农村经济全面发展中的重要作用。

《农民专业合作社法》是一部农民专业合作社的自治法。法律为农民专业合作社的自治留下了足够的空间,包括成员的出资额、出资方式,是否设立理事会、监事会,成员代表大会的设置及其职权的行使等可以由章程规定。

四、《农民专业合作社法》的框架内容

《农民专业合作社法》共分9章56条。

第一章:总则。明确了本法的立法目的和适用范围,规定了农民专业合作社应当遵循的基本原则,农民专业合作社的法律地位与责任承担方式,农民专业合作社的基

本义务,国家对扶持农民专业合作社发展的基本措施和对农民专业合作社的指导、支持和服务。

第二章:设立和登记。规定了设立农民专业合作社必须具备的条件,设立大会的职权,农民专业合作社章程的基本内容,登记程序等。

第三章:成员。规定了成员资格的基本要求、农民专业合作社的成员结构,明确了成员的权利和义务,规定了农民专业合作社的表决方式,成员资格终止的相关事项等。

第四章:组织机构。分别规定了成员大会的职权、议事规则、临时大会的召集,成员代表大会的设立,理事长或者理事会、执行监事和监事会的设立和表决规则,职员聘任,理事长、理事和管理人员的禁止性义务和任职限制等。

第五章:财务管理。规定了农民专业合作社的财务制度、公积金的提取、成员账户的建立、盈余分配方式及财务监督等。

第六章:合并、分立、解散和清算。针对农民专业合作社的特点,本章规定了农民专业合作社合并、分立的法律后果的承担、解散的事由、清算的程序和破产的法律适用等相关内容。

第七章:扶持政策。规定了国家从产业政策倾斜、财政支持、金融扶持、税收优惠等方面支持农民专业合作社建设与发展的基本措施。

第八章:法律责任。本章针对侵犯农民专业合作社的财产权和生产经营自主权以及农民专业合作社进行虚假登记和虚假财务报告等行为,规定了违法主体应当承担的行政责任和刑事责任。

第九章:附则。规定了本法的施行时间,本法自 2007 年 7 月 1 日起施行。

五、农民专业合作的法律地位

农民专业合作社的法律地位问题是法律对该组织人格的确认,在本法颁布之前农民专业合作社遇到的设立、登记、贷款和交易的障碍都与其法律地位不明确直接相关,因此,明确其法律地位是本法的重要立法目的之一。《民法通则》规定了法人应当具备的四个条件,即:依法成立;有必要的财产和经费;有自己的名称、组织机构和场所;能够独立承担民事责任。从多数农民专业合作社的实际情况来看,是符合这些条件的。因此,本法规定"农民专业合作社依照本法登记,取得法人资格"。由此看出,农民专业合作社依照本法登记后即享有法人地位,也就是法律认可其独立的民商事主体地位,从而可以享有法人的权利能力和相应的行为能力。

六、农民专业合作社的设立和登记

农民专业合作社的登记问题是在本法颁布之前该类组织建立和发展的主要障碍之一。登记问题包括登记机关、登记条件和登记程序等方面,法律规定设立、变更农民专业合作社应当向工商行政管理部门申领营业执照。由工商行政管理部门登记符合我国当前的行政管理体制。本法第十三条对于登记的程序也做了相应的规定,包括申请者应当提交的相关文件、登记时限,并明确了办理登记不得收取费用。

第一,关于成员人数和结构的规定。本法中规定的五名以上成员,包括农民(农户),也包括企业、事业单位和社会团体等法人成员。为了保障农民在合作社中的地位和权利,本法第十五条规定"农民至少应当占成员总数的百分之八十",同时规定:"成员总数二十人以下的,可以有一个企业、事业单位或者社会团体成员;成员总数超过二十人的,企业、事业单位和社会团体成员不得超过成员总数的百分之五。"

第二,关于住所的规定。确定法人组织的住所,既是为了交易的便利,也是确立法律事实、法律关系和法律行为发生地的重要依据,如有关司法文书的送达,往往以住所地作为生效地。农民专业合作社是法人,因此,在立法中应当明确其住所。但是,从农民专业合作社的组织特征、交易特点出发,不必苛求其要有一个专属于自身的法定场所,所以,法律规定,要有章程确定的住所,即意味着某个成员的家庭住址也可以登记为其住所地。

第三,关于成员出资的规定,明确成员的出资通常具有两个方面的意义:一是以成员出资作为组织从事经营活动的主要资金来源,二是明确组织对外承担债务责任的信用担保基础。但就农民专业合作社而言,因其类型多样,经营内容和经营规模差异很大,所以,对从事经营活动的资金需求很难用统一的法定标准来约束。其次,农民专业合作社的交易对象相对稳定,交易相对人对交易安全的信任主要取决于专业合作社能够提供的农产品,而不是由成员出资所形成的合作社资本。从各国各地区的合作社立法实例来看,在出资问题上法律也都为农民加入合作社设置了较低的门槛,仅要求象征性出资,甚至不设置任何门槛。因此,《农民专业合作社法》规定成员是否出资以及出资方式、出资额均由章程规定,体现了立法的灵活性。

七、农民专业合作社的章程

农民专业合作社的章程是合作社自治特征的重要体现,是农民专业合作社在法律法规和国家政策规定的框架内,由本社的全体成员根据本社的特点和发展目标制定的,并由全体成员共同遵守的行为准则。因此,对于合作社的重要事项,都应当由成员协商后规定在章程之中。《农民专业合作社法》第十一条和第十四条规定,农民专业合作社的章程由全体设立人制定并一致通过,所有加入该合作社的成员都必须承认并遵守。

《农民专业合作社法》第十二条规定了农民专业合作社章程应当载明的事项,包括:(一)名称和住所;(二)业务范围;(三)成员资格及入社、退社和除名;(四)成员的权利和义务;(五)组织机构及其产生办法、职权、任期、议事规则;(六)成员的出资方式、出资额;(七)财务管理和盈余分配、亏损处理;(八)章程修改程序;(九)解散事由和清算办法;(十)公告事项及发布方式;(十一)需要规定的其他事项。

《农民专业合作社法》规定了农民专业合作社设立、运行等一些基本要求，对于法律规定的强制性要求，农民专业合作社及其成员都必须遵守。但同时，法律没有规定的，诸如成员具体的出资方式、出资期限、出资额、住所地的确定、是否设立理事会和监事会、盈余分配的具体方案和亏损处理的具体办法、是否聘任经理和其他管理人员，等等，都需要由合作社的全体成员自己决定并载入章程。

八、农民专业合作社的组织机构

《农民专业合作社法》第四章规定了农民专业合作社的组织机构。根据该章规定，农民专业合作社通常可以有以下机构：成员大会、成员代表大会、理事长或者理事会、执行监事或者监事会、经理等。因为农民专业合作社的规模不同、经营内容不同，设立的组织机构也并不完全相同，《农民专业合作社法》对某些机构的设置不是强制性规定，而要由合作社自己根据需要决定。

成员大会是农民专业合作社的权力机构，按法律规定必须设立。其主要职权有：(一)修改章程；(二)选举和罢免理事长、理事、执行监事或者监事会成员；(三)决定重大财产处置、对外投资、对外担保和生产经营活动中的其他重大事项；(四)批准年度业务报告、盈余分配方案、亏损处理方案；(五)对合并、分立、解散、清算作出决议；(六)决定聘用经营管理人员和专业技术人员的数量、资格和任期；(七)听取理事长或者理事会关于成员变动情况的报告；(八)章程规定的其他职权。

如果合作社的组织规模较大，成员人数较多（超过150人），可以按照章程规定设立成员代表大会。对于成员代表大会的代表产生办法、职权范围等，法律上没有硬性规定，而应当以本社的章程规定为依据。通常情况下，代表大会可以行使成员大会的部分职权，也可以是全部职权。

根据《农民专业合作社法》第二十六条的规定，农民专业合作社应当设理事长一名，作为本社的法定代表人，即不需要特别委托，对内依照职权从事内部管理工作，对外可以直接以本社名义从事经营活动，并代表本社参加诉讼和仲裁。因为各个合作社的情况不同，是否设立理事会由合作社自己决定。

为加强合作社的内部监督，防止合作社的有关负责人滥用职权，农民专业合作社可以根据需要设立执行监事或者监事会，当然，也可以不设执行监事或者监事会，而由成员直接行使监督权。

根据法律规定，理事长、理事、执行监事或者监事会成员，都必须是本社的成员，并应当依照规定通过选举的方式产生，依照本法和章程规定行使职权，对成员大会负责。

为了方便合作社的经营，提高合作社的效益，农民专业合作社可以聘任经理和财务会计人员，负责具体的经营事务和财务会计工作。对经理和财会人员的聘任要以成员大会的决定为依据，由理事长或者理事会选聘。为了减少管理者，减轻成员负担，提高合作社的运行效率，理事长或者理事可以兼任经理。

为了保护合作社及其成员的利益,法律对理事长、理事和管理人员的活动提出了一些基本要求,以防止其滥用职权。从实践看,负责人滥用职权的行为包括:(一)侵占、挪用或者私分本社资产;(二)违反章程规定或者未经成员大会同意,将本社资金借贷给他人或者以本社资产为他人提供担保;(三)将他人与本社交易的佣金归为己有;(四)从事损害本社经济利益的其他活动。法律从以上方面对管理者的行为作出了禁止性的规定。如果理事长、理事和管理人员违反该规定,其从事该活动所得的收入,应当归本社所有;给本社造成损失的,应当承担赔偿责任。

九、农民专业合作社的财务制度与盈余分配

财务制度的完善是作为经济组织的农民专业合作社良好运行的前提,也是保护成员利益的基本要求。为此,在《农民专业合作社法》中设立了"财务管理"一章。

基于农民专业合作社与其他经济组织相比,在设立条件、财产性质和结构、分配方式等方面有着自己的特点,一般的财务会计制度并不完全适用于农民专业合作社。为此,法律规定,国家专门制定农民专业合作社的财务会计制度,农民专业合作社应当按照国务院财政部门制定的财务会计制度进行核算,这是对农民专业合作社财务会计工作的合法性要求。

法律确立了农民专业合作社的财务公开制度,便于成员通过成员大会等方式对本社的年度业务报告、盈余分配方案、亏损处理方案以及财务会计报告等进行监督。

由于农民专业合作社在经营中对资金的需求不同,因此是否提取公积金,由章程规定或者根据成员大会的决议确定,即法律没有强制性的法定公积金要求。如果提取了公积金,应当用于弥补亏损、扩大生产经营或者转为成员出资。同时,公积金应当根据章程规定按年度量化为每个成员的份额。

为了明确界定成员与合作社之间的财产关系,法律要求,农民专业合作社应当为每个成员设立成员账户,将该成员对本社的出资,量化为该成员的公积金份额以及该成员与本社的交易量,记载在其账户中。设立成员账户的法律意义主要有两个方面:一是作为成员参与本社盈余分配的依据,二是在成员资格终止时作为返还其财产的依据。

盈余分配是合作社财务管理工作的核心,也是处理成员与组织之间以及成员相互之间利益关系的核心。对于合作社而言,与一般的企业法人不同,其利润的形成既有成员出资的贡献,也有成员与合作社之间交易的贡献,因此,合作社的盈余分配,关键是要合理确定交易量返还与按照出资分配的界限。根据《农民专业合作社法》的规定,合作社形成的可分配盈余办法应当由章程规定或者经成员大会决议确定,其中,可分配盈余的百分之六十以上应当以成员与本社的交易量为依据按比例返还给成员,其余部分以成员账户中记载的出资额和公积金份额为基础,并将本社接受的国家财政直接补助和他人捐赠形成的财产平均量化到成员的份额,按比例分配给本社成员。这样的规定有两个方面的意义。首先,可分配盈余的大部分是按照成员与本社

的交易量(额)向成员返还,有助于鼓励成员利用合作社,也符合国际上合作社的通行做法;其次,以适当的比例按照出资额等进行分配,有利于鼓励成员向合作社出资,缓解合作社在经营过程中的资金困难。

十、农民专业合作社的合并、分立、解散和清算

农民专业合作社的合并、分立、解散和清算既包含财产分割、债务清偿等实体性法律制度,也包含通知、公告等程序性法律制度。这一部分法律制度的核心问题是当法定事由出现或者法定及约定的条件满足时,对合作社的财产及债权债务的妥善处置,以便兼顾成员利益与合作社交易相对人的利益。

合作社的合并与分立问题,重点是要解决合并分立后的债权债务的承继主体。合作社合并的,不论是吸收合并还是新设合并,其债权债务应当由合并后存续或者新设的组织承继;合作社分立的,如果事先没有与债权人之间达成协议,则应由分立后的组织相互连带对分立前的债务承担责任。

基于农民专业合作社的特殊性及其在我国的发展实践,本法对其解散和清算作出了与其他法律不同的规定。主要表现在:(一)在清算时,如果清算组已经就清算事项通知其所有成员和债权人的,则免除其公告义务;(二)接受国家财政直接补助形成的财产在解散破产清算时,不得作为可分配剩余财产分配给成员,而应当按照国务院规定的办法处置;(三)农民专业合作社破产时,其破产财产在清偿破产费用和共益债务后,应当优先清偿破产前与农民成员已发生交易但尚未结清的款项。

十一、国家对农民专业合作社的扶持

农民专业合作社对于引导农民从事商品生产和经营,克服分散的农民在市场竞争中的不利地位具有非常重要的作用。但是,应当看到,我国的农民专业合作社还处在起步阶段,各地的发展也很不平衡,因此,需要国家通过各种措施扶持、引导其健康发展。为此,《农民专业合作社法》第八条第一款规定:"国家通过财政支持、税收优惠和金融、科技、人才的扶持以及产业政策引导等措施,促进农民专业合作社的发展。"同时,国家鼓励和支持包括供销社、科协、教学科研机构、基层农业技术推广单位、农业企业等在内的社会各方面力量,为农民专业合作社提供政策、技术、信息、市场营销等服务。

为保障国家扶持措施的稳定实施,《农民专业合作社法》专门设立"扶持政策"一章,明确了产业政策倾斜、财政扶持、金融支持、税收优惠等扶持方式。根据法律规定,国家支持发展农业和农村经济的建设项目,可以委托和安排有条件的有关农民专业合作社实施。财政扶持的主体包括中央政府和地方各级政府,财政扶持的主要领域是对农民专业合作社开展的信息、培训、农产品质量标准与认证、农业生产基础设施建设、市场营销和技术推广等服务。对民族地区、边远地区和贫困地区的农民专业

合作社和生产国家与社会急需的重要农产品的农民专业合作社给予优先扶持。基于农民专业合作社在发展过程中普遍遇到的资金困难，法律对国家政策性金融机构和商业性金融机构向农民专业合作社提供金融服务做了原则性规定。农民专业合作社依法享受国家规定的对农业生产、加工、流通、服务和其他涉农经济活动相应的税收优惠。

第二节 上海农民专业合作社发展情况

一、上海农民专业合作社发展的特点

1. 发展迅速

2004年上海市开始推进合作社发展，合作社数量从2003年底的24家，迅速发展到2011年的5 300家，增长了220倍。其中从2007年7月1日《农民专业合作社法》正式实施后，发展加快：到2008年底达到1 253家，2009年6月底为1 665家，2010年已经达到3 400家，2011年为5 300家。成员10万人，带动农户25万户，实现销售收入100多亿元。

2. 类型多样

一是以能人为核心，联络若干专业农户入股，组建合作社，农户依靠合作社接受技术培训、产品信息服务以及解决农产品的销售。其模式为"能人＋农户＋合作社"，占总量的71%。

二是农业龙头企业牵头组建，集生产、加工、销售于一体的农民专业合作社，其模式为"龙头企业＋农户＋合作社"，占总量的22%。

三是乡镇农业科技人员牵头创办合作社，为成员提供产前、产中、产后服务，其模式为"农业科技人员＋农户＋合作社"，占总量的7%。

3. 合作层次不断提高

已从简单的生产合作逐步向生产、流通、加工等产业化方向发展，初步形成了专业化生产、区域化布局、社会化服务、一体化经营的产业格局。据统计，50%的合作社实行了生产、加工、销售一体化服务。

4. 运行质量不断提升

到目前为止，上海市级合作社示范社数量已达到258家，区(县)也认定了一批区级合作社示范社，为合作社的规范发展发挥了引领示范作用。据统计部门抽样调查，81%的合作社制定了规范的财务及现金管理制度，89%的合作社建立了档案管理制度。

5. 推进规范化建设

《农民专业合作社法》实施后,上海市工商部门对之前成立的653家合作组织,改变原有的"先注销再设立"的登记程序,允许其按照变更程序进行规范,确保其经营活动和品牌的延续。根据合作社登记设立要以农民为主体的规定,市、区(县)工商部门采取专人指导、专窗办理、预约上门登记等办法,使合作社的登记设立符合法律规定。市、区(县)积极引导合作社加强内部管理,建立健全管理和分配制度。

2008~2010年,上海市有258家规模较大、带动力较强和财务制度健全的合作社被认定为上海市级合作社示范社,各区(县)也认定了一批区级合作社示范社,为合作社的规范发展发挥了引领示范作用。

二、上海农民专业合作社初步成效

1. 促进规模经营,提高了农业组织化水平

合作社以其特有的专业化合作,推进了农业向规模化经营。通过为成员提供产前、产中、产后服务,有效解决了社区集体经济组织"统"不起来、国家经济技术部门包揽不了、农民单家独户解决不了的事。据统计,上海市65%的合作社统一销售成员产品,75%的合作社提供了农资集中采购服务,87%的合作社提供了技术信息服务;粮食类、蔬菜类、果林类、淡水养殖类合作社经营面积已分别占到全市总经营面积的48.4%、58.9%、47.7%和67.8%。合作社入社农户和带动农户数占上海市务农农户的42.9%。由合作社经营的农田面积占全市农田面积41.4%。2010年上海农业规模经营水平已达到60%,其中70%依靠合作社带动。

2. 加强产销结合,提高了农产品竞争力

合作社通过产销结合,内联农户、外接市场,使千家万户的小生产与千变万化的大市场实现有效对接,减少了流通环节,促进了农产品销售。据统计,65%的合作社统一销售成员产品,75%的合作社提供了农资集中采购服务,合作社通过农产品统一销售提高了产品附加值。合作社通过推进品牌化建设,形成了一批具有较强市场竞争优势的品牌特色农产品。

3. 推进标准化生产,提高了农产品质量

合作社通过统一品种布局、统一良种供应、统一农资采购、统一技术规程、统一产品销售,有力地推进了农业生产标准化建设:合作社农产品标准化、品牌化建设已取得阶段性成果,上海市一共有879种产品通过了无公害农产品、绿色食品、有机食品等质量认证,拥有注册商标331个,其中获得"上海市著名商标"称号的有19个,合作社生产的优质农产品已被广大市民所认可。

4. 加快科技成果转化,提高了农产品附加值

合作社通过加强科技培训、开展科技指导、提供科技服务,加快了农业先进适用技术的推广,提高了农产品科技含量,增加了农产品附加值。目前上海市合作社已拥有专利技术数十项,科技入户工程为300多家合作社推广了主导品种和主推技术。

5. 降低生产成本,提高了农民收入

合作社发挥规模效应,在采购饲料、农资方面降低了成本,在销售价格方面增加了话语权。抽样调查显示,58%的合作社通过农资集中采购降低了农业生产成本,63%的合作社通过农产品统一销售有效增加了农民收入,98%的合作社成员认为加入合作社后增加了收入。

三、政府落实相关扶持政策

2008年底上海市政府出台了《上海市人民政府关于扶持农民专业合作社发展若干政策的意见》(沪府发[2008]54号文),合作社扶持政策得到初步落实。

1. 加大农民专业合作社的财政扶持力度

明确财政扶持资金主要用于农民专业合作社开展信息、培训、农产品质量标准与认证,农业生产基础设施建设,市场营销和技术推广等服务。2007年至2010年,上海市和各区(县)财政安排2.26亿元合作社专项扶持资金,其中市级资金1.16亿元,对533个合作社项目给予扶持,主要用于帮助合作社改善基础设施和添置加工、冷藏、运输等装备。同时,上海市和各区(县)安排了3 640万元用于合作社贷款贴息,做到"应贴尽贴"。在全市设施粮田、设施菜田、标准化畜牧、水产养殖场和特色农产品基地等现代农业基础设施项目中,合作社直接受益的项目约占一半。

2. 落实农民专业合作社税收优惠政策

按照国务院批准的有关对农民专业合作社的税收优惠政策,上海各区县有关部门对农民专业合作社自产自销的农产品,经核定后免征增值税。农民专业合作社的所得税在国家出台有关优惠政策前,暂按企业所得税法规定执行。上海市有关部门积极开展对合作社销售本社成员生产农业产品的数量核定工作,全市1 167个合作社完成了数量核定。2008年下半年到2010年末,对合作社免征增值税共计约716万元。2008年和2009年,对合作社免征或减征所得税共约2 447万元。

3. 加强对农民专业合作社的金融支持

为了解决"贷款难"问题,采取三项举措:一是建立专项担保资金。2008年出台《上海市人民政府办公厅转发金融办等三部门关于本市推进加强信贷支持农业和粮食生产意见的通知》,上海市和各区(县)两级财政共落实安排7 000万元,用于合作社的贷款担保。自《农民专业合作社法》实施以来,上海市主要涉农金融机构共为合作社提供贷款超过10亿元,2010年末,合作社贷款余额达4.6亿元。二是创新担保模式。对贷款金额50万元以下的合作社,由上海安信农业保险股份有限公司提供合作社贷款信用保证保险,再由上海农村商业银行发放合作社专项贷款。一旦贷款出现损失,由财政贷款担保专项资金承担90%,上海安信农业保险股份有限公司和上海农村商业银行各承担5%。三是建立诚信制度。制定了守信合作社评定办法,经认定的守信合作社可申请信用贷款。自"银保联合"贷款信用保证保险实施以来,对合作社

50万元以下的贷款申请做到"申贷尽贷"。据统计,市级担保资金项下的合作社贷款发放至今,仅有4笔逾期贷款和坏账发生。

4. 给予农民专业合作社用地用电支持

对农民专业合作社直接服务于农业生产的临时性生产辅助设施,主要包括仓库用房(存放粮食、农资、农机具,进行冷藏、蔬菜整理等)、场地和必要的管理用房用地,参照上海市对设施粮田、设施菜田内生产辅助设施临时用地的审批办法解决。农民专业合作社从事种植业和养殖业享受国家农业用电优惠电价,具备条件的农民专业合作社可申请享受农业生产分时电价的优惠政策,到目前为止,累计已有130家合作社用户享受了农业生产分时电价政策。

5. 吸引优秀人才到农民专业合作社工作

2008年起将农民专业合作社急需的人才作为上海市高校毕业生"三支一扶"计划统一招募岗位,鼓励高校毕业生积极参与农民专业合作社工作,通过全市"三支一扶"统一招募,目前累计已有641名应届高校毕业生到约300个合作社工作。上海市有关部门将合作社急需的农业专科人才列入上海市人才引进范围,可在上海市办理人才类居住证。

6. 搭建为农民专业合作社服务的平台

为农民专业合作社搭建服务、交易、培训平台,为农民专业合作社提供各种科技服务、信息服务,积极支持合作社参与农产品展示展销活动,建立"农超"对接渠道,扩大合作社农产品销路,通过对合作社经营管理人员和成员培训,增强他们适应市场经济的能力和提高生产技能。积极引导大型综合超市开展与合作社的"农超对接"工作,已累计组织968家(次)合作社参加各类展示对接活动,部分合作社农产品进入了超市卖场。各区(县)政府也加大了对合作社的服务力度,目前已有6个区县建立了合作社联合会等服务组织,为合作社提供法律法规咨询、统计、业务指导和政策办理手续辅导等服务。专业合作社之间也探索联合,组成合作社联社,整合资源,共同发展,至2010年末已组建4家专业合作社联社。

第三节 解读上海市新凤蜜露桃业合作社

上海南汇是"中国水蜜桃之乡",从明代开始即有水蜜桃栽种的历史,现已发展至10万余亩,形成大团蜜露、新凤蜜露等一系列优良品种,成为江南平原地区水蜜桃栽培面积最广、分布最集中、产量最大的区域之一,被国家林业部评为国家水蜜桃名、特、优商品基地,还被评为国家水蜜桃标准化示范区。2005年,南汇水蜜桃获得国家原产地域产品保护。

南汇水蜜桃以大团和新场两地的种植规模为最大,长期以来这些地区的水蜜桃销售以"公司+基地+农户"的模式为主。由于公司型企业与农户间缺乏有效的利益联结机制和约束机制,一方面公司对桃农的产品质量无法控制,导致品质不稳;另一方面千家万户的桃农面临千变万化的大市场,限于资金、技术和信息,无力提升种植水平和销售收益,桃农利益无法得到有效保障。同时由于南汇水蜜桃保鲜困难,上市时间短暂而又集中,因此卖难问题比较突出。合作社的出现,逐渐化解了这些矛盾。

南汇区新场镇的上海新凤蜜露桃业合作社在短短三年内,成为沪上连续数年在产值、盈余、规模等方面占据前列的水蜜桃产销合作社,逐渐成为引领上海水蜜桃市场潮流的产业先锋。

一、能人入社,主导发展

实践证明,成功合作社必然有一个优秀的带头人,而且管理和市场方面的能力尤为重要。上海新凤蜜露桃业合作社的优秀青年带头人陈志刚是合作社的法人和理事长,从小熟悉热爱水蜜桃行业,也熟识众多当地桃农。在工业和商业领域弄潮锻炼、跌打滚爬多年的他,眼界开阔,富有闯劲,对市场重要性的认识更高,对农产品市场变化的观察也更敏锐,具备成功的创业经验和良好的社会人脉资源,是典型的市场营销型能人。他带领的新凤蜜露桃业合作社在"跳出农业搞农业"的开拓性思路指引下,成为生产与营销两条腿走路的合作社。

二、敢于投入,打造品牌

目前,国内一般的合作社能人以种养型的能人居多。在农产品市场过剩、产品不再稀缺的情况下,生产这一源头有时不再是唯一重要的环节——"谁都能生产出东西来,但不是谁都会卖和卖好的"。农产品销售是社员利益的根本所在。销售工作如果做不好,产品无出路,合作社没盈余,社员利益就无法得到保障,增收致富也就成了空话。如何让市场认同和接受自身的产品,新凤蜜露桃业合作社走出了坚持品牌化市场之路,全力打造"石笋"系列品牌。

1. 不拘一格做广告

"酒香也怕巷子深。"农产品销售要敢于投入。合作社请人设计了朗朗上口的广告语——"石笋果蔬,领鲜一步"。同时,每年斥资近 10 万元,定期在电视媒体以赞助娱乐节目奖品的方式做广告,扩大合作社的知名度和影响力,许多客户慕名前来下订单。例如,泰国驻沪总领事阿诺森·辛万诺先生就曾亲自上门洽谈水蜜桃业务,泰国诗琳通公主收到其转达的水果篮,两天后派泰国商务部到合作社又订购了一批水蜜桃。为宣扬南汇水蜜桃的知名度,放大广告效应,合作社还曾在上海举行水蜜桃拍卖活动,拍出过两个桃子 4 万多元的天价。

2. 提升质量重建设

对于农民合作社这样的弱势群体组合,广播电视、报刊杂志的宣传费用显得较为昂贵。相对而言,口碑是人类最原始的行销广告,其传播成本最低,发掘潜在顾客成功率最高,缔结品牌忠诚度最大。树立口碑,最重要的是提高产品质量,建立品牌。新凤蜜露连续三届获得上海优质桃评比金奖和第十一届、第十三届全国"星火"杯竞赛发明金奖,通过上海市安全卫生优质农产品认证,并成为首批被授权使用的中华人民共和国原产地理产品保护标志。300亩的航头镇丰桥基地已通过有机农产品认证,成为沪上率先通过国家有机认证的水蜜桃生产单位。

通过与高校、研究机构携手,合作社对桃农进行生产技能的培训,广大新入社农民加快掌握了诸如套袋、整枝、授粉、肥水管理等技术,生产尽快符合合作社的生产技术规范,进一步提高了收购产品质量,保障了合作社的可持续发展。

3. 变换包装出形象

"要想赢得市场领导地位,就必须能设想出新的产品、服务、生活方式以及提高生活水平的各种方法。"新凤蜜露桃业合作社注重提升水蜜桃档次,注重产品包装,让消费者在吃到桃子的同时还能感受到精神层面的享受。因此,合作社每年都推陈出新,聘请专业设计师设计各式精美包装。2006年设计各类包装10种,总投入达193万元。当质量、价格没有差异时,细节决定营销成败。新凤蜜露桃业合作社销售的每箱产品都有精美的宣传广告手册,这既是服务,又使市民吃得明白、吃得放心,还增加了大量回头客,稳定了客户群。

新凤蜜露桃业合作社坚持数年在品牌建设上的大量投入,"石笋"系列品牌已渐渐成为沪上市民家喻户晓的农产品品牌。

三、营销先行,广拓渠道

合作社的营销分不同阶段开展,初期以高端市场为开拓重点,品牌有了一定知名度和影响力后,实现多点开花、多渠道并重的格局。不管是哪个阶段,合作社始终做到营销先行。

1. 定位高端,差异化营销

上海农产品成本较高,同时全国各地的农产品又紧盯上海市场,市场竞争激烈。合作社从开始就坚持差异化营销。针对上海市民群体消费力高、各种社会人群收入差距大的特点,通过充分市场调研,制定了"细分市场、定位高端"的销售策略,把销售重点放在高端市场,主要采取针对机关、企事业单位的团购销售方式。团购方式利润丰厚,确保合作社社员最优质的产品找到最佳出路,使合作社迅速有了原始积累,挖到了市场经济的第一桶金。前两年,产品的销售量一直维持在70万斤左右,销售额达400万元左右。

2. 广拓渠道,做大做强产业

随着合作社业务扩展,品牌建设深入,团购方式已无法满足合作社发展的要求。合作社转而走"多渠道、多元化"策略:对各类机关、大中型企业实行团购;对星级宾馆、外国驻沪机构采取订单直销;对大型超市、卖场实现买断式销售;对高档社区、水果批发市场以及散户市民,实行零售或批发;在互联网上以电子商务方式实现网络营销。2007年合作社实现销售水蜜桃达160万斤,其中团购70万斤,占43.75%;大卖场、超市买断60万斤,占37.5%;此外网络营销20万斤,批发零售10万斤。其中已经打入的超市和卖场有麦德龙、家乐福、易初莲花、大润发、联华、世纪联华等,实现多点开花的销售渠道。

3. 招贤纳才,建立营销队伍

合作社通过吸纳社会上18名具备丰富销售经验的经纪人,组成稳定的营销团队,为合作社拓展销售业务。同时还招收了一些有电子商务知识的大学生,进行网络销售。合作社的用人标准是有精力,有市场头脑,或具备社会关系的人员。人才对合作社的销售起了关键性作用。

4. 加强回访,稳定客户群

回头客的多少,客户流失率的高低,对合作社发展有着举足轻重的影响,也是赢得顾客忠诚的关键。合作社销售档案记录了所有大客户的名单和联系方式。不管是新客户,还是老客户,每年水蜜桃销售期过后,合作社都会逐一进行回访,听取反馈,联络感情,使新客户成为老客户,老客户增强忠诚度,稳定并扩大了自身的客户群体。

5. 减少损耗,降低营销成本

南汇水蜜桃货架期短,不耐储运,损耗率高的问题大大提高了销售成本。通过实践摸索,合作社发现开拓多种销售渠道并注重各渠道之间的协调,可做到循环销售,降低损耗:精品桃通过订单、团购及专卖店销售方式流向市场;中高档产品进入上海麦德龙、家乐福、易初莲花等大型卖场超市和市区38家标准化菜场;卖场超市及菜场的销售余量转至十六铺和曹杨路水果批发市场批发;最后剩下的产品进入全市18家水果大卖场。所有产品都做到"当天收购、当天出货"。为此合作社租借7辆面包车送货和转货,承担物流。产品从清晨至半夜12点前循环销售,损耗率大为降低,节约了销售成本。

四、注重服务,果农增收

在注重营销的同时,合作社也不忽视对社员的服务,做到了四个统一,即制定了合作社的生产技术标准,统一社员生产规范,提高产品质量;为社员统一团购桃苗、套袋、农药、有机肥等生产资料,降低农民生产成本;定期为农户开展统一培训,提高其种植和管理水平;统一购销,合作社对签约的入社农户,不管是股东或非股东农户的产品均以高于市场每斤5毛左右的社员价进行统一收购,产品经分级包装后,以"石笋"等品牌统一上市销售。

通过四个统一,合作社实现了专业化生产、企业化管理、市场化运作,产品质量提高,市场销售量和销售价格同步增加,大大提高了社员收入。合作社销售取得的盈余按内部章程进行年终分配,扣除公积金、公益金、风险基金后,剩下的50%盈余由合作社社员按交售比例进行分配。

2005年,合作社水蜜桃销量350吨,当年通过降低生产成本和提高销售价格以及社员分红等方法使社员亩收入达 11 000 元,每户增收 3 180 元,社员合计增收近 36 万元。2006 年水蜜桃销量 675 吨,社员亩收入达 11 570 元,户均增收 4 300 元。2007 年水蜜桃销量 800 吨,社员增收幅度进一步提高。

五、有序规范,政府扶持

作为上海市、区农民专业合作社试点单位,新凤蜜露桃业合作社在规范中求发展,以发展促规范,在规范建设方面也取得了长足进步:建立了较规范的财务制度和较完善的合作社章程,通过理事会、监事会、社员代表大会等机构,充分贯彻民主与合作的原则。

合作社不做表面文章,而是紧紧围绕和依照自己的规章进行运营管理,在《农民专业合作社法》出台后及时召开社员大会修订合作社章程,并依法重新进行工商注册登记。合作社已连续三年被评为"南汇十佳农民专业合作社"。合作社也建立了 300 亩国家级标准化有机水蜜桃基地,从 2006 年开始要求入社的社员猛增,现有社员已从组建时的 72 户增加至目前的 450 户,社员种植面积达 1.8 万亩,辐射 6 个镇 27 个行政村的桃业生产,带动能力进一步增强。

同时,政府注意到合作社的规范和带动能力,国家农业部、上海市农委先后给予合作社项目、贷款担保、财政贴息等各类扶持,使合作社的发展步伐进一步加快。

随着合作社带动能力和规模扩大,影响力日益提升,合作社的形象也在发生深刻变化,合作社也制定了长远的发展规划。目前,合作社正在筹划南汇水蜜桃的海外出口,与马来西亚、阿拉伯联合酋长国客商的洽谈正在开展。同时,在异地种养也是合作社近期发展计划的内容。随着合作社经济实力的提高,水蜜桃深加工的可行性研究也在加快进行。

新凤蜜露桃业合作社以贯彻《农民专业合作社法》为契机,在各级政府的关心和指导下,步入快速发展轨道,为广大果农的增收致富和新农村建设做出新的贡献。

(本节内容资料由上海市农委提供)

本章练习

论述题

1. 结合实际,论述农民专业合作社对新农村建设的意义。
2. 结合实际,论述加强对农民专业合作社监管的作用。

第九章　新农村群众组织管理

案例

2006年,上海市闵行区总工会在全区职工中开展了"万人学电脑"活动。学员通过一个阶段的学习,凡经上海市计算机考核办公室考核合格者,总工会给予每人补贴人民币150元。由于这项活动是民心所向,加上总工会配套的激励机制,为此,大大调动了本地职工及在本区工作的"新上海人"的学习积极性。据统计,至2006年底,已有1.2万人领到了计算机初级证书。

点评

工会通过开展"万人学电脑"活动,首先提高了本区职工计算机操作技能,其次体现出工会组织在当今经济社会发展中、在社会主义新农村建设过程中,能够发挥积极作用。

群众工作是基层党组织工作的重要内容之一。党领导的革命、建设和改革事业,是人民群众的事业,离开了人民群众,将会一事无成。在新的历史时期,党的一切组织尤其是党的基层组织必须加强对群众工作的领导,研究群众组织的工作规律,充分发挥工会、共青团、妇联、民兵等群众组织的作用,把广大群众紧紧团结在党的周围,团结和带领他们去实现现代化建设的目标。

第一节　工会工作

工会是党的群众工作所要紧紧依靠的主要群众组织之一。中国工人阶级是中国社会最革命、最先进、最有远见的阶级,是党的阶级基础。中国工会团结工人阶级,在中国革命、建设和改革各个时期都发挥了重要的作用。在新的历史条件下,党的各级组织特别是党的基层组织要遵照党中央关于要紧紧依靠工人阶级的指示,充分认识工会的作用,全心全意地支持和领导工会工作,保证工会更好地发挥团结、教育、联系工人群众的作用和在现代化建设中发挥更大的作用。

一、工会的性质和组织机构

1. 工会的性质和特点

中国工会是中国共产党领导的职工自愿结合的工人阶级群众组织。它有以下明显的特点:

一是阶级性。工会是工人阶级的群众组织,是由依靠自己工资收入为主要生活来源的体力劳动和脑力劳动的职工组成的群众性团体。工会的使命是代表工人阶级利益,为工人阶级的当前利益和彻底解放而斗争。因而,它能够比较容易接受马克思主义科学理论的指导。

二是群众性。工会能最大限度地、广泛地团结和联合广大工人群众。工会工作对参加工会的工人群众采取的是民主的、教育的、引导的、自我教育的方法。

三是自愿性。工会在组织上坚持会员入会和退会自愿的原则。工会开展的一切活动都是建立在工人群众自觉自愿的基础之上。

四是政治性。工会不仅仅是群众组织,也是政治团体。在资本主义制度下,工会是为了维护工人的利益不受非法侵犯而组织起来的。在社会主义制度下,工人阶级是国家的主人,是国家的领导阶级,不仅是生产者,而且是管理者,他们不仅担负着国家的生产和建设任务,而且还有管理国家的政治、经济和社会事务的权力。因而具有很强的政治性。

2. 工会的组织机构

我国工会的组织机构设置分为三个层次:全国组织、地方组织和基层组织。

全国总工会。工会全国代表大会和它产生的全国总工会执行委员会是全国工会的最高领导机关。工会各个时期的工作路线、工作方针和政策,都要由工会全国代表大会制定或者确认。中华全国总工会执行委员会要向工会全国代表大会报告工作。全国总工会执行委员会全体会议选举主席一人,副主席若干人,主席团委员若干人,组成主席团。执委会闭会期间,由主席团行使执行委员会的职权。主席团下设书记处。书记处在主席团领导下主持中华全国总工会的日常工作。各产业工会的全国组织,根据各产业的不同情况分别建立全国委员会或工会委员会,由中华全国总工会确定。

工会地方组织。地方工会组织是指省、市、县建立的地方总工会。地方工会代表大会和它产生的地方总工会是所属地方工会和产业工会的领导机关。工会地方各级代表大会的职权是:审议和批准同级总工会的工作报告;讨论决定本地区工会的工作任务;选举同级总工会的领导机关。地方总工会是所属地方工会组织和产业工会地方组织的领导机关。它在地方工会闭幕期间,负责执行上级工会组织的决议和同级工会代表大会决议。地方总工会选举主席一人,副主席若干人,常务委员若干人,组成常委会主持日常工作。

工会基层组织。工人基层组织是指企业、事业、机关等基层单位的工会组织。工会基层组织是工会密切联系群众、开展工会工作的基础。工会基层组织的基本任务是执行会员大会或会员代表大会决议和上级工会的决定,主持基层组织的日常工作。具体任务是:做好职工的思想政治工作;维护职工的民主权利,组织职工搞好民主管理;开展社会主义劳动竞赛,充分调动全体职工的社会主义积极性、创造性;支持职工学习政治、文化科学知识;保障职工生活福利,关心职工劳动条件的改善;维护职工的合法权益,向歧视、摧残、迫害妇女的现象作斗争;管好财务;做好接收新会员工作。

二、工会的地位、职能和作用

1. 工会的地位

工会的地位是指工会在国家政治体制和社会经济、政治生活中所处的地位。首先,工会是我国社会主义政治体制的一个组成部分。党的组织系统、国家机关系统、工会系统等社会政治团体都是我国政治体制中主要的组织设施。工会组织有着特殊的地位。工会维护和代表本团体成员的利益和意愿,它参与国家的政治活动,体现了我国的社会主义民主,发挥着对国家机关的监督作用。其次,工会是职工群众的代表者。职工代表大会、职工大会及各级工会领导机关代表职工群众行使当家作主的权力和企业主人的权力。第三,工会是职工群众的组织者。工会代表职工群众,是党联系职工群众的桥梁和纽带,是党与职工群众相沟通的"传动装置"。

2. 工会的职能和作用

工会的职能和作用是相互联系的。在我国社会主义初级阶段,工会要遵循以经济建设为中心,在维护全国人民总体利益的同时,积极地表达和维护职工群众的利益,履行自己的社会职能。具体来说,一是维护职工群众的合法利益和民主权利;二是引导职工群众参加改革,积极完成各项生产和工作任务;三是参与国家和社会事务的管理,参与企业、事业单位的民主管理;四是引导和教育职工提高自身的思想道德和文化技术素质。上述四个方面的职能,可简单概括为建设、参与和教育职能。工会的作用归结起来主要表现为:工人阶级群众利益的维护作用;党政组织与职工群众之间的联结纽带作用;国家政权的支柱作用;共产主义的学校作用等。

三、工会的组织制度

民主集中制是我们党和国家的根本组织原则和制度,也是中国工会的根本组织原则和制度。只有坚持民主集中制原则,工会才能形成统一的意志和行动。民主集中制反映了工会组织活动的根本规律。根据民主集中制的原则,工会必须坚持个人服从组织、少数服从多数、下级工会组织服从上级工会组织、全国各个工会组织和全体会员服从工会全国代表大会的决议,使工会在统一的领导下组织起来。工会的各级领导机关,除它们的派出机关外,都由选举产生,工会各级委员会向同级会员大会或会员代表大会负责并报告工作及经费收支情况,接受会员监督;工会各级委员会实行集体领导和分工负责相结合的制度,凡重大问题都要由委员会民主讨论决定。实践说明,工会组织只有按照民主集中制原则组织起来,才能从组织上保证工会成为坚强的能够完成其历史使命的工人阶级群众组织。

工会有全国独立的统一的组织系统和章程;有各级代表大会及其产生的领导机构;有自己内部的民主生活和独立的活动方式;有自己的事业阵地与活动条件。因此,工会必须按照自己的章程通过有关决议和各项规定,按照民主集中制的原则和方法选举各级工会领导人,组织自己的活动,切实发挥工会的重要作用。

四、职工代表大会

职工代表大会是国有企业实行民主管理的基本形式,是职工行使民主管理权力的机构。根据国有企业不同方面的问题,分别规定了职工代表大会行使五项职权,即对企业生产经营的方针、长远和年度计划等重大问题的审议建议权;对职工的收入分配、企业的重要规章制度等重大问题的审议决定权;对职工生活福利方面的重大问题的审议决定权;对各级领导干部的评议、监督和奖惩建议权;对厂长(经理)的推荐或选举权及罢免权。

企业党的基层委员会(含不设基层委员会的党总支部委员会和支部委员会)对职工代表大会负有领导和指导的责任。具体要求是:要指导职工代表大会认真学习和贯彻执行党和国家的方针、政策,正确处理国家、企业和职工三者的利益关系,支持职工代表大会在法律规定的范围内正确行使职权、履行义务;要向职工代表大会宣传党的路线、方针、政策,通过党员职工代表的先锋模范作用,把党的方针、政策变成群众的自觉行动;教育职工不断提高主人翁责任感,帮助职工代表不断提高民主管理和民主决策的能力与水平。党组织要指导职工代表大会尊重厂长(经理)在企业中的中心地位,积极支持厂长(经理)行使经营管理决策和统一指挥生产经营活动的职权,同时应督促厂长(经理)定期向职工代表大会报告工作,听取意见,接受职代会的监督批评,组织实施职代会在其职权范围内所作出的决定;要通过职工代表大会听取群众意见,不断改善党的工作和作风。加强党委对职工代表大会的领导,是完善职工代表大会制度,充分发挥职工代表大会作用的关键。工会和职工代表大会都是在中国共产党领导下,代表和维护职工利益,实行企业民主管理的组织形式。企业工会除了对搞好企业管理负有重要责任外,还是职工代表大会的工作机构,负责职工代表大会的日常工作。企业工会的主要职责是:① 组织职工选举职工代表;② 提出职工代表大会议题的建议,主持职工代表大会的筹备工作和会议的组织工作;③ 主持职工代表团(组)长、专门小组负责人联席会议;④ 组织专门小组进行调查研究,向职工代表大会提出建议,检查督促大会决议的执行情况,发动职工落实职工代表大会决议;⑤ 向职工进行民主管理的宣传教育,组织职工代表学习政策、业务和管理知识,提高职工代表素质;⑥ 接受和处理职工代表的申诉和建议,维护职工代表的合法权益;⑦ 在职工中开展思想政治工作,以及组织企业民主管理的其他工作等。为了保证工会有效地开展工作,上级工会和企业党的组织要加强对所属工会工作的指导,支持工会正确行使自己的职权和履行责任。

第二节 青年工作

青年是我们党和国家的未来和希望。党和人民总是把最大希望寄托在青年身上。中华民族的振兴,美好未来的创造,社会主义现代化事业的胜利,要靠全体人民的努力,要靠广大青年继往开来,脚踏实地,艰苦奋斗。

但在新的历史时期,青年中也出现了许多新的问题,需要帮助他们克服社会和自身的障碍,引导他们健康成长,推动中国特色社会主义事业不断向前发展。所有这一切,都离不开党的青年工作。青年工作是党的群众工作中最大量、最生动、最有前途的工作。

一、青年工作与共青团的性质和任务

青年工作不仅需要党的组织来做,而且大量的工作要靠共青团组织来进行。各级党的组织必须明确共青团的性质、任务,充分发挥共青团的作用,积极支持和帮助它们做好工作。

1. 共青团的性质

共青团是中国共产党领导的先进青年的群众组织,是广大青年在实践中学习共产主义的学校,是党的助手和后备军。

首先,共青团是中国共产党领导的先进青年的群众组织。共青团是在五四运动后,适应中国革命的需要,在中国共产党的领导下创建并发展起来的。几十年来,共青团一直在党的领导下,成为政治方向坚定正确,联系、团结和教育广大青年的先进组织,在中国革命、建设和改革中成为一支生气勃勃的力量,成为党的有力助手。共青团是一个群众组织,但又不同于一般的群众组织,既具有群众性,又具有先进性,是先进性与群众性相统一的组织。它的先进性主要表现在:① 在政治上,坚决拥护党的纲领,接受党的领导,认真执行党的路线、方针和政策,为建设有中国特色社会主义和最终实现共产主义的社会制度而奋斗。② 在思想上,以马列主义、毛泽东思想、邓小平理论和"三个代表"重要思想作为行动指南,坚持用共产主义精神教育团员和青年,批判和抵制资本主义思想、封建残余思想以及一切非无产阶级思想的侵蚀。③ 在

组织上,实行民主集中制原则,有严格的组织纪律,参加共青团组织的青年,必须具备团章所规定的条件,并履行规定的手续。

共青团的群众性主要表现在:① 共青团是党团结教育青年的群众性组织,是党联系青年群众的桥梁。② 共青团的组织基础比较广泛,入团条件不像入党要求那么高,凡是基本达到入团条件的青年,都可以加入共青团,并在入团后接受更多的教育和锻炼。③ 共青团的活动内容和工作方式提倡青年化、群众化。

共青团的先进性与群众性密切联系,先进性以群众性为基础,群众性又以先进性为条件,两者相辅相成。如果只讲群众性而忽视先进性,就会使团的组织松松垮垮,缺乏战斗力。反之,如果过分强调先进性而忽视群众性,团的组织就会越搞越小,脱离广大青年群众,丧失核心作用。

其次,共青团是广大青年在实践中学习共产主义的学校。把共青团办成学习共产主义的学校,是共产主义事业的需要和青年的要求。青年正处在长身体、长知识和世界观形成的时期。他们的成长,除了接受学校和家庭的教育,还需要有专门的组织引导他们在实践中接受教育和锻炼,逐步树立共产主义世界观,掌握为人民服务的本领。这种不同于一般学校教育和家庭教育的内容和方式,就是共青团特殊的教育职能。所以说,共青团又是一个具有教育性质的学校,共产主义是这个学校所要学习的主要内容,在实践中学习是这个学校学习的主要途径和方法。

再次,共青团是中国共产党的助手和后备军。中国共产党自建立共青团的时候起,就把它作为自己的亲密助手和后备军。在新的历史条件下,共青团的这种助手和后备军作用主要表现为:

第一,在贯彻执行党的路线、方针、政策,完成党的各项任务方面,起助手作用;第二,主动关心青年,倾听青年的呼声,及时地向党反映来自人民群众和青年的意见和要求,协助党改进工作,密切党和青年群众的关系;第三,协助党加强对年青一代的培养教育,使其成为党的各项事业的后备队;为党培养青年积极分子,不断向党输送新鲜血液,成为党的组织的后备队;为党培养年轻干部,向党和国家输送新生力量,成为党的干部的后备队。

2. 共青团的基本任务

共青团的基本任务是:以共产主义精神教育青年,帮助青年用马克思列宁主义、毛泽东思想、邓小平理论、"三个代表"重要思想和现代科学文化知识武装自己,引导青年在社会主义现代化建设的实践中,锻炼成为有理想、有道德、有文化、有纪律的共产主义事业的接班人,充分发挥团员和青年在社会主义现代化建设及改革中的作用。具体讲,新时期共青团的基本任务主要有三项:一是努力培养团员和青年成为有理想、有道德、有文化、有纪律的"四有"新人。"四有"之间是相互联系、相互渗透、相互促进的,共同构成了一个系统的有机整体。其中,理想是核心,是广大青年为建设社会主义实现共产主义而奋斗的精神支柱,又是促使青年形成良好道德情操、掌握科学文化知识和养成自觉纪律的内在驱动力。社会主义道德和纪律,是革命理想的体现,也是实现理想的保证。有文化,为理想、道德、纪律提供文化和智力的支持,又是青年树立革命理想、培养良好的道德修养和组织纪律性的重要条件。二是团结带领团员、青年在建设和改革中发挥突击作用。根据党的总任务的要求,共青团不仅要把团员、青年培养成为"四有"新人,而且要团结、组织和带领他们在社会主义现代化建设和改革的各项工作中充分发挥突击作用,成为建设和改革的生力军,这是共青团的一项重要任务。在新的历史时期,党和国家的中心任务就是要全面建设小康社会,加快推进社会主义现代化。共青团作为党的助手,必须在这个大局下行动,必须充分发挥团员和青年在现代化建设和改革中的生力军作用。各级共青团组织都要想大事、议大事,围绕党的中心工作来安排自己的工作。要教育团员、青年认真贯彻执行党的基本路线,积极投身到各项建设和改革之中去;引导团员、青年在精神文明建设中发挥带头作用;组织团员、青年在各条战线上为建设和改革多作贡献,在完成各项任务中发挥突击作用。三是把共青团建设成党的坚强助手和团结教育青年的学校。加强共青团的自身建设,主要是为了保持共青团政治上先进,组织上严密,紧密联系群众,以党的要求、团的章程和共青团代表大会的决议为依据,加强共青团的思想建设和组织建设,提高团组织活动能力要坚持把思想建设放在首位,教育团员青年尤其是团的各级领导班子,认真学习马列主义、毛泽东思想、邓小平理论和"三个代表"重要思想,使共青团坚持坚定正确的政治方向,在思想上、政治上和组织上同党中央保持高度一致。在组织建设上,要认真贯彻党的组织路线和建团路线,以党组织为榜样,按照民主集中制的原则和团章的规定,健全团的各项组织生活制度,不断壮大团的队伍;要严格团的纪律,加强团的管理,建立一支坚强的共青团干部队伍,不断提高团组织的战斗力。在工作业务上,要教育团的干部懂得青年的特点,了解团员青年的思想,学会围绕党的中心工作,结合本单位的实际,组织开展各种形式的适合青年特点的活动,增强团组织的号召力和凝聚力,提高教育青年和完成党交给的任务的能力,真正把共青团建设成为党的有力助手和培养教育青年的学校。

二、共青团工作的基本方针和原则

1. 共青团工作的基本方针

围绕党的中心任务,开展适合青年特点的独立活动,是共青团工作的基本方针。

所谓围绕党的中心任务,就是青年工作必须从党的要求出发,以党的中心任务作为自己的工作中心,做到自觉服从中心,积极配合中心。青年工作是党的工作的重要组成部分,必须置于党的领导之下,必须自觉围绕党的中心任务来开展活动。否则,将会使青年工作偏离正确的方向。

所谓照顾青年特点,就是青年工作必须兼顾青年的特殊利益和要求,采取青年所喜闻乐见的生动活泼的方式来进行工作。这是最大限度地团结青年群众、调动他们积极性,做好青年工作的基本要求。实践证明只有这样,才能获得广大团员、青年的支持和拥护,把他们吸引到团的周围,最大限度地把他们团结起来,组成浩浩荡荡的现代化建设大军。

所谓开展独立活动,就是要注意保持青年工作相对的独立性,在引导青年参加党的中心工作中组织有自己特色的活动。

围绕党的中心任务,开展适合青年特点的独立活动,是我们党做好青年工作的基本经验,也是我们做好青年工作的基本方针和要求。在新的历史时期,党的各级组织和领导干部应该懂得青年工作的这个基本方针,既要按照这个方针给团组织指方向、交任务、提要求,使其紧紧围绕党的中心任务开展工作,又不要包办代替,应该放开手脚让他们大胆地开展独立的工作。共青团组织也应该认真贯彻这个方针,使团的工作既方向正确,又生动活泼。

2. 共青团工作的基本原则

共青团工作应当遵循的下列原则,是长期实践经验的总结,是青年工作规律的反映。它们贯穿于青年工作的各个方面和全过程,对做好青年工作具有重要的指导作用。

一是保证党的领导的原则。保证党的领导是青年工作的一条根本原则,也是青年工作的生命线。只有保证党的领导,才能保证青年工作的正确方向。中国共产党是中国工人阶级的先锋队,同时是中国人民和中华民族的先锋队,是中国社会主义事业的领导核心,代表中国先进生产力的发展要求,代表中国先进文化的前进方向,代表中国最广大人民的根本利益。党的纲领、路线、方针、政策,集中反映了全体人民的根本利益。共青团在各项工作与活动中都必须坚持党的领导,坚决贯彻党的纲领、路线、方针、政策,为实现党在各个时期的政治任务而奋斗。

二是发挥作用和受教育相结合的原则。发挥作用和受教育相结合,有两个方面的含义:一方面是要引导青年在发挥作用中受到教育;另一方面对青年的教育是为了更好地发挥他们的作用。发挥作用和受教育,这是党对青年工作的两个基本要求。由于青年正处于成长时期,要把他们培养成党的事业的接班人,就必须大力加强共产主义教育,通过教育来坚定他们的共产主义信念,掌握科学文化知识和各种技能;由于青年是国家和社会中一支最积极最有生气的力量,党需要得到青年的助手作用,尤其是今天更需要青年在改革中发挥先锋作用,在社会主义建设和完成各项任务中发挥突击队作用,在加强社会主义精神文明建设和活跃文化生活中发挥骨干作用。因此,青年工作必须把发挥作用和受教育同时贯穿于各项活动之中。

三是思想引导与关心服务相结合的原则。青年工作不仅要通过系统的思想教育育人,而且要依靠全面地关心服务育人。把教育和关心、引导与服务有机地统一起来,坚持思想引导与关心服务相结合,是由青年工作的任务决定的。青年工作一方面要积极引导青年参加和投入社会主义现代化建设,另一方面要在实现社会主义现代化建设过程中实现每个青年自身的特殊利益。因此,青年工作在教育引导青年为实现最大多数人的最大利益的同时,还必须关心青年的特殊利益和要求,为实现青年自身的特殊利益服务。

四是充分信任和严格要求相结合的原则。对广大青年一要信任,二要严格。毛泽东曾提出"要充分相信青年人。"青年肩负着历史的重任,在他们成长的过程中不能缺少信任和爱护,也不能缺少严格的要求。如果青年时期得不到严格的要求和训练,松松垮垮,就不可能成为优秀的人才,因而也不可能在社会主义现代化建设中发挥更大的作用。青年中的优秀分子,往往出于严师之教。古往今来,大都如此。这就要求青年工作必须把对青年的充分信任与严格要求紧密地结合起来。

五是继承与创新相结合的原则。在继承青年工作优良传统的基础上,根据新的形势、任务的要求和社会客观环境、青年思想的发展变化,改革创新青年工作的形式和方法,是新时期青年工作的一个突出的要求。坚持继承与创新相结合,符合事物发展的辩证规律。事物的发展变化往往呈现辩证的过程,一方面它要克服旧事物中的消极因素,实现向新事物的飞跃;另一方面它又要继承旧事物中的积极因素,为新事物的发展提供条件。没有创新,就没有事物的发展;没有继承,事物的发展也就失去了基础。青年工作同世界上其他事物一样,要使自己健康地发展,就必须把继承和创新紧密地结合起来,既要注意继承青年工作的优良传统,为改革创新奠定基础;又要注意不断改革创新,使优良传统得到进一步的丰富和发展。

三、共青团的组织建设

1. 搞好共青团各级领导班子建设

要经常保持健全的组织和坚强的领导核心。团组织要按照民主集中制的原则,定期改选各级领导班子,把那些热爱团的工作、作风正派、有组织能力、在团员中有一定威信的优秀团员和年轻党员推选到各级委员会中去,形成一个能够带领团员青年前进的指挥部。班子中出现缺额,应当及时补选、配齐,以经常保持领导班子的健全状态。

要认真实行集体领导和个人分工负责相结合的制度。集体领导是民主集中制在团的领导工作中的体现。团的各级领导班子必须认真实行集体领导的原则,同时也要坚持集体领导同个人分工负责相结合。委员们要有明确分工,各司其职,实行岗位责任制,充分发挥领导班子中每个成员的积极性和负责精神,做到事事有人管,人人有专责,使集体讨论决定的事情得到真正的贯彻执行,落到实处,形成健全和坚强的领导核心。

要经常培训团干部。党委应关心本级团的干部的培养教育和成长,指导各级共青团组织,根据党的工作任务的要求做好团干部的培训工作,不断提高各级团干部的素质。对团干部进行培训的工作,要注意坚持革命化和知识化、专业化统一的方向,使团的干部队伍实现"四化"的要求;要坚持理论联系实际的方针,提高他们的思想觉悟和工作能力;要采取多种培训形式,满足广大团干部的学习要求。

要健全各种制度,建立正常的工作秩序。制度建设是搞好团的各级领导班子建设的一个重要内容。一个团的组织,如果没有一套切实可行的制度,团内生活无制度可循,团的工作无制度可依,就不能为加强团的建设提供组织上的保证。有些团组织松散和瘫痪,原因就出在这里。许多先进的组织,工作井井有条,都是有一套切实可行的制度,如组织生活制度、"三会一课"(团员大会、团支委会、团小组会、团课)制度、团员的教育和管理制度、青年积极分子的培养考察制度、支委会工作的定期检查报告制度、团员骨干的奖惩制度等。

2. 加强团员队伍建设

要认真贯彻团的发展方针,做好团员发展工作。团员发展工作是共青团组织的一项具体的、经常性的工作,是团的组织建设的一项重要内容。要以积极态度,采取有力措施,把更多的先进青年吸引到团内来,努力壮大团员队伍。正确全面地贯彻团员发展方针,第一是要重视团组织的发展工作,注意发现先进青年,加强对他们的培养教育,对符合入团条件的青年要成熟一个发展一个,及时吸收到团内来,不以"考验"为名,冷淡青年的政治热情。第二是要从本单位的实际情况出发,制定切实可行的发展计划和落实措施,有步骤地接收新团员。在制定团员发展规划时,要认真摸清团员队伍和青年的状况,从现实情况出发做好团员的发展工作,既不能四平八稳,也不要急于求成。对青年积极分子要认真进行考察、教育和培养。对符合团员条件的,要严格履行入团手续,及时将其吸收到团内来。

要抓好经常性的团员教育工作。团员的思想政治觉悟,是形成团的战斗力的基本因素,决定着基层团组织战斗力的强弱。所以,加强对团员的经常性教育,不断提高团员的政治素质,是加强基层组织建设中的一项经常性工作。团员教育的内容主要是:马克思主义基本理论和党的路线、方针、政策教育,以理想、纪律为重点的"四有"教育,党团的优良传统教育,团的基本知识教育,党的基础知识教育,青年思想道德修养教育等。团员教育的方式和方法,一是通过上团课,有计划地进行系统的教育;二是通过团的组织生活,开展批评与自我批评进行教育。除此之外,还可以采取丰富多彩的教育方式,如组织报告演讲,开展读书活动,进行民主讨论,开展群众性的个别谈心,组织评比竞赛,组织各种公益活动,组织参观访问,组织文体活动,进行革命传统教育等。这些生动活泼的教育方式,都可以收到很好的教育效果。

第三节 妇女工作

妇女是我国社会主义建设中的重要力量,在建设社会主义物质文明和精神文明中都具有特殊重要的作用。在我国改革和社会主义现代化建设中,妇女和妇联组织发挥着越来越重要的作用。党的各级组织尤其党的各级基层组织都要加强对妇女工作的领导,充分发挥她们在现代化建设中的作用。

一、妇女解放的理论和妇女解放运动的地位

1. 妇女解放理论

马克思主义妇女解放理论,以马克思主义的哲学、政治经济学、科学社会主义为

理论基础,揭示了妇女问题的产生根源和无产阶级妇女解放运动发展的客观规律。其主要内容是:妇女问题是重大社会问题;妇女解放是无产阶级解放事业的一部分;参加社会劳动是妇女解放的先决条件;家务劳动社会化是妇女解放的重要内容;男女教育平等是妇女解放的关键;改革婚姻家庭制度是妇女解放的特殊需要,是解决妇女问题、改善妇女地位的重要条件;建立妇女组织是开展妇女运动的组织保障;实现共产主义制度是实现妇女彻底解放的道路;妇女的解放要靠妇女自身的觉醒和努力奋斗。我国宪法对妇女的权利作了同男性公民一样的规定,妇女在政治、经济、社会和家庭生活等各方面的权利同男性公民都是平等的,国家保护妇女的权利和利益,实行男女同工同酬,培养和选拔女干部,婚姻家庭、母亲和儿童受国家的保护,从而使马克思主义妇女解放理论在我国的宪法和社会实践中得到充分体现。

2. 妇女的地位

妇女解放运动是无产阶级革命运动的组成部分。妇女占人口的半数,妇女解放的程度是衡量社会进步的尺度。无产阶级若不争得人口半数的妇女的解放,也不可能实现无产阶级自身的解放,因而也不能实现无产阶级解放全人类的历史使命。妇女是一个伟大的人力资源,妇女的解放是对社会生产力的解放,妇女解放运动是对妇女人力资源的开发。建国以来,我国妇女的解放运动取得了伟大成就,广大妇女已经成为我国社会主义建设的重要力量。在新的历史时期,妇女在我国社会政治、经济和文化生活的各个方面都将发挥更大的作用。

二、妇联组织的性质和任务

1. 妇联组织的性质

中华全国妇女联合会是中国共产党领导的全国各族女职工、女农民、女知识分子、其他劳动妇女、拥护社会主义的爱国妇女和拥护祖国统一的爱国妇女的群众组织,是党联系妇女群众的纽带。妇联组织的基本特点是:妇联组织坚持在党的领导下,围绕党的中心工作,按其本身特点积极主动、独立负责地开展工作;具有广泛的群众性,最大限度地联系、团结妇女群众,代表和维护妇女的特殊权益;具有统一战线性质,妇女统战对象包括知识界、工商界、原国民党军政界、少数民族、宗教界、民主人士等各界上层妇女,和女台胞、女归侨、侨眷、港澳女同胞有影响的人士及去台人员家属等爱国人士。

2. 妇联组织的任务

妇联作为党领导下的全国妇女群众性的组织,它的任务是根据党在不同历史时期的任务和妇联组织的特点而确定的。在新的历史时期,妇联组织的基本任务是:团结全国各族妇女,按照我国宪法和法律的规定,维护妇女和儿童的合法权益,抚育、培养、教育儿童少年健康成长;充分发挥妇女在改革开放和社会主义现代化建设中的重大作用,努力使自己成为代表妇女儿童权益、保护和教育妇女、保护和教育儿童的有权威的群众团体,为逐步实现妇女的彻底解放而奋斗。

具体说来,在当前和今后一个时期内,各级妇联应该努力实现下述主要任务:

一是向妇女进行爱国主义、集体主义、社会主义、共产主义的思想教育,进行妇女解放、男女平等的教育,鼓励妇女树立崇高的革命理想,学习文化、科学、技术,在社会主义物质文明和精神文明建设中充分发挥自己的作用。向社会宣传妇女在社会主义现代化建设中的重要地位和作用,努力消除轻视妇女的封建残余思想影响和传统习俗。

二是保护妇女儿童的合法权益,坚决同一切歧视、虐待、摧残和迫害妇女儿童的行为作斗争。这是我们党和国家坚定不移的基本政策,也是全国妇联和妇女工作的主要任务之一。要保护女公民与男公民共同享有的基本权利和义务,如选举、被选举、劳动和受教育等权利和义务,青少年和儿童德、智、体全面发展的权益等。要保护妇女儿童的特殊权益。重视培养和选拔妇女干部。禁止虐待老人、妇女和儿童,禁止一夫多妻和重婚,禁止溺婴和其他残害婴儿的行为。各级妇联都要坚决同虐待、摧残和迫害妇女、儿童的行为作斗争,在全社会造成一种尊重妇女、爱护儿童的良好风气。

三是教育妇女以社会主义思想道德正确处理恋爱、婚姻和家庭问题,实行计划生育,建立民主和睦的"五好"家庭,促进社会风气的健康发展。

四是协同有关部门并推动社会各方力量,兴办儿童保教事业和福利事业,兴办生产、生活服务事业,为妇女儿童服务。

五是加强各族、各界和不同宗教信仰的妇女的大团结。加强同台湾女同胞、去台人员家属、港澳女同胞、海外女侨胞和侨眷的联系和团结,扩大妇女界的爱国统一战线,促进祖国的统一和繁荣富强。

六是发展同世界各国妇女的友好往来,反对帝国主义、霸权主义、殖民主义和种族歧视,为维护世界和平、促进人类进步、保护妇女儿童权益而共同奋斗。

三、各级妇联的组织制度和组织机构

中华全国妇女联合会在中国共产党中央委员会的领导下进行工作,地方各级妇女联合会在同级党的委员会领导下进行工作。党中央和各级地方党委都要关心妇联组织的建设。妇联实行代表联系群众的制度和团体会员的制度。全国和地方各级妇女代表大会的代表,在大会闭幕期间,在各级妇联的领导下进行工作。妇女代表应当同当地妇女群众保持联系,固定联系选举自己的妇女群众,向妇联反映群众的意见和要求,向群众传达和解释妇联的决议和号召,有带领妇女群众完成妇联工作任务的义务,也有对妇联工作提出批评建议和实行监督的权利。妇女联合会实行民主集中制。它的全国和地方领导机构,由全国和地方各级妇女代表大会选举产生。

中华全国妇女联合执行委员会是妇女联合会的全国领导机构。全国妇女代表大会是全国妇女联合会的最高权力机构。全国妇女代表大会每五年举行一次,由全国妇联执行委员会召集,全国妇代会闭会期间,全国妇联执委会贯彻执行全国妇代会的决议,讨论并决定妇女工作中的重大问题。全国妇联设主席一人,副主席若干人,常务委员若干人,组成常务委员会,常务委员会下设书记处,主持全国妇联的日常工作。

地方各级妇女联合会是按照国家行政区建立的妇女群众组织。地方妇联的最高权力机构是地方各级妇女代表大会,代表大会的职权是:讨论决定本地区的妇女工作任务;审议批准本级妇联的执行委员会的工作报告;选举本级妇联的执委会。地方各级妇联执委会讨论并决定本地区妇女工作的重大问题。执委会选举主任一人,副主任若干人和常务委员若干人,组成常务委员会,领导本地区妇联的日常工作。地方各级妇联在同级党委领导下进行工作,并接受上级妇联的业务指导。

本章练习

一、名词解释
工会基层组织　共青团　妇代会

二、简答题
1. 简述工会的地位及主要任务。
2. 简述共青团的基本性质及任务。
3. 简述新时期村妇女工作的基本方针、目标及任务。

三、论述题
在建设社会主义新农村时期,工会、共青团如何起到桥梁纽带作用?

第十章　建设社会主义新农村

 案 例

韩村河，中国土地上的一个小村庄；田雄，小村庄里的一个普通农民。多年前，这个村子与这个农民，就已经声名远播；而今我们重提这个传奇村庄里的传奇人物，是因为在建设社会主义新农村的热潮中，在亿万农民思富裕、奔小康的向往中，我们能从田雄带领韩村河艰苦创业的历程，感悟我们的时代精神，获得一种有益的启示。

田雄是北京市房山区韩村河村党委书记、北京韩建集团有限公司董事长。在过去的29年里，他的名字一直与韩村河联系在一起。"个人富不算富，大伙儿都富才算富。先富不算富，共同富才算富"，田雄几十年不变的"富裕观"是带来村庄巨变的一条红线，它牵带出一个贫困村跃为京郊首富村的奥秘。其中，共产党员、集体经济、共同富裕，是田雄"富裕观"的三个关键词。他从30多把泥瓦刀起家，29年来田雄的方向不变。韩村河集体经济收入从10多万元发展到36亿元，集体企业从几十人的村建筑队发展到5万职工的特级建筑企业集团，经济落后、村容简陋的贫困村，变成了京郊村民收入最高、居住环境一流的新农村。

走"共同富裕"之路是韩村河共建共享的旗帜，更是田雄"富裕观"的精髓。田雄说，我们党的政策是允许一部分人先富起来，先富带后富，达到共同富裕。但如果一部分人成为暴发户，一部分人沦为贫困户，就不能算是社会主义！几十年来，韩村河始终坚持共同富裕，对老年人实行生活补助，给村民粮食水电补贴，为村民办理合作医疗保险，村民交纳的统筹医疗费用全部由集体负担。

摘自2007年10月8日《人民日报》

 点评

（1）改革开放前，"村破家穷、人常挨饿"的韩村河曾被百姓称为"寒心河"。作为

率先走出村庄的第一代农民工,田雄他们原有足够的本领独享富贵,但20多年来,田雄将"任何时候不能忘了自己是个共产党员,不能忘了党对自己的培养,不能忘了老百姓对我们的希望"当作自己的座右铭。"村子富不富,全靠党支部",他们用创业的"第一桶金"为村里建了学校、修了路。其后无论事业如何发展,共产党员的奉献精神始终没变,个人理想与村庄命运熔铸在一起。

(2)对于一个贫困乡村来说,脱贫致富路在何方?田雄从自身经历中总结出:"三农问题的解决,最重要的是要发展集体经济,共产党员就是要打造集体经济的大船,不断发展壮大集体经济。"

(3)田雄和韩村河的历史,让人获得一种信心。它让我们看到,在广阔天地的每一个村庄,都隐藏着一种深厚的力量,当它无序的时候是微弱的,当它孤立的时候是渺小的,但是一旦被组织起来,就有无穷的创造力。如果我们有更多田雄这样的共产党人,那将带来中国乡村怎样的变化!

(4)韩村河的创业故事始于1978年,正是改革开放大幕开启的时候。与改革开放同步,田雄带领韩村河走过的历程,可以看作中国农村改革发展进程中的一个典范。他的探索,扎根农村最真切的现实,他的实践,针对农民最切身的渴望,他关于什么是"富裕"的理解,落实为韩村河的种种发展思路,为新农村建设以及中国农民的富裕之路,提供了一个可敬可学的样本。

建设社会主义新农村是全面建设小康社会的根本举措。全面建设小康社会的重点和难点在农村,关键在农民增收。改革开放以来,我们党实行的一系列富民政策促进了农民收入增加,但农民的生活还不富裕,农民增收的长效机制尚未建立。2004年末,全国农村绝对贫困人口还有2 610万人,有4 977万低收入人口仅能勉强解决温饱问题,这表明我国农村居民还有相当一部分生活处于较为困难的状态。另据统计,2004年全国农村居民人均纯收入2 936元,城镇居民人均可支配收入9 422元;农村居民家庭恩格乐系数为47.2%,城镇居民家庭则为37.7%。如果农业和农村问题解决不好,农民生活得不到明显改善,全面建设小康社会就会成为一句空话。建设社会主义新农村,有力地采取系统扶持农业的政策措施,不断加大对农村的支持力度,建立农民增收的长效机制,统筹城乡经济发展,为全面建设小康社会创造条件。

第一节 社会主义新农村建设的基本概念

2005年8月19日至23日,中共中央总书记胡锦涛在河南、江西、湖北三省考察工作时指出,要把建设社会主义新农村的任务落到实处。2005年10月,党的十六届五中全会审议通过的"十一五"规划建议,明确提出"建设社会主义新农村是我国现代化进程中的重大历史任务"。2005年12月召开的中央农村工作会议指出，必须站在全局的高度，把建设社会主义新农村作为现代化进程中的一项重要历史使命，成为全党全社会的共同认识和共同行动。会议研究了"十一五"期间推进社会主义新农村建设的任务，全会讨论了《中共中央国务院关于推进社会主义新农村建设的若干意见（讨论稿）》。2006年1月，胡锦涛总书记主持中共中央政治局第二十八次集体学习时强调，要从建设中国特色社会主义事业的全局出发，深刻认识建设社会主义新农村的重要性和紧迫性，切实增强做好建设社会主义新农村各项工作的自觉性和坚定性，积极、全面、扎实地把建设社会主义新农村的重大历史任务落到实处，使建设社会主义新农村成为惠及广大农民群众的民心工程。

"十一五"时期是社会主义新农村建设打下建设基础的关键时期，是构建新型工农城乡关系取得突破进展的关键时期，也是农村全面建设小康社会加速推进的关键时期，因此，我们只有充分把握建设社会主义新农村的背景、伟大历史意义、时代内涵、建设原则、总体目标和要求以及体制保障，才能全身心地投入到建设社会主义新农村的行动中去，为建设社会主义新农村做出应有的贡献。

建设社会主义新农村是党中央按照科学发展观作出的重大战略部署，是总揽全局、着眼长远、与时俱进的历史性选择，事关我国改革开放和现代化建设的大局，抓住了农村全面小康建设的根本。建设社会主义新农村，只有充分把握新农村建设的内涵、意义、指导思想等方面的内容，才能实现以科学发展观统领农村经济社会发展，促进农村社会全面进步。

一、中国共产党对新农村建设的探索

建国初期，面对当时的国际国内环境，为了早日实现国家富强和民族兴旺发达，国家开始实施赶超型发展战略，即优先发展工业。国家要实行工业化优先发展战略，所需资金只能来自农业剩余，农民需要为国家的工业化作出贡献。为了加速农业发展，调动农民的生产积极性，国家提出了建设社会主义新农村的号召。1956年第一届全国人大第三次会议通过的《高级农业生产合作社示范章程》，就提出了"建设社会主义新农村"的奋斗目标。

在这次会议上，邓颖超在讲话中指出《高级农业生产合作社示范章程（草案）》"是建设社会主义新农村的法规"。此后，在党中央的文件及党和国家领导人的讲话中多次提到社会主义新农村建设问题。1955年底，毛泽东同志组织起草了《一九五六年到一九六七年全国农业发展纲要（草案）》。随着人民公社化的不断加速，《全国农业发展纲要（草案）》被宣传为建设社会主义新农村的伟大纲领，社会主义新农村在一些讲话中被具体化和详细化。1959年9月，廖鲁言在《十年来农业战线的光辉成就》一文中指出："随着国家工业化的迅速发展，工业对农业的技术支援毫无疑问将不断地扩大……几亿农民的物质生活水平和文化生活水平，也将在生产高度发展的基础上，达到世界最先进的水平。这就是我国社会主义新农村的光明前景。"1959年10月，

《人民日报》发表中共中央农村工作部部长、国务院副总理邓子恢的文章《中国农业的社会主义改造》。文章说:"党中央根据毛泽东同志的建议,适时地提出'全国农业发展纲要',描绘出一幅光明灿烂的前景,通过展开全民讨论,给广大农民以深刻的前途教育,这实际上是一次建设社会主义新农村的全民大动员。"同时,党又"在农村中广泛地进行建设社会主义新农村的前途教育"。1960年4月6日到10日,谭震林副总理在第二届全国人大第二次会议上作了《为提前实现全国农业发展纲要而奋斗》的报告。报告指出:"事实完全证明,这个纲要(全国农业发展纲要)是一个群众性的纲领,它能够调动最广大群众的积极性来发展我国的农业,建设我国的社会主义新农村。"大会通过了关于为提前实现全国农业发展纲要而奋斗的决议。决议指出:"中共中央制订的一九五六年到一九六七年全国农业发展纲要,是高速度发展我国社会主义农业和建设社会主义新农村的伟大纲领。提前实现全国农业发展纲要,对于我国社会主义建设的继续跃进具有极其重大的意义。"会议号召全国人民为提前实现全国农业发展纲要而奋斗。

改革开放不久,1981年11月30日,国务院领导人所作的《当前的经济形势和今后经济建设的方针》报告中,就号召全党带领和团结亿万农民,为建设社会主义新农村而奋斗。强调社会主义新农村建设中要首先抓好农业生产,发展农村经济。1987年1月22日,中共中央政治局通过决议号召全党把农村改革引向深入。要求农村各级领导,全面理解新时期农村政策的精神,进一步动员起来,巩固和扩大改革的成果,促进农业生产,为争取农村经济的新增长,为建设繁荣富裕文明的社会主义新农村而奋斗。1992年3月18日,国务院批转农业部《关于促进乡镇企业持续健康发展报告》,要求各地促进乡镇企业持续健康发展,合理利用农村富余劳动力,为农业生产上新台阶和建设社会主义新农村提供相应的资金,实现有中国特色的工业化。

中央认为建设社会主义新农村,农村党组织是关键。1991年11月29日党的十三届八中全会通过《关于进一步加强农业和农村工作的决定》指出:建设社会主义新农村,必须加强以党组织为核心的基层组织建设。1994年11月5日,中共中央发出《关于加强农村基层组织建设的通知》,指出全国农村几百万基层干部,是贯彻党在农村的方针政策、完成各项任务、团结带领广大农民建设社会主义新农村的骨干力量。要求各级党组织始终坚持以经济建设为中心,以奔小康、建设社会主义新农村为目标,使搞好农村基层组织建设与推动农村改革、发展、稳定结合起来,相互促进。把亿万农民紧密团结在党的周围,凝聚成建设社会主义新农村的强大力量,推进农村改革的深化、经济的发展和社会的进步。在同年召开的全国农村基层组织建设工作会议上,胡锦涛同志发表题为《把农村基层组织建设提高到新水平》的讲话。指出新一代农村青年朝气蓬勃,开拓进取,是农村社会力量中最活跃、最有生气的一部分,是建设社会主义现代化新农村的希望所在,也是农村基层党组织建设的希望所在。要密切联系建设社会主义新农村的实践,对他们进行党的路线、方针、政策的教育和形势、任务的教育,进行党的宗旨和群众路线的教育,进行党的优良传统和作风的教育,使广大农村基层干部充分认识自己肩负的重大责任,不辜负党的期望和农民群众的信任,努力为建设社会主义新农村作出新的贡献。

随着农村经济的发展,中央要求各地以建设社会主义新农村为目标,加强精神文明建设。为此,1995年10月20日,中共中央办公厅、国务院办公厅转发《中央宣传部、农业部关于深入开展农村社会主义精神文明建设活动的若干意见》。1996年10月10日,党的十四届六中全会通过《关于加强社会主义精神文明建设若干重要问题的决议》。这两个文件都强调指出:要以提高农民素质、奔小康和建设社会主义新农村为目标,开展创建文明村镇活动。1998年十五届三中全会明确提出,到2010年建设有中国特色社会主义新农村的奋斗目标是:在经济上,不断解放和发展农村生产力;在政治上,加强农村社会主义民主政治建设;在文化上,坚持全面推进农村社会主义精神文明建设。

在党的方针政策指引下,农业、农村发展进入新时期,一些经济发展较快的地区和小康村开始了社会主义新农村建设行动。特别是党的十六大提出统筹城乡经济社会发展战略以后,许多地方朝着城乡一体化方向,主动积极地推进社会主义新农村建设,为建设社会主义新农村积累了新的丰富的实践经验。

二、建设社会主义新农村的内涵

在全面建设小康社会和构建社会主义和谐社会的过程中,农业、农村和农民问题始终是带有全局性和根本性的问题。对于农村人口占多数的欠发达地区来说,统筹城乡发展、构建和谐社会的任务显得更为繁重而紧迫。

社会主义新农村是指在社会主义条件或社会主义制度下,反映一定时期农村社会以经济发展为基础、以社会全面进步为标志的社会状态。主要包括以下几个方面:一是发展经济、增加收入。这是建设社会主义新农村的首要前提。要通过高产高效、优质特色、规模经营等产业化手段,提高农业生产效益。二是建设村镇、改善环境。包括住房改造、垃圾处理、安全用水、道路整治、村屯绿化等内容。三是扩大公益、促进和谐。要办好义务教育,使适龄儿童都能入学并受到基础教育;要扩大新型农村合作医疗试点,使农民享受基本的公共卫生服务;要加强农村养老和贫困户的社会保障;要统筹城乡就业,为农民进城提供方便。四是培育农民、提高素质。要加强精神文明建设,倡导健康文明的社会风尚;要发展农村文化设施,丰富农民精神文化生活;要加强村级自治组织建设,引导农民主动有序地参与乡村建设事业。社会主义新农村建设全面综合反映社会文明进步的程度,具有全面性。新农村建设不仅仅是一个村镇建设的问题,而且是一个村民发展的问题;不仅仅是一个经济建设的问题,而且是一个包括社会、政治、经济、科技、教育、文化、交通、人民生活、社会治安和社会保障等涉及社会生活方方面面的有机统一体,是社会综合发展程度的标志。社会主义新农村建设是一个过程,具有动态性。社会主义新农村作为一定历史时期社会形态的表现形式,必须反映时代特征,因而其衡量标准不是一成不变的,而是随时间的变化、社会的发展而变化发展的。社会主义新农村建设是在现有基础上进行的,具有层次性。不同地区由于历史、环境、基础的不同,建设的速度和目标也各不相同,所以各地反映的新农村建设在内容上、程度上、要求上也有所不同,模式也不可能千篇一律。社会主义新农村建设,必须发展和壮大集体经济。集体经济不仅是社会主义新农村建设的一个具体内容,而且也是兴办社会各类事业的基础条件。

我国九亿农民向往的小康社会——"新农村"应该是什么样子?在山西省晋中市召开的全国第五届村长论坛上,中国农业大学校长、农业部农村经济研究中心主任柯炳生向来自全国的500多名"村官"描述了社会主义和谐新农村的基本蓝图。所谓新农村应该包括5个方面,即新房舍、新设施、新环境、新农民、新风尚。这五者缺一不可,共同构成小康社会新农村的范畴。社会主义新农村与建设和谐社会、小康社会息息相关。

新农村的概念,最早在上个世纪50年代提出。上个世纪80年代初,我国提出"小康社会"概念,其中建设社会主义新农村就是小康社会的极为重要的内容之一。十六大提出了全面建设小康社会,新农村的概念再一次引起农村干部的高度关注。但长期以来,人们对新农村概念的具体含义理解比较模糊。柯炳生说,科学界定这一概念对农村小康建设非常重要。

"新房舍"就是农村要因地制宜地建设各具民族和地域风情的居住房,而且房屋建设要符合节约型社会的要求,体现节约土地、材料和能源的特征。他批评在我国东南沿海地区部分农村出现的"农民豪宅",看起来讲究,其实有土地和资源浪费之嫌。在建设新民居时,要加强管理、统一规划,广泛采用节约的新技术。

"新设施"就是要完善基础设施,道路、水电、广播、通讯、电信等配套设施要齐全。让现代农村共享信息文明,这是新农村的重要"硬件",往往成为制约农村小康社会建设的基础"瓶颈"。

"新环境"主要体现在生态环境良好、生活环境优美方面。尤其是在环境卫生的处理能力上要体现出新的时代特征。像农村的生活垃圾区、污水沟、厕所、畜禽住所应按照卫生标准规划和建设。这也正是我国农村和发达国家农村的主要差距。

"新农民"是指具备现代化素质的新农民,即"四有农民",有理想、有文化、有道德、有纪律。在农村教育、农民培训和文化道德建设上,我国农村有很长的路要走。我国农民人均受教育只有7.3年,40%多没有接受九年义务教育。

"新风尚"就是要移风易俗,提倡科学、文明、法治的生活观,加强农村的社会主义精神文明建设。像浙江一些富裕农村大修豪华坟墓等现象,就不符合新风尚的要求。

在正确理解新农村建设的"新"内涵时,一些地方把"新楼房"当成新农村,这是不正确的认识和倾向,我们绝不能把社会主义新农村建设片面地理解成"建新楼房",不能把农民住进楼房、别墅就算作建成新农村了。中央提出的社会主义新农村的特征包括"生产发展、生活宽裕、乡风文明、村容整洁、管理民主"五个方面,这是一个全面的综合的表述,是一个系统工程,只有农村的政治文明、物质文明和精神文明全面发展了,才能说基本建成了社会主义新农村。

三、建设社会主义新农村的指导思想、实施的基本思路和近期目标

1. 建设社会主义新农村的指导思想

建设新农村的指导思想是：以邓小平理论、"三个代表"重要思想和党的十六大精神为指导，认真贯彻落实科学发展观，以加快推进农村全面小康建设步伐为目标，以"亲民、为民、富民"活动为总抓手，以村镇规划建设、"三清三改"（清垃圾、清污泥、清路障、改水、改厕、改路）和文明村镇创建为重点，以增加农民收入、提高农民素质和生活质量为根本，把新农村建设作为解决"三农"问题的新的突破口和加强村级组织建设新的载体，科学规划、整合资源、分类指导、分步实施、依靠群众、整体推进。

2. 建设社会主义新农村实施的基本思路

新农村建设实施的基本思路是：政府引导，群众参与。加强领导，转变职能，切实履行农村公共事务管理和服务职能，组织和引导农民群众积极参与新农村建设；充分尊重群众意愿，调动群众积极性，以农民自愿、村民自治为主，不搞强迫命令，不搞大包大揽。

实事求是，量力而行。从实际出发，以求真务实的态度和真抓实干的工作作风推进新农村建设工作；制定新农村建设的目标、任务和措施时，既要按照新农村的标准严格要求，又要切合实际，切实可行，不增加农民负担，不搞强行摊派，不搞形象工程和脱离实际的政绩工程。

因地制宜，分类指导。要深入调查研究，因地制宜，因乡镇制宜，因村制宜。在村镇规划上，要根据当地客观条件，科学编制规划；在新农村建设模式上，力求以人为本，与自然和谐，格调新颖，形式多样；在方式方法上，先易后难，分步实施，不搞齐步走、一刀切。突出重点，整体推进。广大农村点多面广，一方面要按照统一部署，统一规划，整体推进；另一方面，又要抓重点，攻难点，出亮点，集中力量，整合资源，着力规划建设一批具有较高标准和较强示范作用的新农村示范点。

循序渐进，务求实效。要尊重客观规律，因势利导，抓好典型引路，抓好示范带动，做到以点带面，点面结合；扎实推进，务求实效；不急功近利，不搞形式主义，切忌违背群众意愿和客观条件强行硬推。

3. 建设社会主义新农村的近期目标

新农村建设的近期目标是：从 2006 年开始，用五年时间在广大农村开展以村镇规划、"三清三改"和文明村镇创建为主要内容的"五新一好"新农村建设活动，即建设新村镇、发展新产业、培育新农民、组建新经济组织、塑造新风貌、创建好班子。经过 5 年的努力，60%以上的村镇基本达到"经济社会发展，群众生活安康，环境整洁优美，思想道德良好，公共服务配套，人与自然和谐"的文明村镇标准。同时达到农业主导产业做大、做优、做强，农民科学文化和思想道德素质明显提高，农村面貌较大改观，基层组织战斗力明显增强的目标。具体目标要求是：

（1）建设新村镇。在全面开展"三清"的同时，全面开展村镇规划设计工作。凡

未纳入城市规划区的铁路、国道、省道、公路沿线乡镇以及人口达到 2 万人以上的乡镇,2004 年内全面完成总体规划编制;所有乡镇和铁路、国道、省道、公路沿线行政村以及人口达 1 000 人以上的村庄,2005 年前要完成规划编制;2006 年底以前要完成所有村庄的规划;已纳入城市规划区内的乡镇,在修编该城市规划的同级政府规划主管部门的直接指导下,按城市总体规划编制详细规划。村镇要按照或参照城市规划管理办法等相关法规组织编制、审批和实施。在搞好规划的基础上,应按规划搞好建设,引导农民在规划区内拆旧建新、以旧换新、改造民房;规划区内新建的民房,要求设计美观,格调鲜明。特别要设计一些反映客家文化底蕴的客家民宅,不搞简单的整齐划一、千房一面。要建立和完善村镇社区服务体系,调整教育、商贸网点,完善医疗卫生、文化、体育以及供电、电视、电信等配套设施。五年内,铁路、国道、省道、公路沿线圩镇达到"规划科学、布局合理、功能齐全、环境优美"的目标,其他镇村达到"布局合理、设施配套、环境整洁、村(镇)貌美化"的基本标准。首先,抓好村镇建设整体规划,计划 3 年内完成所有村镇的规划,做到科学布局、合理安排,力求反映地方特色、体现文化内涵、保护生态环境。其次,严格按照规划搞建设,做到规划一步到位、建设分步实施。建设中要特别注意保护耕地,注重基础设施配套,加强"空心村改造"。

(2) 发展新产业。要加快调整农业产业结构,大力发展精准农业、生态农业、品牌农业和创汇农业。要实施优势发展战略,做大做强特色农村和高效农业,各县(市、区)要充分发挥各自的比较优势,培育做强两至三个农业支柱产业,提升农业产业化水平。要大力推进农业新技术革命,提高农业的科技竞争力。要大力推广生态农业等模式,发展绿色食品生产,提高农业的可持续发展能力。

(3) 培育新农民。按照规范化、系统化、标准化的要求,以培养新型务工农民和产业农民,提高农民科技致富能力、市场竞争能力和自主发展能力为目标,以农村实用技术、务工职业技能培训为主要内容,通过实施"农民知识化工程",使 18 岁以上、45 岁以下年龄段的农村劳动力基本掌握一至两门实用农业技术或务工职业技能;同时开展以遵纪守法、移风易俗为主要内容的思想道德教育,着力提升广大农民的思想道德水平,逐步建立与发展社会主义市场经济,促进新农村建设相适应的道德体系,造就一批既有较高科学文化素质和道德素质,又有一定专业技能、文明守法、移风易俗的新型农民。

(4) 组建新经济组织。推动农村经营体制改革,完善农村双层经营体制。按照"先运行、多扶持、后规范"和"民办、民管、民营、民受益"的原则,培育、壮大农村新经济组织,为农民提供产前、产中、产后服务。大力推广各种行业协会、专业合作社、联合社、经联社等农村合作经济组织形式,建立起覆盖农业产业的农村合作经济组织群体,做到乡村主导产业有协会或专业合作社,合作经济组织覆盖农户达到 60% 以上,大力提升农民组织化程度。要围绕"新品种、新技术、新组织"的要求建立健全良种繁育、农资供应、农业科技服务体系和农产品加工流通服务体系,培育专业化的经济服务组织。

(5) 塑造新风貌。以"三清三改"为突破口,以创建文明村镇为动力,整体推进精神文明建设。从今年开始,"三清"工作在所有村镇全面铺开,明年内所有乡镇和90%以上的村做到辖区内无成片暴露垃圾、污泥和路障,彻底改变农村"脏乱差"现象。各地要按照"科学规划、完善机制、分类指导、先易后难、稳步推进"的要求,扎实有效开展"三改"工作。今年每个乡镇要选择两至三个村开展"三改"试点,明年逐步推开,争取用五年时间使60%的村镇基本实现道路硬化、庭院净化、街道亮化、村庄绿化。与此同时,认真开展社会公德、职业道德、家庭美德教育,组织农民开展"除陋习、树新风"活动,反对封建迷信和宗族宗派势力,倡导健康、文明、科学的生活方式。建立健全农村医疗保障体系、困难农民救助体系。做到村镇公共设施配套,农民群众文化生活丰富多彩,健康有益的文体活动正常开展,农民就医、就学方便,病残孤寡农民生产生活有保障。社会主义新农村建设,应该是物质文明建设、政治文明建设、精神文明建设与和谐社会建设的协调发展。要积极开展"三清三改"工作,着力整治农村环境,美化、净化村容镇貌。尽快改变农村的脏乱差现象,争取五年内村组道路畅通,农民全部喝上洁净的自来水或山泉水,实现人畜分离。同时,扎实开展文明村镇创建活动,改变农村的各种生活陋习,倡导健康、文明、科学的生活方式,创造一个农民群众安居乐业、物质文化生活丰富多彩、人与人和谐相处的良好环境,力争在5年内使60%以上的村镇基本上达到文明村镇的标准。

(6)创建好班子。将新农村建设作为县、乡、村"三项创建"活动的重要内容,继续创新和深化"三民"活动和"三培两带"活动。把以"三清三改"、村镇规划建设、文明村镇创建为重点的新农村建设成果作为衡量、检验好班子、好干部的重要标准;要以新农村建设工作为切入点,转变职能,改进作风,加强为政能力和构筑社会主义和谐社会能力的建设,着力提高县乡村领导班子和党员干部在新农村建设中组织协调、管理服务和帮助农民群众增收致富的能力和水平;把开展保持农村党员先进性教育活动与新农村建设工作结合起来,发挥农村基层党组织和广大农村党员在新农村建设中的战斗堡垒和先锋模范作用。农村基层党组织是党在农村全部工作和战斗力的基础,也是建设新农村、实现"五新"目标的组织者、实施者。把加强农村基层党组织建设、创建好班子作为农村各项工作的龙头,通过强化农村基层党组织的战斗堡垒作用,提高农村干部的素质和能力,为加快新农村建设提供强有力的组织保障。为此,在巩固乡镇党委开展的"亲民、为民、富民"活动成果的基础上,进一步把"三民"活动的要求延伸拓展到村一级,与农村党支部书记、党员"双富+带头"活动结合起来;全面实施"镇村干部培训工程",每年选招200名优秀大学毕业生充实到乡镇一线,从根本上改变乡镇干部队伍的结构;结合乡镇机构改革,把一批优秀乡镇机关干部安排到村一级工作,切实加强农村基层组织建设。

四、建设社会主义新农村的意义

在我国进入工业反哺农业、城市支持农村的新阶段后,坚持统筹城乡发展的原则,按照生产发展、生活宽裕、乡风文明、村容整洁、管理民主的要求扎实推进社会主义新农村建设,具有重要而深远的意义。

1. 新农村建设的决策,体现了"三个代表"重要思想,是建设社会主义和谐社会的必然要求,是全面建设小康社会的需要

党的十六大提出了全面建设小康社会的宏伟目标,要实现这个目标,重点和难点在农村。建设新农村,是我们全面建设小康社会的主阵地和主战场。没有农村的小康;就没有全国人民的小康;没有农村的现代化,就没有国家的现代化。在新农村建设活动中,我们发展农村经济,改善农村环境,增强发展后劲,提高农民素质,丰富农民群众的物质和文化生活,让广大农民群众享受到经济和社会发展的成果,这是我们贯彻"三个代表"重要思想的具体实践。只有农村发达了、农村繁荣了、农民富裕了、农民的物质和文化生活水平提高了,我们建设社会主义和谐社会的发展战略才有基础和保障,全面建设小康社会的目标才能最终实现。建设社会主义新农村,是构建社会主义和谐社会的必然要求。农业是国民经济的基础。没有农村的稳定和全面进步,就不可能有整个社会的稳定和全面进步。社会主义新农村建设,与解决"三农"问题是相互统一的。在构建和谐社会的进程中,解决"三农"问题始终是全局性、根本性的问题。构建和谐的农村社会与城市不同,应与农村建设的实际紧密结合起来,把农村建设成为经济繁荣、设施配套、功能齐全、环境优美、生态良好、文明进步的社会主义新农村。

2. 建设社会主义新农村是全面建设小康社会的根本举措,也是全面建设小康社会的客观要求

党的十六大提出了全面建设小康社会的奋斗目标,要求在 21 世纪头二十年集中力量建设惠及十几亿人口的更高水平的小康社会。要实现这个宏伟目标,关键在农村,重点在农村,难点也在农村。改革开放以来,我们党实行的一系列富民政策促进了农民收入增加,农村发生了历史性的深刻变化,农村改革不断深化,农业经济快速发展,农民收入稳步提高,农村党建工作、精神文明建设取得长足进步,农民的思想观念和生活方式发生了重大转变。但是,与实现全面小康的目标相比,农村各项事业的发展仍然存在较大差距,主要表现在:农业产业化进程不快,村镇规划建设凌乱无序,农民素质参差不齐,村镇脏乱差现象严重,农民的生活还不富裕,农民增收的长效机制尚未建立。为适应全面建设小康社会的新形势,必须创新思路,更新观念,积极探索解决"三农"问题的新途径,加快农村全面小康建设步伐。建设社会主义新农村,有利于采取系统的扶持农业的政策措施,不断加大对农村的支持力度,建立农民增收的长效机制,统筹城乡经济社会发展,为全面建设小康社会创造条件。

3. 建设社会主义新农村,是农村"三个文明"建设的可靠保证,也是构建社会主义和谐社会的必然要求

社会主义新农村建设是一个系统工程,对农村社会经济生活的各个方面都有明确的目标和要求,既包括物质文明建设,也包括政治文明建设、精神文明建设;既要促进农村经济发展,提高农民的生活水平,也要加强农村基层党组织建设,提高农民的

科学文化素质,形成良好的社会风尚。这样可以有效地引导社会经济生活的各个领域平衡发展,防止和避免"一手硬、一手软"现象,促进农村经济社会事业全面发展。统筹城乡经济社会发展是党的十六大提出的一项战略任务。中央始终高度重视"三农"工作,始终关注农村发展和农民增收。面对当前城乡发展的差距和矛盾,我们应从更高的高度认识推进统筹城乡发展的战略意义,始终把发展农村生产力、建立现代农业、增加农民收入放在第一位,全面提升农村经济发展。在建设社会主义新农村的过程中,抓好统筹规划、城乡市场的统筹发展、城乡基础设施的统筹建设、城乡教育、卫生、社会事业的统筹发展和城乡社保制度的统筹,让农村和农民分享城市化、工业化的成果,扎扎实实把建设社会主义新农村的任务落到实处。建设社会主义新农村,有利于实施工业反哺农业、城市支持农村的方针,逐步缩小城乡发展差距;有利于扩大村民自治,加强民主监督,推进基层民主法制建设;有利于提高农民整体素质,促进农村社会和谐进步。

4. 建设社会主义新农村,是统筹城乡发展、实现共同富裕的根本途径

社会公平、共同富裕是社会主义的本质要求,也是社会主义新农村的基本特征。社会主义新农村建设,要坚持以发展为重、发展为先,以经济建设为中心,通过加快农业产业化、农村城镇化和农业现代化的步伐,不断缩小城乡差距。社会主义新农村建设,有利于最广泛地调动广大农民的积极性、主动性和创造性,增强他们的生产经营能力,改善人居环境,形成良好生活习惯,促进农民素质的提高。这些措施对于实现农村社会由温饱到小康、由局部小康到全面小康的跨越,最终实现共同富裕具有重要现实意义。

5. 新农村建设的决策,是破解"三农"难题、统筹城乡经济发展的大胆探索与实践

新农村建设活动从解决农民最普通、最平常的生产生活等基本问题入手,建设新村镇、发展新产业、培育新农民、组建新经济组织、塑造新风貌、创建好班子,把坚持以人为本和农村经济社会全面、协调、可持续发展统一起来。通过对广大农民潜移默化的教育和陶冶,摒弃陈规陋习,培育现代素质,组织农民告别贫困,迈向文明,走向现代化。建设新农村这个战略决策,切合新形势、新任务对农村工作提出的新要求,符合经济社会发展特别是农村经济社会发展的基本规律;所提出的目标和任务,找准了当前"三农"问题的突出矛盾,抓住了当前我国"三农"问题的关键环节。解决了这些方面存在的问题,我国农业和农村工作必然会有一个大的推进。建设社会主义新农村是推进农业现代化的强大动力。目前,我国农业仍以手工劳动为主,资源约束增强,科技含量不高,基础设施薄弱,抗灾能力较弱,劳动生产率低,组织化程度低,小规模分散经营的格局没有根本改变。建设社会主义新农村,有利于巩固农业的基础地位,加大农业基础设施建设力度,加快对传统农业的改造,是推进农业现代化的强大动力。

6. 新农村建设的决策,是加强农村基层组织建设、巩固执政基础的有力抓手

近年来,一些地方已初步形成了以"三项创建"和农村党支部书记、党员"双富+

带头"活动等为主要内容的基层党建工作新格局。我们开展新农村建设活动,把农村基层党建工作与农村经济发展、农村环境改善、农民素质的提高以及农民物质和文化生活水平的进步紧密结合起来,多管齐下,整体推进,是对近年来我国卓有成效的基层党建工作的新的拓展和延伸,将更加充分地发挥农村基层党组织在农村改革发展稳定中的战斗堡垒作用。

五、建设社会主义新农村的总体目标和要求

党的十六届五中全会提出,建设社会主义新农村是我国现代化建设进程中的重大历史任务。这符合2020年全面实现小康社会的总目标,也是构建和谐社会的重要一环。

"生产发展、生活宽裕、乡风文明、村容整洁、管理民主",这既是中央对新农村建设的要求,也是其总体目标。这20个字包含的内容极为丰富,涉及农村政治、经济、文化、社会管理等方方面面。

1. "生产发展"——新农村的物质基础

新农村建设的首要任务是生产发展。农业是农村的产业基础,生产发展首先指的是农业的现代化,以粮食生产为中心的农业综合生产能力的提高。"十一五"时期,不仅工业要转变增长方式,农业也要加大科学技术的推广应用,实现增长方式的转变。在调整农村经济结构的过程中,一方面协调粮食与其他作物的比例,力保我国的粮食安全;另一方面协调农业与非农产业的关系。在市场经济条件下,一家一户的农民由于生产生活分散、信息不灵,在市场竞争中处于弱势地位。专业合作经济组织在带领农民致富过程中有很大优势,要鼓励发展各种类型的新经济组织,提升农民的组织化程度。资料显示,目前我国农民合作组织的数量已经超过15万个。为了促进农民合作组织的进一步发展,应当尽快制定农民合作经济组织法,明确政府对农民合作经济组织的扶持政策。

要达到生产发展的目的,就要激活生产力中最活跃的因素——劳动力。在新农村建设过程中,要把培育新农民作为一项根本措施来抓,通过提高农民的科技文化素质和致富能力,为增产增收和改变乡容村貌提供有力的人才保障。首要的是加快实行免费义务教育;其次,培养新型产业农民和务工农民,大力实施以农村实用技术、务工职业技能培训为主要内容的"阳光工程",有针对性地举办相关技术培训。非农产业为农村经济的发展提供了空间,也包含在生产发展的要求之中。发展农产品加工业,拉长产业链,可以使农民在加工增值的过程中增加收入。在非农产业不发达的地区,要进一步加快农村工业化的进程。城市发展吸纳农村劳动力,也是生产发展的渠道之一。要促进农村富余劳动力的有序转移,就要对现行的一些政策措施进行清理,疏通农民进城的渠道。

2. "生活宽裕"——新农村建设的核心目标

要达到生活宽裕的目标,首先要通过开辟各种增收渠道,增加农民收入。2005

年前三季度,农民人均现金收入同比实际增长 11.5%。保持农民增收势头不减,是建设社会主义新农村得到广大农民支持的关键性因素之一。尽管近两年中央政府相继出台了一系列惠农政策,在减轻农民负担、刺激粮食生产等方面效果明显,但总的说来农民收入仍然偏低,城乡居民收入差距还在扩大。农民收入增长缓慢,已经成为"三农"问题的核心。为此,要千方百计增加农民收入,引导农民有序进城务工,公平对待务工农民,发展县域经济,促进农村劳动力就近转移。从宏观层面来讲,农民增收可以激发广大农村的巨大消费潜力,使农民的需求成为一种有效需求,从而增强消费对国民经济的拉动力。

建设与改善与农民生活直接相关的基础设施,是农民生活宽裕的条件之一。统计数据显示,目前全国一半的行政村没有通自来水,60%以上的农户还没有用上卫生厕所。水、电、道路、信息通信等基础设施条件的改善,需要发挥各方面积极性,引导社会力量共同参与。目前城乡社会保障覆盖率之比高达 22∶1,占全国总人口近 60%的农村居民仅享用了 20%左右的医疗卫生资源,九成左右农民是无保障的自费医疗群体。从这些数字可以看出农村公共事业滞后的现状。在新农村建设过程中,政府要通过公共财政补贴,帮助农民建立起包括合作医疗、农村养老保障等农村社会保障体系。让公共财政的阳光普照农村,成为今后政府解决"三农"问题的重要方面。政府要加强农村基础设施和社会事业建设,加快推进农村道路、饮水、电网、通信等基础设施建设,继续增加农村教育、文化、卫生等农村公共产品的投资和供给,特别是农村基础设施建设,重点是农田水利、乡村道路、洁净能源、饮水安全、环境卫生、"一池三改"(建造沼气池、改厕、改灶、改牲畜圈)等。目前,农村商品市场总量不足,分布不尽合理,同时假冒伪劣产品较多,这给农民的生活带来诸多不便。应尽快建立健全农村市场体系,形成现代流通方式下的农村消费经营网络,是新农村建设中不可或缺的方面。

3."乡风文明"——提高农民整体素质

乡风文明本质上是农村精神文明建设问题,内容包括文化、风俗、法制、社会治安等诸多方面。近年来,随着我国经济的持续快速健康发展,农村文化建设有了明显改善。但从整体上看,农村地区文化生活却单调乏味,同时一些不良文化有所抬头。农村文化建设与经济社会的协调发展还不适应,与农民群众的精神文化需求还不适应,主要问题是文化基础设施落后,现有资源尚未得到有效利用。文化体制不顺、机制不活。因此,如何使广大农民过上丰富多彩的精神文化生活,是新农村建设的重要任务。要严格按照《关于进一步加强农村文化建设的意见》要求,尽快建立适应社会主义市场经济体制、符合社会主义精神文明建设规律的农村文化建设新格局。进一步完备县、乡、村文化基础设施,切实加强公共文化服务,逐步理顺农村文化工作体制机制,有效利用现有文化资源。发展壮大农村文化队伍,使农民自办文化更加活跃,加快文化产业发展,进一步解决农村看书难、看戏难、看电影难、收听收看广播电视难等问题。

移风易俗是乡风文明的表现之一。一方面,随着经济的发展,在城市中出现的人情淡薄等现象,在农村地区已经有出现的苗头;另一方面,传统的陋习在一些农村地区还广泛存在。一些地方攀比修造坟墓,甚至出现豪华的活人墓。这些都与新农村乡风文明的要求格格不入,亟待改变。移风易俗要因地制宜,根据各地的实际情况,采取不同的对策,而且要充分发掘和利用地方特色的载体来反对不良习气在农村的蔓延。农村精神文明建设要抓住农户这个细胞,在从户到人上下功夫。大力开展以"建设生态环境、发展生态经济、培育生态文化"为主要内容的文明生态村创建活动。大力普及科学技术知识,在推动农村经济发展下功夫。

4. "村容整洁"——改善农民生存状态

新农村建设中村容整洁的要求,最主要的是为农村地区提供更好的生产、生活、生态条件。长期以来,大部分农村地区的居住环境不能令人满意。"露天厕、泥水街、压水井、鸡鸭院",是对农民生活居住环境的形象描述。农村的房舍、街道建设缺乏规划,浪费大量土地;通行条件差,给农民的生产生活带来诸多不便;由于缺少硬件设施,加上农民的不良生活习惯,垃圾污染严重。据有关方面统计,目前全国有一半的村没有通自来水,60%以上的农户没有用上卫生的厕所,近7 000万户农民的住房需要改善……而诸如烂泥路、臭水塘、垃圾堆等,在农村还远未得到根治。这些问题,已经在相当程度上影响到农村生产的发展、农民生活的提高,成为制约农村全面建设小康社会的瓶颈之一。另外。随着一些农村地区非农产业的发展,工业污染问题凸显,亟待改变。

在新村镇建设过程中,村容整洁需要国家、社会和农民共同参与才能实现,而且要实现村容整洁,需要投入大量的人力、物力和财力,这是一个长期的繁重的任务,也是一个艰巨的工程,因此,不仅需要国家投入财力和物力,还需要社会、农村居民投入相应的人力、物力和财力。我国农村地域辽阔,东、中、西部发展差异较大,因此,在新农村建设中要实现村容整洁,一定要特别注意两点:一是要尊重农民意愿,在国家、社会力量的支持下,根据当地经济发展水平量力而行,避免搞成形象工程、政绩工程;二是要根据当地的文化传统等做一个长期规划,在规划过程中不能搞一刀切,也不可简单复制,应对不同地区有不同指标,分类指导、科学规划。既逐步实现村容整洁,又不加重农民负担,让农民真正共享改革开放的成果。

5. "管理民主"——健全村民自治制度

改革开放以来,农村基层民主建设已经有了较大的进展,其标志性事件就是村民自治在农村的实施。扩大农村基层民主,全面推进村民自治,已成为党领导亿万农民建设中国特色社会主义民主政治的伟大实践。目前,我国农村地区实行村民自治制度,形成了以建立健全村委会为主要内容的民主选举制度;以村民会议或村民代表会议为主要形式的民主决策制度;以村民自治章程或村规民约为载体的民主管理制度;以村务公开、民主评议和村委会定期报告工作为主要内容的民主监督制度。从全国来看,各地具体情况差别比较大,但基本制度已经确立起来。完善农村基层民主自治制度是实现乡村管理民主的关键所在。从国家层面来讲,要出台村民自治法的实施细则。要进一步完善村民委员会组织法,加快制定村民委员会选举法,对村民会议制度、村民代表会议制度、村民自治章程、村规民约以及村民议事会、村民议事日、评议村干部等一系列规章制度和做法要具体化和明晰化,增强可操作性。

2006年,我国已全面取消农业税,在"后农业税"时代,转变乡镇政府职能是"管理民主"的要求之一。乡镇政府要为本地经济发展创造条件,要担负起社会管理的职责,为乡村提供公共服务。同时,乡镇政府要对村民自治进行正确引导。另外,农村基层党组织要紧紧围绕服务群众这个中心,切实发挥服务群众、凝聚人心的作用。

在市场经济条件下,干部耗费的精力经常得不到应有的回报,这严重影响了基层干部带动农民致富的积极性。基层民主建设与市场经济有机结合起来是新农村建设中一个很大的课题。乡镇政府要大力推行真实、准确、及时的村务公开,还好干部以清白,给村民以明白;根据村民自治的深入需要,陆续总结、规范、推广、肯定一些成功的做法;根据工作要求,进一步加强对新当选的村委会干部的培训,使之更加适应村民自治深化的形势。

第二节 统筹城乡经济社会发展,扎实推进社会主义新农村建设

过去,我们靠农业的积累、农民的贡献和农村的支持,建立起了比较完整的国民经济和工业化体系;但另一方面,城乡二元结构也日益强化,农村发展越来越落后于城市,广大农村地区和农民群众并没能很好地分享到工业化和城镇化的成果。当前,我国总体上已到了以工促农、以城带乡的发展阶段,初步具备了加大对农业和农村支持保护的条件和能力。为此,加快建设社会主义新农村,必须实现城乡和农村经济社会的协调发展。

一、建设社会主义新农村是我国现代化进程中的重大历史任务

推进现代农业建设,是全面提高我国农业生产力水平的需要,有利于加强农业基础设施建设,加快农村科技进步,提高农产品质量安全水平,促进农业可持续发展,满足人们对农产品不断增长的需要;是贯彻"工业反哺农业、城市支持乡村"的方针,强化农业这个薄弱环节,实现工业与农业、城市与乡村相互促进、协调发展的需要;是加快全面建设小康社会与和谐社会的需要,有利于改善农民的生产生活条件,从根本上解决"三农"问题。因此必须加快现代农业建设。

1. 建设新农村,是提高农业综合生产能力、建设现代农业的重要保障

目前,我国农业生产基础设施和物质技术装备条件较差,经营管理也比较粗放。农田水利设施薄弱,抗御旱涝灾害的能力不强;许多农活还靠人工畜力,劳动强度大,劳动生产率低;农业科技储备不足,推广机制不活,科技贡献率不高;农民经营理念陈

旧，凭经验搞种养经营，不能适应竞争日益激烈的市场环境。这些问题，严重制约了农业竞争力的提高，制约了现代农业建设的进程。而现代农业是与传统农业相对应的发达农业，是历史的、动态的。现代农业以广泛应用现代科学技术、普遍使用现代生产工具、全过程实现现代管理为特征，全面提升农业质量，使农业内涵发生深刻变化；着力改变以手工劳动为主的生产方式，实现农业生产专业化、集约化、社会化；注重更新发展理念，创新经营机制，不断提高农业生产效率。现代农业是我国现代化的重要组成部分。

加快现代农业建设的根本要求是提高农业综合生产能力。提高农业综合生产能力必须在加快农业科技进步、调整农业生产结构、加强基础设施建设、转变农业增长方式上下功夫。第一，加快农业科技进步。建立以政府为主导的、社会力量参与的多元化农业科研投入体系，形成稳定的投入增长机制。加快建立农业科技创新体系，形成自主创新能力，抓好关键技术攻关和高新技术研发，力争在新品种培育、病虫害防治、生态环境建设、资源高效利用等方面取得新突破。加快农业科技成果转化和推广，重点推广一批先进适用技术，扩大主导品种、主推技术的应用范围。加强农民科技培训，提高农民科技文化素质，加快实施"农业科技入户工程"，组织动员科技人员进村入户，开展农技推广服务。第二，加强农业基础设施建设。加强农产品加工、储运、流通设施建设。加强农业综合配套设施建设，建立健全种养业良种体系、农业科技创新与应用体系、动植物保护体系、农产品质量安全体系、农产品市场信息体系、农业资源与生态保护体系、农业社会化服务与管理体系等七大体系。第三，调整农业生产结构。加大优势农产品区域布局规划的实施力度，着力构建13个主要优势农产品产业带，加快粮食优势产业带建设，加快优势畜产品产业带建设，加快优势水产品加工业建设，完善农产品加工业扶持政策，打造一批加工骨干企业，提高农业综合效益。第四，转变农业增长方式。促进农业从粗放增长向集约增长转变，节约资源，提高效益，保护环境，探索农业资源保护和利用的有效途径。发展绿色经济，加大农业污染防治力度，建设符合生态安全要求的高标准农业生产基地；发展集约经济，提高农业有机构成，提高资源利用率和土地产出率；发展生物经济，推动农业废弃物的系列开发，实现农业的增值增效；发展循环经济，促进农业再生资源的循环利用和非再生资源的节约利用。

2. 建设新农村，是增加农民收入、繁荣农村经济的根本途径

促进农民增收，关键是要贯彻落实统筹城乡发展的方略，坚持"多予少取放活"的方针，从经济社会发展全局思考问题、研究对策，继续推进农业结构调整，充分挖掘农业内部的增收潜力。这是增加农民收入的现实途径。重点是组织实施优质粮食产业工程，着力支持粮食主产区重点建设旱涝保收、稳产高产；发展农区畜牧业和农产品加工、储藏、保鲜、运销业，促进粮食加工转化增值；继续推进农产品优势区域布局规划，大力发展特色农业，优化农产品品质结构，提高农产品质量安全水平和市场竞争力；推动畜禽养殖小区建设，加快畜牧业养殖方式转变，进一步加快畜牧业发展；推进渔业结构调整，积极发展出口优势水产品生产，不断提高优势水产品的国际竞争力。

加快农村劳动力转移,拓宽农民增收渠道。这是保持农民收入持续稳定增长的根本之计。适应市场需求变化、产业结构升级和增长方式转变的要求,调整乡镇企业发展战略和发展模式,加快技术进步和体制创新,重点发展农产品加工业、服务业等劳动密集型产业,把更多的农村劳动力转移到流通、加工和服务业领域,向第二、第三产业要收入。加大各级政府对农业和农村发展的投入力度,这是农民增收的重要条件。加大工业反哺农业、城市支持农村的力度,确保财政支农资金稳定增长。国家固定资产投资用于农业和农村的比例要保持稳定并逐步提高,加强农村道路、农村水电、农村通信等基础设施建设,加快发展农村社会事业,全面改善农民生产生活条件。深化农村改革,这是农民增收的体制保障。加快农村土地征用制度改革,严格区分公益性用地和经营性用地,明确界定政府土地征用权和征用范围,完善征用程序和补偿机制,提高补偿标准,改进分配办法,妥善安置失地农民,切实保障农民合法权益。深化粮食流通体制改革,充分发挥市场机制及配置粮食资源的基础性作用。推进以农村税费改革为主的综合改革。进一步减轻农民负担,让农民得到更多实惠。改革和创新农村金融体制。逐步扩大农村信用社改革试点,扩大政策性银行对"三农"服务的范围,遏止农村资金外流趋势。加快建立政策性农业保险制度,减轻动物疫病和自然灾害给农民带来的损失。

3. 建设新农村,是发展农村社会事业、构建和谐社会的主要内容

建设社会主义新农村,是我们党在新形势下解决"三农"问题的新思路、新举措,是关于"三农"理论的重大创新。历史上,我们为解决"三农"问题陆续出台过一系列政策措施,不同程度地促进了农村经济社会的发展,但基本上属于松绑和减负范畴,没能从根本上解决"三农"问题,城乡差距、工农差别不是在缩小,而是在继续拉大。其症结仍在于工农关系、城乡关系没有得到根本调整,城乡分割的二元体制没有得到彻底打破,农村难以得到城市文明和工业文明的辐射带动。一些关系长远发展的深层次矛盾依然存在,特别是农村发展的规划问题、机制问题、途径问题、组织保障问题,以及农村税费改革后乡村职能转变问题,都亟待我们从整体上去研究和解决。建设社会主义和谐社会,重点在农村,难点也在农村;建设社会主义和谐农村,重点在后发展地区,难点也在后发展地区。发展农村社会事业,是建设新农村十分重要的组成部分。近几年来,针对城乡差距扩大、农村社会事业发展尤为滞后的问题,党中央、国务院高度重视发展农村社会事业,各级财政不断加大投入力度,农村教育文化卫生基础设施显著改善,但与全国平均水平相比,与城市相比,仍有很大差距。构建和谐社会,必须首先建设和谐村镇。这就要求我们必须建设社会主义新农村,加快发展农村各项社会事业,全面改善农村教育、卫生、文化等设施条件,逐步改变目前城市和农村经济社会发展"一条腿长、一条腿短"的问题。

4. 建设新农村,是缩小城乡差距、全面建设小康社会的重大举措

党的十六大提出了全面建设小康社会的宏伟目标,其主要目标是实现国内生产总值到2020年力争比2000年翻两番,城镇人口的比重有较大幅度提高,工农差别、城乡差别和地区差别扩大的趋势逐步扭转。社会保障体系比较健全,社会就业比较

充分,家庭财产普遍增加,人民过上更加富足的生活。统筹城乡经济社会发展,建设现代农业,发展农村经济,增加农民收入,是全面建设小康社会的重大任务。实现全面小康,重点、难点在农村。如果农村的经济没有大的发展,农民的生活水平没有大的提高,农村的面貌没有大的改变,整个国民经济和社会发展就缺乏强有力的支撑,全面建设小康社会的目标就会落空。当前,我国城市与农村发展差距在拉大,农民的人均纯收入增长远远落后于城市人均可支配收入增长,农村文化、科技、教育、卫生、体育等现代文明远远落后于城市。特别是目前农村还有3 000万左右的贫困人口,主要集中在中西部的老、少、边、穷地区。缩小城乡差距,不断提高农民的收入水平进而大幅度提高他们的生活水平,在农村完成全面建设小康社会的任务十分艰巨。邓小平同志曾指出,没有农民的小康就没有全国的小康。江泽民同志指出,没有农村的稳定和全面进步,就不可能有整个社会的稳定和全面进步;没有农民的小康,就不可能有全国人民的小康。因此,必须用新农村建设来统领"十一五"时期的农村工作,按照落实科学发展观和构建社会主义和谐社会的要求,坚持城乡统筹发展,进一步调整国民收入分配格局,走工业反哺农业、城市支持农村的道路,把农村基础设施建设纳入公共财政范围,逐步改变城乡二元结构,努力消除城乡协调发展的体制性障碍,促进资源在城乡之间合理配置,建立城乡社会事业和基础设施共同发展的运行机制,让广大农民能够像市民一样拥有洁净方便的自来水、清洁的燃料、整洁的厨房、舒适方便的卫生条件和平坦的道路。

二、围绕社会主义新农村建设做好农业和农村工作

"十五"时期经济社会发展取得了巨大成就。新世纪的头五年,在我国历史进程中是不平凡的五年,是继往开来、与时俱进的五年。我国摆脱了上世纪末亚洲金融危机带来的严重冲击,成功地战胜"非典"疫情和重大自然灾害的挑战,加强和改善宏观调控,有效抑制了经济运行中的不稳定、不健康因素,经济社会保持着良好的发展势头。五年平均经济增长8.8%,财政收入稳步增长;经济结构战略性调整取得重要进展;免除农业税和惠农政策的实施促进了农民增收、农村发展;能源、交通、重要原材料等基础产业和基础设施建设明显加快,高新技术产业得到较大发展。中西部发展步伐加快,中部日益崛起;确立了城乡统筹协调发展的科学发展观,实施了振兴东北老工业基地的战略;社会主义市场经济体制逐步完善,对外开放进一步扩大,对外贸易上了一个大台阶,城乡居民收入有较大幅度提高,生活进一步改善。社会主义民主政治和精神文明建设取得明显成效。五年来,我国的经济实力、综合国力和国际地位显著提高。尤为重要的是,我们党对经济社会发展规律的认识有了新的飞跃,提出了以人为本、全面协调可持续的科学发展观和建设社会主义和谐社会的重大思想,这对于推进全面建设小康社会和整个现代化事业具有全局的和长远的指导作用。同时,我们也要清醒地看到,我们也面临着不少突出问题和严峻挑战。就国际形势而言,国际环境中的不稳定、不确定因素增加,突发性国际事件接连发生;国际市场石油价格

居高不下,并对我国的经济发展产生了重要影响;国际竞争更加激烈,贸易保护主义趋于强化;西方的意识形态和"西化"、"分化"思想以新的变形出现。就国内而言,我国的社会主义市场经济还不太完善,自主创新能力不强,经济结构不合理和粗放型增长方式还没有根本改变,资源、环境和就业的压力加大;城乡区域发展不平衡,中西部与东部的发展差距拉大,城乡发展不协调现象比较严重;经济发展所需要的资源、能源面临严峻挑战,建设节约型社会的道路任重道远;收入分配体制不完善,收入分配差距日益拉大,困难群体生活保障急需改进;社会转型期体制、机制不健全,涉及群众切身利益的不少问题亟待解决,利益协调机制弱化,突发性群体性事件增多。

1. "十一五"时期是社会主义新农村建设的关键时期

2003年我国人均GDP超过了1 000美元。这是我国经济发展取得辉煌成绩、进入一个新的发展阶段的重要标志,更是我国经济发展充满机遇、面临风险的一个关键阶段。在这个阶段,如果城市化滞后于工业化,就会加剧城乡差距、阻碍第三产业的发展,并最终导致整个经济的失调;如果社会管理相对落后,公共服务不能普遍惠及广大群众,就会滋长不满,并导致事故频发、社会无序、行为失范等诸多社会问题;如果收入差距拉大、就业增长缓慢、腐败问题加剧,就很容易引发社会不稳定。正确认识国内外形势,是制定"十一五"规划的依据和前提。从国内外形势发展看,"十一五"时期我们面临的仍将是一个机遇和挑战并存、机遇大于挑战的环境,一个总体上有利于我们促进经济社会发展、但不利因素可能增多的环境。我们要居安思危,增强忧患意识,牢牢把握和切实用好重要战略机遇期,妥善应对各种挑战,实现经济社会又快又好发展。

经济社会发展是一个连续不断的过程,一个时期的经济社会运行结果,客观上总是下一个时期继续发展的起点。"十五"时期的经济社会发展取得了举世瞩目的成就,为"十一五"规划的实施奠定了良好的基础。党的十六大提出,21世纪头20年我国社会主义现代化建设的奋斗目标是全面建设小康社会。"十一五"时期在全面建设小康社会的进程中,具有承上启下的历史地位,既要实现前10年经济总量翻一番的目标,又要为后10年有更大发展打下良好基础。如果这五年取得重大进展,就可以为后十年的发展创造十分有利的条件,从而为实现全面建设小康社会的宏伟目标奠定坚实基础。面对机遇和挑战,我们既耽误不得,更失误不起。克服这些矛盾和困难,在"十一五"期间赢得经济社会既快又好的发展,就必须坚持以人为本,实现全面、协调、可持续发展,把科学发展观贯彻于"十一五"规划之中,落实到经济社会发展的各个环节之中。

做好"十一五"时期的经济社会发展工作,把实现科学发展观贯穿于"十一五"经济社会发展的全过程,落实到经济社会发展的各个环节,从而切实把经济发展转到以人为本、全面、协调、可持续发展的轨道上来。为此,必须坚持以科学发展观统领经济社会发展全局,立足科学发展,着力自主创新,完善体制机制,促进社会和谐,才能全面提高我国的综合国力、国际竞争力和抗风险能力,奋力把中国特色社会主义事业推向前进。

贯彻落实好科学的发展观,推动经济社会发展转入科学发展的轨道。统筹城乡发展、统筹区域发展、统筹经济社会发展、统筹人与自然和谐发展、统筹国内发展和对外开放的要求,是科学发展观的基本要求。必须坚持发展是硬道理的战略思想,坚持把发展作为党执政兴国的第一要务,努力保持经济平稳较快发展,用发展来解决发展中出现的问题;必须加快转变经济增长方式,大力提倡建设节约型社会,努力实现效益增长和能耗降低双目标,积极推进经济结构的战略性调整,实现节约发展、清洁发展、安全发展和可持续发展;必须提高自主创新能力,充分发挥科学技术第一生产力的重要作用,着力解决制约经济社会发展的重大科技问题,重点发展高新科学技术产业,用科技发展来推动经济社会的全面发展;必须促进城乡区域协调发展,推动城乡经济社会良性互动、共同发展,推进统筹区域发展和现代化建设总体布局的落实;必须加强和谐社会建设,保持社会安定团结,努力创造良好的发展环境;必须不断深化改革开放,形成一整套有利于推动经济结构调整和经济增长方式转变、提高自主创新能力、节约能源资源的体制机制。

党的十六届五中全会指出,"十一五"时期是全面建设小康社会的关键时期,同时,这一时期也是为社会主义新农村建设打下坚实基础的关键时期,是推进现代农业迈出重大步伐的关键时期,是构建新型城乡关系取得突破进展的关键时期,也是农村全面建设小康社会加速推进的关键时期。所以"十一五"时期要高举邓小平理论和"三个代表"重要思想伟大旗帜,全面贯彻落实科学发展观,统筹城乡经济社会发展,实行工业反哺农业、城市支持乡村和"多予少取放活"的方针,按照"生产发展、生活宽裕、乡风文明、村容整洁、管理民主"的要求,全面建设社会主义新农村。

2. 全面推进社会主义新农村建设

经济发展是社会主义新农村建设的基础。只有农民富裕了,才有真正意义的新农村;只有发展富民产业,农民增收致富有了保障,才可以支撑真正意义的新农村。物质是基础,要建设社会主义新农村,必须首先满足农民的衣食住行的需要,满足农村社会再生产以及扩大再生产的需要。生产力是社会历史发展的最终决定力量,这是唯物史观的基本原理。建设社会主义新农村首先指的是生产发展和经济建设,同时,生产的发展不仅带来政治、文化、社会的进步,而且也需要政治、文化、社会的同步发展和有力支持。社会主义新农村建设全面综合反映社会文明进步的程度,必须建立在生产发展提供的物质基础上。

其一要加强农村经济建设。发展农村经济,必须按照统筹城乡经济社会发展的要求,统筹城乡发展规划和产业布局,扩大公共财政覆盖农村的范围,新增固定资产投资和社会发展资金应主要用于农村,强化政府对农村的公共服务,将农村公共品的供给和投入纳入公共财政支出范畴,建立符合国情的农业支持保护体系。充分发挥工业对农业的支持和反哺作用,充分发挥城市对农村的辐射和带动作用,建立以工促农、以城带乡的长效机制,努力实现城乡协调发展。

其二要加强农村政治建设。加大宣传教育和行为培养力度,切实增强农民民主素质。要利用多种形式积极开展社会主义思想教育,特别是主人翁思想和爱国主义思想教育、公民意识教育,持续广泛深入地开展普法教育。还要进行科学文化教育,提高广大农民的科学文化素质,增强其自主能力和参与能力。加强以村民自治为特征的农村基层民主制度建设。加强法制建设,实行依法治村。通过完善法制教育培训手段,制定乡规民约,引导农民依法行使自己的民主权利,增强法制观念,遵纪守法。

其三要加强农村文化建设。对农民进行爱国主义、集体主义和社会主义教育,进行党的基本路线和方针政策教育,进行社会公德、职业道德、家庭美德教育。思想道德教育要贯穿到群众性创建精神文明的各项活动中去。引导农民移风易俗,革除陋习。反对封建迷信活动,禁止"黄、赌、毒"。加强农村文化设施建设,扩大广播、电视覆盖面,组织好文化、科技、卫生"三下乡",鼓励和支持农民业余文化体育活动。控制人口数量,提高人口质量,把计划生育工作与发展农村经济、帮助农民脱贫致富、建设文明幸福家庭结合起来。积极推进农村教育综合改革,统筹安排基础教育、职业教育和成人教育,进一步完善农村教育体系。要重视农村成人教育,加大扫盲工作力度。紧密结合生产实际,组织农民学习先进实用的种植、养殖和农产品加工技术。对务工农民要加强岗位培训,提高知识水平、专业技能和安全生产知识。

其四要加强农村社会建设。重点研究解决直接关系农民群众切身利益的生产生活问题,如农民就业问题,上学难、看病难、打官司难等突出问题,以及各种社会救助、社会保障等问题,健全各种利益协调机制。加强农村公共卫生和医疗服务事业建设,积极维护农民身心健康。深化医疗卫生服务体制改革,完善城乡之间、区域之间的对口支援机制,大力推进新型农村合作医疗试点,建立完善新型农村合作医疗制度和医疗救助制度;建立健全疾病预防体系,重点加强农村卫生室的建设,切实解决好关系农民切身利益的"看病难,看病贵"的问题;加快贫困地区农村卫生事业发展,实施贫困家庭医疗救助,预防和控制主要传染病和地方病,最大限度地减少因病致贫返贫人口。

其五要加强农村党的建设。建设社会主义新农村,关键在于加强和改善党的领导,充分发挥乡(镇)党委和村党支部的领导核心作用,建设一支高素质的农村基层干部队伍。党的农村基层组织是党在农村全部工作和战斗力的基础,是农村各种组织和各项工作的领导核心。要全面加强村党支部建设和乡(镇)党委建设,同时发挥共青团、妇女、民兵等群众组织的作用,努力提高农村基层组织建设的整体水平。农村党员要带头执行党和国家的各项政策,带领群众共同致富,在四个文明建设中发挥先锋模范作用。

三、扎实稳步推进社会主义新农村建设

1. 以发展农村经济为中心,进一步解放和发展农村生产力,促进粮食稳定发展,农民持续增收

农村落后首先是经济的落后。发展农村经济,壮大农村实力,增加农民收入,提

高农民生活水平和质量,是社会主义新农村建设的出发点和落脚点。推进社会主义新农村建设,没有强大的经济基础是不行的。脱离了农村经济发展这个中心,农村各项建设就缺乏坚实的物质保障。农民群众是社会主义新农村建设的主体,农民收入上不去,新农村建设就缺乏动力。只有农村经济发展了,农民增收才有保障;只有农民富裕了,才有真正意义上的新农村。只有农业综合生产能力提高了,农村经济全面发展了,才能增强自身的活力,才能为新农村建设提供雄厚的物质基础。

千方百计增加农民收入,是建设社会主义新农村的出发点和归宿。增加农民收入,要做好"三农"内部和外部两篇文章。既要在农业、农村挖掘潜力,更要从经济社会发展的全局寻找出路。要认真贯彻落实"多予少取放活"的方针,广开农民增收渠道,促进农民收入持续增长。既要从"三农"本身考虑问题,寻求出路,又要跳出"三农",从经济社会发展全局思考问题,研究对策;既要大力挖掘农业和农村内部的增收潜力,又要在农业和农村外部开辟新的增收途径;既要立足当前采取尽快见效的增收措施,又要着眼长远寻求解决农民增收问题的治本之策,拓宽农民增收渠道。一是实施农民工培训的"阳光工程",全面开展农民职业技能培训工作。大幅度增加农民职业技能培训投入,广泛调动社会各方面力量参与农民职业技能培训的积极性。结合农业结构调整、发展特色农业和生产的实际需要,开展针对性强、务实有效、通俗易懂的农业科技培训,促进农民转产转业。二是加快发展农村第二、第三产业,促进非公有制经济发展,拓展农村内部就业空间。三是继续改善就业环境,鼓励农民外出务工,抓紧清理各种针对农民工的歧视性政策和乱收费,继续抓好清理拖欠农民工工资问题。

2. 必须坚持农村基本经营制度,尊重农民的主体地位,不断创新农村体制机制

实行家庭承包经营,符合生产关系要适应生产力发展要求的规律,使农户获得充分的经营自主权,能够极大地调动农民的积极性,解放和发展农村生产力;符合农业生产自身的特点,可以使农户根据市场、气候、环境和农作物生长情况及时作出决策,保证生产顺利进行,也有利于农户自主安排剩余劳动力和剩余劳动时间,增加收入。这种经营方式,不仅适应以手工劳动为主的传统农业,也能适应采用先进科学技术和生产手段的现代农业,具有广泛的适应性和旺盛的生命力,必须长期坚持。家庭承包经营是集体经济组织内部的一个经营层次,是双层经营体制的基础,不能把它与集体统一经营割裂开来、对立起来,认为只有统一经营才是集体经济。要切实保障农户的土地承包权、生产自主权和经营收益权,使之成为独立的市场主体。农村集体经济组织要管理好集体资产,协调好利益关系,组织好生产服务和集体资源开发,壮大经济实力,特别要增强服务功能,解决一家一户难以解决的困难。

稳定完善双层经营体制,关键是稳定完善土地承包关系。土地是农业最基本的生产要素,又是农民最基本的生活保障。稳定土地承包关系,才能引导农民珍惜土地,增加投入,培肥地力,逐步提高产出率;才能解除农民的后顾之忧,保持农村稳定。这是党的农村政策的基石,决不能动摇。要坚定不移地贯彻土地承包期再延长三十年的政策,同时要抓紧制定确保农村土地承包关系长期稳定的法律法规,赋予农民长

期而有保障的土地使用权。对于违背政策缩短土地承包期、收回承包地、多留机动地、提高承包费等错误做法,必须坚决纠正。土地使用权的合理流转,要坚持自愿、有偿的原则依法进行,不得以任何理由强制农户转让。少数确实具备条件的地方,可以在提高农业集约化程度和群众自愿的基础上,发展多种形式的土地适度规模经营。要从农村经济现状和发展要求出发,继续完善所有制结构。在积极发展公有制经济的同时,采取灵活有效的政策措施,鼓励和引导农村个体、私营等非公有制经济有更大的发展。适应生产和市场需要,发展跨所有制、跨地区的多种形式的联合和合作。供销合作社、信用合作社要继续深化改革,更好地为农业、农民服务。农民采用多种多样的股份合作制形式兴办经济实体,是改革中的新事物,要积极扶持、正确引导、逐步完善。以农民的劳动联合和农民的资本联合为主的集体经济,更应鼓励发展。

3. 坚持以人为本,着力解决农民生产生活中最迫切的实际问题,切实让农民得到实惠

改革开放以来,农村经济体制改革成功推进,极大地解放和发展了生产力,调动了农民的积极性,实现了从基本温饱向总体小康的跨越。但是,在工业化、城市化、市场化加速推进过程中,由于受到片面追求经济增长速度的思想认识影响和城乡分割的二元体制制约,客观上出现了损害农民利益搞建设的一些倾向,致使农业增效难、农民增收难和农村发展难的问题未能得到根本解决。所以,现阶段要始终坚持把我们党一切为了群众、一切依靠群众的工作路线贯穿于社会主义新农村建设工作的各个方面;要明确社会主义新农村建设问题的核心是农民问题,农民问题的核心是增进利益和保障权益问题;要把切实提高农民素质、实现人的全面发展,作为社会主义新农村工作的根本出发点和落脚点,进一步实现好、维护好、发展好农民的物质利益和民主权利,不断增强农民群众的自我发展能力,让农民群众不但成为农业农村现代化的主力军,而且成为工业化、城市化的积极参与者和成果享受者,努力使农业成为能使农民致富的产业,让农村成为能使农民安居乐业的新社区。在解决社会主义新农村问题的过程中要务实,是因为社会主义新农村建设问题直接面对广大农民群众,涉及农民的根本利益,我们所有的政策举措只有落到实处,广大农民群众才能真正得到实惠。在实际工作中,社会主义新农村建设的成绩往往不能立竿见影或短期见效,必须持之以恒、始终如一地抓下去。因此,要坚持解放思想、实事求是、与时俱进的思想路线,把握新时期新阶段社会主义新农村建设工作的客观规律,积极探索解决社会主义新农村建设问题的新途径;要坚持讲实话、出实招、办实事,把推进社会主义新农村建设工作的各项政策举措真正落到实处;牢固树立正确的政绩观,切实转变工作作风,真心实意地为农民群众谋利益。在社会主义新农村建设中,要围绕农民需求谋划新农村建设,根据农民意愿推进新农村建设。要在加强政府支持和社会扶助的同时,引导农民自力更生、艰苦奋斗,建设美好家园。要把农民愿意不愿意、高兴不高兴作为衡量新农村建设成效的重要标准,确保农民真正受益。

4. 坚持科学规划,实行因地制宜、分类指导,有计划有步骤有重点地逐步推进

政府部门要加强村镇规划建设管理,按照科学发展观的要求和"科学规划、合理

布局、因地制宜、分类指导、逐步到位"的原则,搞好村镇规划,确保村镇规划的落实,建立科学、高效的村镇规划建设管理体系。要根据不同区域、不同条件,编制不同的规划建设标准,条件好的应高起点规划建设,条件差一些的地方的规划也要适度超前。规划建设模式力求形式多样,既可为生态庄园式,也可为农村社区式;既可为分散村落式,也可为城郊集中式。要提高房屋设计水平,务求新颖别致,美观大方,经济实用。要注重立足乡村特点,突出地方特色,尊重各地的传统、习惯和风格,不能把鲜明的民族特色改没了,不能把突出的地域特征搞没了,不能把优秀的文化传统弄没了。要从实际出发。一是充分尊重群众意愿,调动群众积极性,以农民自愿、村民自治为主,不搞强迫命令,不搞大包大揽。千万不可学"大跃进"的搞法。二是实事求是,量力而行。从实际出发,以求真务实的态度和真抓实干的工作作风推进新农村建设工作;制定新农村建设的目标、任务和措施时,既要按照新农村的标准严格要求,又要切合实际,切实可行,不增加农民负担,不搞强行摊派,不搞形象工程和脱离实际的政绩工程。三是因地制宜,分类指导。在新农村建设模式上,力求以人为本,与自然和谐,格调新颖,形式多样;在方式方法上,先易后难,分步实施,不搞齐步走、一刀切。四是突出重点,整体推进。广大农村点多面广,一方面要按照统一部署,统一规划,整体推进;另一方面,又要抓重点,攻难点,出亮点,集中力量,整合资源,着力规划建设一批具有较高标准和较强示范作用的新农村示范点。五是循序渐进,务求实效。要尊重客观规律,因势利导,抓好典型引路,抓好示范带动,做到以点带面,点面结合,扎实推进,务求实效;不急功近利,不搞形式主义,切忌违背群众意愿和客观条件强行硬推。

5. 坚持发挥各方面积极性,依靠农民辛勤劳动、国家扶持和社会力量的广泛参与,使新农村建设成为全党全社会的共同行动

农民是建设社会主义新农村的主体。新农村要由新型农民来建设。建设新农村,最根本的是要以人为本,发挥、调动、保护好农民大众的积极性,在党和政府的扶持下,用自己的双手创造美好家园。要按照培养有文化、懂技术、会经营的新型农民的要求,大力发展农村教育事业,培育民智。完善农村职业技能培训制度,依托产业发展,对农民进行农业实用技术培训;面向劳务市场为农民提供职业技能培训,努力提高农民的科学文化素质和就业、创业能力。扩大公众参与,社会各界要互相配合,搞好服务,形成合力,发挥各自优势,为建设新农村出钱、出力、出技术、出智慧。要组织机关、团体、企事业单位参加新农村建设,分别支持一县一乡一村,实行"城乡一带一,共建新农村"。企业家、个体工商业者、社会名流,可以帮扶一个村或几个村,为建设新农村建立功德。要扩大公众参与,保证广大农民对新农村建设规划、实施步骤、资金使用的知情权、参与权、监督权。扎实推进社会主义新农村建设,必须充分发挥农村基层党组织的领导核心作用。在全国农村开展的保持共产党员先进性教育活动,要结合农村实际,有针对性地开展正面教育,解决党组织和党员队伍中存在的突出问题,解决影响改革发展稳定的主要问题,解决群众最关心的重点问题,务求取得实效,为建设社会主义新农村提供坚强的政治和组织保障。

四、加快建立以工促农、以城带乡的长效机制

建国以来,我国经历了工业化初始阶段,经历了农业支持工业、为工业提供积累的发展过程。特别是经过 20 多年的改革开放,我国农业和农村经济得到了很大发展,工业和城市经济也获得了长足进步,综合国力大大增强。2004 年我国 GDP 达到 13 万亿元,第二、第三产业占 GDP 比重增加,财政收入达到 2.6 万亿元,已经初步具备了工业反哺农业、城市支持乡村的经济实力。按可比价格计算,我国 2004 年的人均国内生产总值是 1989 年的 327.2%。与此同时,第一产业在国内生产总值中的比重从 25% 下降到 15.2%;居住在农村的人口也从占总人口的 73.79% 减少到 58.24%。全面推进社会主义新农村建设,努力实现城乡协调发展,已经成为我国现阶段经济社会发展的客观要求和迫切任务。

1. 合理调整国民收入分配格局

造成农村基础设施建设和社会事业发展滞后的重要原因之一,是财政和金融对农村的支持不足。2004 年,我国农村固定资产投资占全社会固定资产投资总额的 16.34%;各级财政支农支出占国家财政总支出的 5.89%;农业贷款余额占金融机构各项贷款余额的 5.55%。农村在上述各项资金支出中所占的比重,与农村人口所占的比例、农业和农村经济在国内生产总值中所占的份额相比,显然很不相称。建设社会主义新农村就是要顺应经济社会发展阶段性变化的要求,坚持"多予少取放活"的方针,重点在"多予"上下功夫。调整国民收入分配格局,国家财政支出、预算内固定资产投资和信贷投放,要按照存量适度调整、增量重点倾斜的原则,不断增加对农业和农村的投入。扩大公共财政覆盖农村的范围,建立健全财政支农资金稳定增长机制。2006 年国家财政支农资金增量要高于上年,国债和预算内资金用于农村建设的比重要高于上年,其中直接用于改善农村生产生活条件的资金要高于上年,并逐步形成新农村建设稳定的资金来源。要把国家对基础设施建设投入的重点转向农村。提高耕地占用税税率,新增税收应主要用于"三农"。抓紧制定将土地出让金一部分收入用于农业土地开发的管理和监督办法,依法严格收缴土地出让金和新增建设用地有偿使用费,土地出让金用于农业土地开发的部分和新增建设用地有偿使用费安排的土地开发整理项目,都要将小型农田水利设施建设作为主要内容,建设标准农田。进一步加大支农资金整合力度,提高资金使用效率。金融机构要不断改善服务,加强对"三农"的支持。

2. 建立多种形式的农村社会保障制度

要切实保护农民对承包土地的合法权益。征用农民土地必须遵循依法等价有偿的市场经济规则。对被征用土地的农民要建立养老保险制度,或是参加城镇养老、失业和医疗保险,促进失地农民就业等措施,使他们有稳定的生活来源和基本的生活保障。重新修订《农村五保供养条例》,科学核定五保户供养合理的标准,整合社会资源,适当提高五保对象集中供养比例,加大各级政府对五保供养经费的投入。加强计

划生育老龄人口保障,全面实行农村年满60周岁计划生育家庭奖励扶助制度,特别是要对独女户增加补贴,使农村养老与计划生育这一基本国策有机结合。加快建立农村特困群体社会救助体系,逐步建立健全农村居民最低生活保障制度和大病救助制度,使农村居民中最需要政府救济的对象真正得到帮助。解决城市农民工的社会保障问题。

3. 推进征地、户籍等制度改革,逐步形成城乡统一的要素市场

加快征地制度的改革。改革农村土地产权制度,健全农村土地制度,确保农村集体土地产权的真正实现。首先,应进一步明晰集体土地所有权和使用权,还权于民,还权于集体。为此,应尽快改变现行国家征地模式,同时变土地征用为征购,按市场公平价格对集体成员予以补偿;政府退出开发用地的"征用",还权于集体,集体组织以所有者的身份出让自己的土地,减少中间环节,从而减少"管理成本",提高土地配置效益;调整现行法律,建立所有权、使用权保障机制;建立城乡统一的土地管理模式来保证改革措施的具体落实。其次,要赋予农民以完整的土地产权。在现今社会条件下,国家不承担农民的社会保障,土地仍然是农民最主要的生产资料,也是绝大多数农民赖以生存的根基。所以,赋予农民以完整的土地产权,对于让农民手里的地"动"起来,让附着在土地上的财"流"起来,具有重要性和迫切性,否则,农民越来越会被经济发展的浪潮边缘化。第三,积极培育和完善土地要素市场,实现农村土地的市场化流动。对农户承包的土地,农户在保证耕地面积不变的情况下,有权根据自愿原则,实现土地的自由流转;农业用地转作非农业用地后,可以以土地入股,实现土地股权变现分红。只有这样才能使广大农民共享城市化、现代化所带来的好处与利益。

取消现行"二元"户籍管理制度,建立城乡一体的户籍管理制度。逐步实现人口流动自由,其目的是建立城乡统一的流动户口制度,给公民特别是农民一个平等的就业机会,平等的享有社会所赋予的权利。即任何人,只要在一个地方有稳定的收入来源,就可以在当地办理居住证,成为当地居民,依法享有当地居民所享有的权利和承担当地居民所应承担的义务。

第三节　加强农村民主政治建设,完善建设社会主义新农村的乡村治理机制

建设社会主义新农村,必须调动农民的建设积极性,为此必须加快农村民主政治建设,扩大基层民主,保障农民享有广泛的民主政治权利,推动农村基层民主建设。在以工补农、以城带乡的新形势下,必须进一步完善建设社会主义新农村的乡村治理机制,加快乡镇机构改革和乡镇职能转变,推动乡镇向服务型政府转变,完善村民自治制度,保障农民群众当家作主的权利。完善党内民主,以党内民主推动人民民主的发展。建立一套与社会主义新农村建设相适应的乡村治理结构,探索建立乡村治理

的长效机制。

一、不断增强农村基层党组织的战斗力、凝聚力和创造力

农村基层党组织建设至关重要。乡镇党的委员会(以下简称乡镇党委)和村党支部(含总支、党委)是党在农村的基层组织,是党在农村全部工作和战斗力的基础,是乡镇、村各种组织和各项工作的领导核心。建设社会主义新农村,必须加强领导,为此必须加强农村基层党组织建设,以增强农村基层党组织的战斗力、凝聚力和创造力。

1. 加强农村基层党的建设,为建设社会主义新农村提供坚强的政治和组织保障

办好中国的事情,关键在党。党的性质、宗旨、地位和任务,决定了党是中国特色社会主义事业的领导核心,党的领导是各项事业顺利推进的根本保证。党要始终保持先进性,就必须把先进性要求转化为全党的实际行动,贯彻到全部执政活动中去。党的先进性建设是一个伴随着时代变化而不断发展的过程。在每个历史时期,由于党所肩负的任务不同,先进性要求也具有不同的内涵。当前,"三农"问题是影响我国发展全局的重大现实课题。从一定意义上说,全面建设小康社会的宏伟目标能否顺利实现,关键在农村。建设中国特色社会主义,实现社会主义现代化,重点是解决好"三农"问题。正因为如此,党中央把解决"三农"问题作为全党工作的重中之重。而"三农"问题的解决,离不开农村基层党组织的领导。党的十六届五中全会明确提出了建设社会主义新农村的重大历史任务。要完成这一任务,也必须有坚强有力的农村基层党组织。与时俱进地推进农村基层党组织建设,加强农村基层党组织建设是一个带有全局性和战略性的问题。在长期的革命和建设实践中,我们党在基层组织建设方面积累了许多好的经验与做法。特别是改革开放以来,农村基层党组织建设有了很大进展,取得了丰硕成果,为推动农村经济发展、维护农村社会稳定、促进农村各项事业进步提供了有力的组织保证,党的农村基层干部队伍总体上是好的。但也应清醒地看到,在发展社会主义市场经济的条件下,党的基层组织建设面临着许多新情况新问题,与构建和谐农村、建设社会主义新农村的重大历史任务的要求相比还有不适应的地方。这就需要结合新情况新问题,以创新的精神推动农村基层党组织建设。农村基层党组织建设应服从、服务于构建和谐农村、建设社会主义新农村的大局,坚持以"三个代表"重要思想为指导,不断探索"干部受教育,群众得实惠"的机制,并使之制度化。要针对基层党组织建设方面存在的突出问题,因症施治,对症下药,采取切实措施加以改进。

当前加强农村基层党组织建设的着力点,一是加强思想建设。"三个代表"重要思想是马克思主义中国化的最新成果,是我们党必须长期坚持的指导思想。科学发展观是我们党对经济社会发展一般规律认识的深化,是指导发展的世界观、方法论的集中体现,是推进社会主义经济建设、政治建设、文化建设、社会建设全面发展的指导方针。要用"三个代表"重要思想武装农村基层干部和广大党员的头脑,增强农村党

员干部贯彻落实科学发展观的自觉性和坚定性。

二是加强组织建设。政治路线确定之后,干部就是决定因素。实现农村现代化,建设社会主义新农村,关键在于搞好农村基层党组织建设。搞好基层党组织建设,首要的是解决好选人问题。必须以好的作风选作风好的人,特别是选好配强村党支部书记和支部班子。农村要致富,必须建好党支部。村党支部是党在农村最基层的组织,是村级各级组织和各项工作的领导核心,是党的路线方针政策的具体执行者。实践证明,凡是物质文明、政治文明、精神文明建设搞得好的农村,都有一个坚强的党支部。有了坚强有力的党支部,就可以带领农民群众沿着社会主义新农村的道路前进。加强农村党的工作,首先要把基层党组织的"班长"选好。选拔基层党支部"班长"的标准主要有:第一,在政治上坚持社会主义方向,认真贯彻执行党的路线方针政策,勇于改革创新,坚持求真务实,努力勤奋工作,走共同富裕之路。第二,坚持全心全意为人民服务的宗旨,时刻想着群众,为群众办实事。第三,坚持党的群众路线,有事同群众商量,真正尊重群众、相信群众、依靠群众,善于做群众的思想工作,能正确处理人民内部矛盾。第四,依法办事,公道正派,清正廉洁,有好的形象和较高威信,说话有人听,办事有人应。第五,有带领群众发展经济的能力。能不断提高农民的物质文化生活水平。完善农村干部选拔管理机制。在新形势下建设社会主义新农村,要求我们进一步完善农村干部选拔管理机制,严格执行党章和有关规定,依法办事,充分发扬民主。同时,应教育群众充分认识搞好农村干部选拔管理的重要性,端正态度,顾全大局,郑重行使民主权利。选举优秀人才进班子。必须防止宗族关系、亲情关系、利益关系等干扰干部的选拔管理。处理好村党支部和村民委员会的关系。村党支部和村民委员会虽然性质不同,但根本目标一致,都是为促进农村经济社会发展,维护农民群众利益。其中,村党支部作为我们党在农村的基层组织,是党联系群众的桥梁和纽带,是党的路线方针政策的执行者,必须起到领导核心作用。如果改变了村党支部的地位和作用,必然削弱党对农村工作的领导,影响全面建设小康社会的进程。因此,村民委员会要自觉接受和尊重党支部的领导。同时,村党支部又要支持村民委员会的工作,发挥村民委员会的作用,而不能包揽其工作。在重大问题上,村党支部和村民委员会应互相沟通,通过建立联系会议制度、交叉兼职等办法,齐心协力建设社会主义新农村。要做好农村党员的发展工作,增强党的阶级基础,扩大党的群众基础。同时,把组织建设与制度建设结合起来。建章立制,按照制度办事,使农村工作规范化。应注意总结实践中的新鲜经验,探索农村基层党组织建设的新路子。

三是加强作风建设。应通过作风建设,使农村基层干部做到公道正派、务实廉洁,从而赢得农民群众的拥护,密切党群干群关系。

四是加强能力建设。农村基层党组织的能力建设是党的执政能力建设的重要组成部分,应予以高度重视。农村基层党组织必须有领导本地发展、带领群众共同致富的能力,有构建和谐农村、建设社会主义新农村的能力。应把基层党组织建设与当地的经济建设有机结合起来,通过不断增强基层党组织领导发展的能力,探索农业增产、农民增收的新办法,并配合有关部门做好维护一方稳定的工作。

2. 围绕建设社会主义新农村的主题，深入开展农村保持共产党员先进性教育活动

最近，胡锦涛同志对第三批保持共产党员先进性教育活动作出重要批示："要结合农村实际，围绕建设社会主义新农村这个主题，有针对性地开展正面教育，解决党组织和党员队伍中存在的突出问题，解决影响改革、发展、稳定的主要问题，解决群众最关心的重点问题，务求取得实效。"胡锦涛同志的重要指示，明确了农村先进性教育活动的主题和基本方针以及要解决的主要问题，是搞好农村先进性教育活动的总要求，对加强农村党的建设、建设社会主义新农村都具有重要指导意义。

首先要紧密结合建设社会主义新农村的历史任务和"三农"工作实际，明确农村先进性教育活动的目标要求。建设"生产发展、生活宽裕、乡风文明、村容整洁、管理民主"的社会主义新农村，是我国社会主义现代化进程中的重大历史任务，是一个长期的过程。各级党组织要在先进性教育活动中引导广大党员干部充分认识建设社会主义新农村的重大意义，把思想统一到建设社会主义新农村的要求上来，为推进社会主义新农村建设开好局、起好步打下坚实的基础。根据建设社会主义新农村的要求和"三农"工作实际，按照中发[2004]20号文件提出的"提高党员素质、加强基层组织、服务人民群众、促进各项工作"的目标，农村先进性教育活动要着眼于生产发展、生活宽裕和影响农村改革发展稳定的主要问题的解决，努力促进农村经济发展和农民增收。认真贯彻落实党在农村的各项方针政策，明确推进现代农业建设、深化农村改革的工作思路。制定和完善增强村级组织服务功能、鼓励和引导农民发展各类专业合作组织、保护和调动农民群众发展经济积极性等方面的具体措施。千方百计帮助农民增加收入、改善生产生活条件。着眼于乡村文明、村容整洁和群众最关心的重点问题的解决，积极推动和谐农村建设。从实际出发，加强农村文化建设，制定和落实培养有文化、懂技术、会经营的新型农民的具体措施。引导农民破除封建迷信，移风易俗，倡导健康文明的生活方式。尊重农民意愿，加强环境卫生整治，改善村容村貌。积极化解各种矛盾纠纷，维护农村稳定。着眼于管理民主和农村党组织与党员队伍中存在的突出问题的解决，切实加强基层组织，提高党员素质。加强以党组织为核心的村级组织建设，改进农村党组织的组织设置、活动方式和工作方法，深化"三级联创"活动。在村党组织领导下，有序推进村民自治，健全村务公开、民主管理制度。教育引导农村党员增强学习实践"三个代表"重要思想和贯彻落实科学发展观的自觉性、坚定性，明确保持共产党员先进性的具体要求；结合开展农业实用技术和职业技能培训，帮助农村党员全面提高自身素质，在建设社会主义新农村的伟大实践中发挥好先锋模范作用。

其次要正确把握政策，注意工作方法，努力增强农村先进性教育活动的针对性和实效性。在农村开展先进性教育活动，要认真贯彻落实中央关于开展先进性教育活动的一系列指示精神，始终坚持理论联系实际，务求实效。要采取切合农村实际的方式方法，防止形式主义。各地可结合农村党员的实际情况，编写通俗易懂、简明实用的学习材料。学习中，要以《中国共产党章程》为重点，把党的十六届五中全会精神作

为重要内容,把学习党的基本知识与适当学习政策法规、市场经济知识、农村实用技术结合起来,要从各地农村的实际情况出发,不搞"一刀切"。坚持上下联动,通过边学边改、边议边改和集中整改,切实解决农村党员在理想信念、宗旨意识、纪律观念、工作作风、发挥作用等方面存在的突出问题,农村党组织自身建设和工作中存在的突出问题,影响农村改革发展稳定的主要问题,农民群众最关心的重点问题。上级党组织和有关部门要把解决涉及"三农"、农村党组织又无力解决的问题,同落实前两批先进性教育活动中涉及"三农"问题的整改措施结合起来,上下联动,使农村先进性教育活动取得更好的效果。把握好相关政策,确保先进性教育活动健康有序推进。认真贯彻落实党在农村的各项方针政策,努力做好理顺情绪和化解矛盾的工作,把广大党员群众的积极性进一步引导到促进建设社会主义新农村上来。要加强调查研究,及时发现和妥善处理带有苗头性、倾向性的问题,对涉及农村宗族、宗教、社会治安、征地拆迁、民主选举等方面的问题,要按照有关政策稳妥处理。既要引导和帮助农村党员干部解决思想作风和工作作风方面存在的问题,又要注意关心爱护、鼓励和支持他们开拓创新、干事创业,保护好他们的工作积极性。在党组织内部,提倡党员和党员、党员和干部、干部和干部之间互相学习,互相启发,互相帮助,共同提高,防止出现偏离正面教育、自我教育为主原则的现象。这次先进性教育活动,不单独搞一个组织处理阶段。对那些不履行党员义务、不具备党员条件的党员,要认真做好教育帮助工作;对经教育不改、不符合党员条件的,要根据《中国共产党章程》和党内有关规定,按照正常程序进行组织处理;对违纪党员,按照《中国共产党纪律处分条例》的规定,给予纪律处分。党员无正当理由、长期不与党组织联系的,以及经教育不改、拒不参加先进性教育活动的,要在先进性教育活动结束后,根据《中国共产党章程》和党内有关规定,按照正常程序进行组织处理。坚持统筹兼顾、合理安排,切实做到"两不误、两促进"。组织党员深入开展以提高素质、服务群众为主要内容的主题实践活动,把广大党员在先进性教育活动中激发出来的政治热情转化为建设社会主义新农村的动力。

第三要加强领导,下派干部,改进指导方法,精心组织实施;在农村开展先进性教育活动有许多有利条件,也存在一些实际困难。各级党组织要高度重视,切实加强领导,精心组织实施,确保农村先进性教育活动健康有序推进,真正取得实效。地方各级党委要根据工作需要,及时调整、充实先进性教育活动领导机构和工作机构,在这些机构中适当增加涉农部门和熟悉农村工作的党员干部。继续坚持和认真落实领导责任制、党员领导干部联系点制度、督查制度和群众监督评价制度,努力形成一级抓一级、层层抓落实的工作格局。省市党委可以根据实际情况,派出巡回检查组,县(市、区)党委派出督导组,负责农村先进性教育活动面上的巡回检查和督查指导。要把领导和指导农村先进性教育活动的主要责任落实到县(市、区)委和乡镇党委,把组织实施的主要责任落实到村党组织。上级党组织要继续做好培训村党支部书记和整顿、帮扶软弱涣散的村党组织的工作。各级涉农部门都要关心、支持农村先进性教育活动,采取切实措施,改进作风,服务基层,帮助农村解决实际问题,努力形成建设社会主义新农村的强大合力。

必须下派干部,帮助指导农村党组织开展先进性教育活动。地方各级党委和乡镇党委要根据需要抽调一批熟悉党建工作、具有农村工作经验的党员干部驻村蹲点,进行具体指导。驻村干部要在乡镇党委的领导下,围绕建设社会主义新农村,帮助指导村党组织开展先进性教育活动。驻村干部在具体工作中,要全面贯彻中央和上级党委关于先进性教育活动的要求,正确把握相关政策,实施有效指导;紧紧依靠村党组织,通过调查研究,充分了解村情民意,特别是群众关注的突出矛盾和问题,努力做好引导教育工作;积极帮助村党组织和群众排忧解难,促进突出问题的解决,推动各项工作。各级党组织要充分运用广播、电视、报刊、互联网和宣传栏,以及具有地方特色、为农村党员和群众喜闻乐见的各种形式,宣传先进性教育活动的重大意义,宣传农村党组织和党员中的先进典型,宣传农村先进性教育活动创造的好做法和取得的成效,努力营造良好的舆论氛围。上级党组织要采取有效措施,帮助农村基层组织和党员解决实际困难。要按照中央的要求,认真落实配套经费和相关措施,切实解决部分农村党组织缺乏活动场所和经费等实际问题,为开展先进性教育活动创造条件。要把思想教育与解决实际困难相结合,帮助农村生活困难的党员和老党员解决生产生活中遇到的实际问题,调动他们参加先进性教育活动的积极性。

3. 继续搞好农村党员干部现代远程教育工作

为加强党的执政能力建设,巩固党在农村的执政基础,按照中央的部署,自2003年4月起,山东、湖南、贵州省和安徽省金寨县陆续开展了农村党员干部现代远程教育试点工作,至2004年底,先期试点工作顺利结束。在中央的领导下,试点地区各级党委高度重视、精心组织,中央有关部门积极支持、主动配合,广大农村党员干部和群众积极拥护、热情参与,整个试点工作进展顺利,基本完成了任务,达到了预期的目的。农村党员干部现代远程教育试点工作虽然时间不长,但试点地区农村党员干部受到了教育,农民群众得到了实惠。一是开通了农村党员干部和群众了解中央政策的"直通车",促进了党在农村各项方针政策的落实;二是创新了农村党员干部教育培训的方式,促进了农村党员干部思想政治素质的提高和工作作风的改变;三是扩大了农村党员干部和群众科技文化知识的培训覆盖面,促进了试点地区农村经济发展和农民增收致富;四是丰富了农民群众的文化生活,促进了农村精神文明建设和农村中小学事业的发展;五是拓宽了农村获得各种信息的渠道,促进了农村信息化建设;六是赋予了"三级联创"新的内容,促进了农村基层组织建设。今后,要充分借鉴先期试点工作经验,积极探索多渠道筹措资金,多单位、多部门共建终端接收站点的新路子、新模式,加快终端接收站点建设步伐。要大力加强教学资源建设,增强对农村党员干部教育培训的针对性和适用性,切实加强教学组织与管理。要继续加强骨干队伍建设,为农村党员干部现代远程教育提供技术和人才支持。要认真解决试点工作遇到的新情况、新问题,特别是加强站点管理问题,包括站点维护运行经费筹措、骨干队伍培训与管理以及领导体制机制等问题,为在全国推开积累经验。

4. 继续开展农村党的建设"三级联创"活动

"三级联创"是指:村创"五好"村党支部、镇创"五好"镇党委、区创农村基层组织建设先进区。农村党的建设"三级联创"活动是在总结各地农村基层组织建设探索实践的基础上提出并逐步推广开来的,经过多年发展,它的内涵不断丰富,覆盖面不断扩大,影响力不断增强,成为农村党的建设与农村改革发展稳定有机结合的有效载体,成为落实党建工作责任制、实现农村基层组织建设整体推进、常抓不懈的有效机制。在社会主义新农村建设中,如何进一步提升农村党的建设"三级联创"活动的水平,不断增强农村基层党组织的创造力、凝聚力和战斗力,切实为推进社会主义新农村建设提供坚强的组织保证,是当前农村党的建设工作的一项重大课题。农村党的建设"三级联创"活动,要围绕有力促进农村经济发展和农民增收致富来进行。解决"三农"问题,推进社会主义新农村建设,最根本的是发展农村经济、增加农民收入。近年来,各地认真贯彻落实党在农村的各项方针政策,保护和调动了农民的积极性,农村呈现出良好的发展势头。但我们仍然要清醒地看到,当前统筹城乡发展的任务依然十分艰巨,促进农民增收的任务依然十分紧迫,推进农村小康建设的任务依然十分繁重。这就决定了开展"三级联创"活动,加强农村基层组织建设,必须始终围绕农村经济发展和农民增收致富这个中心来进行。

(1) 开展"三级联创"活动,要着力提高农村党员干部的思想政治素质和带领群众致富的能力。开展"三级联创"活动,促进农村小康建设,必须始终抓好农村党员和基层干部队伍建设这个关键环节。要大力加强乡村领导班子建设和党员干部队伍建设,不断提高农村党员干部的思想政治素质和带领群众致富的能力。一要探索建立广纳群贤、竞争择优的选拔任用制度。认真总结村党组织"两推一选"和村委会直选的做法和经验,不断扩大基层党组织领导班子成员的直选范围,进一步改革和完善农村基层组织选举制度。引导农村基层党组织更新用人观念,拓宽选人视野,遵循人才资源的市场配置规律,立足于挖掘培养本地人才,积极做好从农村致富带头人、回乡青年学生、退伍军人、外出务工经商人员中发展党员和培养选拔村干部的工作。同时,要注意吸引外来人才,认真组织实施"一村一名大学生"计划,鼓励大学生到农村基层干事创业,切实解决农村基层组织和干部队伍后继乏人的问题。二要大规模开展农村党员干部的教育培训,不断增强农村党员干部的党性观念和执政意识,同时要抓市场经济知识、农业适用技术、法律法规、政务村务管理知识的学习培训,引导农村党员干部学会运用说服教育、示范引导、提供服务的方法,不断提高他们执行政策的能力、加快发展的能力、推广科技的能力、依法办事的能力和维护稳定的能力。三要切实关心爱护农村基层党员干部。按照胡锦涛同志提出的"真正重视、真情关怀、真心爱护"的要求,对广大农村基层干部既严格要求,又热情关怀,积极支持他们的工作,认真落实他们的报酬待遇,帮助他们解决实际困难和后顾之忧。

(2) 要充分发挥农村基层党组织在构建社会主义和谐社会中的作用。开展农村党的建设"三级联创"活动,必须同构建农村和谐社会紧密结合起来,积极引导农村基层党组织和广大党员干部自觉增强构建和谐社会的意识和能力,充分发挥在构建和谐社会中的重要作用。一要营造构建和谐社会的制度环境。要教育和引导农村基层组织和广大党员干部把加强党的领导、扩大基层民主和依法办事有机统一起来,正确理解和把握加强党的领导与实行村民自治的关系,积极探索村"两委"工作协调运转的有效途径,努力实现党组织工作规范化、村民自治法制化和民主监督程序化,不断健全和完善村党组织领导的充满活力的村民自治机制,切实为构建农村和谐社会创造良好的体制、机制环境。同时也要建立和完善社情民意汇集和反映机制、矛盾纠纷预警和应对机制,为构建农村和谐社会提供制度保障。二要增强做好群众工作、构建和谐社会的能力。现在,许多利益关系和社会矛盾集中汇集在基层,基层干部能不能做好群众工作,对构建和谐社会有着十分重要的作用。农村基层党组织和党员干部要自觉转变工作方式,由从前的直接管理转变到间接管理,从单纯的行政命令转变到综合运用法律、政策、经济、教育、协商等手段,由过去的组织推动转变为政策引导、典型示范、提供服务;要贴近群众,关心群众,坚持以情感人,以理服人,切实把群众工作做深、做细、做实,充分体现以人为本的理念和立党为公、执政为民的本质要求;要主动了解掌握社情民意,变群众上访为干部下访,努力把社会不稳定因素解决在当地,解决在基层,解决在萌芽状态。要尊重和保障农民群众的民主权利和合法权益。要进一步健全和完善村务公开、政务公开、民主管理制度,不断规范"一事一议"的运作程序,积极引导农民群众进行有序的政治参与,切实保障农民群众的各项民主权利;要注重理顺群众情绪、化解矛盾纠纷,引导群众以理性、合法的方式表达利益诉求,按照法定程序和政策要求维护自身的合法权益;要在农村各项改革中积极谏言献策,充分反映群众意愿,努力体现对农民"多予少取放活"和对农民实行休养生息的方针。四要推进农村精神文明建设。要用先进文化占领农村思想文化阵地,广泛开展群众喜闻乐见的文化娱乐活动,积极搞好科技文化的宣传普及,不断提高农民群众的科技文化素养;要动员和组织群众整治村庄环境,搞好公共卫生,建设美好家园。

(3)要不断增强"三级联创"活动的生机与活力。"三级联创"活动是个总载体、总抓手,在具体开展过程中,要结合各地实际创造一些活动载体。有了好的载体,基层党组织和党员、群众就会进一步明确"三级联创"活动的目标和方向,就会找准参与活动、发挥作用的切入点和着力点,农村党的建设工作就会与当地经济社会发展结合得更加紧密,"三级联创"活动的生机与活力就会不断增强。创新活动载体,要注意把握以下原则:一要坚持围绕中心,服务大局,使党的建设渗透、融合到农村经济建设和农民增收致富工作中,防止出现党建工作与中心工作"两张皮"现象。二要立足于加强党的自身建设,提高基层党组织的执政能力,防止以单纯的经济建设工作代替党的建设工作。三要有利于增强党与群众的血肉联系,通过一些活动载体,引导群众广泛参与,调动好、保护好群众的积极性,维护好、实现好群众的利益。在创新活动载体的同时,还要积极创新基层党组织的设置方式。近年来,农村经济结构调整、农业产业化发展以及各类经济合作组织、中介服务组织的不断出现,对基层党组织的设置模式提出了新的要求,同时也拓展了农村党的建设的工作空间。在开展"三级联创"活动中,要注意结合当地实际,及时调整和完善农村基层党组织的设置,并把一些新经济组织、社会组织中的基层党组织纳入"三级联创"活动的范围,不断提高"三级联创"活动的覆盖面和影响力。

(4) 要努力形成上下联动、齐抓共管、常抓不懈的工作格局。推进农村基层组织建设是一项系统工程,必须调动和凝聚各个方面的力量,形成工作合力,才能不断取得新的突破和进展。因此,在深入开展"三级联创"活动中,必须着力解决好"联"和"创"的问题,切实在健全和完善工作机制上下功夫。一是明确职责任务。要强化各级党委和领导干部的管党意识,进一步明确各级党组织和有关部门抓农村基层党建工作的职责和任务,特别要强调和落实县(市)委书记第一责任人和乡镇党委书记直接责任人的职责。要根据农村基层党建工作的任务,按照"细化、量化"的要求,合理确定工作目标,积极推行目标管理。二是建立协调机制。要进一步建立健全基层党建工作领导协调机构,切实加强对基层党建工作重大问题的研究和对相关职能部门的协调。要对相关部门抓农村基层党建工作提出明确要求,进一步增强各部门协调配合、齐抓共管的意识。要通过把县(市)涉农部门和乡镇站所争创先进纳入"三级联创"活动,进一步增强抓农村基层组织建设的合力。三是创新指导方式。要进一步完善领导干部联系点、干部驻村、部门包村制度,加强对农村基层党建工作的现场指导和实地调研,重点督促,抓好落实。要在工作指导中注意研究抓落实的措施和办法,在工作调研中注重解决抓落实过程中遇到的困难和问题,在工作检查中注重实地察看和听取群众反映。要加大明察暗访的力度,多深入基层、深入群众,了解真实情况,掌握第一手资料。要培育和树立"三级联创"活动的先进典型,充分发挥典型的示范、辐射和带动作用。四是规范考核办法。要按照科学发展观、正确政绩观的要求,制定和完善"三级联创"活动的考核评价标准,增强考核评价的科学性和准确性。要完善奖惩机制,表彰先进,鞭策落后,积极营造"争先创优"的浓厚氛围。总之,要通过建立健全工作协调机制和联创工作机制,努力实现各级党组织和有关部门联创联动、齐抓共管、常抓不懈的工作格局。

二、切实维护农民的民主权利

改革开放以来,农村的基层民主政治有了一定的新进展,村民自治的实施、乡镇政务公开等措施都促进了农村基层民主的发展,当前又进一步健全和完善村务公开和民主管理制度,落实农民群众的知情权、决策权、参与权和监督权("四权"),扩大农村基层民主,完善村务公开、政务公开和民主管理,建立健全村党组织领导的充满活力的村民自治机制,切实维护农民的民主权利。

1. 完善村民自治制度

在农村基层实行村民自治,由村民群众依法办理自己的事情,这是我们党总结历史经验、顺应形势发展而作出的重要决策。二十多年来,以民主选举、民主决策、民主管理、民主监督为基本内容的村民自治得到长足发展。目前,自治组织不断加强,自治活动步入规范,自治制度初步完善,自治权利日益落实。村民自治已经成为发展社会主义民主政治、建设社会主义政治文明的重要内容,日益显示出巨大的政治优势。要以制度建设为重点,以健全机制为主线,以扩大农村基层民主为目标,推动村民自治在目前全面推进的基础上,向着自治组织更加健全、自治活动更加规范、自治制度更加完善、自治观念更加健康、自治成效更加显著的方向转变,努力为建设农村社会主义政治文明、实现全面建设小康社会的目标作出贡献。

完善村民自治,首先要发挥好村民自治组织的作用。一是健全以村委会、村民会议、村民代表会议、村民小组为主体的村民自治组织体系。村委会及其他需要选举产生的村民自治组织,都要根据国家的法律法规,按期实行民主选举。凡没有建立上述村民自治组织的农村,都要尽快依照法律法规建立起来;已经建立的,要不断巩固,改善结构,提高效能。要把难点村、困难村、各种矛盾突出的村,作为村民自治组织建设的重点。要积极稳妥地解决好城镇化进程中"村改居"问题,防止基层组织建设上出现"真空"和缺位现象。二是要明确职责,促进村民自治组织进一步发挥作用。村委会要进一步贯彻好党和国家的方针政策以及法律、法规,按照村民会议或村民代表会议的决议,办理本村公共事务和公益事业,调解民间纠纷,协助维护社会治安,向人民政府反映村民的意见、要求和提出建议。村民会议和村民代表会议,是村民直接行使民主权利或代表村民行使民主权利的决策、监督组织机构,对村级重大事务具有建制权、决策权、管理权和监督权。村民小组是村委会下属的一个自治单位,是联系村民与村委会的桥梁和纽带。各种村民自治组织都是以村民为主体,都要在履行法定职责,完善工作制度,组织群众、团结群众、服务群众、维护群众利益上,有新的改进;在增强凝聚力、向心力上,有新的提高。对软弱涣散的村民自治组织,要依照法律法规及时进行调整。三是正确处理好村委会与乡镇政府和村党组织之间的关系,形成搞好村民自治新的更大合力。乡镇政府对村委会的工作给予指导、支持和帮助,同时也必须强调,村委会不能因为和乡镇政府没有行政隶属关系,就不接受乡镇政府的指导,不履行法定的义务。村党组织是全村各种组织和各项工作的领导核心,要进一步理顺村党组织与村委会的工作关系,在增强团结协作上取得新进展。要加强对村委会成员的教育,帮助村委会成员牢固树立党的观念,自觉接受村党组织的领导,共同把以村党组织为核心的村级组织建设成为贯彻"三个代表"重要思想的组织者、推动者和实践者。

(1) 要完善村民自治制度体系,在落实农民当家作主民主权利上取得新进展。完善的村民自治制度,是健全村党组织领导的充满活力的村民自治机制的重要方面。今后一个时期,完善村民自治制度要在以下三个环节上下大功夫:一是积极推进制度创新。创新就是要不断解放思想、实事求是、与时俱进。村民自治发展到今天,虽然有了法律法规规定,但与实践的需要还有很大的差距,比如:村民选举委员会的推选程序、村委会成员的罢免程序、新旧村委会班子工作交接程序、村级重大事务民主决策程序、村民代表会议议事程序等亟待创新。特别是随着改革开放和社会主义市场经济的发展,农村社会发展中将会出现许多新情况、新问题,只有不断创新,不断创造和完善农民群众当家作主的新形式,扩大农民群众有序的政治参与,才能使村民自治制度体现时代性、把握规律性、富于创造性。二是切实抓好制度完善。制度需要通过实践来完善,其效果也需要实践来检验。当前,要把村民自治制度完善的重点,放在村级民主决策、民主管理和民主监督上,使村民自治的"四个民主"配套协调发展。要明确涉及村民利益或村民群众普遍关心事项的范围;完善村党组织召集、书记主持的党组织和村委会联席会议制度;完善村民会议和村民代表会议制度;完善村级财务民主管理制度;完善公章使用和管理制度;完善对村级组织和干部进行民主评议的制度;完善村务公开、财务公开制度;完善村干部离任和审计制度;完善村民自治章程和村规民约制度。只有制度健全了、完善了,农民才有积极性,村民自治才能有长久的活力。三是认真做好制度落实。好的制度,要靠落实才能见成效。近年来,各地在推进村民自治工作中还是下了不少功夫,不管是村级民主选举,还是村级民主决策、民主管理、民主监督,都建立了许多好的制度,但也存在制度流于形式的问题。因此,要在抓制度创新、制度完善的同时,一刻也不能放松抓好制度的落实工作。通过制度创新、制度完善和制度落实,确保"四个民主"的落实:建立公开、公正、公平的选人用人机制,保证村民群众的选人用人权,落实民主选举;建立议事决策机制,保证村民群众对村级重大事务的讨论决定权,落实民主决策;建立日常村务参与机制,解决有章理事、有序办事,保证村民群众的参与管理权,落实民主管理;建立监督评议机制,保证村民和村民代表对村务实行事前、事中、事后的评议监督权,落实民主监督。

(2)要规范村民自治实践活动,在提高村民民主素质方面取得新进展。村民自治实践活动,是创新完善村民自治制度的本源,是检验村民自治制度成效的标准,是村民学会行使民主权利、提高当家作主本领的前提。规范的村民自治实践活动,对完善村民自治,健全村党组织领导的充满活力的村民自治机制,意义重大。今后要围绕以下三方面来进一步规范村民自治实践活动:一是依法开展实践活动。村民自治活动中,法定的程序不能变,规定的步骤不能少,不能怕麻烦、图省事,更不能走过场。村委会等村民自治组织届满时,要及时进行换届选举。村委会要定期向村民会议、村民代表会议报告工作,接受村民的监督。村民会议、村民代表会议要及时或定期举行会议,讨论决定涉及村民利益的重大事情。村务、财务必须及时公开。依法查处村民自治活动中的各种违法行为。二是尊重村民群众的主体地位和民主权利。村民自治不是少数人自治,也不是几个村干部自治,村民自治的主体是亿万村民群众。要坚决纠正以群众觉悟低、文化水平低为借口,不让群众参与村级重大事务决策和管理的现象;最广泛地动员和组织村民群众参与村级民主实践活动,使他们在实践中学会正确行使民主权利,提高自我管理、自我教育、自我服务、自我约束的能力。对村民群众在村级民主实践活动中暴露的不足和问题,要用历史、发展、辩证的观点来看待,要区分主流与支流、普遍与个别,满腔热情地帮助他们,引导他们,用发展的办法解决前进中遇到的问题。三是把村民自治实践活动与农村其他工作相结合,提高整体效果。农村村民自治实践活动要与农村经济建设的中心任务相结合;与税费改革、减轻农民负担工作相结合;与党的基层组织建设工作相结合;与普法宣传和精神文明建设相结合;与县乡机构改革、推行政务公开相结合;与农村社会治安综合治理工作相结合,要善于在结合上做文章,在结合上下功夫,把村民自治实践融入各项农村工作之中,使之相得益彰,相互促进,提高实效。

(3)要培育健康的村民自治观念,在增强民主法制意识方面取得新进展。村民自治观念,是村民自治机制的重要组成因素。它虽然是观念形态的东西,但对村民自治的组织建设,对村民自治的制度完善,对村民自治的实践活动,都会产生重大影响。六大提出的完善村民自治,健全村党组织领导的充满活力的村民自治机制这一历史任务,要求我们必须进一步重视培育健康的村民自治观念。一是要大力培养和牢固树立坚持党的领导、依法办事和充分发扬民主有机统一结合的观念。在村民自治中,坚持党的领导是关键,发扬民主是基础,依法办事是保障。只有坚持党的领导,才能使村民自治沿着正确的方向健康发展,保障村民民主权利的法律法规才能不断完善;只有坚持依法办事,才能巩固党的领导,减少和防止工作上的随意性、盲目性,保证村民自治的顺利进行;只有发扬民主,才能体现坚持党的领导的宗旨和目的,才能使依法办事具有坚实的群众基础。二是要大力培养和牢固树立权利义务相一致的观念。任何村民都享有依法规定的权利,同时也必须履行依法应尽的义务,不可以只享有权利而不履行义务。因此,在村民自治工作中,要积极引导村民学法、懂法,了解自己的权利,依法维护自己的权利,同时,自觉守法,依法履行作为村民在上缴国家税费、服兵役、计划生育、维护集体财产、执行村民会议决定、遵守村民自治章程等方面的义务。要坚决纠正那些认为农村实行自治了,可以不受约束,想怎么干就怎么干的错误认识。三是要大力培养和树立主人翁的观念。目前,农村有的地方村民不愿意参加村内的自治活动。如有的选举村委会时不参加,或不珍惜自己的民主权利;有的在决策村内重大事务时,不发表意见;有的对依法应当完成的任务也不积极完成。这些现象都与村民的主人翁地位和称号不相匹配。因此,要通过多种形式加强民主法制教育,使大家认识到建设美好家园,创造幸福生活,终究要靠农民群众自己。

2. 加强农村法制建设

加强农村的法制宣传教育,进一步提高农村干部群众的法律素质。紧密围绕党和国家的中心工作和农村改革、稳定、发展的实际,大力宣传党在农村的基本政策和国家的法律法规。特别要宣传党的关于家庭联产承包、减轻农民负担等政策,宣传宪法、农业法和村民委员会组织法,宣传农业生产与流通、税费改革、婚姻家庭、计划生育等与农民生产及生活密切相关的法律法规。农村法制宣传教育要面向一切有接受教育能力的公民。要通过各种有效途径,着重培养权利义务一致的法治观念,增强农村干部群众依法办事、依法维护自身合法权益的意识。法制宣传教育要与公民道德教育相结合,使二者互为促进。提高公民法制道德水平,为村民提供优质法律服务,进一步促进农村基层依法治理。乡镇司法所要热情指导村民依法制定村民自治章程,保证村民自治章程的合法性、民主性和可行性。律师、公证、基层法律服务工作者要面向农村、面向基层,为农村土地承包流转和对外经贸往来等提供法律服务,及时为贫困村民提供法律援助。在有条件的地方应探索为村委会选举等自治活动提供公证服务,维护村民的合法权益。广泛动员和组织农村干部群众学法、知法、守法、用法、护法,深入开展依法治理,逐步实现村级政治、经济、文化事业和社会事务管理的法治化。加强社会治安综合治理,进一步维护农村社会稳定。充分发挥治保会、村及乡镇人民调解委员会的作用,为农民的生产和生活创造良好的治安环境。要建立健全农村人民调解组织网络。增强调解人员素质,完善调解工作制度,提高调解工作水平。加强矛盾纠纷排查调处,积极疏导民事纠纷,把矛盾化解在萌芽状态,做到一般问题不出村,及时化解不稳定因素。培养村民的法制观念,加强社会主义道德建设。加强对刑释解教人员的安置帮教工作。

三、培育农村新型社会化服务组织

1. 增强农村集体组织的服务功能,发挥国家基层经济技术服务部门的作用

有关专业经济技术部门以及与农业直接相关的企事业单位,都是农业社会化服务体系的依托力量,要调动他们开展农业社会化服务的积极性,切实发挥他们的职能作用。要加强乡级技术推广机构建设。为了鼓励大中专毕业生到农村第一线服务,决定把乡级技术推广机构定为国家在基层的事业单位,其编制员额和所需经费,由各省、自治区、直辖市根据需要和财力自行解决。对此,人事部会同农业部等有关部门要研究制订具体实施方案。要提高基层技术推广机构人员的素质,牢固树立为农民服务、为生产服务的观念,不断改进工作作风,提高服务质量,同时实行承包服务责任制,打破"大锅饭"。对有突出贡献的基层农业技术推广人员要进行表彰和奖励,优先考虑工资晋级。农村供销合作社有数十年的经营历史,积累了丰富经验,培养了大批人才和具有相当的服务设施,有条件为农民提供综合服务。农村技术推广机构拥有大批的技术人员和推广手段,农业技术教育日益发展壮大,是科教兴农的重要力量。要搞好农商结合、农科教结合,充分发挥各自的优势,为推进农业社会化服务共同努力,做出更大的贡献。要允许农业、林业、水利等部门所属事业单位根据有关规定,兴办农业服务实体,国家原有的事业费保持不变,开展有偿服务增加的收入,主要用于改善工作条件,进一步发展农业社会化服务。要鼓励科研、教育单位和科技人员到农村去,开展各种有效的农业技术服务。他们的智力投入应当同产生的经济效益挂钩,取得合理报酬。他们的职称评定和晋级要与实际贡献结合。在目前政策允许的前提下,要鼓励农产品加工企业与原材料产地直接挂钩,与农户结成利益共同体,围绕拳头产品搞产供销一条龙服务。在企业与集体经济组织、农户之间通过合同方式,形成稳定的供求关系,工商行政管理机关要加强对合同的监督和管理。

2. 实施"农村科技服务体系建设星火专项行动"

为进一步加强农村科技服务体系建设,加速农村科技成果的转化和扩散,科技部依托国家星火计划,实施了"农村科技服务体系建设星火专项行动",重点建立健全主要农产品集聚产业科技服务体系和农村区域科技服务体系。通过实施"星火科技专家大院模式示范工程"、"龙头企业创新服务中心培育工程"、"农村专业技术经济协会培育工程"、"农村区域科技成果转化中心培育工程"、"农村科技服务能力建设工程"这五项工程,促进农村科技服务体系的整体发展。通过制定政策、营造环境、面上引导、重点支持等多种方式,逐步建立起服务主体多形式、服务内容多样化、服务对象多

元化的农村科技服务网络,促进农村科技服务组织的整体发展。建立健全农村科技服务组织评价指标体系。大力开展农村科技服务机构资质评价试点工作,建立一整套以用户为中心,以服务质量为重点,科学、适用、规范的农村科技服务组织评价指标体系,出台农村科技服务机构资格、资质认证办法,建立农村中介服务执业资格认证制度和机构信誉评级制度。提出农村科技服务体系发展战略及相关政策。结合国家科技发展中长期规划,大力开展农村科技服务体系发展战略研究,提出中长期发展战略。联合有关部门,逐步完善农村科技服务体系建设政策支持体系,为农村科技服务体系的持续快速发展提供强有力的支撑。

3. 推动农产品行业协会发展

发展农产品行业协会,对于推动农村经济的发展具有重要的作用。农产品行业协会是由涉农企事业单位、农民专业合作组织、专业大户等根据生产经营活动的需要,为增进共同利益、维护合法权益,在自愿基础上依法组织起来的非营利性自治组织,属于经济类社团法人。农产品行业协会的基本职能是服务、自律、维权、协调,宗旨是为行业服务,为会员服务,为农民服务。农产品行业协会是政府与企业、农户之间的桥梁和纽带,是市场与企业、农户之间的中介服务组织。发展农产品行业协会,有利于维护农产品市场秩序,保护农业生产者利益;有利于实现农业的区域化布局和标准化生产,促进农业结构调整;有利于提高农产品的质量,增强农业国际竞争力;有利于开拓国际市场,解决国际贸易争端。发展农产品行业协会,是新阶段完善农业社会化服务体系的重要组织措施,是适应社会主义市场经济和现代农业发展要求的农业管理体制创新。近年来,各地供销合作社依托自身经营网络,联合农业龙头企业、生产基地和专业大户,积极发展各类新的农产品行业协会。在收集和发布行业信息、开拓国内外市场、提供技术服务和促进农民增收等方面,发挥了一定作用。但总的来看,水平还不高,力度还不够,还存在行政色彩浓、行业代表性差、服务手段单一等诸多问题,与行业协会应有的职能相比远远不够,与供销合作社改革和发展的要求相比很不适应,与农业和农村经济发展的需要相比差距明显。各级供销合作社要从当地实际出发,根据完善农业社会化服务体系、推动农业产业化经营的现实需要,以主导产业为基础,坚持规范运作,逐步改造原有农产品行业协会,因地制宜,积极发展新的农产品行业协会。当前要突出抓好以下几项工作:一是逐步理顺原有农产品行业协会的管理体制。供销合作社要与行业协会在职能上、财务上、业务上分开;要适应当前农业和农村经济发展的特点,重新整合行业资源,充分发挥行业协会的作用。二是加强协会内部建设。要按照"民主、民办、民享"的原则办会,要建立和完善符合行业特点的章程,建立、健全各种内部规章管理制度。扩大行业覆盖面,增强协会凝聚力,要吸收行业内的技术和专业人才到协会的工作岗位上来。按照精简、效能的原则,设立协会的办事机构。三是逐步完善行业协会的职能。要根据行业发展和会员要求,提供规划、法律、咨询、信息、技术、培训、宣传、营销、对外经济技术交流和合作等多方面的服务。根据国家法律、政策和协会章程,制定行规行约,建立会员诚信档案,维护市场秩序,防止不正当竞争。积极维护行业利益和会员合法权益,协调与政府部门以及会员之间的关系,促进行业健康发展。四是积极发展新的农产品行业协会。要围绕传统主营业务、当地特色农业和主导产品,依托龙头企业、专业合作社、批发市场及供销合作社经营服务网络,广泛联合生产、加工、销售等各方面的企业、组织和个人,在自愿的基础上,积极组建各类农产品行业协会。要充分利用供销合作社的信息优势、流通网络优势,帮助协会会员开拓市场,扩大农产品销售。支持协会开展农产品质量检验、检测、检疫工作,实行农产品的标准化生产。加强与国际合作社和企业之间的合作,提高我国农产品的信誉,巩固和扩大出口渠道。

4. 发展农产品协会要注意把握的原则

一是要坚持民主办会。农产品行业协会实行自主决策、民主管理。要坚持入会自愿、退会自由,按照会员要求和行业发展需要,独立开展业务活动。根据大多数会员要求,可以实行入会自愿、资格准入制度。对于业界普遍要求,政府认为有必要的产品,实行业必归会制度。二是要坚持因业、因地制宜。要按照有利于增强行业竞争力、有利于规范市场秩序、有利于增加农民收入的要求,以当地优势产业为基础,发展农产品行业协会。在组织形式上可以多种多样,不搞一刀切。一般按单品种建会,也可以按经营环节或服务对象组建。原则上一个品种组建一个协会,实行进出口、贸工农的有机统一。要大力发展标准化生产和品牌化经营,有条件的地方要积极争取政府有关部门支持,逐步建立农产品原产地标志,保护特色农业。三是要规范有序发展。农产品行业协会必须依法在民政部门登记,严格按章程办事。服从各有关政府部门对协会的监督管理和业务指导。协会要尽可能吸纳行业内的主要龙头企业、生产经营组织、科研单位、专业大户参加,扩大协会的覆盖面。四是密切协会与农民的联系。农民是农产品行业协会的基础,调动农民积极性、不断增加农民收入,是农产品行业协会的生命力之所在。农产品行业协会要指导会员企业,加强对农民专业合作经济组织的服务,与它们结成利益共享、风险共担的组织形式和经营机制;要及时把符合条件的农民专业合作经济组织吸收入会,加大农民的发言权,使协会更好地为农民服务。

第四节 培育和造就新型农民

建设社会主义新农村必须培养和造就千千万万有文化、懂技术、会经营的新型农民。新型农民是社会主义新农村建设的主体,是统筹城乡发展、深化农村改革、发展农村公共事业、增加农民收入的决定性力量。

一、培育和造就新型农民是建设社会主义新农村的根本所在

培养和造就千千万万高素质的新型农民,是党的十六届五中全会从建设社会主义新农村的要求出发提出的新课题。党的十六届五中全会通过的《中共中央关于制

定国民经济和社会发展第十一个五年规划的建议》指出：要"培养有文化、懂技术、会经营的新型农民,提高农民的整体素质,通过农民辛勤劳动和国家政策扶持,明显改善广大农村的生产生活条件和整体面貌。"这就深刻揭示了新型农民的基本内涵,以及新型农民与社会主义新农村建设的关系。

（1）新型农民是有文化的农民。新型农民是在知识经济时代,在全面建设小康社会的关键时期进行社会主义新农村建设的农民。在知识经济时代,知识是最重要的资源,知识资本是最重要的资本,知识竞争是重要的竞争。谁拥有了知识,谁就拥有了最重要的资源和资本,谁就赢得了生存和发展的主动权。获取知识文化是人们的普遍追求,掌握知识文化是知识经济时代对新型农民的基本要求。同时,有文化也是全面建设小康社会的内在要求。全面建设小康社会的重点和难点都在农村,解决这个重点和难点的关键在农民,在于培养和造就大量的有文化的新型农民,特别是在当前全面建设小康社会总体上已经进入以工促农、以城带乡的关键时期,农民对知识文化的需求更加强烈,培养和造就大量的有文化的新型农民具有特别重要的意义。从另一方面来看,有文化也是社会主义新农村建设的重要内容。建设社会主义新农村不仅要发展农村的生产力,而且还要发展和完善农村的政治、文化和社会关系,不仅要建设农村的新环境、新设施、新房舍、新服务和新保障,而且更重培养和造就有文化的新型农民。农民文化素质的高低,不仅直接决定着农业的发展、农民的富裕和农村的进步,而且也决定着社会主义新农村建设的成败。

（2）新型农民是懂技术的农民。新型农民是生活在新科技革命时代的农民,是在科学技术迅速发展时代开展社会主义新农村建设的农民。科学技术是第一生产力。以生物技术、信息技术、空间技术、新材料、新能源、系统工程等为特征的现代科学技术,日益渗透于社会的经济、政治、文化、社会各领域,极大地改变了人类的生产方式、生活方式和行为方式,成为推动现代生产力发展的最活跃因素和现代社会进步的决定性力量。现代产业之间的竞争,各个地区之间的竞争,说到底是科学技术的竞争,是懂得技术的人才的竞争。农业的发展,新农村的建设,归根到底取决于科学技术,客观上要求培养一大批懂得现代农业科学技术的新型农民。

（3）新型农民是会经营的农民。新型农民是生活在社会主义市场经济条件下的农民,是在市场经济条件下开展社会主义新农村建设的农民。自由竞争、优胜劣汰是市场经济的普遍法则,会经营是市场经济的基本要求。在这种条件下,农村的发展状况,农民的生活状况,不仅取决于农、林、牧、副、渔等各个产业和产品的生产情况,而且取决于农民对农产品的经营状况。只有那些善于经营的农民,才能获得良好的收益。只有那些拥有一批善于经营的农民的农村地区,才有可能市场活跃、经济发展、收入增加和社会效益良好。因此,培养一大批会经营的农民已成为建设社会主义新农村的客观需要。

有文化、懂技术和会经营相互区别、相互联系、相互影响、相互转化,共同构成了新型农民的基本内涵。有文化和懂技术是对所有农民的普遍要求。作为社会主义新农村的主体,新农民"新"就新在有文化,新农村是有文化的农民生活和工作的地方。

作为社会主义新农村的建设者,新农民"新"就新在懂技术,是懂技术的建设者。会经营是对少数从事生产经营活动农民的要求。同时,有文化、懂技术和会经营又是相互联系、相互转化的。有文化是懂技术和会经营的文化基础。没有文化,就谈不上对农业科学技术的学习和掌握,就很难实现对农业的有效经营;懂技术是文化的提升和运用,是会经营的基础。一般来说,人们懂得的技术越多,对文化的学习要求就会越强烈,从事的经营也会越有效;会经营是一定的文化和技术的有效运用,同时也会促进对文化和技术的学习。有文化的农民,会转化为懂技术、会经营的农民,懂技术、会经营的农民又会转化为更高文化水平的农民。这些因素相互联结,共同构成了新型农民的内涵和内在要求。

总之,这样的新型农民是生活于知识经济时代、新科技革命时代和社会主义市场经济条件下的新型农民,是有文化、懂技术、会经营的新型农民。这样的新型农民与社会主义新农村建设的需要相适应,是"生产发展、生活宽裕、乡风文明、村容整洁、管理民主"的社会主义新农村建设的主体和根本动力。具体来说:

(1) 新型农民是生产发展的主体。发展是硬道理,是我们党执政兴国的第一要务,是建设社会主义新农村的首要任务。没有生产的发展和相当的物质基础,就谈不上生活宽裕,就难以实现乡风文明、村容整洁和管理民主。农民是农业生产发展的主体。有文化、懂技术、会经营的新型农民,既是农业生产发展成果的享用者,也是改善农业生产技术、提高农业机械化水平、加强农业基础设施建设、调整农业生产结构、转变农业增长方式、优化农业生产布局、推动农业产业化经营、增加农产品附加值、提高农业综合生产能力以及实现农业可持续发展的根本力量。因此,培养和造就一代新型农民,将有助于加快转移农村的富余劳动力,开发农村的人力资源,发展农业生产,建立起一个富裕的社会主义新农村。

(2) 新型农民是宽裕生活的创造者和享用者。生活宽裕是社会主义新农村的核心内容和具体表现。生活宽裕的基础是收入。没有足够的收入,就没有宽裕的生活,也不会有生活宽裕的社会主义新农村。改革开放以来,在党中央的正确领导下,经过广大农民的艰苦奋斗,农民收入有了较大幅度的提高,农民生活有了较大幅度的改善,总体上实现了从温饱到小康的伟大跨越。但是,由于政府对农业的支持力度不够、农业的生产结构不合理、市场组织化程度低、农产品的质量不高、不能适应市场的发展需求、农产品成本过高、价格低廉等原因,农民的收入仍然较低,农民生活仍不宽裕。改变这种状况,固然需要大力发展农业科学技术,加大政府对农业的支持和扶持力度,但最根本的还在于大力发展教育,培养和造就有文化、懂技术和会经营的高素质的新型农民,调动农民的积极性和创造性,发挥农民的创造力,增加自己的收入,改变自己的命运,创造宽裕的生活,建设生活宽裕的社会主义新农村。

(3) 新型农民是建设乡风文明的主体。乡风文明是社会主义新农村的重要内容,是生产发展、生活宽裕、村容整洁、管理民主的社会主义新农村建设的思想基础和精神动力,是和谐乡村的重要标志和基本条件。作为乡村风气的进步状态,乡风文明不是固定不变的,而是随着经济、政治、文化的发展而不断进步。推动这种发展和进步的主体是乡村农民。培养和造就一代发展经济、追求富裕、移风易俗、热爱劳动、崇尚科学、遵纪守法、敬老爱幼、讲究卫生、互帮友爱的新型农民,将有助于改变目前农村存在的安于现状、封建迷信、大办丧事、打麻将、酗酒、重男轻女等不良的乡村风气,创造出一个健康文明的社会主义新农村。

(4)新型农民是村容整洁的建设者。村容整洁是社会主义新农村的环境条件和外部特征,是乡风文明的体现,是农村居民宽裕生活的重要方面,是发展农业生产和促进管理民主的外部条件。农民是整洁村容的创建者。培养和造就一代有文化、懂技术和会经营的新型农民,将有助于创造出一个规划合理、节约资源、安定祥和、整洁美观、人与自然和谐的社会主义新农村。

(5)新型农民是管理民主的推动者。管理民主是社会主义新农村的重要特征,是乡风文明的重要表现,是农村居民政治生活的重要内容,也是发展农业生产和村容整洁的重要条件。农民是管理民主的主体。改革开放以来,在党中央的正确领导和广大农民的积极参与下,我国依据《宪法》和《村委会自治法》逐步建立起了以民主选举、民主决策、民主管理、民主监督为主要内容的村民自治制度,使我国农村的管理民主迈上了新的台阶。但是,农村的管理民主还存着选举不规范、不善于行使自治的民主权利、缺乏民主经验和民主习惯、政治冷漠、村民的自我管理能力和村民委员会的工作能力有限、村民委员会开展工作困难、党组织与村民自治组织关系处理不当、对村民自治村民理解不正确等诸多矛盾和问题。这些问题的存在,原因固然很多,但归根结底是作为管理民主主体的农民的思想文化落后,民主观念淡薄,主体意识不强,科学文化素质较低。下大力气,培养和造就一大批具有较高民主素质的新型农民,必将推动农村民主走向新的发展阶段,建立起管理民主的社会主义新农村。

二、加强农村教育文化建设,培养有文化的新型农民

加强农村教育文化建设,提高农民文化素质,是全面建设小康社会、实现社会主义现代化的必然要求,是构建社会主义和谐社会以及建设创新型国家的必然要求,是培养新型农民、建设社会主义新农村的一个重要内容,是满足广大农民群众日益增长的文化需求的有效途径。所以,党中央十分重视农村的教育文化建设,制订了一系列方针政策,采取了许多重大措施,从而使农村的教育文化建设呈现出较好的发展局面,农民的文化素质有了较大幅度的提高。但是,由于教育水平落后,我国农村的文化建设仍然任重而道远。城乡文化发展不平衡的问题仍然存在,农村文化事业投入较少,基层文化场所不足、文化活动相对贫乏、文化基础设施落后、文化体制不顺、文化机制不活、文化产品和文化服务供给不足、农民群众看书难、看戏难、看电影难等问题还没有得到根本解决,农民的文化素质仍然较低。据统计,我国4.9亿农村劳动力中,文盲或半文盲劳动力约占7%,小学文化程度的劳动力约占31%,初中文化程度的劳动力约占49%,高中及以上文化程度的劳动力约占13%。这种状况远远不能适应社会主义新农村建设的需要。这就要求我们坚持以邓小平理论和"三个代表"重要

思想为指导,树立和落实科学发展观,全面贯彻党的十六大和十六届三中、四中、五中全会精神,始终把握社会主义先进文化的前进方向,努力满足广大农民群众多层次多方面精神文化需求,加强农村文化建设,全面提高农民的文化素质,培养一代有文化的新型农民。

1. 加强思想道德教育,提高农民的思想道德素质

思想道德素质是农民文化素质的重要内容。改革开放以来,社会主义市场经济的发展,使得广大农民开阔了眼界,增强了市场意识、开放意识、竞争意识、效率意识、创新意识、平等意识、参与意识和现代化意识,强化了关心社会、关心集体和当家作主的观念,进一步发扬了中华民族互助友爱、助人为乐、勤俭节约、勤劳朴实等传统美德,思想道德素质提高到一个新的水平。同时,我们也应该看到,由于受小生产者的生产和生活方式以及延续两千多年的封建主义思想和资产阶级腐朽思想的影响,农民中仍然不同程度地存在着政策观念淡薄、封闭保守、安贫乐道、家族观念严重、封建习俗、社会正义感下降等落后不良的思想观念,成为农民自身发展和新农村建设的重要障碍。为此,要大力开展邓小平理论、"三个代表"重要思想和科学发展观教育,开展唯物论、无神论和其他科学知识教育,逐步引导广大农民解放思想、破除迷信、崇尚科学,确立唯物主义的世界观和方法论。开展爱国主义、集体主义和社会主义教育,使广大农民正确处理国家、集体、个人三者利益关系,自觉维护国家和集体的利益,为建设现代农业和社会主义新农村多作贡献。要大力开展艰苦奋斗教育,使广大农民树立艰苦创业、自强不息、勤俭持家、勤俭办一切事业的思想观念;要注意发挥农村群众自治组织的作用,运用舆论和社会力量,加强家庭美德、职业道德和社会公德规范教育,提高农民道德规范的意识。要通过开展评选好儿女、好婆媳、好夫妻等活动,引导广大农民树立尊老敬老、夫妻互敬互爱和科学教子的家庭美德。通过动员和组织党团员、青少年为鳏寡老人、军烈属及其他贫困农户提供各种帮助的活动,引导广大农民树立互助互济、团结友爱的社会公德。要通过实行婚事丧事简办、优生优育、反对赌博、提倡科学健康文明的生活方式等方法,树立农村新的社会风气,从而培养出一代讲文明、懂礼貌、重信誉、见义勇为、助人为乐的新型农民。

2. 大力发展农村教育,提高农民的文化知识水平

文化知识是农民文化素质的基础,教育是农民获得文化知识的基本途径。农村教育落后是造成农民文化知识水平低、文化素质不高的根本问题。因此,要加大政府对农村教育的投资力度,解决农村教育资源短缺的问题,建立和完善农村教育设施,使农村子女有学可上;贯彻落实九年义务教育免费政策,完善资助家庭经济困难学生就学制度,加大对贫困学生资助力度,使农村子女上得起学;搞好农村中小学教师编制工作,依法实行教师资格制度,积极鼓励具备教师资格的人员到乡村中小学任教,完善教师教育体系,实施"农村教师素质提高工程",大力开展以新课程、新知识、新技术、新方法为重点的新一轮教师全员培训和继续教育,全面提高教师的思想道德素质和科学文化素质,解决农村教师中存在的教育观念落后、知识老化、教学方法不当等问题,为搞好农村教育奠定人才基础;坚持以人为本和党的教育方针,以推进素质教

育为目标,以服务"三农"为方向,面向世界,面向未来,面向现代化,面向农村,遵循教育规律和学生身心发展规律,转变教育观念,推进基础教育课程改革,增强农村教育的针对性和实用性,构建符合素质教育要求的新课程,改革教学评价、考试与学校的招生制度,培养学生的创新精神和实践能力,探索素质教育的长效机制,全面推进素质教育,提高教育的质量和效益,解决农民子女就业无门、致富无术的问题。在改革和完善农村教育教学体系的基础上,广泛开展历史、地理、文学、艺术、哲学、美学等人文知识和美学知识教育,培养农民的人文精神和创新精神,提高农民的审美素质,造就有较高文化素养的新型农民。建设一支扎根农村、富有感情、群众欢迎、能力强大的农村文化队伍,为开展农村文化建设,提高农民文化素质奠定人才基础。加强农村文化建设,提高农民文化素质,人才队伍是关键。没有一支强大的农村文化建设队伍,就不可能真正改变农村的文化现状,全面提高农民的文化素质。这就要求除了建立一支优秀的教师队伍之外,还要充分发挥民间艺人、文化能人、文化经纪人在活跃农村文化生活、传承民族民间文化方面的积极作用,发现和培养农村文化骨干,动员和鼓励大中专院校毕业生投身农村文化建设,切实关心和解决他们的工作和生活困难,健全农村文化人才的选拔、培养、使用和表彰奖励机制,建立一支稳定的专兼职相结合的农村文化队伍;组织文化方面的专家学者和专业工作者,到农村讲授文化课程,开办短期文化培训班,提高农村文化队伍的素质和能力;走与农民群众相结合的发展道路,加强同广大农民群众的联系,增强同农民群众的感情,建立一支农民群众喜爱的农村文化队伍。

三、开展职业技能培训,培养懂技术的新型农民

加强科技教育,提高农民的科学文化素质是党中央的一贯主张。多年来,我们坚持面向农业、农村和农民的方针,以农科教相结合为发展方向,通过广播、电视、卫星、网络、光盘等多种渠道,开展了多种层次、多种形式的科技培训,取得了良好的培训效果。到2003年,有2 296万农民取得了绿色培训证书,有280万农民参加了新型科技培训,造就了一批农民技术骨干,初步构建了农民技术培训网络,使得一大批农业生产的新技术、新成果、新品种和新方法得到了推广,取得了良好的培训效果。同时,我们也应该看到,一些地方对农民科技培训的重要性认识不够,农民科技培训的投入、激励、监督等机制仍然不健全,农民科技培训经费严重缺乏,农民科技培训资源的利用效率不高,受过职业技能培训的农民仍然较少,大多数农民主要依靠长辈的言传身教来获得农业生产技术。这突出地表现在:我国大部分农民都没有受过系统的、正规的农业技术教育和职业培训,平均受教育年限不足七年,受过系统职业技能培训的农民不到5%,远远低于日本农业劳动力的平均受教育年限十年以上、54%的农业劳动力受过职业培训,荷兰90%的农民受过中等教育的水平。此外,我国的农业技术推广人才、每万名农业人口中拥有的农业在校生人数也都低于发达国家。农村经济社会发展和农民的收入水平与农民的科技文化素质密切相关。农民科技文化素质不

高,不仅直接影响农民的经济状况,而且也严重制约着农业劳动效率的提高和整个国民经济的发展,影响着社会主义新农村建设、农业现代化和全面建设小康社会任务的实现。针对这种情况,2003年12月,《中共中央国务院关于促进农民增加收入若干政策的意见》提出了加强对农村劳动力职业技能培训的重要任务。同年,农业部制定了《2003—2010年全国新型农民科技培训规划》。2005年,党的十六届五中全会通过的《中共中央关于制定国民经济和社会发展第十一个五年规划的建议》提出了"培养有文化、懂技术、会经营的新型农民,提高农民的整体素质"的重要思想,培养懂技术的新型农民由此成为全党和全国人民的一项重要战略任务。

要创新科技培训体制和机制,围绕农业结构战略性调整和农业产业化经营,动员和利用全社会各种科技教育资源,进行多层次、多渠道、多形式的科技培训,不断提高广大农民的科技文化素质,为提高农产品竞争力、促进农民增收、建设社会主义新农村和全面建设小康社会创造条件。

要坚持分类培训、服务产业、创新机制和注重实效的原则。我国农村地域广阔,农民成分复杂多样,产业优势各具特色,对农业科学技术的需求多样,这就要求要针对农村基层干部、青壮年农民、农村妇女、后备农民以及农民企业家等对象的不同科技水平和科技需求,进行分类科技指导和科技培训。根据各个地区的农业优势产业和特色农业的科技要求,以服务产业为目的进行科技培训。同时,要把竞争机制引入科技培训,不断创新科技培训机制,充分利用现代化教学手段,把复杂的科学理论变成简单易学的农业科技知识,使农民一看就会,会了就能用、就能致富,以取得最大的实际效果。

要根据各个地区的实际情况,合理确定科技培训的一般内容和重点。总的来说,为了造就一代懂技术的新型农民,必须普及有关农业新品种、新技术的知识,以提高农民的生产技术水平。普及有关农业环境保护、无公害农产品、食品安全、标准化生产等知识,以提高农民的环保和食品安全意识。普及有关农民转岗就业的技能和知识,以提高农民转岗就业能力等。但是,由于我国各个地区的农业生产条件千差万别,农民对科技知识的需求也有所不同,对农民进行科技培训的重点也应当有所差别。对于东部地区和大、中城市郊区的农民,要重点进行出口创汇农业、高附加值农业、高科技农业的生产技术培训。对于中部地区的农民,要重点进行发展高效农业、优化粮食品种和品质结构、发展优质专用粮食和集约化养殖业的生产技术培训。对于西部地区的农民,要重点进行发展特色农业和生态农业、大力发展畜牧业和林果业、退耕还林还草的生产技术培训。对于生产优势农产品的区域,以国内市场为重点的小麦、专用玉米、高油大豆、棉花、"双低"油菜、甘蔗和牛奶等农产品,要重点加强其生产、加工、贮运、销售等技术培训。在国际市场有优势的苹果、柑橘、牛羊肉、水产品等农产品,要重点培训这类产品的生产、加工、贮运、销售技术,以及产品质量安全技术等。

要建立和完善农民科技教育培训体系。农民科技教育培训体系是培养懂技术的新型农民的重要保障。在党中央的正确领导下,经过多年的努力,已经建立了一个以农业部农民科技育培训中心为龙头，以各级农业科技教育培训中心为骨干，以高中、农业广播电视学校等农业院校科研院所和农业技术推广机构为依托，以企业与民间科技服务组织为补充，以县乡村农业技术推广服务体系和各类培训机构为基础、相互衔接、上下贯通的农民科技教育培训体系，对提高农民的科技素质发挥了积极的作用。例如，到 2004 年底，仅仅农业广播电视学校就累计培养高等专业人才 53 万人，中等职业技术人才 358 万人，绿色证书人员约 800 万人，青年农民 300 多万人，开展各种农业实用技术培训 1.33 亿人次，农村劳动力转移培训 1 581.4 万人，取得了良好的培训效果。但是，目前农民科技教育培训体系也存在着教育资源浪费、教师素质参差不齐、各级培训机构的关系不顺等矛盾和问题，极大地影响了培训的质量和效果。因此，要进一步深化教学改革，理顺各级培训机构的关系，完善农业科技培训体系，加强师资队伍建设和基础设施建设，不断提高办学质量和水平，为充分发挥农民科技教育培训体系的功能，培养一代懂技术的新型农民提供有力的支撑。

培养懂技术的新型农民还要有一定的组织、物质和法制保证。培养懂技术的新型农民是一项复杂的系统工程，面临着许多意想不到的矛盾和困难。这就要求我们加强对农民科技培训工作的领导，形成由农业部门牵头、各有关部门互相配合、通力协作的农民科技培训工作领导机构，为搞好农民科技培训提供组织保障；建立中央、地方以及各农业类基地建设、综合开发、科技推广等项目经费多一点的多元化农民科技培训投入体制，切实解决农民科技培训经费不足的问题，为搞好农民科技培训奠定物质基础；建立和健全《中华人民共和国农业法》、《中华人民共和国农业技术推广法》、《中华人民共和国教育法》、《中华人民共和国职业教育法》等法律法规体系，为搞好农民科技培训提供法律保证。

当前，要重点抓好并继续实施"绿色证书工程"、"跨世纪青年农民科技培训工程"、"农村富余劳动力转移就业阳光工程"和"农业远程培训工程"等四大工程和"百万中专生计划"。① "绿色证书工程"主要是按农业生产岗位规范要求对广大农民开展培训、培养骨干农民的一项基本科技培训制度。现已培训 2 000 多万人，计划 2006—2010 年再培训 1 000 多万人，届时达到每八户农民有一人参加绿色证书培训的目标。② "跨世纪青年农民科技培训工程"是由农业部、财政部和团中央共同组织实施、以培养农村致富带头人和建设社会主义新农村的中坚力量为目的、以科技为主的综合性培训制度。现已培训近 500 万人，计划 2006—2010 年再培训 500 万人，届时达到每个村民小组有 1~2 名优秀青年农民参加培训。③ "农村富余劳动力转移就业阳光工程"是由农业部等六部委共同组织实施的，旨在提高农民进城务工就业素质和技能、促进农村富余劳动力合理有序流动、对农村富余劳动力转移就业进行引导性和示范性培训的制度。现已培训近 300 万人，计划 2006—2010 年再培训 1 000 万人，届时达到 1 300 万人的培训目标。④ "农业远程培训工程"是一种运用现代教育手段、快捷有效地向广大农民提供技术、信息和咨询服务、迅速传播农业科技成果的做法。计划到 2010 年，开发科技培训课程 400 门，录制广播电视科技节目 4 000 小时，编译少数民族语言广播电视科技节目 800 小时，向农民发送科技光盘 1 000 万张，90%以上的县实现电波入户。⑤"百万中专生计划"是农业部从现在起开始组织实施的、依托农广校、农业中专学校等机构、以培养农村实用人才为重点、用十年时间为农村培养100万名具有中专学历的从事种植、养殖、加工等生产活动的实用型人才计划。这些工程和计划对提高农民的科技素质起到了积极的作用。进一步完善和实施这些工程和计划,必将使我国农民的科技素质达到新的水平,培养出一代懂技术的新型农民。

四、加强经营素质培训,培养会经营的新型农民

经营素质是一个经营者的经营管理知识和政策民主法律知识的综合反映,是经营管理能力和政策民主法律素质的有机统一。经营管理知识是从事经营活动的基础,政策民主法律素质是进行经营活动的前提和重要保证。这些要素密切相连、缺一不可。缺少了任何一个要素,都难以开展长期有效的生产经营活动,都无法成为一个优秀的经营者。所以,2005年2月,《国务院关于鼓励支持和引导个体私营等非公有制经济发展的若干意见》在谈到提高企业经营管理者素质时,明确指出:"非公有制企业出资人和经营管理人员要自觉学习国家法律法规和方针政策,学习现代科学技术和经营管理知识,增强法制观念、诚信意识和社会公德,努力提高自身素质。"

提高农民的经营素质,培养会经营的新型农民是发展农业生产、建设社会主义新农村的客观要求。农产品是商品,农民是农业生产经营的主体。在我国农业个体小生产、大市场的条件下,要统筹城乡发展,推进农业现代化,增加农民收入,就必须提高农民的经营素质,培养一代会经营的农民。

1. 开展经营管理知识教育,提高农民的经营管理水平

经营管理知识是经营素质的直接理论基础。改革开放以来,社会主义市场经济和乡镇企业的发展,使一些农民走出农村,走向工厂,走向城市,走向世界,在市场经济的大潮中得到锻炼,经营知识不断丰富,经营能力不断增强,产生了一批懂经营、会管理的农民企业家,推动了农村的经济发展和社会进步。但总的来说,由于受自然经济和落后的教育文化水平的影响,这样农民的实在太少。"重农轻商"、"重产轻销"的思想观念仍然根深蒂固,绝大多数农民包括现在的一部分经营农民都没有受过系统的经营管理知识训练,进行的经营管理大都没有脱出传统管理和经验管理的轨道。如果说在改革开放初期这种经营管理有一定的积极意义,那么随着社会主义市场经济的发展、对外开放程度的加深和企业规模的扩大,这种经营管理模式已经越来越不适应农村经济发展的需要了,已经成为农业生产结构调整和农民收入提高的障碍。因此,要依托新型农民创业培植工程,加强对农民进行社会主义市场经济理论培训,使广大农民懂得价值规律、供求规律、竞争规律、平均利润率等市场经济的一般规律,懂得市场经济配置资源的方式和机制,自觉地按照市场的需求来配置农业资源,开展农业生产活动,以取得最大的经济效益。进行企业管理、市场营销等方面的知识培训,使农民懂得现代企业管理的一般规律,懂得市场营销的基本原理和基本知识,熟

悉市场、产品开发、价格制定、制作广告、国际市场等各个方面的营销技术和策略,从而造就一大批进行规模化和专业化生产经营的农场主和农民企业家,加速农业向市场经济转化,建立完善的国内外相互联系的农副产品市场营销体系,加快农业资本周转以获得利润的最大化,促进农业生产结构的调整和农民收入的增加。到目前为止,这项创业培植工程已经"培植"了3万农民,计划到2010年,再"培植"7万人,届时达到每个乡(镇)有2～3个农民接受创业培植的水平。可以相信,在这10万经营者的带动下,我国农业的经营管理水平必将达到一个新水平。

2. 进行党的路线、方针、政策教育,提高农民的政策水平

正确的路线、方针、政策反映了一定时期经济社会发展的客观规律,揭示了经济社会发展的基本方向和趋势。敏锐地把握党的路线、方针、政策,对于一个经营者自觉地遵循经济社会发展的客观规律,有效地开展农业生产经营活动具有非常积极的意义。因此,要大力开展党的基本路线教育,使广大农民坚定改革开放和中国特色社会主义现代化建设的信心;加强社会主义初级阶段的基本纲领教育,使广大农民明确经济建设、政治建设和文化建设的基本目标;开展家庭联产承包责任制和统分结合的双层经营制度体制、发展多种经营、科教兴农、保护耕地、鼓励和发展乡镇企业、建设社会主义新农村、构建社会主义和谐社会等各项政策教育,提高广大农民的政策水平,为正确地开展农业生产经营活动奠定政策基础。

3. 加强民主法制教育,提高农民的民主法制素质

民主法制素质是现代经营者必须具备的基本素质。随着社会主义市场经济的发展和依法治国方略的实施,农民的法律知识在增加,民主法律观念在增强。但是,农民的法律意识水平参差不齐,法律保护意识、权利意识、民主监督意识不高,靠矿"吃"矿、靠路"吃"路、靠厂"吃"厂等违法现象屡见不鲜,短期行为、见利忘义、掺杂使假、坑蒙拐骗、偷盗抢劫、强买强卖等经营行为俯拾皆是……这些行为背离了社会主义新农村建设的要求,极大地影响了农民的生产经营和农村经济的发展。因此,要坚持以邓小平理论和"三个代表"重要思想为指导,认真贯彻科学发展观,坚持党的领导、人民当家作主、依法治国和为农村工作大局服务的原则,围绕农村基层民主更加健全,民主选举、民主决策、民主管理、民主监督制度更加完善,以及农村基层法制更加完备,农民群众的法律意识明显增强,法律素质得到进一步提高,村民自治制度更加完善等目标,大力开展《宪法》、《村民委员会组织法》、《刑法》、《土地管理法》、《农业法》、《水利法》、《森林法》、《农业保险法》、《民办教育法》、《信托法》、《农业价格法》、《婚姻法》、《合同法》等各种相关法律的宣传教育,提高广大农民特别是经营者的民主法制素质,使其学法、知法、守法、用法、护法,成为一个守法的经营者,自觉地按照法律开展经营活动。

总之,新型农民是有文化的农民,是懂技术的农民,是会经营的农民。只有切实提高农民的综合素质,培养出一代又一代新型农民,才能建设生产发展、生活宽裕、乡风文明、村容整洁、管理民主的社会主义新农村。

第五节　把建设新农村与构建
　　　　　和谐农村统一起来

构建社会主义和谐社会是一个不断化解社会矛盾的持续过程。农村人多面广、情况复杂,是构建社会主义和谐社会的难点和重点所在。从一定意义上可以说,建设社会主义新农村的过程也是一个化解矛盾、促进和谐的过程。

一、实现科学发展是建设新农村、构建和谐农村的重要前提

人类社会发展史表明,贫困是造成社会不和谐的重要根源。改革开放以来,我国广大农村发生了前所未有的深刻变化,生产力水平明显提高,农民生活不断改善,但由于人口多、底子薄,农村生产力不发达的局面尚未根本改变,发展不平衡的问题比较突出。特别是城乡差距拉大、农民增收困难、农民权益得不到全面保护等突出矛盾和问题,严重影响农村社会的和谐稳定。解决这些矛盾和问题,关键是坚持以科学发展观统领全局,立足农村实际,创新发展思路,实现科学发展。

1. 坚持加快发展

社会要和谐,首先要发展。面对社会矛盾多发的态势,我们必须始终保持清醒头脑,坚持以人为本,坚持用改革和发展的办法解决社会矛盾,着力促进农村经济社会发展,为促进农村社会和谐奠定坚实基础。应深入体察农民群众的意愿,切实把实现好、维护好和发展好广大农民群众的根本利益体现在大政方针和各项部署中,落实到新农村建设的各个方面;以发展现代农业、扩大农村就业、完善农村社会保障体系、理顺城乡分配关系、发展农村社会事业为着力点,推动农村经济社会全面发展,为广大农民群众特别是边远地区、贫困地区的农民群众提供良好的生产生活条件。

2. 坚持协调发展

重点是统筹城乡协调发展。统筹考虑城乡基础设施建设、产业布局、劳动就业、社会事业、行政管理等,调整和完善相应的体制机制、规划计划和政策措施,促进城乡协调发展。一方面,通过体制改革和机制创新,促进农村富余劳动力向城市合理有序转移;另一方面,努力缩小城乡公共服务差距。以基本公共服务均等化为目标,把农村发展摆在优先位置,为农村发展提供更多的政策支持和资金投入。加快县域经济发展,培育特色明显、优势突出、支撑力强的支柱产业。

3. 坚持和谐发展

社会和谐有赖于人与自然的和谐,人与自然和谐相处是建设新农村和构建和谐农村的重要内容和重要目标。应大力发展资源节约型产业和循环经济,开展农村环

境综合治理，推动农村社会走上生产发展、生活宽裕、生态良好的文明发展道路，建设青山、碧水、蓝天、绿地的美好家园，实现农村经济发展与环境保护、生态建设的统一，实现人与自然和谐相处。

二、化解各种社会矛盾是建设新农村、构建和谐农村的基本保证

化解社会矛盾，构建和谐社会，既是一项长期的战略任务，也是一个重大的现实课题。在推进新农村建设、构建和谐农村的过程中，应重点处理好以下几个问题。

1. 处理好农民负担问题

随着农村税费改革全面推进，农民负担已得到明显减轻，减轻农民负担工作也由重点治重、治乱，转入巩固农村税费改革成果、防止反弹的新阶段。但是，当前减轻农民负担工作仍面临许多新情况、新问题：一些干部产生盲目乐观的思想，放松了对农民负担的监管；有的地方巧立名目乱收费、乱罚款以及各种集资、摊派现象有所抬头；各项支农惠农政策在不同程度上存在不落实或落实不到位等问题；在征地和安置补偿过程中，损害农民权益的问题仍比较突出等。因此，必须切实做好农民负担的监督管理工作，防止农民负担反弹，同时要巩固农村税费改革成果。

2. 处理好土地纠纷问题

目前，有不少农民上访是由土地纠纷引起的。妥善解决农村土地纠纷，对于稳定完善农村基本经营制度，落实党在农村的各项政策，保护和调动农民积极性，促进农村社会稳定，意义重大。解决农村土地纠纷，应做到"四个坚持"：坚持土地承包关系长期稳定；坚持政策连续性；坚持多渠道解决人地矛盾；坚持把矛盾化解在基层。特别是在农村土地征用问题上，必须依法依规进行，切实维护农民权益。

3. 处理好宗族矛盾问题

一些农村思想政治工作薄弱，引发了一系列社会问题。其中，比较突出的就是宗族势力有所抬头，村里的计划生育、宅基地划分、干部选举等事务往往被个别大家族所控制，影响邻里和睦、农村发展和社会和谐。必须把正确处理这类问题作为构建和谐农村的一件大事来抓，在加强农村思想政治工作和思想道德建设的同时，坚决反对各种形式的宗族势力，严厉打击侵害农民群众利益的违法犯罪活动，维护农村和谐稳定。

4. 处理好干群关系问题

广大农村干部是建设新农村和构建和谐农村的领头雁。干部心里是否装着群众，是否坚持为农民群众服务，是干群关系是否和谐的关键。应教育引导广大农村干部牢记党的根本宗旨，发扬党的优良传统，切实解决群众反映强烈的热点难点问题，通过为群众办实事、做好事、解难事赢得群众的信任和支持，在建设新农村和构建和谐农村中发挥引领、示范、带头作用。

本章练习

一、名词解释
新农村　新农民　新设施　新环境　新风尚　"三级联创"

二、简答题
1. 简述社会主义新农村的特征。
2. 简述新农村建设实施的基本思路。
3. 简述新农村建设的近期目标。

三、论述题
1. 谈谈当前建设社会主义农村的意义。
2. 为什么说建设新农村是我国现代化进程中的重大历史任务？
3. 建设社会主义农村，为何要培育新型农民？

附录一　中国共产党农村基层组织工作条例

第一章　总　则

第一条　为了加强和改进党的农村基层组织建设,加强和改善党对农村工作的领导,推动农村经济发展和社会进步,保证党在农村改革和发展目标的实现,根据《中国共产党章程》制定本条例。

第二条　乡镇党的委员会(以下简称乡镇党委)和村党支部(含总支、党委,下同)是党在农村的基层组织,是党在农村全部工作和战斗力的基础,是乡镇、村各种组织和各项工作的领导核心。

第三条　党的农村基层组织必须以马克思列宁主义、毛泽东思想、邓小平理论为指导,贯彻党的路线方针政策,坚持党要管党和从严治党,努力成为团结带领群众建设有中国特色社会主义新农村的坚强战斗堡垒。

第二章　组织设置

第四条　乡镇应当设立党的基层委员会。乡镇党委由党员大会或者党员代表大会选举产生。

第五条　有正式党员三名以上的村,应当成立党支部;不足三名的,可与邻近村联合成立党支部。党员人数超过五十名的村,或党员人数虽不足五十名,但村办企业具备成立党支部条件的村,因工作需要,可以成立党的总支部。党员人数一百名以上的村,根据工作需要,经县级地方党委批准,可以成立党的基层委员会;村党委受乡镇党委领导。

村党支部、总支部和党的基层委员会由党员大会选举产生。

第六条　县以上有关部门驻乡镇的单位,应当根据党员人数和工作需要建立党的基层组织。这些党组织,除中央另有规定的以外,受乡镇党委领导。

第七条　乡镇工作机构设置和人员配备,应当坚持精干高效,加强服务,密切联系群众的原则,严格执行上级的有关规定。村干部误工补贴人数和标准的确定,应当从实际出发,从严掌握。

第三章 职 责 任 务

第八条 乡镇党委的主要职责是:

(一)贯彻执行党的路线方针政策和上级党组织及本乡镇党员代表大会(党员大会)的决议。

(二)讨论决定本乡镇经济建设和社会发展中的重大问题。需由乡镇政权机关或集体经济组织决定的问题,由乡镇政权机关或集体经济组织依照法律和有关规定作出决定。

(三)领导乡镇政权机关和群众组织,支持和保证这些机关和组织依照国家法律法规及各自章程充分行使职权。

(四)加强乡镇党委自身建设和以党支部为核心的村级组织建设。

(五)按照干部管理权限,负责对干部的教育、培养、选拔和监督工作。协助管理上级有关部门驻乡镇单位的干部。

(六)领导本乡镇的社会主义民主法制建设和精神文明建设,做好社会治安综合治理及计划生育工作。

第九条 村党支部的主要职责是:

(一)贯彻执行党的路线方针政策和上级党组织及本村党员大会的决议。

(二)讨论决定本村经济建设和社会发展中的重要问题。需由村民委员会、村民会议或集体经济组织决定的事情,由村民委员会、村民会议或集体经济组织依照法律和有关规定作出决定。

(三)领导和推进村级民主选举、民主决策、民主管理、民主监督,支持和保障村民依法开展自治活动。领导村民委员会、村集体经济组织和共青团、妇代会、民兵等群众组织,支持和保证这些组织依照国家法律法规及各自章程充分行使职权。

(四)搞好支部委员会的自身建设,对党员进行教育、管理和监督。负责对要求入党的积极分子进行教育和培养,做好发展党员工作。

(五)负责村、组干部和村办企业管理人员的教育管理和监督。

(六)搞好本村的社会主义精神文明建设和社会治安、计划生育工作。

第十条 党员人数较多的村党支部,可以划分若干党小组。党小组在支部委员会领导下开展工作,组织党员学习和参加组织生活,检查党员履行义务、行使权利和执行支部委员会、党员大会决议的情况,反映党员、群众的意见和要求。

第四章 经 济 建 设

第十一条 党的农村基层组织应当加强对经济工作的领导,坚持以经济建设为中心,深化农村改革,发展农村经济,增加农民收入,减轻农民负担,提高农民生活水平。

（一）坚持以公有制为主体、多种所有制经济共同发展的基本经济制度，以家庭承包经营为基础、统分结合的经营制度，以劳动所得为主和按生产要素分配相结合的分配制度。

（二）稳定发展粮食生产，积极发展多种经营和乡镇企业。发展多种经营要同支持和促进粮食生产相结合。发展乡镇企业要从实际出发，同促进农副产品流通和建设小城镇相结合。

（三）加强以水利为重点的农业基本建设，改善农业生态环境，实现农业可持续发展。

（四）领导制定本地经济发展规划，组织、动员各方面力量保证规划实施。村党支部领导和支持集体经济组织管理集体资产，协调利益关系，组织生产服务和集体资源开发，逐步壮大集体经济实力。

（五）组织党员、群众学习农业科学技术知识，应用科技发展经济。

第五章 精神文明建设

第十二条 党的农村基层组织应当制定社会主义精神文明建设规划，保证社会主义物质文明建设和精神文明建设协调发展，促进农村经济和社会的全面进步。

第十三条 对群众进行爱国主义、集体主义和社会主义教育，党的基本路线和方针政策教育，思想道德和民主法制教育，引导农民正确处理国家、集体、个人三者之间的利益关系，培养有理想、有道德、有文化、有纪律的新型农民。

第十四条 搞好村镇规划，改善村镇面貌，创造文明卫生的生活环境；加强农村文化设施建设，开展健康有益的文体活动；改善办学条件，普及义务教育；开展创建文明村镇、文明户活动，破除封建迷信，移风易俗，树立社会主义新风尚。

第十五条 加强思想政治工作。宣传好人好事，弘扬正气。了解群众的思想状况，帮助解决群众的实际困难，及时疏导和化解人民内部矛盾，保持农村社会稳定。

第六章 干部队伍和领导班子建设

第十六条 不断提高农村基层干部队伍的素质。农村基层干部要认真学习马克思列宁主义、毛泽东思想特别是邓小平理论，坚决贯彻党的基本路线和党在农村的方针政策，坚持全心全意为人民服务的根本宗旨，增强带领群众发展经济、搞好两个文明建设的本领。

第十七条 加强农村基层干部队伍的思想作风建设。坚持实事求是，不准虚假浮夸；坚持依法办事，不准违法乱纪；坚持艰苦奋斗，不准奢侈浪费；坚持说服教育，不准强迫命令；坚持廉洁奉公，不准以权谋私。

第十八条 党的农村基层组织的领导班子，应当由认真贯彻执行党的路线方针政策,清正廉洁,公道正派,群众拥护,能够带领群众完成各项任务的党员组成。乡镇党委书记还应具有一定的理论和政策水平,较强的组织协调能力,熟悉党务工作和农村工作。村党支部书记还应具备一定的政策水平,善于做群众工作,应当重视培养选拔优秀年轻干部,改善领导班子的结构。

第十九条 领导班子应当贯彻党的思想路线。反映情况,安排工作,决定问题,必须实事求是,一切从实际出发,说实话、办实事、求实效。

第二十条 领导班子应当贯彻党的群众路线。决定重大事情要同群众商量,布置工作任务要向群众讲清道理;经常听取群众意见,不断改进工作;关心群众生活,维护群众的合法权益,切实减轻群众负担。

第二十一条 领导班子应当贯彻党的民主集中制。坚持集体领导和个人分工负责相结合的制度。凡属重要问题,必须经过集体讨论决定,不允许个人或者少数人说了算。书记要敢于负责,有民主作风,善于发挥每个委员的作用。委员要积极参与和维护集体领导,主动做好分工负责的工作。

第二十二条 乡镇党委和村党支部委员会每半年召开一次以开展批评与自我批评为主要内容的组织生活会,接受党员和群众的监督。

第七章 党员队伍建设

第二十三条 农村党员应当在社会主义物质文明和精神文明建设中发挥先锋模范作用,带头执行党和国家的各项政策,带领群众共同致富。

第二十四条 党的农村基层组织应当组织党员学习马克思列宁主义、毛泽东思想,特别是邓小平理论,学习党的基本知识和科学文化知识、社会主义市场经济知识、法律法规知识。党员教育应当坚持理论联系实际,适合农村特点,贴近党员思想,采取多种形式。发挥乡镇党校、党员活动室和党员电化教育的作用。

乡镇党委每年应当对党员分期分批进行集中培训一次。

第二十五条 严格党的组织生活。村党支部每月应当开展一次党员活动,包括学习党的文件,上党课,召开组织生活会等。

第二十六条 坚持和完善民主评议党员制度。对优秀党员,要进行表彰;对不合格党员,要依照有关规定,分别采取教育帮助、限期改正、劝其退党、党内除名等方式进行严肃处置。

第二十七条 尊重和保障党员的各项权利,教育和监督党员履行义务。要使党员对党内事务有更多的了解和参与。要组织开展党员联系户等活动,给党员分配适当的社会工作和群众工作,为党员发挥作用创造条件。

第二十八条 加强和改进对外来党员的教育和管理。对外来党员,有关党组织应当及时将他们编入党的支部和小组,组织他们参加党的活动。

第二十九条 严格执行党的纪律。经常向党员进行遵纪守法教育。党员违犯党的纪律,应当及时严肃查处。处分党员必须按照党章和有关规定进行。对受到党的纪律处分的,要加强教育,帮助他们改正错误。

第三十条 按照坚持标准、保证质量,改善结构、慎重发展的方针和有关规定,做好发展党员工作。注意吸收优秀青年、妇女入党。村级党组织发展党员必须经过乡镇党委审批。

第八章 附 则

第三十一条 省、自治区、直辖市党委可以根据本条例,结合本地区情况制定实施细则。

第三十二条 本条例由县(市)党委负责实施。

第三十三条 本条例由中共中央组织部负责解释。

第三十四条 本条例自发布之日起施行。

附录二　中共中央国务院关于推进社会主义新农村建设的若干意见

（2005年12月31日）

　　党的十六届五中全会通过的《中共中央关于制定国民经济和社会发展第十一个五年规划的建议》，明确了今后5年我国经济社会发展的奋斗目标和行动纲领，提出了建设社会主义新农村的重大历史任务，为做好当前和今后一个时期的"三农"工作指明了方向。

　　近几年，党中央、国务院以科学发展观统领经济社会发展全局，按照统筹城乡发展的要求，采取了一系列支农惠农的重大政策。各地区各部门认真落实中央部署，切实加强"三农"工作，农业和农村发展出现了积极变化，迎来了新的发展机遇。粮食连续两年较大幅度增产，农业结构调整向纵深推进，农民收入较快增长，农村税费改革取得重大成果，社会事业进一步发展，农村基层组织建设得到加强，干群关系明显改善。农业和农村发展的好形势，对保持国民经济平稳较快增长和社会稳定，发挥了重要的支撑作用。但必须看到，当前农业和农村发展仍然处在艰难的爬坡阶段，农业基础设施脆弱、农村社会事业发展滞后、城乡居民收入差距扩大的矛盾依然突出，解决好"三农"问题仍然是工业化、城镇化进程中重大而艰巨的历史任务。各级党委和政府必须按照党的十六届五中全会的战略部署，始终把"三农"工作放在重中之重，切实把建设社会主义新农村的各项任务落到实处，加快农村全面小康和现代化建设步伐。

一、统筹城乡经济社会发展，扎实推进社会主义新农村建设

　　（1）建设社会主义新农村是我国现代化进程中的重大历史任务。全面建设小康社会，最艰巨最繁重的任务在农村。加速推进现代化，必须妥善处理工农城乡关系。构建社会主义和谐社会，必须促进农村经济社会全面进步。农村人口众多是我国的国情，只有发展好农村经济，建设好农民的家园，让农民过上宽裕的生活，才能保障全体人民共享经济社会发展成果，才能不断扩大内需和促进国民经济持续发展。当前，我国总体上已进入以工促农、以城带乡的发展阶段，初步具备了加大力度扶持"三农"的能力和条件。"十一五"时期，必须抓住机遇，加快改变农村经济社会发展滞后的局

面,扎实稳步推进社会主义新农村建设。

(2) 围绕社会主义新农村建设做好农业和农村工作。"十一五"时期是社会主义新农村建设打下坚实基础的关键时期,是推进现代农业建设迈出重大步伐的关键时期,是构建新型工农城乡关系取得突破进展的关键时期,也是农村全面建设小康加速推进的关键时期。"十一五"时期要高举邓小平理论和"三个代表"重要思想伟大旗帜,全面贯彻落实科学发展观,统筹城乡经济社会发展,实行工业反哺农业、城市支持农村和"多予少取放活"的方针,按照"生产发展、生活宽裕、乡风文明、村容整洁、管理民主"的要求,协调推进农村经济建设、政治建设、文化建设、社会建设和党的建设。当前,要完善强化支农政策,建设现代农业,稳定发展粮食生产,积极调整农业结构,加强基础设施建设,加强农村民主政治建设和精神文明建设,加快社会事业发展,推进农村综合改革,促进农民持续增收,确保社会主义新农村建设有良好开局。

(3) 扎实稳步推进社会主义新农村建设。推进新农村建设是一项长期而繁重的历史任务,必须坚持以发展农村经济为中心,进一步解放和发展农村生产力,促进粮食稳定发展、农民持续增收;必须坚持农村基本经营制度,尊重农民的主体地位,不断创新农村体制机制;必须坚持以人为本,着力解决农民生产生活中最迫切的实际问题,切实让农民得到实惠;必须坚持科学规划,实行因地制宜、分类指导,有计划有步骤有重点地逐步推进;必须坚持发挥各方面积极性,依靠农民辛勤劳动、国家扶持和社会力量的广泛参与,使新农村建设成为全党全社会的共同行动。在推进新农村建设工作中,要注重实效,不搞形式主义;要量力而行,不盲目攀比;要民主商议,不强迫命令;要突出特色,不强求一律;要引导扶持,不包办代替。

(4) 加快建立以工促农、以城带乡的长效机制。顺应经济社会发展阶段性变化和建设社会主义新农村的要求,坚持"多予少取放活"的方针,重点在"多予"上下功夫。调整国民收入分配格局,国家财政支出、预算内固定资产投资和信贷投放,要按照存量适度调整、增量重点倾斜的原则,不断增加对农业和农村的投入。扩大公共财政覆盖农村的范围,建立健全财政支农资金稳定增长机制。2006年,国家财政支农资金增量要高于上年,国债和预算内资金用于农村建设的比重要高于上年,其中直接用于改善农村生产生活条件的资金要高于上年,并逐步形成新农村建设稳定的资金来源。要把国家对基础设施建设投入的重点转向农村。提高耕地占用税税率,新增税收应主要用于"三农"。抓紧制定将土地出让金一部分收入用于农业土地开发的管理和监督办法,依法严格收缴土地出让金和新增建设用地有偿使用费,土地出让金用于农业土地开发的部分和新增建设用地有偿使用费安排的土地开发整理项目,都要将小型农田水利设施建设作为重要内容,建设标准农田。进一步加大支农资金整合力度,提高资金使用效率。金融机构要不断改善服务,加强对"三农"的支持。要加快建立有利于逐步改变城乡二元结构的体制,实行城乡劳动者平等就业的制度,建立健全与经济发展水平相适应的多种形式的农村社会保障制度。充分发挥市场配置资源的基础性作用,推进征地、户籍等制度改革,逐步形成城乡统一的要素市场,增强农村经济发展活力。

二、推进现代农业建设,强化社会主义新农村建设的产业支撑

(5) 大力提高农业科技创新和转化能力。深化农业科研体制改革,加快建设国家创新基地和区域性农业科研中心,在机构设置、人员聘任和投资建设等方面实行新的运行机制。鼓励企业建立农业科技研发中心,国家在财税、金融和技术改造等方面给予扶持。改善农业技术创新的投资环境,发展农业科技创新风险投资。加强农业高技术研究,继续实施现代农业高技术产业化项目,尽快取得一批具有自主知识产权的重大农业科技成果。针对农业生产的迫切需要,加快农作物和畜禽良种繁育、动植物疫病防控、节约资源和防治污染技术的研发、推广。把农业科研投入放在公共财政支持的优先位置,提高农业科技在国家科技投入中的比重。继续安排农业科技成果转化资金和国外先进农业技术引进资金。加强种质资源和知识产权保护。要加快农业技术推广体系改革和建设,积极探索对公益性职能与经营性服务实行分类管理的办法,完善农技推广的社会化服务机制。深入实施农业科技入户工程,扩大重大农业技术推广项目专项补贴规模。鼓励各类农科教机构和社会力量参与多元化的农技推广服务。加强气象为农业服务,保障农业生产和农民生命财产安全。大力推进农业机械化,提高重要农时、重点作物、关键生产环节和粮食主产区的机械化作业水平。

(6) 加强农村现代流通体系建设。积极推进农产品批发市场升级改造,促进入市农产品质量等级化、包装规格化。鼓励商贸企业、邮政系统和其他各类投资主体通过新建、兼并、联合、加盟等方式,在农村发展现代流通业。积极发展农产品、农业生产资料和消费品连锁经营,建立以集中采购、统一配送为核心的新型营销体系,改善农村市场环境。继续实施"万村千乡市场工程",建设连锁化"农家店"。培育和发展农村经纪人队伍。加快农业标准化工作,健全检验检测体系,强化农业生产资料和饲料质量管理,进一步提高农产品质量安全水平。供销合作社要创新服务方式,广泛开展联合、合作经营,加快现代经营网络建设,为农产品流通和农民生产生活资料供应提供服务。2006年要完善全国鲜活农产品"绿色通道"网络,实现省际互通。

(7) 稳定发展粮食生产。确保国家粮食安全是保持国民经济平稳较快增长和社会稳定的重要基础。必须坚持立足国内实现粮食基本自给的方针,稳定发展粮食生产,持续增加种粮收益,不断提高生产能力,适度利用国际市场,积极保持供求平衡。坚决落实最严格的耕地保护制度,切实保护基本农田,保护农民的土地承包经营权。继续实施优质粮食产业工程和粮食丰产科技工程,加快建设大型商品粮生产基地和粮食产业带,稳定粮食播种面积,不断提高粮食单产、品质和生产效益。坚持和完善重点粮食品种最低收购价政策,保持合理的粮价水平,加强农业生产资料价格调控,保护种粮农民利益。继续执行对粮食主产县的奖励政策,增加中央财政对粮食主产县的奖励资金。

(8) 积极推进农业结构调整。按照高产、优质、高效、生态、安全的要求,调整优化农业结构。加快建设优势农产品产业带,积极发展特色农业、绿色食品和生态农

业,保护农产品知名品牌,培育壮大主导产业。继续实施种子工程。大力发展畜牧业,扩大畜禽良种补贴规模,推广健康养殖方式,安排专项投入支持标准化畜禽养殖小区建设试点。要加强动物疫病特别是禽流感等重大疫病防控的基础设施建设,完善突发疫情应急机制,加快推进兽医管理体制改革,稳定基层兽医队伍。积极发展水产业,扩大优质水产品养殖,发展远洋渔业,保护渔业资源,继续做好渔民转产转业工作。提高农产品国际竞争力,扩大园艺、畜牧、水产等优势农产品出口,加强农产品对外贸易磋商,提高我国农业应对国际贸易争端的能力。

(9)发展农业产业化经营。要着力培育一批竞争力、带动力强的龙头企业和企业集群示范基地,推广龙头企业、合作组织与农户有机结合的组织形式,让农民从产业化经营中得到更多的实惠。各级财政要增加扶持农业产业化发展资金,支持龙头企业发展,并可通过龙头企业资助农户参加农业保险。发展大宗农产品期货市场和"订单农业"。通过创新信贷担保手段和担保办法,切实解决龙头企业收购农产品资金不足的问题。开展农产品精深加工增值税改革试点。积极引导和支持农民发展各类专业合作经济组织,加快立法进程,加大扶持力度,建立有利于农民合作经济组织发展的信贷、财税和登记等制度。

(10)加快发展循环农业。要大力开发节约资源和保护环境的农业技术,重点推广废弃物综合利用技术、相关产业链接技术和可再生能源开发利用技术。制定相应的财税鼓励政策,组织实施生物质工程,推广秸秆气化、固化成型、发电、养畜等技术,开发生物质能源和生物基材料,培育生物质产业。积极发展节地、节水、节肥、节药、节种的节约型农业,鼓励生产和使用节电、节油农业机械和农产品加工设备,努力提高农业投入品的利用效率。加大力度防治农业面源污染。

三、促进农民持续增收,夯实社会主义新农村建设的经济基础

(11)拓宽农民增收渠道。要充分挖掘农业内部增收潜力,按照国内外市场需求,积极发展品质优良、特色明显、附加值高的优势农产品,推进"一村一品",实现增值增效。要加快转移农村劳动力,不断增加农民的务工收入。鼓励和支持符合产业政策的乡镇企业发展,特别是劳动密集型企业和服务业。着力发展县城和在建制的重点镇,从财政、金融、税收和公共品投入等方面为小城镇发展创造有利条件,外来人口较多的城镇要从实际出发,完善社会管理职能。要着眼兴县富民,着力培育产业支撑,大力发展民营经济,引导要素流动与企业集聚形成,改善金融服务,增强县级管理能力,发展壮大县域经济。

(12)保障务工农民的合法权益。进一步清理和取消各种针对务工农民流动和进城就业的歧视性规定和不合理限制。建立健全城乡就业公共服务网络,为外出务工农民免费提供法律政策咨询、就业信息、就业指导和职业介绍。严格执行最低工资制度,建立工资保障金等制度,切实解决务工农民工资偏低和拖欠问题。完善劳动合同制度,加强务工农民的职业安全卫生保护。逐步建立务工农民社会保障制度,依法

将务工农民全部纳入工伤保险范围,探索适合务工农民特点的大病医疗保障和养老保险办法。认真解决务工农民的子女上学问题。

(13) 稳定、完善、强化对农业和农民的直接补贴政策。要加强国家对农业和农民的支持保护体系。对农民实行的"三减免、三补贴"和退耕还林补贴等政策,深受欢迎,效果明显,要继续稳定、完善和强化。2006年,粮食主产区要将种粮直接补贴的资金规模提高到粮食风险基金的50%以上,其他地区也要根据实际情况加大对种粮农民的补贴力度。增加良种补贴和农机具购置补贴。适应农业生产和市场变化的需要,建立和完善对种粮农民的支持保护制度。

(14) 加强扶贫开发工作。要因地制宜地实行整村推进的扶贫开发方式,加大力度改善贫困地区的生产生活条件,抓好贫困地区劳动力的转移培训,扶持龙头企业带动贫困地区调整结构,拓宽贫困农户增收渠道。对缺乏生存条件地区的贫困人口实行易地扶贫。继续增加扶贫投入,完善管理机制,提高使用效益。继续动员中央和国家机关、沿海发达地区和社会各界参与扶贫开发事业。切实做好贫困缺粮地区的粮食供应工作。

四、加强农村基础设施建设,改善社会主义新农村建设的物质条件

(15) 大力加强农田水利、耕地质量和生态建设。在搞好重大水利工程建设的同时,不断加强农田水利建设。加快发展节水灌溉,继续把大型灌区续建配套和节水改造作为农业固定资产投资的重点。加大大型排涝泵站技术改造力度,配套建设田间工程。大力推广节水技术。实行中央和地方共同负责,逐步扩大中央和省级小型农田水利补助专项资金规模。切实抓好以小型灌区节水改造、雨水集蓄利用为重点的小型农田水利工程建设和管理。继续搞好病险水库除险加固,加强中小河流治理。要大力加强耕地质量建设,实施新一轮沃土工程,科学施用化肥,引导增施有机肥,全面提升地力。增加测土配方施肥补贴,继续实施保护性耕作示范工程和土壤有机质提升补贴试点。农业综合开发要重点支持粮食主产区改造中低产田和中型灌区节水改造。按照建设环境友好型社会的要求,继续推进生态建设,切实搞好退耕还林、天然林保护等重点生态工程,稳定完善政策,培育后续产业,巩固生态建设成果。继续推进退牧还草、山区综合开发。建立和完善生态补偿机制。做好重大病虫害防治工作,采取有效措施防止外来有害生物入侵。加强荒漠化治理,积极实施石漠化地区和东北黑土区等水土流失综合防治工程。建立和完善水电、采矿等企业的环境恢复治理责任机制,从水电、矿产等资源的开发收益中,安排一定的资金用于企业所在地环境的恢复治理,防止水土流失。

(16) 加快乡村基础设施建设。要着力加强农民最急需的生活基础设施建设。在巩固人畜饮水解困成果基础上,加快农村饮水安全工程建设,优先解决高氟、高砷、苦咸、污染水及血吸虫病区的饮水安全问题。有条件的地方,可发展集中式供水,提倡饮用水和其他生活用水分质供水。要加快农村能源建设步伐,在适宜地区积极推

广沼气、秸秆气化、小水电、太阳能、风力发电等清洁能源技术。从2006年起,大幅度增加农村沼气建设投资规模,有条件的地方,要加快普及户用沼气,支持养殖场建设大中型沼气。以沼气池建设带动农村改圈、改厕、改厨。尽快完成农村电网改造的续建配套工程。加强小水电开发规划和管理,扩大小水电代燃料试点规模。要进一步加强农村公路建设,到"十一五"期末基本实现全国所有乡镇通油(水泥)路,东、中部地区所有具备条件的建制村通油(水泥)路,西部地区基本实现具备条件的建制村通公路。要积极推进农业信息化建设,充分利用和整合涉农信息资源,强化面向农村的广播电视电信等信息服务,重点抓好"金农"工程和农业综合信息服务平台建设工程。引导农民自愿出资出劳,开展农村小型基础设施建设,有条件的地方可采取以奖代补、项目补助等办法给予支持。按照建管并重的原则,逐步把农村公路等公益性基础设施的管护纳入国家支持范围。

(17)加强村庄规划和人居环境治理。随着生活水平提高和全面建设小康社会的推进,农民迫切要求改善农村生活环境和村容村貌。各级政府要切实加强村庄规划工作,安排资金支持编制村庄规划和开展村庄治理试点;可从各地实际出发制定村庄建设和人居环境治理的指导性目录,重点解决农民在饮水、行路、用电和燃料等方面的困难,凡符合目录的项目,可给予资会、实物等方面的引导和扶持。加强宅基地规划和管理,大力节约村庄建设用地,向农民免费提供经济安全适用、节地节能节材的住宅设计图样。引导和帮助农民切实解决住宅与畜禽圈舍混杂问题,搞好农村污水、垃圾治理,改善农村环境卫生。注重村庄安全建设,防止山洪、泥石流等灾害对村庄的危害,加强农村消防工作。村庄治理要突出乡村特色、地方特色和民族特色,保护有历史文化价值的古村落和古民宅。要本着节约原则,充分立足现有基础进行房屋和设施改造,防止大拆大建,防止加重农民负担,扎实稳步地推进村庄治理。

五、加快发展农村社会事业,培养推进社会主义新农村建设的新型农民

(18)加快发展农村义务教育。着力普及和巩固农村九年制义务教育。2006年对西部地区农村义务教育阶段学生全部免除学杂费,对其中的贫困家庭学生免费提供课本和补助寄宿生生活费,2007年在全国农村普遍实行这一政策。继续实施国家西部地区"两基攻坚"工程和农村中小学现代远程教育工程。建立健全农村义务教育经费保障机制,进一步改善农村办学条件,逐步提高农村中小学公用经费的保障水平。加强农村教师队伍建设,加大城镇教师支援农村教育的力度,促进城乡义务教育均衡发展。加大力度监管和规范农村学校收费,进一步减轻农民的教育负担。

(19)大规模开展农村劳动力技能培训。提高农民整体素质,培养造就有文化、懂技术、会经营的新型农民,是建设社会主义新农村的迫切需要。继续支持新型农民科技培训,提高农民务农技能,促进科学种田。扩大农村劳动力转移培训阳光工程实施规模,提高补助标准,增强农民转产转岗就业的能力。加快建立政府扶助、面向市场、多元办学的培训机制。各级财政要将农村劳动力培训经费纳入预算,不断增加投

入。整合农村各种教育资源,发展农村职业教育和成人教育。

(20) 积极发展农村卫生事业。积极推进新型农村合作医疗制度试点工作,从2006年起,中央和地方财政较大幅度提高补助标准,到2008年在全国农村基本普及新型农村合作医疗制度。各级政府要不断增加投入,加强以乡镇卫生院为重点的农村卫生基础设施建设,健全农村三级医疗卫生服务和医疗救助体系。有条件的地方,可对乡村医生实行补助制度。建立与农民收入水平相适应的农村药品供应和监管体系,规范农村医疗服务。加大农村地方病、传染病和人畜共患疾病的防治力度。增加农村卫生人才培养的经费预算,组织城镇医疗机构和人员对口支持农村,鼓励各种社会力量参与发展农村卫生事业。加强农村计划生育服务设施建设,继续稳定农村低生育水平。

(21) 繁荣农村文化事业。各级财政要增加对农村文化发展的投入,加强县文化馆、图书馆和乡镇文化站、村文化室等公共文化设施建设,继续实施广播电视"村村通"和农村电影放映工程,发展文化信息资源共享工程农村基层服务点,构建农村公共文化服务体系。推动实施农民体育健身工程。积极开展多种形式的群众喜闻乐见、寓教于乐的文体活动,保护和发展有地方和民族特色的优秀传统文化,创新农村文化生活的载体和手段,引导文化工作者深入乡村,满足农民群众多层次、多方面的精神文化需求。扶持农村业余文化队伍,鼓励农民兴办文化产业。加强农村文化市场管理,抵制腐朽落后文化。

(22) 逐步建立农村社会保障制度。按照城乡统筹发展的要求,逐步加大公共财政对农村社会保障制度建设的投入。进一步完善农村"五保户"供养、特困户生活救助、灾民补助等社会救助体系。探索建立与农村经济发展水平相适应、与其他保障措施相配套的农村社会养老保险制度。落实军烈属优抚政策。积极扩大对农村部分计划生育家庭实行奖励扶助制度试点和西部地区计划生育"少生快富"扶贫工程实施范围。有条件的地方,要积极探索建立农村最低生活保障制度。

(23) 倡导健康文明新风尚。大力弘扬以爱国主义为核心的民族精神和以改革创新为核心的时代精神,激发农民群众发扬艰苦奋斗、自力更生的传统美德,为建设社会主义新农村提供强大的精神动力和思想保证。加强思想政治工作,深入开展农村形势和政策教育,认真实施公民道德建设工程,积极推动群众性精神文明创建活动,开展和谐家庭、和谐村组、和谐村镇创建活动。引导农民崇尚科学,抵制迷信,移风易俗,破除陋习,树立先进的思想观念和良好的道德风尚,提倡科学健康的生活方式,在农村形成文明向上的社会风貌。

六、全面深化农村改革,健全社会主义新农村建设的体制保障

(24) 进一步深化以农村税费改革为主要内容的农村综合改革。2006年,在全国范围取消农业税。通过试点、总结经验,积极稳妥地推进乡镇机构改革,切实转变乡镇政府职能,创新乡镇事业站所运行机制,精简机构和人员,5年内乡镇机构编制只

减不增。妥善安置分流人员,确保社会稳定。要按照强化公共镇事业站所运行机制,精简机构和人员,5年内乡镇机构编制只减不增。妥善安置分流人员,确保社会稳定。要按照强化公共服务、严格依法办事和提高行政效率的要求,认真解决机构臃肿的问题,切实加强政府社会管理和公共服务的职能。加快农村义务教育体制改革,建立和完善各级政府责任明确、财政分级投入、经费稳定增长、管理以县为主的农村义务教育管理体制,中央和省级政府要更多地承担发展农村义务教育的责任,深化农村学校人事和财务等制度改革。有条件的地方可加快推进"省直管县"财政管理体制和"乡财县管乡用"财政管理方式的改革。各地要对乡村债务进行清理核实,2006年选择部分县(市)开展化解乡村债务试点工作,妥善处理历年农业税尾欠,完善涉农税收优惠方式,确保农民直接受益。深化国有农场税费改革,将农业职工土地承包费中类似农村"乡镇五项统筹"的费用全部减除,农场由此减少的收入由中央和省级财政给予适当补助。国有农场要逐步剥离办社会的职能,转变经营机制,在现代农业建设中发挥示范作用。

（25）加快推进农村金融改革。巩固和发展农村信用社改革试点成果,进一步完善治理结构和运行机制。县域内各金融机构在保证资金安全的前提下,将一定比例的新增存款投放当地,支持农业和农村经济发展,有关部门要抓紧制定管理办法。扩大邮政储蓄资金的自主运用范围,引导邮政储蓄资金返还农村。调整农业发展银行职能定位,拓宽业务范围和资金来源。国家开发银行要支持农村基础设施建设和农业资源开发。继续发挥农业银行支持农业和农村经济发展的作用。在保证资本金充足、严格金融监管和建立合理有效的退出机制的前提下,鼓励在县域内设立多种所有制的社区金融机构,允许私有资本、外资等参股。大力培育由自然人、企业法人或社团法人发起的小额贷款组织,有关部门要抓紧制定管理办法。引导农户发展资金互助组织。规范民间借贷。稳步推进农业政策性保险试点工作,加快发展多种形式、多种渠道的农业保险。各地可通过建立担保基金或担保机构等办法,解决农户和农村中小企业贷款抵押担保难问题,有条件的地方政府可给予适当扶持。

（26）统筹推进农村其他改革。稳定和完善以家庭承包经营为基础、统分结合的双层经营体制,健全在依法、自愿、有偿基础上的土地承包经营权流转机制,有条件的地方可发展多种形式的适度规模经营。加快集体林权制度改革,促进林业健康发展。完善粮食流通体制,深化国有粮食企业改革,建立产销区稳定的购销关系,加强国家对粮食市场的宏观调控。加快征地制度改革步伐,按照缩小征地范围、完善补偿办法、拓展安置途径、规范征地程序的要求,进一步探索改革经验。完善对被征地农民的合理补偿机制,加强对被征地农民的就业培训,拓宽就业安置渠道,健全对被征地农民的社会保障。推进小型农田水利设施产权制度改革。

七、加强农村民主政治建设,完善建设社会主义新农村的乡村治理机制

（27）不断增强农村基层党组织的战斗力、凝聚力和创造力。充分发挥农村基层

党组织的领导核心作用,为建设社会主义新农村提供坚强的政治和组织保障。要以建设社会主义新农村为主题,在全国农村深入开展保持共产党员先进性教育活动,引导广大农村党员学习贯彻党章,坚定理想信念,坚持党的宗旨。要结合农村实际,有针对性地开展正面教育,解决党组织和党员队伍中存在的突出问题,解决影响改革发展稳定的主要问题,解决群众最关心的重点问题,力求取得实效。加强农村基层组织的阵地建设,继续搞好农村党员干部现代远程教育,加大政策理论、法律法规和实用技术培训力度,引导农村基层干部发扬求真务实、踏实苦干的工作作风,广泛联系群众,增强带领群众增收致富的能力。关心和爱护农村基层干部,继续开展农村党的建设"三级联创"活动,加强基层党风廉政建设,巩固党在农村的执政基础。充分发挥农村共青团和妇联组织的作用。

(28) 切实维护农民的民主权利。健全村党组织领导的充满活力的村民自治机制,进一步完善村务公开和民主议事制度,让农民群众真正享有知情权、参与权、管理权、监督权。完善村民"一事一议"制度,健全农民自主筹资筹劳的机制和办法,引导农民自主开展农村公益性设施建设。开展村务公开民主管理示范活动,推动农村基层志愿服务活动。加强农村法制建设,深入开展农村普法教育,增强农民的法制观念,提高农民依法行使权利和履行义务的自觉性。妥善处理农村各种社会矛盾,加强农村社会治安综合治理,打击"黄赌毒"等社会丑恶现象,建设平安乡村,创造农民安居乐业的社会环境。

(29) 培育农村新型社会化服务组织。在继续增强农村集体组织经济实力和服务功能、发挥国家基层经济技术服务部门作用的同时,要鼓励、引导和支持农村发展各种新型的社会化服务组织。推动农产品行业协会发展,引导农业生产者和农产品加工、出口企业加强行业自律,搞好信息服务,维护成员权益。鼓励发展农村法律、财务等中介组织,为农民发展生产经营和维护合法权益提供有效服务。

八、切实加强领导,动员全党全社会关心、支持和参与社会主义新农村建设

(30) 加强对社会主义新农村建设工作的领导。推进社会主义新农村建设事关我国农业和农村的长远发展,事关改革开放和现代化建设的大局,各级党委和政府要从战略和全局的高度出发,把建设社会主义新农村作为一件大事,真正列入议事日程,切实加强领导,明确工作重点,每年为农民办几件实事。各级党委和政府的工作部门都要明确自身在新农村建设中的职责和任务,特别是宏观管理、基础产业和公共服务部门,在制订发展规划、安排建设投资和事业经费时,要充分考虑统筹城乡发展的要求,更多地向农村倾斜。各地区各部门要建立推进新农村建设的工作协调机制,加强统一领导,明确职责分工,搞好配合协作。各级领导干部要深入农村调查研究,总结实践经验,加强指导服务,帮助基层解决新农村建设中遇到的各种矛盾和问题。

(31) 科学制定社会主义新农村建设规划。新农村建设涉及经济、政治、文化和社会各个方面,是一项十分复杂的系统工程,必须切实加强规划工作。各地要按照统

筹城乡经济社会发展的要求,把新农村建设纳入当地经济和社会发展的总体规划。要明确推进新农村建设的思路、目标和工作措施,统筹安排各项建设任务。做好第二次全国农业普查工作,为制订规划提供科学依据。要充分考虑农民的切身利益和发展要求,在促进农村经济发展的基础上,区分轻重缓急,突出建设重点,加强饮水安全、农田水利、乡村道路、农村能源等基础设施建设,加快教育、卫生等公共事业发展。要尊重自然规律、经济规律和社会发展规律,广泛听取基层和农民群众的意见和建议,提高规划的科学性、民主性、可行性,确保新农村建设扎实稳步推进。

(32)动员全社会力量关心、支持和参与社会主义新农村建设。建设社会主义新农村是全社会的事业,需要动员各方面力量广泛参与。各行各业都要关心支持新农村建设,为新农村建设作出贡献。充分发挥城市带动农村发展的作用,加大城市经济对农村的辐射,加大城市人才、智力资源对农村的支持,加大城市科技、教育、医疗等方面对农民的服务。要形成全社会参与新农村建设的激励机制,鼓励各种社会力量投身社会主义新农村建设,引导党政机关、人民团体、企事业单位和社会知名人士、志愿者对乡村进行结对帮扶,加强舆论宣传,努力营造全社会关心、支持、参与建设社会主义新农村的浓厚氛围。

做好2006年和"十一五"时期的农业和农村工作,任务艰巨,意义重大。我们要紧密团结在以胡锦涛同志为总书记的党中央周围,高举邓小平理论和"三个代表"重要思想伟大旗帜,全面贯彻落实科学发展观,解放思想,振奋精神,开拓进取,扎实工作,为建设社会主义新农村而努力奋斗。

附录三 各章教学参考资料

第三章教学参考资料一

扶持结对促发展 建设和谐新农村
——记浦江镇汇中、汇南村联合党支部

浦江镇汇中、汇南村地处上海市闵行区最东南,是一眼望三区的地方,和南汇、奉贤接壤,属于基本农田保护区。区域面积4.2平方千米,人口3 800多人,长期以来村民主要以农田耕作及外出务工为主要收入,村集体经济收入也不足100万元,是两个经济薄弱村。

作为农村一级基层党组织,如何促使地方集体经济发展,促进村民就业和增加农民收入,始终困扰着村党支部。从上世纪90年代开始,相继有闵行区劳动局、闵行区房管局等5家单位进行结对帮扶。但当时的指导思想是救济贫困村,维持村的最低开支,没有造血和发展后续经济的打算。直到2000年,村集体收入还不足30万元,仍是一个贫困村。

近几年来,区委、区政府在经济发展的同时,把破解城乡二元结构、统筹城乡发展和"三农"问题提到了一定高度,多次到两个村进行调研和听取百姓心声。陈靖区长于2007年年末,在百忙之中带领区相关职能部门主要领导亲临汇中、汇南村调研,这充分体现出区委、区政府领导的支持和关怀。作为浦江镇汇中、汇南村联合党支部,有三点突出感受:

(1) 深切感受到闵行区在经济快速发展的同时,始终关注基本农田保护区和经济薄弱地区百姓的利益,实行了村宅改造、路灯工程、桥梁翻建、公交村村通,特别是增加农民保障和大幅提高退休农民的待遇,同时实行大病救助等,充分体现出闵行区在经济发展的同时,让边远地区的农民实实在在地享受到经济发展的成果。2007年

开始,在区委、区政府领导的关心下,两个村得到七宝九星村、闵行区莘庄工业园区"老大哥"单位的结对扶持,他们不但从经济上大力支持(九星村支持250万元,闵行区莘庄工业园区支持200万元),同时也进行了特困家庭的走访和慰问,而且多次亲临两村实地考察指导,帮助村民树立发展经济的信心。

(2)深切感受到通过近年来的扶持结对,学习和互动已经结出成果,村党支部学习到扶持单位经济发展的先进理念,对事业一丝不苟的追求,全心全意为民服务的宗旨,也激发起每一位党员的思考和探索。村党支部把扶持的资金分为两类:410万元作为长期发展再生产的资金,使村级经济有了一个明显的增长点,为今后的经济发展打下了良好的基础;其余40万元用于改善老年人活动场所,整治村级道路,种植道路绿化,使汇中、汇南村的老年人活动场所和村容村貌得到了大大的改观。

(3)深切感受到要牢固树立大局观,虽然汇中、汇南两村位于基本农田保护区,但是一定要按照闵行区的区域规划,把基本农田保护区的土地依法、有序地集中起来,开展土地集约化经营,使其做到提高粮食单产,促进农民就业,增加农民收入。一定要把农田保护区的土地有序地管理好。

在新农村建设的进程中,汇中、汇南村民一定会用感恩的心,一定要为实现"生产发展、生活富裕、乡风文明、村容整洁、管理民主"的目标,扎扎实实地做好社会各项工作,来回报区委、区政府、七宝镇九星村、闵行区莘庄工业园区领导的关心和厚爱!

第三章教学参考资料二

新《党章》第五章 党的基层组织

第二十九条 企业、农村、机关、学校、科研院所、街道社区、社会组织、人民解放军连队和其他基层单位,凡是有正式党员三人以上的,都应当成立党的基层组织。

党的基层组织,根据工作需要和党员人数,经上级党组织批准,分别设立党的基层委员会、总支部委员会、支部委员会。基层委员会由党员大会或代表大会选举产生,总支部委员会和支部委员会由党员大会选举产生,提出委员候选人要广泛征求党员和群众的意见。

第三十条 党的基层委员会每届任期三年至五年;总支部委员会、支部委员会每届任期两年或三年。基层委员会、总支部委员会、支部委员会的书记、副书记选举产生后，应报上级党组织批准。

第三十一条 党的基层组织是党在社会基层组织中的战斗堡垒，是党的全部工作和战斗力的基础。它的基本任务是：

（一）宣传和执行党的路线、方针、政策，宣传和执行党中央、上级组织和本组织的决议，充分发挥党员的先锋模范作用，团结、组织党内外的干部和群众，努力完成本单位所担负的任务。

（二）组织党员认真学习马克思列宁主义、毛泽东思想、邓小平理论和"三个代表"重要思想，学习科学发展观，学习党的路线、方针、政策和决议，学习党的基本知识，学习科学、文化、法律和业务知识。

（三）对党员进行教育、管理、监督和服务，提高党员素质，增强党性，严格党的组织生活，开展批评和自我批评，维护和执行党的纪律，监督党员切实履行义务，保障党员的权利不受侵犯，加强和改进流动党员管理。

（四）密切联系群众，经常了解群众对党员、党的工作的批评的意见，维护群众的正当权利和利益，做好群众的思想政治工作。

（五）充分发挥党员和群众的积极性创造性，发现、培养和推荐他们中间的优秀人才，鼓励和支持他们在改革开放和社会主义现代化建设中贡献自己的聪明才智。

（六）对要求入党的积极分子进行教育和培养，做好经常性的发展党员工作，重视在生产、工作第一线和青年中发展党员。

（七）监督党员干部和其他任何工作人员严格遵守国法政纪，严格遵守国家的财政经济法规和人事制度，不得侵占国家、集体和群众的利益。

（八）教育党员和群众自觉抵制不良倾向，坚决同各种违法犯罪行为作斗争。

第三十二条 街道、乡、镇党的基层委员会和村、社区党组织，领导本地区的工作，支持和保证行政组织、经济组织和群众自治组织充分行使职权。

国有企业和集体企业中党的基层组织，发挥政治核心作用，围绕企业生产经营开展工作。保证监督国家的方针、政策在本企业的贯彻执行；支持股东会、董事会、监事会和经理（厂长）依法行使职权；全心全意依靠职工群众，支持职工代表大会开展工作；参与企业重大问题的决策；加强党组织的自身建设，领导思想政治工作、精神文明建设和工会、共青团等群众组织。

非公有制经济组织中党的基层组织，贯彻党的方针政策，引导和监督企业遵守国家的法律法规，领导工会、共青团等群众组织，团结凝聚职工群众，维护各方的合法权益，促进企业健康发展。

实行行政领导人负责制的事业单位中党的基层组织，发挥政治核心作用。实行党委领导下的行政领导人负责制的事业单位中党的基层组织，对重大问题进行讨论和作出决定，同时保证行政领导人充分行使自己的职权。

各级党和国家机关中党的基层组织，协助行政负责人完成任务改进工作，对包括行政负责人在内的每个党员进行监督，不领导本单位的业务工作。

第四章教学参考资料

上海的得名

今上海地区,吴淞江以南于公元751年(唐天宝十载)析嘉兴东境、海盐北境、昆山南境之地置华亭县。1277年(元至元十四年)升华亭县为华亭府,第二年改为松江府。至清代松江府辖有华亭、娄、上海、青浦、金山、奉贤、南汇7个县和川沙抚民厅。吴淞江以北于1218年1月7日(南宋嘉定十年十二月初九)设嘉定县,后又出宝山县。长江口的沙洲于907年左右(五代初)置崇明镇,1277年升为崇明州,1369年(明洪武二年)改为崇明县。上海市区原是吴淞江下游的一个渔村,至唐宋逐渐成为繁荣的港口,1265—1274年(南宋咸淳年间)建上海镇,镇因黄浦江西的上海浦得名。1291年(元至元二十八年)经元朝廷批准,1292年正式分设上海县,辖华亭县东北、黄浦江东西两岸的高昌、长人、北亭、海隅、新江等5个乡,为松江府属县。1927年设为上海特别市,1930年5月改称为上海市。1949年5月27日,上海解放,全市划片黄浦、老闸、新成、静安、江宁、普陀、邑庙、蓬莱等20个市区和新市、江湾、吴淞、大场等10个郊区。1980年10月,设立吴淞区。1981年2月设立闵行区。1988年1月,撤销宝山县和吴淞区设立宝山区。1992年9月,撤销上海县和原闵行区,设立闵行区。1992年9月,以川沙县全境、原上海县三林乡、黄浦、南市、杨浦区的浦东部分,设立浦东新区。1992年10月撤销嘉定县,设立嘉定区。1997年4月撤销松江县,设立松江区。1999年9月撤销青浦县,设立青浦区。2000年6月,经国务院批准,黄浦区和南市区撤二建一,设立新的黄浦区。2001年8月24日,撤销南汇县,设立南汇区;撤销奉贤县,设立奉贤区。2005年5月18日,经国务院批准,原宝山区管辖的长兴乡、横沙乡划归崇明县管理。

至2007年底,上海市辖有18个区,1个县,101个街道、107个镇,3 525个居委会,1 830个村委会。

2007年底,上海市户籍人口为1 378.86万,其中男性691.08万人,女性为687.78万人,男女之比1∶0.995。非农人口1 196.94万人,点总人口的86.8%。上海常住户口1 858.08万人,其中外来人口499.2 2万人。户籍数为503.39万户,全市平均每户人口2.7人,户籍人口出生数为10.08万人,出生率为7.34‰,死亡人数为10.22万人,死亡率7.44‰,人口自然增长率-0.10‰。全市户籍人口密度每平方千米2 175人,常住人口密度每平方千米2 930人,平均期望寿命81.08岁,其中男性78.87岁,女性83.29岁。

摘自上海年鉴(2008)

第五章教学参考资料

上海市闵行区推行村务管理四本台账建设工作

为加强农村基层的村务管理和村务公开,从源头上推进党风廉政建设,2008年4月,在总结浦江镇四本台账工作经验的基础上,上海市闵行区全区所有村推行了以信息化管理为载体,以集体资产台账、土地管理台账、社会事业台账和综合治理台账为内容的村务管理四本台账建设。目前,全区共有144个村推行了四本台账建设工作。

一、推行四本台账的主要做法

1. 统一思想,加强台账建设的领导

四本台账包括了村务管理的所有事项,是一项需要多个部门共同参与、相互配合的系统工程,为此,我们把统一思想贯穿在工作的全过程。区委、区政府领导亲自参加、全力推进四本台账建设各阶段工作,对四本台账工作进行动员和部署:4月16日,在浦江镇召开了四本台账现场会;7月1日,到华漕镇开展调研;9月11日,在虹桥镇召开四本台账推进会;10月8日,召开"四本台账80天行动计划"专题会;11月21日,在颛桥镇召开四本台账座谈会,对清账、建账阶段工作进行小结,对亮账、管账阶段工作进行部署。由于区委、区政府领导的高度重视和有力推进,区各相关职能部门和各镇提高了四本台账重要性的认识。为了保证此项工作的顺利推进,闵行区建立了区委、区政府统一领导,区纪委、监察委组织协调,区职能部门依照各自职责牵头指导推进,各镇政府抓好落实,村民代表参与监督检查的工作格局。区各牵头部门主要领导亲自挂帅,分管领导和科室同志集中精力落实好各项工作;各镇党委政府成立了四本台账领导小组和工作班子,镇长作为第一责任人,镇职能部门为台账责任主体,分别对业务上相对应的台账做好指导管理工作;各村都组建了工作小组,各本台账都明确了专管人员,负责信息采集、核对,并落实了信息输入工作人员,有的村还专门成立了台账工作监督小组。

2. 充分调研,科学确定公共需求

台账内容的确定是整个台账工作的基础。各相关职能部门为了保证台账的内容既能体现上级的最新要求,又新结合闵行区基层的工作实际,认真开展调研,对各自负责台账的内容设置,通过召开座谈会、到镇村听取意见等方式,充分酝酿,反复论证。区民政局作为社会事业台账的牵头部门,主动协调科委、人口计生委、劳动和社

会保障局、爱卫办,共同研究,科学合理确定台账内容。

经过各方面研究,确定了四本台账的主要内容:集体资产台账由资产负债日常管理系统、财务报表分析系统、资产处置业务审核审批系统、预警系统等四大模块组成,包含债权债务监管、土地类资产监管、房屋及构筑物类资产监管、设备类资产监管、对外投资监管、其他长期资产监管、电子地图查询、大额资金支出预警、资产变动未经审核审批预警、到期应收租赁款预警等20项内容。土地管理台账由宅基地信息、土地资源信息模块组成,包含宅基地基础信息表、建设用地表、建设用地占地情况表、建设用地产业情况统计表等4大类108项内容。社会事业台账主要包括民政救助、计划生育、卫生管理、科技科普、劳动保障等46项内容。综合治理台账主要是社会治安综合治理基本情况,包括群防群治队伍状况、治安巡逻、安全检查、矛盾纠风排摸、宣传教育、平安创建、来沪人员管理等15项内容。

3. 完善手段,开发信息化管理系统

借助信息化手段来监督管理农村集体资金资产资源和社会事业,提高村务管理和村务公开的水平,是四本台账建设工作的重要任务。区纪委、监察委会同区信息委和职能部门,与软件公司多次协商,确定公共需求分析,并兼顾各镇特色需求,研究开发了四本台账软件系统,实现区镇村三级动态监管体系。在软件开发完成后,及时在试点镇组织安装、培训并试运行,测试软件系统功能,及时解决出现的问题,在此基础上,在全区所有镇进行安装和培训,保证工作的稳步推进。在四本台账数据输入信息系统后,区纪委、监察委又会同区信息委和职能部门,共同研究台账公开的内容,并积极协调软件公司,开发完成四本台账区级平台软件和台账公开软件。区级平台软件的开发,实现了区镇两级领导对本区(镇)台账的动态监管;台账公开软件的开发,实现了村民对本村四本台账公共信息的查询功能。

4. 广泛宣传,确保思想认识到位

全区各镇以不同形式广泛宣传四本台账工作,比如:有的村召开村民代表大会、村老党员、老干部和老同志座谈会或在不同层次、不同类型的会议上,宣传四本台账实施的意义和工作进度;有的村利用横幅、黑板报、村务公开栏和发放告知单等形式书面宣传四本台账的内容;有的村利用社区学校、老年学校等村民常去的场所进行宣传;有的村向全体村民发手机短信,宣传四本台账的意义、内容等。通过多种形式的宣传,村民对四本台账有了更深层次的认识,有助于村民更加详细地了解村务工作,积极融入监督行列。

5. 严格审核,保证数据真实准确

台账数据真实准确是整个清账和建账工作的核心。我们按照区领导"真做"的工作要求,始终关注信息数据的真实准确和工作的真抓实干。区镇村三级通过制度设计、人员培训、反复核查等方法,加大台账信息采集、审核、输入过程的监控,主要从三个方面入手确保数据真实准确:一是区、镇两级密切配合,二是各村工作人员认真负责,三是村民代表参与监督。

6. 加强督查,促进按时优质建账

为确保四本台账按时优质建成,建立了台账工作督查机制。区纪委、监察委把四本台账工作放在重中之重的位置,每个室对应联系一个镇,经常深入镇村指导检查工作,还作为每个月机关办公会的重点内容进行讲评。区相关职能部门和各镇台账工作领导小组经常深入各村进行检查指导,及时将发现的问题反馈到各村,各村能立即着手整改发现的问题,使问题得到改正。各村也多次组织条线人员自查与村组织复查的形式,发现疑点通过询问当事人、翻阅历史资料与上级部门相对照等方式给予认定,基本保证了数据的真实、全面。

7. 建立制度,注重台账长效管理

区四本台账牵头部门认真研究,分别制订了各自台账的管理制度,从面上指导全区各镇台账的长效管理,提出了统一的规范要求。各镇、各村都因地制宜地制定了本镇(村)四本台账管理办法和台账公开目录,明确台账工作小组成员的职责、权限、工作流程等。各村按照"一间查询室、一台专用电脑、一个专职管理员、一台触摸屏电脑、一套台账管理制度"的"五个一"要求,设立了台账查询室、配备好电脑触摸屏、明确专人管理,并制订好管理制度和查询制度。比如:虹桥镇查询服务制度上墙,专人负责信息查询,充分考虑便民原则,所有村触摸屏电脑到位。

二、推行四本台账的初步成效

在区委、区政府的有力领导下,从4月16日在浦江镇召开"闵行区村务管理四本台账现场会"至今,经过区各职能部门和各镇镇、村两级干部六个多月的辛勤劳动,四本台账工作取得了初步的成效。全区2008年推行四本台账的88个村,集体资产台账全部达到优秀,土地管理台账、社会事业台账和综合治理台账全部实现100%的村建成,50%以上的村做好。

1. 进一步促进了农村基层管理规范化

通过四本台账建设,在全区各镇、村建立起完善、全面、真实的基础数据,实现区、镇、村三级联网、实时监控,实现对村级事务的科学、民主决策,促进村级财务管理规范化建设,进一步推进阳光村务公开,保证各级组织和群众对镇、村级集体经济的监督,保障村民的合法利益不受损害。各镇村都反映,通过对集体资产的彻底清理、对宅基地、建设用地及地上产业情况的梳理工作,为今后的宅基地动迁、撤村撤队工作提供了珍贵的参考资料,便于今后对村级资产和土地的动态管理。如梅陇镇、吴泾镇通过对所有出租土地、房产彻底丈量,测量出土地比租赁协议多了337亩,并按照实际用地面积调整了租赁合同,保障了集体利益。

2. 进一步推动了农村基层民主政治建设

四本台账作为我区推进村务公开和民主管理制度的创新之举,涵盖了农村经济建设、社会建设、社会稳定等群众最关心、最直接、最现实的利益问题，通过村民参与自治管理，全面了解村级事务，增强村民对党支部和村委会的信任度，保障村民的民主政治权益，进一步推动农村基层民主政治建设。如七宝镇以四本台账为契机，广泛宣传，通过黑板报、村民代表大会、发放告村民书等方法，让村民彻底了解本村家底，全面参与村重大事项的决策，共同探讨村级资产保值增值的对策，保证了村民的知情权、决策权、参与权和监督权。

3. 进一步深化农村基层党风廉政建设

四本台账建设是贯彻落实党的十七届三中全会精神，加强农村基层党风廉政建设的有力抓手，是创新农村基层党风廉政建设权力运行监控机制的有效举措。通过推行四本台账工作，统一了闵行区镇、村干部的思想认识，积极探索了完善镇村级党风廉政建设的制度，强化了对村级党风廉政建设的监督检查，做到了从源头上预防村干部腐败现象的发生，密切党群干群关系，从而为巩固党在农村基层的执政地位打下了良好基础。

第六章教学参考资料一

上海闵行虹桥镇虹五村撤村集体资产处置、完善股份合作制试点工作

虹五村原有 11 个生产队，1 250 户，劳动力 1 400 多人，农业人口 2 600 人。生产队建制已于 1993 年 9 月开始到 1999 年相继撤销。建有虹欣实业公司，于 1993 年 9 月改制为股份合作制企业。改制后的七年，虹欣实业公司由创业起步走上持续、稳定、快速发展时期，先后创办中外合作企业 20 多家。2000 年社会总产值 5.1 亿元，比 1994 年的 1.2 亿元增加 4.25 倍，每年平均增长 60.1%。净利润 689.8 万元，比 1994 年的 329 万元增加了 2 倍多，平均每年增长 30%。可处置资产 4 102.6 万元，比 1994 年的 1 000 万元增加 4.1 倍，平均每年增长 58.6%。职工分配由 1994 年的人均年收入 0.8 万元，提高到 1.4 万元，增加了 57.1%。红利分配累计 1 258.9 万元。经济的发展，是奠定公司产权体制改革继续深化的基础。经镇党委、政府研究确定虹五村为撤村集体资产处置(以下简称资产处置)、完善股份合作制的试点单位。镇撤村集体资产处置工作领导小组在镇党委、政府领导下，经过依法撤村，资产评估、界定，资产处置，完善股份合作制等程序，完成撤村集体资产处置、完善股份合作制工作。

一、基本做法

1. 准备阶段

2000年1月10日～5月24日,为虹五村撤村资产处置、完善股份合作制的准备阶段。1月10日,召开虹欣实业公司董事会扩大会议,学习沪府发(96)34号、(98)55号和闵府发(99)1号文件的政策规定,分析全村实际情况。虹五村11个生产队建制都已撤销;农村人口户口全部农转非;集体资产较多;经济效益稳定;改制7年来红利分配较高,股份合作制度比较巩固等。已具备撤村条件。明确村建制撤销后,资产处置和深化产权体制改革、完善股份合作制相结合,以股权形式处置集体资产,并设20%的现金配股用于还贷,清退社会股和再投资。继续发展经济,让股东多分红利。建立虹五村撤村资产处置、完善股份合作制的工作组,由9人组成。周金余董事长任组长,陈关林任副组长,并抽调原各生产队最后一任队长、指导员、会计等共34人组成11个工作小组,负责面上的具体工作。召开退休干部、退休党员,在职干部、职工、村民座谈会,103人次出席。座谈会解释有关文件精神,分析全村情况,强调以股权形式处置集体资产的意义和好处,与会者进行讨论,提出了意见和建议,有人提出资产处置要现金不要股权。

2. 依法撤销村民委员会

2000年5月26日,虹桥镇人民政府发出依法撤销虹五村村民委员会的书面建议。虹五村村民委员会扩大会议讨论撤村建议,认为虹五村村民委员会早已于1999年就成为与居民委员会共存、职责不明、政企不分、自治职能混乱、没有村民的"空壳村"村民委员会。撤村建议法律依据充足,理由充分。5月27日,召开村民组长会议统一认识,部署撤村工作,要求积极宣传,一户不漏地送发村民户代表会议通知。6月3日上午、下午和4日上午,分3次召开村民户代表会议。应出席村民户代表会议代表261人,实到193人,出席率73.9%。在听取撤村的法律依据和政策解释后,户代表认为撤村确实有利于社区自治管理,有利于精神文明建设,有利于公司集中精力发展经济,以185票通过撤村决议。6月5日,村撤村工作组将撤村决议上报镇政府,镇政府以闵虹府(2000)28号文件(附虹五村辖区地形图)函告闵行区民政局。7月7日闵行区以(2000)22号文件批复,同意撤销虹五村村民委员会建制。镇政府以闵虹府干(2000)7号文件通知本镇各村、公司、各企事业单位、各有关部门,虹五村村民委员会,经区府批准已依法撤销虹五村,虹五村民委员会其有关领导人员职务自然免除。至此,虹五村建制撤销。

3. 集体资产的评估和界定

村的建制撤销后,7月11日虹欣实业公司凭区政府撤村批文向虹桥镇集体资产管理办公室申请公司集体资产评估立项。于7月17日批准立项,凭立项批准书邀请具有资产评估资格的上海新闵资产评估事务所进行评估。资产评估工作组从公司实际出发,以账面为主,经全面登记、实地查看核实,资产价值略有升降为评估原则。同时,清理公司的债权、债务,界定产权归属。历时3个多月完成资产评估任务。以(2000)168号文件发出资产评估结果报告,公司总资产为9 778.358 9万元,负债3 944.669 9万元,净资产5 833.688 9万元。

根据闵府发(1999)1号文件第14条、第15条规定,公司改制时股东投入的1 094.2万元现金,应界定为股东个人资产。镇政府下拨的256万元劳动力安置费和1995—1999年的380.668 9万元税收返还款,都界定为非公司集体资产,以上两笔合计636.668 9万元,由公司管理使用,不参加分红。撤村可处置净资产为4 102.62万元。评估结果报经虹桥镇撤村集体资产处置工作领导小组审核,交公司股东代表大会批准后进行处置。

4. 集体资产的处置

遵循公开、公平、公正的原则处置公司净资产。根据闵虹委(2000)第17号文件第22条规定,对1996年9月1日前撤队的9个生产队所有参加过农村集体经济组织的人员计农龄共计42 412.5年农龄,先按每年农龄200元股权处置到股东,计848.25万元。在可处置的4 102.62万元净资产中扣除先行处置的848.25万元以后,公司尚有净资产3 254.37万元,再按全村11个生产队撤队时5 423 965年农龄统一处置,结果为

老政策撤队的9个队:800元/年×42 412.5年＝3 393万元,

新政策撤队的2个队:600元/年×11 827年＝709.62万元,

合计:5 423 965年,共4 102.62万元。

通过资产处置,有效解决新老政策引出的利益差距矛盾,做到大家满意。进行股权登记,划出、划进、出让、受让和股权确认落实到股东的工作量非常庞大,11个工作小组的34人加上公司办公室人员共40多人共同努力,到每家每户反复征询、协调,完成股权登记确认、进行汇总等工作程序。填写各类表格3 000多张,用掉的纸张费用达6 000多元,用了两个多月时间,划出股权462.82万元,划入股权462.82万元。根据股东的不同要求,把2 081.96万元资产处置股权落实到825个股东名下,与771个股东签订了2 020.66万元股权的出让合同,有143个股东投入625.47万元受让资产处置股权。至2000年12月25日全面完成资产处置和股权的落实工作。

5. 完善股份合作制

公司净资产处置后,依法改制为产权清晰的股份合作制企业,继续发展经济。公司注册资金由1 500万元增至4 102.62万元,总股金达4 628.22万元(其中有责任风险股股金525.6万元),每股为100元,计462 822股。其中4 102.62万元资产处置股权,享有所有权、收益权、继承权,都不得退股,可依法在股东中转让,转让时应签订协议,进行监证,并报公司办理股权过户手续。

为虹欣实业公司在职人员特设责任风险股,鼓励在职人员尽心尽职、勤奋工作,为公司发展经济多作贡献、多创效益、多得红利。责任风险股分为5个档次,职工200股,条线干部、外企中方副总经理400股,公司董事600股,副董事长、副总经理800

股,董事长1 000股。责任风险股金额计527.6万元,全部到位。职工退休、干部退职时,按章程规定档次退还责任风险股应退的全部金额。

公司新进的劳动力(股东)和新上任的干部,按档次投足责任风险股金额。责任风险股不享受扩、送股。

虹欣实业公司1993年改制时股东投入的1 094.2万元现金,按原章程规定一律不得退股,其中清退社会股(131人)138.6万元,抵交责任风险股479万元,其余476.6万元受让资产处置股。对无股东家属归户的65名插队知青的48.38万元资产处置股金都以现金兑现,不留股权。死亡者的资产处置股权由子女、家属协商落实到股东。出嫁入赘本村别队人员的资产处置股权用划出、划进的办法落实到股东。出嫁入赘到外村人员的资产处置股权采用出让或亲属代管的办法落实到股东,体现股权的合理性、保障性和连续性。改革红利分配机制,公司税后净利润中提留10%法定公积金,10%法定公益金,再提留一般不少于10%的任意公积金,剩余的净利按股本金进行红利分配。

二、资产处置、完善股份合作制后的变化

虹欣实业公司的名称和股份合作制企业的性质没有变化。

1. 公司产权清晰,股权结构发生根本变化

虹欣实业公司1993年改制时的总资产1 500万元,经评估的集体资产1 000万元,占67%,股东投入的股金500万元占股金的33%,大多数股东从来不把67%的集体股当作自己的资产,认为公司盈利股东分小头,公司得大头,亏损对己无所谓,以集体股为主体的股权结构活力不足,动力不大,压力不够。这次评估出来的4 102.62万元资产处置股权全部归属825个股东,集体已无分文股权,公司的资产全部是股东的。股东在公司的资产,写在股权证上,记在心里,可以随口说出在公司里有多少股权。这样就密切了股东和公司的利害关系,必将使股东认真履行自己对公司的权利和义务,经营者从使用集体资产为主转化为全部使用股东的资本搞经营,持大股的经营者和股东同命运,共呼吸,必将努力、有效地创造更多的利润。股东代表大会将进一步发挥最高权力机构的作用。

2. 股东结构发生了很大变化

虹五村撤队时1 250户农民,在本次撤村资产处置中都成为股东。获得的股权可以选择全部和部分股权兑现或投入现金受让股权,也可以部分和全部股权出让获得现金。经过反复征询和股东的慎重考虑,479名股东选择全部股权兑现,其中143名股东投入625.47万元受让股权,346名股东选择部分股权兑现、部分出让股权获得现金,424名股东选择全部出让股权获得现金。股东减少424人,平均每个股东持股量由3.7万元增至5.6万元。通过自愿选择,做到去则满意,留则高兴。

3. 经营者持大股,大股东当代表

在虹欣实业公司里经营者持大股,大股东当股东代表,股东认为理所当然。新当

选的公司第三届董事会7名董事持股总量388万元,人均55万元,是股东人均持股量的11.8倍。新当选的第三届股东代表大会的47名股东代表持股总量828万元,人均持股176 617万元,比股东人均持股量高3.5倍。

4. 实现政企分开

虹五村村民委员会依法撤销后,原虹五村辖区的环境卫生,社会治安,水、电、煤故障和邻里纠纷处理,开具各种证明等行政事务,由新的居民委员会分辖接管。虹欣实业公司不再受理。

三、搞好资产处置,完善股份合作制过程中的几个重要环节

1. 领导重视是搞好资产处置,完善股份合作制的关键

撤村资产处置、完善股份合作制的工作,被视作城市化过程中产生的新情况、新问题、新矛盾,是事关公司经济兴衰存亡,职工收入及股东红利提高还是下降,地区稳定还是动荡的大事。镇党委、政府组织人员赴深圳、浦东新区、徐汇区华泾镇等考察学习,到虹五村和虹二村召开11次各种类型座谈会,宣传撤村的必要性和市、区政府有关政策,听取对撤村资产处置、完善股份合作制的各种意见。制定《虹桥镇撤制村集体资产处置、完善股份合作制的意见》。内容有总则,撤制村资产处置领导机构和工作班子,清产核资、产权界定,资产处置,完善股份合作制,操作程序,附则等7个方面,共36条。经3次讨论、8次修改后,以镇党委、政府联合发出(2000)17号文件。建立了以党委书记为组长,镇长为副组长,各有关部门领导共14人组成的虹桥镇撤制村资产处置工作领导小组,下设办公室。镇政府还以闵虹委(2000)18号文件将领导小组和办公室组成人员名单通知本镇各单位。试点工作得到市、区有关领导和部门的支持,在市人大召开的解决"空壳村"座谈会上,市人大常委会副主任漆世贵要求闵行区认真搞好试点、总结经验。市农委有关负责人到村指导。闵行区委、区政府领导、区民政局、政研室、国资办等有关部门负责人,多次到镇指导。

2. 加强宣传发动,做到家喻户晓

根据虹五村股东居住分散、又无固定会议场所等情况,按照闵虹委(2000)17号文件精神,编写上海虹欣实业股份合作公司《关于撤村集体资产处置,完善股份合作制的宣传提纲》。内容有撤村资产处置,完善股份合作制,本公司目前的基本情况及资产处置后新股份合作制红利分配预测,关于股权转让,共同努力把事办好等5方面,共20条。将上级政府的文件精神和政策、规定具体化。经过7次修改,由股东代表大会审核通过后,印制1 400多份发到每户股东,要求收到宣传提纲的股东都要在签收单上签上姓名和收到日期,签收单装订成册,作为档案永久保留。由于股东掌握宣传提纲的精神实质,在资产处置过程中股东只有询问情况,没有激烈争执。

3. 依法办事,按程序操作

严格按照《中华人民共和国村民委员会组织法》的规定撤销村民委员会。资产的评估、界定,按市、区政府文件规定政策程序操作。在资产处置、完善股份合作制操作过程中的股权登记、划出、划进、出让、受让,现金股的分割转股,股权确认等,股东都要签名盖章,不得反悔免留后患。公司和出让股权的股东按照《中华人民共和国合同法》签订分四年均等归还股权出让金的合同。在资产评估、界定的基础上,于2000年10月29日召开上海虹欣实业公司第二届第五次股东代表大会,着重讨论审定公司资产评估、界定方案和资产处置方案,完善股份合作制方案,确定《关于撤村集体资产处置,完善股份合作制的宣传提纲》,初步修改公司章程。作出增补12名股东代表,董事会工作报告,股权转让,资产评估、界定确认,为公司在职人员特设责任风险股等5个决议。强化以上方案内容的政策性、合法性、权威性。

4. 实事求是,从实际出发顺利完成资产处置

为了发展公司的经济,根据上级文件撤村资产处置、以股权形式兑现的规定,决定将虹五村的资产处置都以股权形式兑现,股东可以投入资产处置股权的20%现金配股。配股计划金额为819.82万元,用于还贷、投资、清退社会股。计划尚未出台,就有几十名股东上访镇政府,要求资产处置以现金兑现,不愿投入20%的配股现金。为此,董事会多次研究,提议股东代表大会作出决议。在坚持股权形式兑现的原则下,股东的资产处置采取股权可以出让获得现金,也可以投入现金、受让股权的灵活做法,取消了20%现金配股的设想。经股东代表大会确认后,报请镇政府同意,写进宣传提纲,得到股东支持。公司将股权出让金分四年归还出让者,出让的股权以每年的红利形式分给股东,既满足部分股东股权兑现,以使股权向另一部分股东手里集中,同时保全公司的净资产。

5. 撤村要有成熟的条件

撤村资产处置是有条件的,应具备生产队建制全部撤销,完成农业人口户口的"农转非",公司有稳定的资产,有一定的净利润等条件。

6. 资产处置、完善股份合作制的实际操作,以跨年度为宜

资产处置、完善股份合作制,是深化产权体制改革的过程,涉及人际利益的调整,要尽量减少矛盾,使大家高兴。跨年度结算比较合理,账务处理也比较方便。虹欣实业公司原来的股权于2000年12月30日结束,新股权于2001年1月1日生效,参与分红。在具体操作上,以确保股东的合法权益为原则,绝对不使股东吃亏。社会股的股本金加当年红利,已于2002年12月中旬清退完毕。原入股的现金于12月上旬进行登记,自愿确认抵冲责任风险股或受让资产处置股,参与2001年分红。投入现金,受让资产处置股金额,已于2001年1月上旬全部收缴到账,也将参与当年分红。四分之一的出让金(插队知青的全部股权出让金),也于2001年2月中旬按合同兑现到位。2001年2月下旬签发股权证,换届选举产生新一届董事会成员7名,监事会成员3名,推选董事长,聘任了总经理和两位副总经理,体现了新老股东承上启下的连续

性和新老股东平稳交替的明显阶段性。

附件：

上海虹欣实业公司章程

第一章 总 则

第一条 根据《上海市农村股份合作制企业试行办法》和闵行区的有关规定，联系本公司的实际情况，制定本章程。

第二条 企业名称：上海虹欣实业股份合作公司。

第三条 企业法定地址：上海市虹许路400号。

第四条 企业性质：劳动合作与资本合作相结合，按劳分配与股份分红相结合的股份合作制企业。

第五条 本公司按照"产权清晰，权责明确，政企分开，管理科学"的现代企业基本要求，实行独立核算，自主经营，自负盈亏，民主管理，科学决策。具有法人地位，以企业全部资产承担民事责任。

第六条 公司必须认真执行党和国家的各项方针、政策、法律、法令，并正确处理好国家、集体、个人三者利益关系。

第二章 公司宗旨和经营范围

第七条 股份合作制度旨在转换经营机制，拓宽筹集资金的渠道，加强经营责任和监督机制，加快企业的发展步伐，取得更好的经营效益。

第八条 公司经营范围分主营和兼营。

主营：资产经营，仓库、厂房等房产租赁，制塑，印刷，电子仪表，汽车修理，果蔬交易，外资企业服务，对外经济合作，投资。

兼营：饮食服务，五金交电，百货，服装，建材，烟酒食品。

第三章 注册资金和股权设置

第九条 公司注册资金计人民币4 102.62万元。总股金为4 628.22万元。每股为100元，计462 822股，其中责任风险股525.6万元。

第十条 撤村时所获得的集体资产处置股权及股东投入现金受让的股权，依法享有所有权、收益权、继承权。在自愿基础上，可以在股东中依法转让，但不得退股。

第十一条 为本公司在职人员特设责任风险股。在职人员每人必须投入200股(20 000元)；农方副总、条线干部等中层干部必须投入400股(40 000元)；董事会董事必须投入600股(60 000元)；副董事长、副总经理必须投入800股(80 000元)；董事长必须投入1 000股(100 000元)。同股同利，参与分红，不参与扩股、配送股。职工退休、干部调职务时，退还应退风险责任股的全部金额。新上任的干部和新进劳动力(股东)，应按规定档次投足风险责任股金额。

第十二条 根据公司经济发展和效益分红情况，按股权比例扩股筹资和配送股。

第十三条 公司签发记名股权证，作为股东的资产凭证和分红依据。

第四章 股东和股东代表大会

第十四条 凡持有本公司股权者,均为本公司股东。

第十五条 股东的权利:

1. 股东的资产处置股和投入现金受让股形成的股权,享有公司增配股的认购权和接受公司的送股权。

2. 有选举权和被选举权。

3. 对企业的生产经营、民主管理有知情权、建议权和监督权。

第十六条 股东的义务:

1. 遵守本章程,服从和执行股东代表大会及董事会的决议。

2. 忠诚维护公司的利益和财产安全。

3. 按股份分担公司的经济风险。

第十七条 股东代表大会是本公司的最高权利机构。股东代表大会由董事会召集,每年召开一到两次,董事会认为必要或三分之一的股东代表提议召开时,也应召开股东代表大会。

第十八条 股东代表由股东中民主选举产生,实行一人一票制,每 10 000 股产生一个代表,代表人数共 47 名。

第十九条 召开股东代表大会的时间、地点,必须在股东代表大会召开前三天以书面通知发到每个代表手中。大会作出的各项决议、决定,应由到会股东代表的半数以上同意方可通过。股东代表大会形成的文件、记录、签名簿等文字材料都应保存归档备案。

第二十条 股东代表大会行使下列职权:

1. 审议董事会的工作报告。

2. 批准公司年度预算方案和红利分配方案。

3. 审议公司重大投资项目和投资方向。

4. 批准公司重大改革方案。

5. 选举和罢免董事会、监事会成员。

6. 修改公司章程。

7. 其他应由股东代表大会作出决定的重大事项。

第五章 董事会

第二十一条 董事会是股东代表大会的常设机构,对股东代表大会负责,行使股东代表大会闭会期间的日常工作职能。

第二十二条 董事会由七名董事组成,董事由股东代表大会选举产生,任期三年,可连选连任。

第二十三条 董事会设董事长一名。董事长是公司的法定代表人,由董事会选举产生,并有半数以上董事同意才能当选,罢免亦同。

第二十四条 董事会由董事长召集,在董事长缺席时,由董事长指定一名董事召集,董事会必须有三分之二董事出席,董事会作出的决议,须由出席会议的半数以上董事通过方为有效。

第二十五条 董事会行使下列职权：

1. 执行股东代表大会的决议，并向股东代表大会报告工作。
2. 审议公司经营方针、发展规划及年度工作计划。
3. 审议并批准总经理的报告。
4. 聘任和解聘公司正副总经理，批准总经理招聘的下属企业负责人。
5. 审议公司有关规章制度。
6. 应当由董事会行使的其他职权。

第二十六条 公司实行董事会领导下的总经理负责制。总经理、副总经理由董事会聘任，设总经理一名，由董事长兼任，副总经理两名。总经理在董事会授权范围内，全面负责公司日常生产、经营管理事务，副总经理协助总经理工作。

第二十七条 总经理行使下列职权：

1. 组织实施股东代表大会和董事会的决议，并向董事会报告工作。
2. 全面负责公司的行政、生产、经营管理活动。
3. 拟订公司的发展规划、年度生产经营计划和财务预算方案以及税后净利润分配方案。
4. 任免和调配公司管理人员，拟定任免下属单位负责人方案。
5. 拟订职工奖励、招聘、辞退、处置方案。
6. 代表公司处理对外事务。
7. 董事会授予的其他职权。

第二十八条 经营管理人员不得参与其他经济组织对本公司的商业竞争行为。

第六章 监 事 会

第二十九条 本公司监事会由三人组成，董事会成员和各级经营者不得兼任，设主任一人。

第三十条 监事会成员应具备：

1. 拥护党的路线、方针、政策，奉公守法。
2. 实事求是，敢讲真话。
3. 关心企业，懂经营管理。
4. 在股东中有威信。

第三十一条 监事会成员候选人由股东代表大会在股东中提名选举产生，与股东代表大会同届，可连选连任。

第三十二条 监事会的职权：

1. 监事会对股东和股东代表大会负责。
2. 每年至少两次检查公司的财务账目。
3. 在董事会的民主管理、科学决策、工作态度等方面加强监督，避免失误。
4. 对董事会在照章办事、严格执行各项制度方面进行检查监督。
5. 积极向董事会提出合理化建议，并记录在案。

6. 有权向股东代表大会提交对董事会重大决策的修正案,股东代表大会必须认真审议作出表决。

第三十三条 监事会的工作方法:

1. 认真学习有关的经济政策、法律、法规和本公司的章程及各种规章制度。

2. 监事主任列席董事会会议。

3. 采用召开座谈会、个别走访等形式,听取股东和股东代表对公司的建议、意见和批评。

4. 向股东代表大会提出修正案。

5. 向股东代表大会报告工作。

第七章 财务制度和利润分配

第三十四条 公司应不断完善财务管理制度,并认真实施,同时执行镇政府有关的财务规定。

第三十五条 为了稳定全局,公司职工的工资、奖金、津贴、生活待遇等有关经济政策,应接受镇政府经管办的指导。

第三十六条 公司依法向国家缴纳所得税和国家规定的其他税收。

第三十七条 公司应定期向镇政府有关部门报送财务、股息红利分配报表。

第三十八条 公司税后净利润分配为:提留10%的法定公积金,10%的公益金,还要提留一般不少于10%的任意公积金。70%左右为股份分红基金,实行股权平等、同股同利、共享利润、共担风险的分配原则。

第三十九条 公司如经济效益丰厚,连年积余,可按股份比例实施配送股,扩大股东股权。股东分得红利应依法缴纳个人调节税。公司如遇不可抗力的因素,效益不佳,乃至亏损,填补不足部分,应由股东按股份比例分摊,共担风险。

第八章 企业终止、清算

第四十条 公司如遇下列情况之一时,股东代表大会决议申请歇业,进行清算。

1. 依法被撤销。

2. 资不抵债,宣告破产。

第四十一条 公司终止时,成立清算小组,人员由董事会提交股东代表大会通过,发布终止公告。

第四十二条 公司按下列程序进行清偿:

1. 清算工作所需经费。

2. 偿还职工报酬和劳动保险费用。

3. 缴纳国家税收。

4. 偿还各类债务。

5. 不足清偿同一程序要求的,按比例分摊。

第四十三条 企业清算的剩余财产,按股份比例偿还投资者。

第九章 附 则

第四十四条 本章程未尽事宜,由股东代表大会制定相应细则明确。

第四十五条　本章程经镇、区政府审核,股东代表大会批准之日起生效。
第四十六条　本章程的解释权属于公司董事会。

上海虹欣实业(股份合作)公司
2001年3月3日

第六章教学参考资料二

梅陇镇华二村在村级经济改革中维护和实现农民的根本利益

梅陇镇华二村地处城郊结合部,地理位置优越。随着城市化进程的加快,到2001年底村全部耕地已被征用开发,14个生产队建制已全部撤销,农业户已全部转为非农业户。撤销村民委员会建制,处置集体资产,实行村集体经济组织改制被提上议事日程。

在区村改办及梅陇镇党委、政府的正确领导下,根据闵行区委(2003)23号文的要求,华二村从2004年6月至2005年4月完成了撤销村民委员会,处置集体资产和村集体经济组织的改制工作。2004年撤村时拥有账面资产2.17亿元,净资产1.60亿元。

一、华二村实施改制的基本做法

1. 提高认识,广泛宣传

在镇撤制工作小组领导下,村成立撤制工作小组。小组成员认真学习有关文件精神,把保障农民根本利益和集体经济组织合法权益放在首要位置。撤村改制工作是关系到每个集体经济组织成员切身利益的大事,没有群众的积极正确参与,要想做好这项工作是不可能的。村撤制工作小组在这方面主要做了以下工作:① 给每户原村民送发了一份"关于华二村撤村改制工作告华二村原全体村民书"。② 以原生产队为单位,召开14次村民代表会议。③ 召开全体共产党员和老干部会议。

2. 实行"三公"原则,认真清理、评估处置集体资产

撤村改制工作中,群众最关心的是合作社以来积累的集体资产是否流失,是否被少数人侵吞,也就是他们的合法权益是否能得以有效保护。要打消群众的这些顾虑,根本的是要在整个撤村改制过程贯彻"公开、公平、公正"原则。华二村的具体做法是:

(1) 由村集体经济组织成员无记名(不提候选人)推选撤村代表。为保证代表质量，把历届担任华二村党支部书记、大队长、村委会主任的同志作为组织推荐代表。

(2) 在撤村代表中再通过无记名投票选举两名同志参加工作小组，这两名同志参与讨论、处置集体资产的整个工作过程。

(3) 在整个撤村改制工作过程中，把市、区有关撤村改制文件给每位代表分发一份，让代表在掌握政策的基础上实行有效监督。由代表无记名投票选择了资产评估公司实施资产评估。经过代表会议确认的集体资产，由工作小组制订资产处置方案，资产处置方案同样由撤村代表会议通过后再实施处置。

撤村改制过程中，华二村先后召开了4次撤村代表会议，根据工作进程通过了一系列的相应决议。由于贯彻了"三公"原则，再通过扎实细致的工作，整个撤村资产处置过程中无一群众上访，也无一封反映撤村改制的人民来信和无一个举报电话，有效地实现了群众积极参与，又保持社会稳定和各项工作有序进行。

3. 因地制宜，选择适当的改制形式

到2005年正式撤村，华二村资产总值达到了3.0亿元，净资产达到2.4亿元。评估结果经过撤村代表会议确认后即实施处置。处置方法是经过产权界定、扣除镇级集体资产和外村集体资产后，按合作社以来的总农龄(约7万年)全部量化给集体经济组织成员，然后按现金分配和股权分配相结合的方式实施分配，现金分配分三年兑现。

二、华二村实施改制后三年基本情况

撤村改制后，在参与股权分配的股东中，以委托方式选举股东代表，产生了新一届董事会，成立了华良实业公司。通过三年多的运作，新公司运行情况正常，资产做到了保值、增值。

据2007年底统计，公司注册资金达8 000万元，净资产已达1.69亿元，基本实现三年翻番的目标。目前，除部分职工仍留在公司下属仓库、门卫及公司总部工作外，大部分职工已自找工作或待岗。438名留村职工，月工资800元，并代交三金。2008年已调整为1 136元/月。

2008年3月，改制后的公司进行第一次红利分配。按入股时资本以15%的比例实现了第一次红利分配(税后分红)，使入股的股民分享到了改制后的实惠。

华二村设想在以后的几年中，继续坚持以发展为第一要务，以股东的利益为至高崇尚，以现有条件为基础，不断提升现有建筑的二次开发或改造，并制定出当前、中期和远期的发展目标和方向，使公司的经济走向健康、有序、可持续的发展之路，股民得到更多的实惠。

三、华二村改制的经验体会

通过几年的公司运作和公司的收益不断提高，华二村体会到改革原有集体经济组织,组建股份合作制企业,在现阶段是比较行之有效的一种选择,同时也是增加农民(股民)收入的有效途径。理由有以下几点:一是通过改制,改原来的资产虚化占有为按股共有,对原集体经济组织的资产做到了整体保有,从而保护了生产力。二是通过改制,原来的集体经济组织成员转化为股东,参与资产经营管理的积极性空前高涨。三是迫使企业的经营层从传统的集体经济管理模式转变为按照现代企业制度的要求来管理企业,同时以追求利润的最大化和资产的保值增值为企业一切经济活动的出发点。

村集体经济组织改制后,原来的集体经济组织成员成为股东,改制后的公司按章程运作。通过股东代表会议、董事会、监事会等法人治理机构的运作,股东资产所有者具有参与权、监督权、重大事项的决策权及收益分配权,真正做到了还权、还利于民。华二村的集体资产质量较好,每年的资产收益也较可观。改制后,在公司业绩成长的前提下,股东除了劳动报酬外,还可以获得一部分资产的收益。股东除了作为资产所有者可以当家作主外,还可以增加收入。劳动群众安居乐业,丰衣足食是构建社会主义和谐社会的基础。从另外一个意义上讲,村级集体经济组织改革是社会主义民主化进程在基层经济领域的一大进步。

第七章教学参考资料

坚持特色发展　共建共享和谐
——记上海市闵行区七宝镇九星村

九星村在中共上海市闵行区委、区政府和七宝镇党委、镇政府的正确领导下,坚持邓小平理论和"三个代表"重要思想,认真贯彻落实科学发展观,抓住城市化进程给近郊农村带来的历史性极好机遇,立足村情探索出路,抢抓机遇坚持发展,经过坚持不懈的努力,闯出了以市场为特色的经济发展新途径,形成了一个村就是一个市场的产业发展新格局,九星市场的经济效益、社会效益以及品牌效应已经明显凸显,市场管理日趋完善、规范。"以市兴村、强村富民",在社会主义新农村建设的康庄大道上迈出了坚实的步伐。

九星村现有1 117户村民家庭,4 443名村民。九星市场有商户6 500多户,经商务工人员22 000多人。中共党员383名,其中九星村在职党员49名,退休党员91名,市场流动党员243名。

一、拓展思路,探索致富路

1994年时九星村也是一个债台高筑、举步维艰的贫困村,曾经历过负债1 780万元、连续 23 个月发不出养老金、两年半时间报不出合作医疗医药费;村民厌倦农业且人心涣散,千方百计要脱离农村,农业经济急剧萎缩,村、队办企业难以维系,村、队集体经济收支入不敷出。在城市化进程中,历时 20 年,分别由八大征地单位以房地产或公共利益需要,80%的土地被征用,村民的生活仍只能算是温饱,不能称小康,对"富裕"二字望而却步。就是在这种背景下,九星村抓住城市快速外延的机遇,利用得天独厚的地理位置,实行提前产业转型,极具前瞻性地大刀阔斧对产业结构进行大调整,把经济发展的重心转向第三产业,走上了以市场为经济实现形式和保障村民利益的创新之路。

二、创新求实,打造特色村

1998 年经闵行区人民政府批准、区工商局注册登记,在上级领导、各主管部门和全社会的关心支持下,九星村经过十多年的不懈努力,已发展成为拥有五金、陶瓷、胶合板、灯饰、茶叶、家具、不锈钢等 23 个专业区域,经营面积 70 多万平方米,入驻经营户 6 500 多家,每天前来九星市场的消费者达 20 000 多人次,年均交易额超过 150 亿元,是上海乃至长三角最大的村级商品交易市场。通过发展和规范化管理,知名度不断提高,先后获得了"全国文明诚信市场"、"全国商品交易市场系统先进单位"、"全国 AAAA 文明诚信市场"、"改革开放三十周年全国著名品牌市",2009 年 1 月又被国家有关权威部门授予"中国市场第一村"和"上海市消费者权益保护示范联络点"、"上海市示范市场"等诸多荣誉称号。市场的繁荣兴旺,村级经济效益随之也水涨船高,九星村已连续 14 年实现了两位数增长。2008 年村可支配收入达到 5.6 亿元,上交税收 1.78 亿元。2003 年以来连续五年荣列"上海市综合实力百强村"第一名。同时又先后获得了"中国十大名村"、"中国特色村"、"中国十佳小康村"、"全国文明村镇先进单位"、"全国民主法治示范村"、"中国最具影响力品牌村"、"中国经济十强村第 5 名"、"中国名村影响力排行榜第 4 名",上海九星控股(集团)有限公司也已连续十年被评为"信用等级 AAA 级企业"。

三、危中寻机,全力保增长

在金融危机愈演愈烈的 2008 年,九星村积极采取有效举措,加大宣传发动,加强关爱服务机制,和市场经营户共克时艰;延伸产业链,拓宽经济增长点,实施了扩大广告公司和财务公司,新建九星小额贷款公司、九星电子商务有限公司、旅游公司和货物运输公司的"2+4"发展新战略;腾笼换鸟,调整市场业态,进一步完善市场能级。由于九星市场定位准,产业贴近民生,符合消费需求,2008 年九星依然是五"增"登科:一是增收,总收入 5.6 亿元,同比增长 5 683 万元,增长率达到 11.26%;二是增税,上缴税收 1.78 亿元,同比增长 6 611 万元,增长率达到 59.10%;三是增岗,新增就业人员 685 人,就业总人数达 22 000 多人,不仅做到本村村民就业率 100%,而且还为周边村的村民提供就业岗位;四是增薪,劳均分配43 460元,同比增加2 500多元;五是增利,增村民福利452.8万元,总额达到1 803万元,增股金红利168.9万元,总额863.8万元,户均达到8 960元。2009年1～2月份财务报表显示:上升和发展势头更好,收入达到9 115.9万元,同比增加2 497.6万元,增长37.74%;税收达到4 013.8万元,同比增加1 549.6万元,增长62.88%;新增就业人员153人。

四、共建共享,回报社会

市场的健康运行,经济的持续增长,为全村社会事业的发展提供了有力的支撑,也使村民享受到了改革发展带来的成果,并增强了我们为社会作贡献的能力。主要表现为:

1. 全村实现了三个"有"

第一个"有"是人人有工作。随着市场的不断拓展,根据村民的文化层次、工作能力、身体状况,安排力所能及的工作岗位,全村1 300多个劳力无一待业。另外,村里还为政府因公共利益需要征地未安置工作的600多人以及村外下岗的300余人安排工作,并给予本村职工的福利待遇。

第二个"有"是人人有股份。按照区委文件精神,在区村级集体经济组织改革工作领导小组、镇党委和政府的直接领导下,九星村作为村级经济改革试点,按两步走的方法实施了集体资产的改制,具体做法是:一是公益性资产和土地不作量化;二是严格按照程序规范操作;三是留足集体股;四是设置人头股,包括已征地因下岗或不安置的原住民均列为可照顾入股对象,从而实现了人人有股份;五是设置风险责任股,明确"在岗参股、离岗离股"的原则,强化公司管理人员的责任意识;六是股权设置和资产量化实行"现进现出"。整个改制得到全体村民的一致拥护,切实做到"保证国家的,留足集体的,激励个人的"。

第三个"有"是人人有保障。这几年,村民享受的各项福利开支每年达1 500万元以上(2008年达1 800万元),其中900多名老人养老金补贴到每人每月近千元,另外每人每年牛奶补贴费800元,每年享受两次外出旅游,对因动迁居住在动迁小区或商品房小区的2 700多原住民实行物业管理补贴费每人每年2 000元,共计540余万元。

经济发展为党支部、工、青、妇及老龄委等组织提供了足够的活动经费。各项活动都做得有声有色,各条线的工作在市、区、镇的评比中都得到了较好的名次。同时加强了精神文明的创建力度,十多年来,我村从未发生过群体性越级上访事件,全村和谐稳定、健康向上。依靠自己的力量,努力破解城乡二元结构,力争让村民生活的各个方面赶上"城里人"。

2. 主动承担社会责任

在自身发展的同时,努力承担社会责任。近年来,仅救灾、扶贫、支教等社会资助就贡献了4 000余万元。比如四川抗震救灾活动中,九星村捐款290万元。响应区政府号召，与浦江镇三个村结对，结对的关键是观念的交流，并且采用对3 296名农民人人送上一张股权证的新举措，共资助现金617.4万元，还发动60名党员干部结对扶持60个困难家庭。对村民子女的就学，从小学（三年级以上）到高中设立奖学金，对上大学和出国留学，村里更有鼓励政策（考上大学每年补贴6 000元，研究生每年补贴9 000元，出国留学的给予更大额度的补贴，这些政策又全部延伸至浦江三个结对村和在九星市场经营三年以上的经营户）。九星小额贷款公司一成立就为浦江镇6家种、养植（殖）业专业户提供低息贷款。七宝镇是闵行区乃至上海的教育重镇，在镇民办学校中九星村就占了总股份的50%，达2 600万元。村里还为征地未安置工作的非农人口600多人、征地安排工作后下岗人员300多人安排工作并享受村民待遇：一是考虑了情分——这些人是这块土地的原住民，二是尽力为政府分担责任，维护一方稳定。九星市场有6 600个经营户，为2.2万多个流动人口提供了创业就业的平台，帮助他们实现了"外出作贡献，回家添光彩"的心愿。

回顾发展历程，能够更深地体会到：一个地区的发展，离不开一个坚强的班子和队伍的整体建设，离不开因地制宜、协调发展，离不开和谐稳定。同时也能更清醒地认识到，九星村的发展靠的是党的政策指引，靠的是上级领导的关心，靠的是各兄弟单位、各部门的支持帮助，靠的是九星党政班子的坚强有力，更靠的是广大村民和市场业主的辛勤耕耘。跳出九星看九星，与其他名村相比九星还有差距，九星村将认真学习十七大及十七届三中全会精神，深入学习实践科学发展观，在区委、镇党委的领导下，学习兄弟单位的先进经验，集中精力抓建设，一心一意谋发展，为把九星建设成为社会主义新农村而努力奋斗。

第十章教学参考资料一

以城乡一体化思路为指导
推进现代都市农业建设

进入新世纪以来，上海市闵行区农业和农村正处在重要的战略转型时期。区委、区政府高度重视农业、农民和农村工作。2007年、2008年区委连续两年把统筹城乡发展、着力破解城乡二元结构作为区委常委会重要议题。在研究与实际工作并行推进下，闵行区实施城乡一体化工作取得了显著成效。但就闵行农业而言，仍然面临着分散经营、品种不精、产出不高、土地利用率低、经济效益不好等困难和挑战，这既直接影响到种田农民的收入水平，也不适应城市化进程对都市农业建设的客观需要。

为深入贯彻上海市委九届七次全会推进农村改革发展的《实施意见》与闵行区委、区政府《关于闵行统筹城乡发展的指导意见》，闵行区农委必须以科学发展观为指导，从闵行现代化的全局高度，正确认识都市农业与城乡一体化关系，解放思想，转变观念，以体制机制创新为关键，以农业产业化发展为主线，合理配置有限的农业要素，延长农业产业链，实现农业"接二连三"，构建都市农业产业支撑，建立农民增收长效机制。

一、以体制创新作为推进现代都市农业的制度保证

这次机构调整组建的闵行区农业委员会，划入原区委政研室承担的对全区"三农"问题研究和新农村建设的指导、推进、协调等职能。它有利于进一步整合全区"三农"政策及相关资源，对进一步推进都市农业建设、推进城乡统筹发展和闵行社会主义新农村建设具有重要实践意义。同时，我们感到任重道远和责任重大，必须加强调查研究、政策配套和措施落实，为率先在上海实现城乡一体化目标而建设好闵行现代都市农业。

按照党的十七届三中全会要求，农业体制创新的重点是要稳定和完善农村基本经营制度。要稳定现有土地承包关系，重点解决暂缓延包、人地矛盾突出等问题，根据闵行实际情况，以"确权确利"妥善解决二轮延包问题。探索农村土地流转机制改革，在保障农民基本权益的基础上，会同闵行区国资委做好区域性、整村制的土地流转，建立土地承包经营权纠纷调解仲裁机制，建立完善土地流转信息服务平台，夯实农业规模发展的基础。

探索建立闵行区农产品进社区和机关事业单位的营销机制，提高农业企业（合作社）的经济效益。鼓励发展适合农村特点和需要的信用金融服务，开发针对专业农民、农民专业合作社的生产性贷款产品。健全政策性农业保险制度，加大政府补贴支持力度。完善农田基本保护区年可支配收入在100万元以下的经济薄弱村结对帮扶机制，进一步建立健全闵行农业生态补偿机制，推进工业反哺农业与城市支援农村工作。

加强指导服务，完善政策扶持，支持村级集体经济组织开展产权制度改革。2009年重点推进莘庄工业区等8个村的集体经济组织产权制度改革工作。指导已改制村按现代企业制度规范化运行，处理好积累与分配两者的关系，保障农民的切身利益。

二、以设施装备作为提升都市农业水平的物质基础

闵行农业比重虽小，但农业形态齐全，上海市落实的基本农田保护任务与主要农产品最低保有量指标任务较重，要充分发挥城市工业优势，大力加强基本农田排灌设施、外围水利配套和气象能力建设，提高都市农业抗灾能力。

推进现代农业示范区建设，建设2 156亩设施农田。主要建设地点为浦江、马桥、吴泾等镇。其中设施粮田1 040亩，设施菜田1 116亩。推进规模园艺场管棚设施和

节能降耗建设,新建管棚设施 500 亩,滴灌微喷装置 1 000 亩。对区畜禽种场进行标准化生态养殖基地改造。2009 年推广机械化育秧技术 10 000 亩次以上。

建设 200 亩航天育种基地。在浦江镇联明、建东村建设 200 亩以航育蔬菜为主,集航天育种、农业科普展示和农民技术培训为一体的农业科技研发基地。一期基地设施建设资金 800 万元。组建农作物航天育种科研团队,规划布局好 200 亩航育种源科技园,整体项目准备一次规划,分三年实施。今年主要完成基础设施建设,为自主培育航育品种打好基础。

建设世博观光、休闲农业。以项目化推进为重点,打造一批"接二连三"的都市农业示范基地。抓住 2010 年上海举办世博会的有利时机,充分利用闵行区的区位、交通和农业资源优势,进一步完善浦江市民农园、响水湾会员农庄和马桥农耕文化园的功能开发。今年 3 月底,已基本完成浦江市民农园(一期)、响水湾会员农庄和马桥农耕文化园等一批农业旅游景点项目工程的基础设施。年内进一步完善软硬件设施与功能开发。

三、以科技内涵作为提升都市农业经济功能的前提条件

科技创新是提升现代都市农业经济功能、实现城乡一体化的内生性需求。闵行人多地少,要从传统资源型农业向集约型、科技型农业转变,从低效粗放型农业向高效生态型农业转变,从单纯产品型农业向多创意、多功能农业转变。

做大、做优种源农业。一是稳住"寒优湘晴"优质粮种的品质保持与小批量生产,重点抓好"秋优金丰"优势种源科技推广。2009 年"秋优金丰"预计在全市推广 2.5 万亩,全区推广 1 万亩,种子质量达标率 99.5%,完成种子供应和余缺调节任务。二是做好航天蔬菜种子选育。2009 年是航育种子回收的第一年种植,要注重种好管好生长全过程,充分展现种子种性,精细选择变异种株、留籽保存。进行航天育种的变异检测、丰产性检测、杂种优势利用、DNA 指纹图谱技术知识产权保护、栽培技术创新示范、产业化开发等航天育种工作。引进航育蔬菜新品种 23 个,示范推广品种 22 个。三是广泛开展科技合作,引入高端科研机构合作共赢,着力打造闵行种源农业科研团队。

完善农业科技服务。进一步开展科技培训,提高示范户、辐射户的用药水平。重点推广适宜在闵行区实施的主推技术和主导品种,使入户率达到 100% 和示范户满意度达到 100%。做好农业技术资料的编写和发放工作,进一步开展技术培训,年内培训 1 000 人次以上。扩大科技示范户和辐射户范围,把新建的设施农田和有条件的承包大户纳入服务对象,不断提高示范户在全区农业生产中的带动力和辐射力。

搞好动物疫病防控。建立禽流感防控三级网络,完成三季集中免疫,使免疫率达到 100%;三次集中监测,使抗体水平合格率达 70% 以上;完善"一户一卡"制度,加强宣传和管理。

加强蔬菜安全监管。年内完成农残检测 550 只,速测 10 万只;示范和推广绿色

防治技术,性诱防治2 000亩次,色诱防治100亩次;新建100公顷蔬菜病虫预警测报点,完善预警体系建设。多渠道采取工作措施,死守工作"底线",确保不发生地产农产品群体性中毒事故和重大动物疫情出现。

四、以社会服务作为提升都市农业综合功能的发展导向

社会服务功能是现代都市农业核心价值的重要体现。闵行农业要由单纯注重经济功能向重视经济、生态、社会服务功能并举转变。要按照改善城乡生态环境、部分满足城市农副产品供给、提高农业产出效益与农业增收、缓解城市就业人口压力、优化城乡人口结构等要求,充分利用和整合农业资源开发农业生态功能,依托上海大都市优势拓展农业社会服务功能。

大力发展旅游休闲观光农业。探索研究休闲观光农业发展政策,规划布局全区休闲农业项目建设,健全有序开发机制。多元化发展各类"农家乐"等观光点,与旅游管理部门联手,发展有规模、有特色、有效益的项目,年内认定五家"农家乐"品牌。在加强规划的基础上,抓紧落实组建"农家乐"等乡村旅游景点星级评定机构,按照《上海市农家乐旅游服务质量等级划分》标准,求同存异,在发展到一定规模数量时进行评定,规范经营行为。逐步形成社会参与、政府引导、企业运作的多元化投入和经营机制,提高闵行"农家乐"的品位和水平。

继续强化农业龙头企业和农民专业合作社的扶持,年内新增五家农民专业合作社。同时,通过项目建设、金融、贷款贴息等政策,扶持区级农业产业化龙头企业做优做强,力争使全区农业规模化水平达到50%以上。

加快农业标准化建设步伐。年内使全区粮食、蔬菜、果品生产企业(合作社)的产品认证覆盖率达到50%以上。选择全区规模化建设的设施蔬菜生产基地9家,面积约1 500亩,品种约50只。抓好"双认证"建设,全区规模化蔬菜基地通过"双认证"达到60%,提高上市蔬菜质量安全水平。

招大引强,积极引进农业产业化龙头企业与上市公司,鼓励地区总部和农业高端研发机构落户闵行。扶持发展"两头在外"龙头项目,市场瞄准中心城区与闵行区的高端客户,生产基地建在外地生态环境良好地区。

力争改变农业效益不高、务农收入低的局面,通过农业产业化项目试点,提高农业经营项目的产值和附加值,建立农民、农业合作社组织与村集体经济获取利益机制。利用国际都市农业基金会、中科院在闵行区"试点示范基地"平台,进行"从种子到餐桌"100户以上农户经营农业项目试点,提高纯农地区农民经营收入水平。

与区人力资源和社会保障局密切合作,加大农民培训投入和培训强度,提高农民培训的针对性和有效性,增强农民致富本领和非农就业能力。同时加大对农民创业的扶持力度,大力扶持各类农民创业组织,加快缩小务工务农收入差距。

第十章教学参考资料二

健全投入机制　加强资金监管

根据闵行区委、区政府布置的2008年统筹城乡发展重点工作,财政局精心作了工作部署,对各项工作进行了细化并分解落实到各职能部门,由局长季佩坤同志亲自挂帅,分管副局长董国荣同志具体负责,指定联络员落实和协调,建立了工作月报制度,每月定期由各职能部门汇报工作进展情况,并布置、督促下阶段工作任务,在与其他委办局的相关工作上也尽力配合。

一、农业事业费支出安排

2008年初根据对财政经常性收入的预测,预算安排2008年农业事业费支出2.1亿元,增幅为18.6%。从我区2008年实际财政收入情况看,这一增幅高于财政经常性收入的增幅。

此外,根据"统筹城乡发展38项重点工作"的需要,年初预算安排资金8.4亿元,其中区财政承担近7亿元,为新农村建设、统筹城乡发展提供了资金保障。

- 主要做法:通过预算安排。
- 存在问题:随着以结果为导向的预算编制方式的建立,支农项目预算安排也将进一步规范,这对各相关职能部门在支农上的预算申报提出了更高要求。
- 相关建议:相关职能部门对全区年度支农要达到的目标任务应更加具体、明确,具有说服力,才能确保预算资金顺利安排。

二、完善工业反哺农业机制

经过近两年的酝酿,闵行区《工业反哺农业专项资金管理办法》经多次修改,已正式由区政府批准转发,使工业反哺农业这一机制更加完善。截至目前,已筹集专项资金14 440.94万元,实际支出4 300.02万元,主要用于:基本农田保护区生态补偿1 709.16万元;涵养林片林生态补偿753.70万元;浦江市民农园315.93万元;农业抗灾救灾资金208.86万元;农民工培训及旅游发展规划178.02万元;自然村落改造、水文化服务园、水文化博物园1 134.35万元等。

- 存在问题:资金筹集按规定执行较易,但如何使用缺乏计划性,即还存在较大的随意性。相关职能部门应有计划地提供使用该资金的项目安排。

- 相关建议：在运行中不断完善。

三、建立生态补偿机制

- 对基本农田的补偿：对基本农田实行 300 元/亩补偿（全区共 1 709.16 万元），现状农田由相关镇实行补贴。
- 对公益林的补偿：分为公益林养护物化补贴 300 元/亩，公益林养护土地流转补贴 1 000 元/亩（全区共 753.7 万元）。

该项工作已由区政府发文规定，财政局按区新农办、原区农绿局等相关部门提供的资料及时兑现政策。问题是有些补偿似有重复，如对基本农田和生态林等的补偿，在统计时可能有重复，是否合理，将在今后的运作中不断完善。

四、逐步健全"三农"融资机制

（1）开展对中小企业贷款信用担保工作。目前，全区累计在保 71 户，贷款金额 23 840 万元，在保金额 20 432 万元。

（2）开展对农民专业合作社的专项贷款担保工作。已有 8 户专业合作社获农村商业银行贷款，计 1 675 万元，担保性质为房屋抵押贷款及安信农业保险担保贷款；享受市级产业化龙头企业 3 户，获银行贷款 5 780 万元（由原区农绿局推荐）。

（3）开展对农民专业合作社的贷款贴息工作。已对 7 家农民专业合作社或农业产业化龙头企业的贷款进行了贴息，其中区级贴息 78 648.20 元。

（4）有序推进闵行区小额贷款公司试点工作。经上海市金融办批复同意，闵行区已设立两家小额贷款公司（上海闵行九星小额贷款股份有限公司于 2008 年 12 月 25 日开业，上海闵行幸子小额贷款股份有限公司于 2009 年 1 月 20 日开业），拓展了新农村建设的融资渠道。

- 问题和建议：小额贷款公司是一项新生事物，必然会遇到不可预见的问题和困难，财政如何发挥职能作用、开展帮助扶持工作，需在实践中不断摸索，也需不断借鉴外来经验，推动这一新生事物健康发展。

五、强化支农资金监管

- 创新支农惠农资金财政预算管理机制：已形成支农惠农资金的事前、事中、事后跟踪管理模式。今年已对 6 个支农项目进行立项论证。开展了对粮田设施建设专项资金的专项检查和万河整治粮食直补项目的绩效评估，并重点对基本农田、涵养林等生态补偿、农村基础设施改建等专项资金的使用进行了跟踪检查。

主要做法：

（1）建立和完善支农惠农资金各项管理制度。会同原区农绿局，对现有支农惠农资金政策进行全面梳理和修订完善,对尚未建立相关管理制度的支农惠农资金制定了管理制度,确保一项资金对应一项制度,初步构建起比较完善的支农惠农资金管理制度体系。

(2) 通过以结果为导向的预算管理模式,结合闵行区财政管理的特点,从编制部门预算开始,对支农惠农资金项目进行预算编制、执行、执行结果全方位的管理,充分发挥支农惠农资金经济和社会效益。邀请市级专家、区发改委有关人员、部分区人大代表、区政协委员等担任评审小组成员。

(3) 加强对财政支农惠农资金预算执行的监督管理。一是督促、配合行业主管部门制定和不断完善支农惠农项目资金的管理制度,并做好分类指导工作。二是从财政资金加强监督管理角度,进一步完善支农惠农资金的使用监督,确保财政支农资金使用管理以及项目实施的规范性、合理性、合法性。三是牵头组织相关行业主管部门对部分支农惠农资金项目展开专项检查,制订方案、明确职责、严格检查、及时整改。

● 存在问题:支农惠农资金的事前、事中、事后跟踪管理模式还刚刚建立,属起步阶段,特别是在事中、事后的监管力度还不大,覆盖面还不广,在方式方法和监管结果的运用上还需不断完善。

● 相关建议:结合以结果为导向的预算编制模式的建立,进一步深入研究对支农惠农资金使用的绩效评估机制,以使支农项目在决策更趋科学合理的基础上,加大对资金使用跟踪检查的力度,使资金运行更加规范安全,发挥更大效益。

第十章教学参考资料三

统筹城乡就业保障 提升农民的保障待遇

学习实践科学发展观,构建社会主义和谐社会,要求我们必须尽快把全面推进农民社会保障水平与经济社会融合发展摆到更加重要的位置。近年来,在区委、区政府的正确领导下,闵行区人力资源和社会保障局积极探索加大农民非农就业援助力度、扎实推进农民职业技能培训、实施农保区级统筹等,以制度保障闵行区农民与城镇居民共享就业、培训、社会保障资源。

一、完善农保制度,落实农民的保障,推进农民社会保障水平与经济社会融合发展

一是实行农保区级统筹,提高农民养老保障水平。2008 年 7 月起,闵行区实行农保区级统筹,制定了农村社会养老保险缴费和养老补贴的有关办法,明确了"三个统

一,两级投入,一个集中"原则:全区统一农保养老保险费征缴基数和比例、统一农保养老金计发办法、统一农保养老金增长机制;建立区、镇两级财政投入机制;实行农保基金区级集中管理。同时,加大财政投入力度,区、镇两级财政各按50%的补贴比例对参保人员缴费和基础养老金进行补贴,全区2.03万名农民的基础养老金由原先220元/月增加到330元/月,人均养老金从原先280元/月增加到410元/月,新增农保扩覆人数18 817人。

二是落实农民的社会保障,推进社会保险的普惠。根据闵行区的实际情况制订实施了新征地人员、市级水源涵养林征用地人员、浦江片林征用地人员、乡村医生、高龄征地养老人员等纳入镇保或征地养老保险的政策措施,形成具有我区域特色的农民保障体系。2008年办结征地纳保项目73个,8 811名征用地人员纳入镇保、征地养老保险。现全区约有征地养老人员38 200多人,2009年1月起养老金生活费达到688元/月。同时,区政府加大了落实农民社会保障的资金投入,2008年起,分两次投入4.78亿元,为3 576名市级水源涵养林被征用地人员落实了镇保,投入3.63亿元,一次性解决2 565名浦江片林被征用地人员落实镇保,为81名到龄离岗乡村医生落实镇保,为1 578名原先分别享受农保、征地养老或镇保待遇的"农来农去"人员确认身份,转为享受城保,改善了他们的社会保障待遇。

二、健全就业责任体系,拓展就业服务平台,加大农民非农就业援助力度

一是实施积极的就业政策,健全促进就业责任体系。建立促进就业责任考核机制,将农民非农就业作为创建充分就业社区的考核指标之一,将新增农村富余劳动力就业岗位列入考核内容。落实就业扶持政策,面对金融危机的影响,实施"暖冬行动就业援助特别计划",对农村富余劳动力跨区就业、用人单位招用本区农村富余劳动力、人均年收入低于4 000元的农民家庭人员实现就业均给予适当补贴。去年,全区新增农村富余劳动力非农就业岗位5 534个;"万、千、百人就业项目"安置农村富余劳动力6 809人;新增农民自主创业23家(非正规就业)。

二是统筹城乡就业服务,拓展就业服务平台。全区现有19家公共就业服务机构为农民非农就业提供与城镇失业人员同样的服务,其中区级公益性就业服务机构4家、非公益性就业服务机构2家,镇、街道、莘庄工业区公益性就业服务机构13家。同时,发挥就业援助员作用,已在江川、七宝、虹桥、莘庄工业区等地成立社区职业指导服务站,公共招聘信息发布向社区、村委延伸。各基层劳动保障事务所均设立"上海市公共招聘网"自助查询点,搭建了"面对面职业指导"与"网络自助化"相结合的就业服务平台,强化了城乡就业服务资源的对接。

三、加大政策扶持力度,规范农民职业培训,落实农民享用职业培训资源

一是实施职业培训政策扶持计划,提高农民就业竞争力。闵行区已连续两年将

农民的职业培训列入区政府实事项目,引导和鼓励农村富余劳动力参加各种技能培训。金融危机下实施"暖冬行动职业培训特别计划",包括对农村富余劳动力参加技能培训,给予培训费全额补贴以及一次性交通、误餐费补贴;鼓励社会职业技能培训机构开展农村富余劳动力职业技能培训,对推荐培训人员上岗就业的,给予每人500元的推荐就业补贴。

二是加大培训督导监管力度,落实农民享用职业培训资源。2008年以来,区职业培训和技能鉴定中心积极开展以"增强培训透明度,保障学员知情权,提高职业培训质量"为主要内容的"阳光培训"活动,加强对农民参加政府补贴培训的督导力度,加强与培训机构、参培农民的交流互动,重视对参培农民反映情况的落实。同时,积极开发适合闵行区产业结构特点、农村富余劳动力需求的培训项目,增加职业技能培训项目,使农村富余劳动力的技能培训与用工需求紧密联系。2008年1月以来,已组织3 952名农村户籍劳动者参加职业技能培训。

第十章教学参考资料四

统筹城乡发展 提高农村医疗卫生服务水平

一、做实区域卫生规划

闵行区处在农村向城市化推进过程中,区域医疗服务供应不足、医疗资源配置的结构性矛盾等问题突出,属于卫生资源配置水平较低的地区。2008年重点推进区中心医院二期扩建、市五医院门急诊改扩建、吴泾医院整体改扩建等一批医疗卫生机构建设工作,区疾控中心工程已在2008年底竣工。同时积极争取三级医院引入闵行,目前仁济医院、复旦大学附属五官科医院已意向迁建浦江镇,上海市有关部门正在论证之中。

二、继续深化农村社区卫生服务改革

开展了48家村卫生室标准化建设,闵行区110所村卫生室全部达到了市标准化村卫生室的建设标准。完成了镇村卫生机构一体化管理,233名乡村医生全部纳入了社区卫生服务中心统一管理。乡村医生作为社区卫生服务团队成员,在农村一线开展以高血压、糖尿病等慢性病诊断以及肿瘤病人管理为主的预防保健"六位一体"工作(预防、保健、健康教育、康复、计划生育技术指导、基本医疗服务),过去从未摸过计算机的乡村医生现在已经能够运用软件书写病史、联网结算药费、打印电子发票;为84名无社会保障的在岗乡村医生解决了基本社会保障问题,稳定了乡村医生队伍。111名符合相关条件的离岗乡村医生也办理了纳入基本社会保障手续。

2008年10月1日起,村卫生室全部实施了基本药品零差价,292种药品由社区卫生服务中心统一采购,农民在村卫生室就医时直接得到减免,2008年10月至11月共减免3.84万人次、15万元,占药品零售价的15.8%,切实减轻了农民医疗负担。

三、完善农村合作医疗制度

2008年,继续探索合作医疗管理"征、管、监"三分离的运作模式。加大了农村合作医疗的区级统筹力度,强化政府政策制定、规划指导、政策宣传、监督管理等职能,提高了合作医疗公平性、共济性;继续委托社会第三方保险机构——安信农业保险股份有限公司承担全区住院、门诊大病的全部理赔工作,降低管理成本,提高运行效率。2008年全区10.23万农民参加了合作医疗,参合率达到94.89%,基本实现了应保尽保。2008年1月起,5 000元以下住院和门诊大病补偿纳入区级统筹管理,统一补偿标准,住院补偿比例提高到不低于60%,门诊大病补偿比例从不低于70%提高到75%;2008年4月起,按病种给付DRGs管理病种从15种增加到51种,农民个人仅支付限额的15%;设立了大病救助基金,开展大病特困救助181人次,计78.40万元;2008年4月起,区内定点医院住院实现了联网实时结报,提高了合作医疗资金运行的安全性和便捷性。

经测评,2008年农民住院实际总补偿占总可报销医药费的66.75%,农民对农村合作医疗制度的满意度达到90%以上。

四、60岁以上农民免费健康体检工作

闵行区60岁以上农民免费体检是2008年闵行区政府的实事项目。自2008年3月起在区各社区卫生服务中心全面展开,截至2008年10月已全部完成。

闵行区卫生局负责实施方案制订、体检质量控制、体检进程监督、体检资料汇总等工作,确保总体目标和阶段目标按照时间节点如期完成。各社区卫生服务中心统筹安排本地区体检工作的实施、人力保障和物资保障,安排车辆定点定时接送农民到中心体检,共累计完成29 830位60岁以上农民实施健康体检,占总人数的89.92%;其中累计有10 027人被检出高血压,3 249人被检出糖尿病,3 674人被检出高脂血症,604人肿瘤标志物化验结果异常;体检结束后对体检者建立了EHR电子健康档案。二级综合性医疗机构积极配合,负责对阳性病人进行进一步诊疗,转诊107人,协调解决社区工作中遇到的医疗问题。本次体检实行全部免费,总计费用298.3万元。

五、完善农村地区院前急救网络工作

为加快闵行区农村地区院前急救网络建设,启动了急救分站建设项目。项目被立为当年市政府实事项目,建筑面积每个分站300平方米,项目投资140万元(市、区财政各50%)。2008年4月底市政府任务下达后,即根据规定的急救半径以及区区急救分站的分布情况,项目选址在华漕、浦江社区卫生服务中心内,6月完成项目论证、设计以及招投标等程序,于6月底开工。目前浦江急救分站已于12月3日竣工验收,华漕急救分站拟于12月15日前完工。整个项目的人员、车辆、办公用品的配置、购置均在进行中,拟在项目竣工验收后同步配置,购置完毕,将投入使用并接受市政府重大办的验收。

参考书目

1. 周健临主编,《管理学教程》,上海财经大学出版社,2001.7.
2. 宋壮源,袁蔚主编,《农村基层组织管理》,学林出版社,2001.8.
3. 郑凤田,姜克芬主编,《农村经济与管理》,中央广播电视大学出版社,1998.12.
4. 郭翔宇主编,《农业经济管理学》,中国农业出版社,2004.6.
5. 李青山主编,《行政管理学》,中国农业大学出版社,2001.9.
6. 杨加陆,林东华主编,《现代管理学》,上海三联书店出版社,2003.2.
7. 王跃峰编著,《党员管理工作》,中共党史出版社,2005.7.
8. 谭善勇主编,《城市管理概论》,经济科学出版社,2002.8.
9. 张富良,洪向华编,《建设社会主义新农村》,中共党史出版社,2006.2.
10. 孙津主编,《中国农民问题研究》,中央编译出版社,2005.9.
11. 卢光福,王长江主编,《党的建设十五讲》,中共中央党校出版社,2005.9.
12. 周永学主编,《党员道德修养》,民族出版社,2005.7.
13. 《新时期党员干部党性修养读本》编写组,《新时期党员干部党性修养读本》,中共中央党校出版社,2005.9.
14. 沈立人著,《中国农民工》,民主与建设出版社,2005.9.
15. 于洪生著,《城郊村城市化背景下的村务管理调研》,社会科学文献出版社,2005.10.
16. 《城郊村城市化背景下的村务管理调研》编写组,《国家公务员廉政必读》,中国方正出版社,2005.5.
17. 民政部基层政权和社区建设司编,《中华人民共和国村民委员会选举规程》,中国社会出版社,2001.10.
18. 上海市民政权基层政权和社区建设处编,《上海市村委会建设工作资料汇编》,2001.7.
19. 刘工力主编,《党员发展工作》,中共党史出版社,2005.7.
20. 张兴杰等著,《农村社区建设与研究》,华南理工大学出版社,2007.4.

图书在版编目(CIP)数据

新农村基层组织建设与管理/王世官编著. —2版. —上海:复旦大学出版社,2014.3
(2022.1重印)
上海开放大学教材
ISBN 978-7-309-10336-6

Ⅰ. 新… Ⅱ. 王… Ⅲ. ①农村-基层组织-组织建设-中国-开放大学-教材
②农村-基层组织-管理-中国-开放大学-教材　Ⅳ. D638

中国版本图书馆 CIP 数据核字(2014)第 028211 号

新农村基层组织建设与管理(第2版)
王世官　编著
责任编辑/梁　玲

复旦大学出版社有限公司出版发行
上海市国权路 579 号　邮编:200433
网址: fupnet@fudanpress.com　http://www.fudanpress.com
门市零售: 86-21-65102580　团体订购: 86-21-65104505
出版部电话: 86-21-65642845
江苏省句容市排印厂

开本 787×1092　1/16　印张 22.75　字数 461 千
2022 年 1 月第 2 版第 7 次印刷
印数 30 101—32 200

ISBN 978-7-309-10336-6/D・662
定价: 45.00 元

如有印装质量问题,请向复旦大学出版社有限公司出版部调换。
版权所有　侵权必究